JN309341

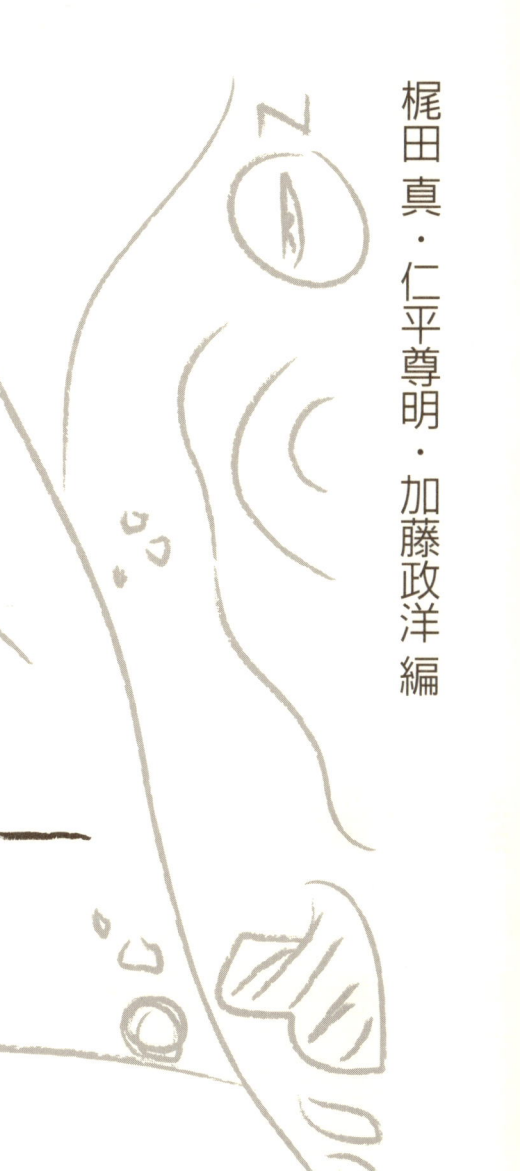

地域調査ことはじめ

―あるく・みる・かく―

梶田 真・仁平尊明・加藤政洋 編

ナカニシヤ出版

はじめに

　地域調査の面白さの一つは自由度の高さにある。少々オーバーに言えば「どんな手法でも」「どんなテーマでも」いいのである。編者3人が所属している地理学の分野でも通常、地域に関係することであれば自由に研究テーマ・調査手法を選択して論文を書くことができる。地域調査の実習をすると、モチベーションの高い学生たちは当初、「このテーマについて調査をしてみたい」「この調査手法をつかって研究をしてみたい」と楽しそうにあれこれ思案をしはじめる。

　ところが、この自由な地域調査の海に投げ出された学生の多くは、そのうち「可能ならば、こんな調査をしたいけど実際にできるんだろうか」と疑心暗鬼になったり、「このテーマで研究をしたいけれど何をやったらいいのか分からない」と途方に暮れるようになり、気がつけばその多くは「自分でもできそうな」「先生方や先輩達が手がけてきた」研究テーマや調査手法に流れていく。

　地域調査における自由度の高さは、地域という混沌としていて、捉えようのない対象にアプローチしていくことの難しさの裏返しなのである。

　本書では、さまざまな分野・手法・研究テーマをもった30歳代の若手研究者を中心に、自らが大学生／大学院生だった頃に公刊した学術論文を題材として、当時の調査の経験を調査上の失敗談や調査時に考えたことなどを交えながら綴ってもらった。そのことで、地域調査に関する「スキル本」と地域調査の実践との橋渡しのような役割を果たすことを目的としている。すでに地域調査あるいは社会調査の教科書は数多く出版されているが、あまり経験のない調査者が実際にどう調査を進めていったか、という点に焦点が当てられることはほとんどなかったように思われる。

　地域調査を行なう際には、教科書や調査経験豊富な教員の指導も大切であるが、多少研究テーマは違っていても、身近な同級生や先輩の経験談やアドバイスの方が役に立つこともしばしばある。それは、ある意味で就職活動に近いかもしれない。就職担当の先生やセミナーでの話は確かに役に立つけれど、実際に就職活動を進めていくうえでは同じ目線・立場で就職活動を経験しているサークルやゼミの先輩から話を聞いたり、同級生同士の情報交換がないとうまくいかない。本書は、このサークルやゼミの先輩の話にあたる部分を意図して書かれた入門書であると言える。

　本書は3部構成の形をとり、それぞれの部で力点の置き方を変えている。

　まず、「分野別の地域調査」と題した第1部では既存の調査研究の蓄積が厚く、調査方法や研究上の論点がある程度定まっている分野を取り上げる。この第1部では、それぞれの分野において標準化されている資料の分析法や調査上の手続きなども取り上げている。

　次に、「地域調査の諸手法」と題した第2部では、アンケート調査や地理情報システム（GIS）、史料分析など、主だった地域調査の手法に焦点を当てていく。ここではそれぞれの手法で実際に調査を行なっていく際にポイントとなった点や、各手法の利点と限界、そして他の調査手法での補完の仕方や手法面に関して参考になった教科書などについて記している。

最後に、「文化・社会の地域調査」と題した第3部を設けている。第3部では、文化・社会の諸側面に関する地域調査について、多様なテーマを取り上げつつ、その調査経験を紹介してもらっている。この部では、読者の関心が高いと思われる、調査対象へのアプローチの仕方と調査の際のさまざまな出来事、そして調査対象固有の諸問題や成果の公表に際しての配慮、モラリティの問題などにも言及していく。

　本書は入門書としてだけでなく、読み物としても面白いものを目指している。地域調査では、調査の成果である論文や著書以上に調査自体の話が面白く、それが調査対象への理解を深める貴重な資料となることが少なくない。そもそも地域調査の場合には、当初の予定通りにトラブルなく調査を遂行できることはめったにない。また、それがよいことであるとも思わない。調査上の失敗を通じて、調査地域やそこに暮らす人々に対する理解を深めたり、認識を改めていくことが重要なのであって、その結果として調査方法を再検討していったり、当初の仮説をより説得力のある結論へと収斂させていくことになる。このような特性こそが、地域調査をマニュアル化できない最大の理由なのである。この点については、本書に掲載されたさまざまな調査記録を読み進めていくなかで、読者の皆さんそれぞれに考えていただきたい。

　また、本書では同意の頂けた執筆者について、各章の冒頭にあるプロフィール欄に連絡先となるメールアドレスを掲載している。本書を読み進めてみて疑問が出てきたら、執筆者へ個別に尋ねてみるのもよいだろう。執筆者のスケジュールにもよるが、本書には収録できなかった新たなエピソードや裏話を聞くことができるかもしれない。

　本書は、独立した内容の文章としてどの章からでも読むことができる。本書全体を通じて地域調査のいろいろな可能性、そして多様な魅力を読者の方に伝えることができれば、編者としてこれに勝る喜びはない。

地域調査ことはじめ
あるく・みる・かく
CONTENTS

はじめに　iii

第1部　分野別の地域調査　001

1　都市の地域調査　土地利用はなぜ変わるのか？ ……………… 堤　純　003
1　都市の地域調査とは？／2　大学院入学とテーマ設定／3　バイブルとなる文献との出会い／4　いくつかの幸運／5　土地所有という指標と行動論的アプローチ／6　「調べる」⇔「考える」⇔「書く」の往復運動／7　イメージを伝えるテクニック／8　単純なパターンか？　複雑なパターンか？／9　他論文への発展／10　これからの都市の地域調査

2　村落の地域調査　変わりゆく風景のなかで ……………… 中川秀一　013
1　郊外から山村へ／2　フィールドワークに目が覚める／3　どこで調査するか──地域調査を始める前に／4　悲喜こもごものフィールドワーク／5　山村から郊外へ

3　農業の地域調査　農家が品種を変えるとき ……………… 仁平尊明　025
1　このテーマの魅力／2　テーマを決めるまで／3　統計資料・論文の収集／4　フィールドワーク／5　論文の執筆／6　これからの農業の地域調査

4　工業の地域調査　大手メーカーの取引関係を知る ……………… 鹿嶋　洋　034
1　研究のきっかけ／2　テーマの絞り込み／3　予備調査／4　事前の情報収集／5　工場調査／6　調査のまとめ／7　工業の地域調査をめぐる現代的な課題

5　歴史の地域調査　過去と現在をつなぐ試み ……………… 米家泰作　046
1　過去の時空を求めて／2　現地調査に入るまで／3　現地での調査／4　史料の分析と卒論の執筆／5　論文公刊とその後

6　観光の地域調査　集客圏・客層・行動を調べる ……………… 佐藤大祐　058
1　フィールドの記憶／2　経験の中で問題意識を育てる／3　観察の反復から問題設定する／4　リストに基づいた全数調査／5　集客圏と客層の調査／6　レクリエーション行動の調査／7　反省と漸進

7　行政の地域調査　高齢者福祉サービスの地域格差をとらえる ……… 杉浦真一郎　068
1　修士論文のテーマを決めるまで／2　研究テーマを決めてから／3　全市町村への調査にとりかかる／4　データ分析から論文へ／5　行政から情報を得るために

第2部　地域調査の諸手法　081

1　アンケート調査による地域調査　……………………………中澤高志　083
調査票から見えてくる個人のライフコース

1　スタートラインに立つまで／2　スタートラインには立ったけれど／3　聞き取り調査は予想外の結果／4　アンケート調査へ／5　調査票の設計／6　調査票の発送と回収／7　入力作業／8　分析、そして論文執筆／9　振り返って思うこと

2　地域調査のデータ処理　一次データを読み解く　……………谷　謙二　095

1　データ処理の目的／2　卒業論文での研究テーマ／3　電話帳を使った人口移動の抽出／4　移動パターンの解析と地図化／5　アンケート調査による要因分析／6　卒業論文から投稿論文へ／7　パソコンを使った効率的なデータ処理

3　GISを用いた地域調査　森林管理問題の分析ツールとして　……横山　智　105

1　問題の所在と仮説設定／2　仮説設定と研究手法／3　GISの利用と空間データの構築／4　GIS分析と仮説の修正／5　GIS分析とインタビュー／6　GISを用いた地域調査の考え方／7　GIS分析の今後

4　企業へのインタビューによる調査　………………………………水野真彦　117
製造業の取引において「距離」はどんな意味があるのか？

1　シェーンバーガー論文との出会いから／2　なぜ企業インタビューを用いるか／3　アポをとるまで／4　インタビューの実際／5　論文にするには

5　ライフヒストリーによる地域調査　………………………………湯澤規子　126
「語り＋α」から暮らしを分析する

1　「語り」の中に凝縮されていたもの／2　「表面ではなく」／3　研究手法としての聞き取り調査とライフヒストリー／4　集落調査とライフヒストリーの収集／5　地域に生きた人の顔が見える論文とは―論文執筆のプロセス1／6　紬を織るように―論文執筆のプロセス2／7　「語り」の可能性と限界性―残された課題

6　史料分析による地域調査　過去の空間構造の復原のために　……山村亜希　137

1　地域調査と歴史／2　位置情報の収集と分析―過去の「住所録」を作る／3　地図史料の収集と分析／4　中世絵図の原本調査／5　空間パターンの発見と仮説の構築／6　史料分析と現代の地域

7　地域調査とトライアンギュレーション　…………………………梶田　真　151
押してダメなら引いてみる

1　トライアンギュレーションとは／2　地域における公共事業と地域経済／3　資料収集と仮説づくり／4　資料分析の限界とインタビュー調査の試み／5　振り返って思うこと

第3部　文化・社会の地域調査　161

1　村落社会をみてあるく　第一村人発見！ ・・・・・・・・・・・・・・・・・・・・今里悟之　163
　　1　なぜ、このテーマに？／2　調査の進め方／3　調査中のなやみ／4　論文のまとめ方

2　「伝統性」を考える　産地変化のダイナミズムを捉えるために ・・・・・・・・濱田琢司　174
　　1　「伝統性」への疑問／2　都市と農村と／3　2つの産地と問題の設定／4　フィールドに入る／5　「とりあえず」の産地調査／6　「語り」を考える／7　曖昧だからおもしろい―「決定論的語り」の先へ

3　宗教の空間構造を知る　信仰者はどこにいるのか ・・・・・・・・・・・・・・・・松井圭介　188
　　1　異分野への進学／2　宗教調査の難しさ／3　ゼロからの再出発／4　試行錯誤の連続／5　失敗に学ぶ

4　都市の歴史空間をあるく　「場所」の系譜を読み解くために ・・・・・・・・加藤政洋　199
　　1　都市の周縁へ／2　調査のきっかけ／3　基本文献・資料の収集／4　場所の系譜をたどる／5　都市空間と「場所」／6　論文執筆のあとで

5　ジェンダー化された空間を読み解く　権力関係を見る視点 ・・・・・・・・・影山穂波　207
　　1　ジェンダーの視点と地理学／2　研究対象の設定と資料の収集／3　ライフストーリー調査の開始／4　資料収集の追加／5　枠組みの設定／6　権力関係を見る新たな視点

6　工都に生きる出郷者から学ぶ ・・・・・・・・・・・・・・・・・・・・・・・・・・・・山口　覚　216
　　故郷をともに想いながら多様化する人々
　　1　出郷者の都市的世界を知るために／2　工都尼崎市への近くて遠い道のり／3　与えられた対象―鹿児島県江石会との出会い／4　尼崎市の鹿児島県江石会について／5　都市人が都市で形成した社会集団／6　阪神大震災による「寄り道」／7　聞き取り調査と資料収集／8　尼崎市における「県人会政治」／9　江石会調査を終えて思うこと

7　フィールドとの「距離」と「つながり」 ・・・・・・・・・・・・・・・・・・・・・原口　剛　229
　　寄せ場・野宿生活者のフィールドワーク
　　1　地理学との出会い／2　はじめてのフィールドワーク／3　かかわりのなかで考える／4　釜ヶ崎で戸惑う／5　論点を立てる／6　その後の展開／7　フィールドとの「距離」と「つながり」

8　参与観察の実践　「若者の地理」へのアプローチ ・・・・・・・・・・・・・・・杉山和明　241
　　1　研究のきっかけ／2　テーマと対象の選定／3　調査のなかで学んだこと／4　卒論完成から投稿論文掲載まで／5　今、思うこと

おわりに　250
本書でとりあげた論文一覧　252
索　引　254

第 **1** 部

分野別の地域調査

1	都市の地域調査	003
2	村落の地域調査	013
3	農業の地域調査	025
4	工業の地域調査	034
5	歴史の地域調査	046
6	観光の地域調査	058
7	行政の地域調査	068

　第1部「分野別の地域調査」では、先行研究の蓄積が多く、調査方法や視点がある程度確立している論文を取りあげる。このような研究蓄積が多いテーマに取り組もうとすると、新しい切り口の模索やデータの収集方法など、さまざまな困難に直面する。どのような方法によって、その困難を克服し、新しい研究を確立できるのか、執筆者の経験にはたくさんのヒントが盛り込まれている。

　第1章「都市の地域調査」のテーマは、人口が集積する都市である。これまで都市を対象として、地理学、経済学、社会学、都市計画など、さまざまな分野の地域調査が実施されてきた。その視点も、商業、交通、流通、人口、民族など、多岐に渡る。都市におけるさまざまな人間活動を反映したものが、都市の土地利用である。この論文では、市街地周辺地域が都市的な土地利用へ変化していく動態的なメカニズムを、土地所有者の意思決定に注目して明らかにした。土地利用という研究蓄積の多い題材にいかに取り組んだか、意思決定の主体である土地所有者への調査にはどのようにアプローチすればよいか、その工夫とアイディアは、地域調査に関するさまざまなテーマに応用できるものである。

　国土の広い面積を占めるのが、**第2章「村落の地域調査」**でとりあげる農村や山村などの村落である。そこに住む人々の生活には、持続的に環境を利用するための知恵が長年かけて培われてきた。しかし、可住地の狭い日本では、都市化や工業化の圧力によって、村落の生活が大きく変化してきた。この論文では、都市近郊の山村を対象に、村落共同体としての入会林野の変化の要因を、史料や文献の収集と読解、地域住民や町役場への聞き取り調査から解明している。村落の変貌をうまく説明するための地域をいかに選定するか、そこに至るまでの経緯も、これから村落の地域調査に取り組んでいこうとする読者にとって大いに役立つものである。

　第3章「農業の地域調査」では、村落の産業としての農業に注目する。近年の農業は、

安全な食料の供給や、村落の環境保全などの側面で消費者の注目を集めている。しかし、実際に農業に従事する農家にとって、経済性の追求は依然として大きな関心事である。市場の要求に対応しながら農業経営を維持するために、農家は栽培作物や栽培技術を次々と転換していかなければならない。この論文は、九十九里平野を事例として、施設型の野菜産地が維持されていく要因を、個々の農業経営の変化を分析することから明らかにしている。農業の地域調査は、他のテーマよりも現地調査が簡単であるといわれるが、対象とする農家のデータをすべて揃えるためには、それなりの準備やコツが必要である。

　第4章「工業の地域調査」では、日本を代表する産業である工業をとりあげる。テレビやパソコンなど、私たちが普段使用している工業製品は、多数の部品から作られている。このような工業製品を生産するためには、部品の取引関係や情報の伝達に関わる企業間のつながり、すなわち連関構造やネットワークといわれるシステムの存在が不可欠である。このように工業の地域調査には「企業間のつながりに注目する必要がある」と語るのは簡単であるが、その実態（証拠）を提示するのは大変難しい。この論文は、京浜地域外縁部における大手電機メーカーの外注利用の特徴（連関構造）を、聞き取り調査から得たデータをもとに解明したものであり、工業の地域調査の課題に取り組むための視点とデータ収集に関する多くのノウハウが詳述されている。

　地域調査が対象とする地表面の事象は、空間的な広がりをもつと同時に時間的に絶えず変化するものである。この時間軸を過去へ遡って分析をするのが、**第5章「歴史の地域調査」**である。歴史の視点を取り入れた分野には、歴史学、民俗学、考古学、地理学があり、文字史料、伝承、景観などを史料とする分析は、技法的な専門化の度合いがさほど高くないことから、複数の分野で活用されてきた。とくに地表の景観を対象とする地理学には、実際の現地を訪問して、植生、石碑、古文書、地籍図など、過去の景観の痕跡を見いだす醍醐味を味わえる。この論文では、吉野林業で知られる紀ノ川上流部において、現地調査による史料の収集と分析により、江戸時代初期の畑作景観を復元し、焼き畑作における商品作物栽培の実態を解明するまでの経緯が解説されている。

　近年、地理学をはじめとして、地域調査で卒業論文を執筆しようとする学生に人気のある就職先が、観光関連の企業である。観光の地域調査の対象は多岐に渡るが、観光施設の立地、集客圏、観光の季節性、観光客の客層とレクリエーション行動などが、その中心的な研究課題になる。**第6章「観光の地域調査」**でとりあげる論文は、東京を中心とするマリーナの特性を、利用者の属性とレクリエーション行動に注目して解明したものである。観光に関する地域調査の基本に徹したデータ収集から明らかになった高額所得者層によるマリーナ利用の実態は、興味深い結果である。

　現在、市町村合併と行政改革が急速に進行していることや、高齢化社会の到来と福祉サービスの問題が台頭していることをみると、地域的な行政に関わる研究は今後ますます重要性が高くなるであろう。**第7章「行政の地域調査」**でとりあげる論文は、広島県のすべての市町村からデータを収集し高齢者福祉サービスの需要と供給のバランスを分析することによって、地域的公正のあり方を検討したものである。この研究が公開されるまでのプロセスを読めば、現地調査で得られるデータの重要性が理解できる。また、インターネットで多くの情報が入手できる現代において、いかに現地調査で貴重なデータを得るかを知ることができる。

　以上のような各分野別の地域調査は、料理にたとえることができよう。中華やイタリアンなどの料理が分野であるとすれば、煮物や炒め物などの腕が「切り口（視点）」であり、食材が「オリジナルのデータ」である。腕・食材ともに良いのが理想であるが、腕の良さで食材の不足を補えるし、食材の良さが腕の不手際を補うこともあろう。地域調査のことはじめでは、自分が得意とする方面を伸ばせば良いのである。

（仁平尊明）

1-1

堤　純　TSUTSUMI Jun

都市の地域調査
—— 土地利用はなぜ変わるのか？

本章でとりあげる論文

堤　純（1995）「前橋市の市街地周辺地域における土地利用の転換過程―土地所有者の土地利用に関する意思決定を中心に」『地理学評論』vol.68A-11、721-740頁

　この論文は前橋市の市街地周辺地域を対象に、土地所有者の土地利用に関する意思決定の過程をミクロスケールで分析することにより、土地利用の転換過程、すなわち都市域形成過程の一側面の解明を課題とした。事例地区における土地所有者は、土地利用変化に関する諸要因に対し、個別に意思決定を行なった。意思決定により選択された行動は、大別して売却・活用・放置の3つであった。主要道路沿線などの好交通条件の場所では、土地所有者自身による土地活用が卓越した。これらの土地はマンション・事務所・店舗・駐車場などへ変化した。一方、相対的に交通条件の悪い幹線道路の周囲では、土地売却が集中した。これらの土地は不動産業者の仲介により、住宅に変化したものが多い。市街地周辺地域では、都市的土地需要が多いため、売却された土地と活用された土地のいずれも、都市的土地利用へと転換される傾向が強く、それらの結果、既成市街地が外延的に拡大している。

キーワード：土地利用転換　市街地周辺地域（rural urban fringe）　土地所有　土地利用に関する意思決定　土地相続

堤　純
1969年北海道生まれ、群馬県育ち。筑波大学大学院地球科学研究科博士課程中退。現在、筑波大学大学院生命環境科学研究科教員。専門は都市地理学。論文に「土地所有の変遷からみた札幌市都心部におけるビル供給の地域的特徴」『地学雑誌』vol.113、2004年、「長野市中心部における土地売買に伴う土地利用変化」『経済地理学年報』vol.42-2、1996年、「前橋市の市街地周辺地域における土地利用の転換過程」『地理学評論』vol.68-11、1995年、など。
jtsu@geoenv.tsukuba.ac.jp

1　都市の地域調査とは？

　そもそも、都市の地域調査とは何だろうか。都市は人間活動の集中する場所であ

るから、人間を対象とする人文地理学の様々な分野が絡んでくる。少し考えただけでも都市の商業機能・金融機能やオフィスの集積はもちろん、都市交通網の整備や市街地再開発も主要な分野であるし、エスニック・マイノリティの民族的棲み分けやインナーシティ★1の問題も研究蓄積の多い分野である。

また、都市を対象とする研究分野は地理学だけではなく、経済学や社会学、都市計画なども隣接分野である。そもそも他都市や他年代、他分野との比較考察を進める上では、体系的に整備されている統計資料を用いる方が客観的で都合のよい場合の方が多いかもしれない。

「都市をフィールドワークする」とどうなるか。本書では第2部や第3部において都市社会地理学的な研究分野の紹介があるから、ここでは何を書けばよいだろうか。都市において、泥臭く自分の足で調査する研究テーマとはどんなものがあるか。フィールドワークで入手した情報をどのように文章化するか。フレームワークはどのように考えるか。どのように書けば都市の地域調査のイメージが伝えられるか、思考を重ねた。

ところで、私の主たる研究テーマは都市域（最近はとくに都心部）の土地利用調査を基本としながら、土地利用がなぜ変化するのか（あるいは変化しないのか）について考察することである。その際とくに、実際の土地利用変化に関与したエージェント（≒キー・パーソン）への聞き取り調査を重視してきた。なぜこのような分析視角を採用するようになったか、という点を振り返ってみると、都市の地域調査における課題設定や意義、アイデアなどが説明できるかもしれない。話はざっと10年以上前、私が院生時代に修士論文や博士論文の執筆で苦闘していた頃に遡る。

★1 大都市の中心部に隣接する住宅密集地域を指し、古い住宅が多く低家賃のため低所得世帯が集住する。優良住宅が郊外化した跡地が古いままとり残されることが多く、移民の流入や高失業率に起因する社会問題を抱えることが多い。

2 ｜ 大学院入学とテーマ設定

私の卒業論文のテーマは「群馬県におけるビール工場の立地条件」であった。つまり、大学院で腰を据えて取り組んだテーマ（土地利用研究）は、卒論とは全く異なるものを選んだことになる。

筑波大学大学院へ進学し、高橋伸夫先生の門下生になった。学部時代の恩師・菊地俊夫先生（群馬大学教育学部）に勧められたこともあるが、当時、研究テーマ設定に必要な具体的なノウハウを全く持ち合わせていなかった私は、指導教官の既発表論文を集めに集めて読みあさった。この過程で漠然と興味をもったものが「都市化研究」であった。しかし周知の通り、日本の地理学会では高度成長期を中心に都市化の定義に関する大論争が繰り広げられた。こうした議論を集大成した書籍も複数刊行されていた★2。土地利用図を作成して丹念に説明するスタイルや、農地転用の帳簿と照合したもの、都市化と就業機会の増加との関連や各種法制度からアプローチした論文も多数に上った。都市化研究自体はすでに議論が尽くされてしまったと思えた。

★2 「都市化研究」については、下記の文献に詳しい。
青木栄一ほか編(1979)『現代日本の都市化』古今書院。
山鹿誠次(1981)『新訂 都市地理学』大明堂。
森川 洋(1990)『都市化と都市システム』大明堂。
「都市化」の概念についてはかつて大論争があり、「農村的なものが都市的なものに変化することに限定する」（狭義）という立場と、狭義にとどめず、「都市的なものがより一層都市的に変化（例えば高層化）する」（広義）ことも含めるべき、とする意見が存在した。現在では、狭義、広義の双方とも認める立場が一般的であろう。

3 ｜ バイブルとなる文献との出会い

院生時代、「土地利用図なんて、誰でも描ける」あるいは「土地利用図を年次ごとに何枚か並べ、それらを機械的に説明するだけならば誰でもできる」という類の

ご批判を何度も受けた。前述のように、都市化の議論はすでにし尽くされ（ているように思え）、説明様式にも何ら新しさを見つけられないでいた私は途方に暮れるばかりであった。

そんな折、ゼミの発表後だっただろうか。カナダ人留学生のトーマス・ワルディチュック氏（現トンプソン・リバーズ大学）から1冊の本を紹介してもらった。ブライアントほか（1982）*The City's Countryside* である。この本は農業・農村地理学者として世界的に有名な著者によるものだが、勧められるままに実際に読み進めると、都市地理学的にみても実に示唆に富む本であった。「土地利用変化」「都市化」「都市的影響」「都市内部構造」「（都市近郊）農家調査」など、様々なキーワードを結びつけるヒントをこの本の中に見つけた。当時、語学力も怪しかった私にとって250頁に及ぶ原著本を英語のまま読み進めるには多くの時間を要したが、この本を訳しながら考えたことは、現在でもなお私の学術的思考の根幹をなしている。

この本の著者のブライアントほかの指摘の中で、都市の調査を進める上で最も印象に残ったことは、「土地利用変化の分析には土地所有の調査が最良の指標である」という点であった。都市化を推し進めるような大規模な土地利用変化の前には必ず土地所有変化が先行する。土地所有にみられる変化を指標として都市化を説明することができれば、今までにない都市化の研究につながるかもしれない。一筋の光が見えた気がした。また、売買などの土地所有変化後、数年経っても土地利用が変わらなかったり荒地化したりする現象は、この本によれば「典型的な都市化の兆候」だという。都市近郊で花卉や野菜などの集約的な農業が展開する一方で、すぐ近くにあるほぼ同等の条件の別の土地では施肥の回数が極端に低かったり、手間暇のかからない農作業が選択されていたりする。外見は同じ農地であっても、農家の投資レベルに大きな差がみられるのは、「都市化の圧力」とそれに対応した「個別の農家の行動選択」にあるという。目から鱗が落ちた。都市と農村の境界付近'rural urban fringe'にフィールドを見つければ、この本のアイデアを活かしながら都市化の調査が可能と確信した。学部時代の恩師の専門は農業・農村地理、そして大学院時代の恩師の専門は都市地理であり、私はその中間地点である市街地周辺地域に最初のフィールドを設定することにした。

4 いくつかの幸運

堤（1995）、およびそれを英語で書き直したTsutsumi（2003）、関連論文のTsutsumi（1999）では、都市化を牽引する個々のエージェントの意思決定に着目した。個々のエージェントとは、一連の土地利用変化に関与する当事者（土地所有者や土地購入者）と、それらを仲介する者が代表的なものである。誰がどのようなタイミングで意思決定すると都市化が進むのか。その契機や具体的な条件、最終的な行動に至る意思決定のプロセスはどのようなものか。ここから土地利用変化に切り込んだ。

これらの論文では前橋市役所にて土地所有に関するデータを研究目的で閲覧できたことが成否を分けた。論文執筆に必要な調査は主として1993年〜1997年頃にかけて行なった。「プライバシー保護」や「個人情報」の閲覧に関する当時の情勢は現在ほど厳しくはなかったが、とはいうものの、この種のデータの閲覧を申し出て許可を得たケースは皆無に等しかった。粘り強く交渉した結果、幸運にも、最終的には前橋市役所にてデータの閲覧許可を取り付けることができた。正直なところ、

Bryant, C.R., Russwurm, A.G., and McLellan, A.G. (1982), *The city's countryside, land and its management in the rural-urban fringe*, Longmans, London, 249p.

堤　純（1995）「前橋市の市街地周辺地域における土地利用の転換過程―土地所有者の土地利用に関する意思決定を中心に」『地理学評論』vol.68A、721-740頁

Tsutsumi, Jun (2003), The land conversion process and landowners' land-use decisions in the rural-urban fringe of Maebashi city, *Geographical Review of Japan Ser. B*, 76, 101-118.

Tsutsumi, Jun (1999), Land Conversion due to Decision Agents in an Urban Land Market―A Case Study of Maebashi City, Japan, *Geographical Review of Japan Ser. B*, 72, 23-47.

修士論文執筆時には前橋市以外にも調査対象の候補都市は複数あった。それらの都市には事前にデータ閲覧の許可を申請したが悉く不許可であった。

もちろん、土地所有のデータ自体は市役所だけが独占的に所有するものではない。土地登記の所管機関である法務局が最新情報を保有する。きちんと手数料を払って登記簿を閲覧すれば理屈の上では所有者情報を集めることはできる★3。しかし、何千筆にも及ぶ研究対象地域内の全所有者情報を集めることは金銭的に不可能である。

前橋市役所で閲覧が許可されたデータは土地（課税）台帳であった。当時すでに固定資産税の管理は電算化が進んでいたが、変更箇所のチェックや課内の業務上の理由で紙媒体の台帳が存在していた。さらに幸運だったことは20年近く前の台帳まで保存されていたことである。遡れるだけ古い台帳と（閲覧が許可されたうちの）最新のものを比較すれば土地所有の変化を追えるではないか。

しかし、台帳自体を紙媒体に複写することは当然ながら許可されなかった。そこで、夏休みの2ヶ月近くを使い毎日朝9時から夕方5時まで市役所内の課長席の横に小さな机を借り、そこにパソコンを持ち込んで必要な情報だけをひたすら手入力した。研究対象地域には市街地周辺地域に約2000筆、都心部に約1500筆があった。基本的には各筆の所有者、所有者住所、面積、地目、異動歴について、20年前と最新のものを入力した。異動歴が多かったり、所有者と納税者が異なる土地については別の年代の台帳も適宜参照した。こうして、膨大な土地所有データベースが完成した。

★3 当時の閲覧手数料は（正確には覚えていないが）1筆300円程度だったように思う。これが現在では1筆500円になっており、異動履歴が多く登記簿の書類が厚いものには別途加算料金がかかる。インターネット上で閲覧できる種類の登記簿も増えてきたが、閲覧費用はさらに高額である。ところで、研究目的で登記簿を閲覧する場合は手数料が無料になる場合がある（いわゆる、第7条免除）。札幌市における高層ビルの建築過程を調査した堤（2004）は、この方法により入手した土地の売買情報に基づいている。しかし、閲覧費用の免除申請は誰でも気軽に行なえるものではない。この札幌の調査の場合も学長（学部長でも可能の場合あり）の承諾印を添えて申請を行ない、調査に必要になる範囲の地番、筆番、公図の参照範囲などを細かく事前に申請書に書き込む必要があった。

堤　純（2004）「土地所有の変遷からみた札幌市都心部におけるビル供給の地域的特徴」『地学雑誌』vol.113、125-139頁

5　土地所有という指標と行動論的アプローチ

研究のオリジナリティとは、私は院生当時、既往の研究とは違った視点を提示することだと単純に考えていた。都市化の問題に対して土地所有からアプローチする研究が少ないのなら、この種のデータを手に入れた今、オリジナリティの点はクリアできたと考えた。当然のことながら、夏休み後の最初のゼミは大荒れだった。「既往の研究例にないこと」＝「オリジナリティ」と短絡的に考えていたことが敗因だった。今にして思えば、なぜその研究が必要なのかについての理論武装が明らかに甘かった。

同じ頃、先輩の院生とともに行動論的アプローチのことを考える機会があった。コックス／ゴリッジ（1986）、Golledge and Stimson（1987）、杉浦（1989）らの文献が出た頃であり、切り口の鋭さ、明快さに感銘を受けた。興味をもって関連する論文を読み始めた。せっかく集めた土地所有データがほとんど評価されることなく、なかば現実逃避的に文献を読んでいた感じである。どのくらいの論文を読んだだろうか。高阪（1975）や若林（1985）などにヒントを見つけた。地理学の研究において人間の意思決定を分析に導入することに関しては、1960年代から70年代前半にかけて、計量地理学への批判の中で議論された経緯があった。これらは「空間的プロセスの研究」と呼ばれ多くの地理学者の関心を集めた。しかし、初期の空間的プロセスの

コックス／ゴリッジ（1986）『空間と行動論―地理学における行動論の諸問題』寺阪昭信監訳、地人書房
Golledge R.G. and Stimson, R.J. (1987), Analytical behavioural geography, Croom helm, New York, 345p.
杉浦芳夫（1989）『立地と空間的行動』〈地理学講座5〉古今書院
高阪宏行（1975）「計量地理学の方法論的諸問題―空間パターンから空間プロセスへ」『地理学評論』vol.48、531-542頁
若林芳樹（1985）「行動地理学の現状と問題点」『人文地理』vol.37、148-166頁

研究は、個人の認知や選好★4を過大視しすぎ、諸制約を空間的・社会的枠組みの中で考察する態度を欠いたため（岡本1998）、地理学の研究に応用されることなく1970年代後半には一時衰退した。すなわち、地理学では、人間の認知過程にまで分析対象を広げる空間的プロセスの解明はあまり重要視されず、意思決定過程をいわばブラック・ボックスとして扱うことが一般的となった。

先輩や後輩の院生の中に、時間地理学の手法を自分の考察に取り込もうとしている人たちがいた。行動を規定する諸制約や、その枠内での個人の選好に着目するあたりの議論はとても興味深かった。朧気ながら一筋の光が見えてきた気がした。

★4 選好(preference)とは、社会科学、とくに経済学において使用される概念であり、複数の選択肢の中から特定の選択肢を「選ぶ傾向」とも言える。個人の価値観が経済的合理性と絡めて議論されることが多い。
岡本耕平（1998）「行動地理学の歴史と未来」『人文地理』vol. 50、23-42頁

6 「調べる」⇔「考える」⇔「書く」の往復運動

修士論文の方法論は、「土地所有者の意思決定プロセス」に着目して、いわば既往の研究では「ブラック・ボックスであった部分に踏み込んで都市化を分析する」という方針に決まった。今振り返れば、よく思い切って研究の全財産を一つのフレームワークに賭けたな、と冷や汗が出る。しかし、土地所有に関するデータをすべて入手済ということは大きな支えになった。このデータベースを詳しく調べていると、地域内に数haの規模で土地を所有する大地主の存在が浮かび上がってきた。また、彼らの多くが所有地を大きく減らしていることにも気づいた。そこで、おおむね1000㎡以上の土地の異動（売買や相続）に関与した土地所有者を約30名特定した。

前橋市の都心部から南南東約3kmに位置する前橋市六供地区を事例地区として選定した。ここは国土数値情報の土地利用データの解析の結果、過去10年間で最も都市的土地利用が増加した地区であった。前橋市役所で土地所有データの入力作業をしていた頃、偶然にも六供町住民の職員がいた。雑談の折、詳細な聞き取り調査を六供地区で実施したいと告げたところ、地元の有力な自治会長や大地主、地元選出の市議会議員などの連絡先を教えてくれ、さらに先方へもその職員が橋渡ししてくれた。調査の最初に地元の有力者に会えたことは、その後の調査にとって大きくプラスになった。土地所有データベースから抽出した30名だけに会えば調査は十分という考えもあったが、人から人へ芋づる式に広がるネットワークをとにかく広げることに専念した。会って話をした人は優に100人は越えたと思う。

ここまで書いてくると、聞き取り調査の対象者の大半が農家ということは、都市ではなく農業の地域調査ではないか。都心部の調査は同じような成功は見込めないとの批判もあるだろう。私は今回主として取りあげた堤（1995）を修士論文として執筆したが、その後に前橋市の都心部も同様に調べてTsutsumi（1999）を発表した。都心部の調査も六供町の調査と比べて大きな差は無かったように思う。

現地での聞き取り調査では、自らの所有地にマンションや賃貸用の店舗を建てたり、あるいは最終的に土地を売却するに至った経緯を質問した。1人の聞き取り調査が3時間にも及ぶこともあったが、調査自体はとても楽しかった。聞き取りしながら書き取ったメモは、次の調査者の所に行く前に、記憶が新しいうちにすぐに清書した。どんな質問をして、どんな返答があったかについて要点を整理した。地味な作業だが、実は結構重要な作業である。フィールドで調べ、考え、そして研究室に戻り文章を書いていると調査の不備が見つかる。そして再びフィールドに戻って調べ直す。修士論文の執筆にかけた時間のうち、夏の2ヶ月かけて土地所有データ

を入力したことよりも、「調べる」⇔「考える」⇔「書く」の往復運動の方により多くの時間を割いた。大学院時代は木曜日にゼミがあった。ゼミが終わるとすぐにフィールドに向かい、ゼミ前日の水曜日までフィールドにいるような生活だった。「迷ったらフィールドで考える」「答えはフィールドにある」がモットーだった（図1）。

7　イメージを伝えるテクニック

初めからスマートに調査ができたわけではない。聞き取り調査には生き生きとした話が聞ける楽しい面もあるが、同時に難しさも味わい続けた。当時、フィールドワークのノウハウに関する文献はいくつか出ており、事前の準備を入念にすることの重要性が書かれていた。質問票を用いた（アンケートに近い形式の）聞き取りのテクニックも紹介されていた。調査を始めて初期の頃はこうしたアドバイスに比較的忠実だった。質問票は確かに便利だが、しかしこれを作成するのは調査に習熟しないと無理である。最大の問題は質問票の作成自体にエネルギーを使いすぎ、質問票に書いたこと以外の質問がしにくいことだった。質問票に頼りすぎると、聞き取り時に相手とコミュニケーションを取りながら調査を進めることを等閑視してしまう。これでは自ら調査の幅を狭めているようなものだ。もっと柔軟な発想で調査に臨まないと、せっかく相手が話してくれた重要なことも聞き逃してしまうこともある。こうして辿り着いた調査方法は、どうしても聞き出したいことを5〜10程度箇条書きにした「質問メモ」だけを持参し、あとはその場の雰囲気にまかせながら順不同に質問していく、というものだった。先方が話してくれることをとにかくメモに残す。「会社の概要」「設立年代」「従業員数」「農業経営の変化」「雇用労働力の状況」「都市化への対応」などの質問項目がある場合、聞き取りの相手によって質問の順番は変わる。例えば、すぐ隣に高層マンションが建った土地の所有者へ聞き取り調査をする場合、その会社の概要を質問するよりも先に、目の前の高層マンションを引き合いに出し、「隣のマンションは凄いですね。これはいつ頃建ちましたか？」というように始め（建築年代は当然ながら事前に知っているわけだが、このような取りつきやすい質問から始めると

図1　質問と回答を整理・清書したフィールドノートの例

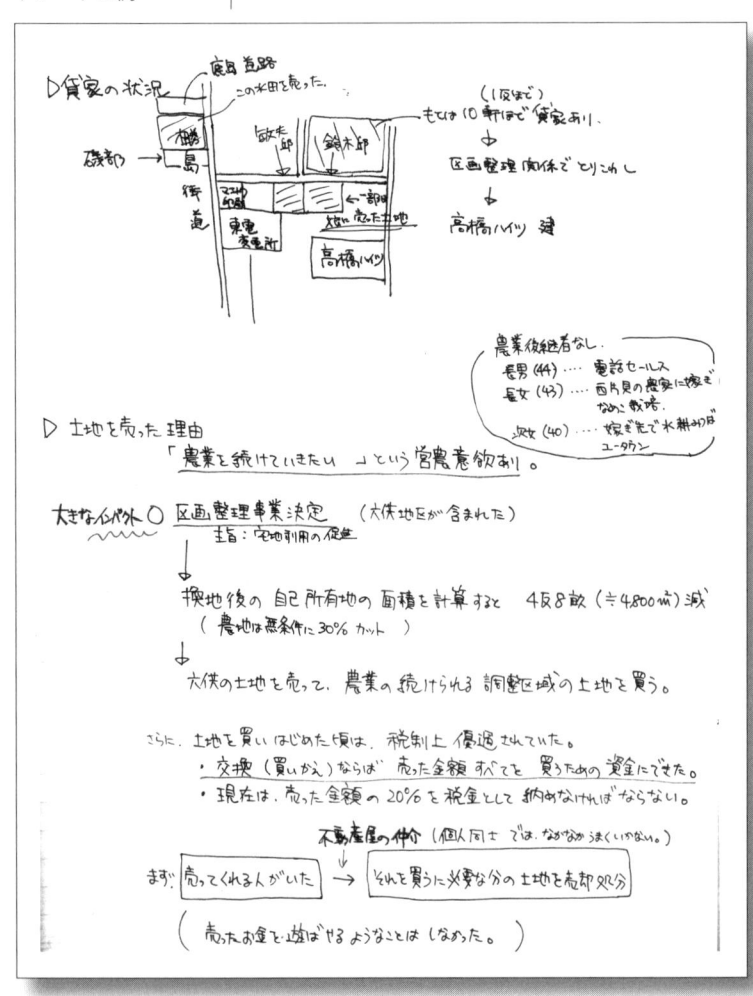

いうこと）、先方の答えを聞きながら次の質問が決まっていく。「この辺りに他にも同じようなマンションはありますか？」「貴方も同じようなマンションを建てる予定がありますか？」「初めからマンション建設の意思があったのか、それとも最近気が変わって建てることになったのか？」などの質問に踏み込んでゆく。こちらが事前におおまかな情報を入手してから調査に臨むと、相手もより多くの情報を教えてくれる。地域調査は自分と同じレベルの人とのキャッチボールのようなもので、速い球を投げれば速く返ってくる。こちらの投げた球が遅ければ、相手もゆるゆるとしか返答してくれない。

「なぜ土地を売ったのか／買ったのか？」「きっかけは何か？」「買収資金はどのように調達したか？」「誰かのアドバイスがあったか？」こういった質問はかなりデリケートな部類に属するから、ストレートに聞いてもなかなか答えが返ってこない。先方にしてみれば、なぜそんなことまで話さなければいけないのかが不可解である。直接の依頼は「都市化の調査」だったのに、気がつけば非常にパーソナルでデリケートなことを質問されている……。聞き取り調査の途中で相手の眉間にしわが寄ることは日常茶飯事だが、プライバシーへの細心の配慮を改めて説明し、そして最終的なアウトプットのイメージを伝えることで質問を再開できることが多かった。

「こういう図表を描きたいのです」というイメージを、既存文献からコピーして持参したり、調査の途中で実際にフリーハンドで描いて示したりした。「こんなデータや情報があれば、こんな図表が描ける。また、その図表からはこんなことがわかる」というプレゼンテーションに力を入れた。「なぜこの土地を売ったのか？」に関する詳細な聞き取りは、「○○年〜○○年における土地利用変化の契機」という分布図になる。この図からは、意外に多くの土地が相続を契機に都市化していることが明らかになる。と同時に、同じ相続を契機とする場合でも、所有者自身による土地活用と土地売買の地点は分布が異なることにも気づく。両者の違いを分ける決定的な判断材料は何なのか。フィールドで考えるうちに、また次の疑問が湧いてくる。

時には、直前のゼミ発表で使った発表資料などもコピーして持参した。調査目的やこれまでの作業の経緯は発表資料に一通り書いてあるので説明が楽になるだけでなく、「あと、ここだけ聞くことができれば、こういうことが言えそうだ」という具体的な結果を伝えたり、実際の調査内容がどのように発表されるのかのイメージを伝えるのに大いに役立った。

また、当時GIS（UNIX版）が研究室に入った直後だった。当時のGISは現在のようにノートパソコンとマウスでサクサク動くというような代物ではなかったが、先輩方とともにおもしろ半分に操作してみた。聞き取りで相手に見せるための図を描く際には大変役に立った。

前述したが、1件の聞き取り調査の後は、よほどのことがない限りすぐに聞き取りメモの清書を心がけた。数をこなすことが目的ではなく、自分の意図したことがきちんと質問できたかどうかのチェックは必要である。その時点でもし不備が見つかれば、その日のうちに再度訪問して簡単な質問をするだけで不備を補うことができる。

8 単純なパターンか？　複雑なパターンか？

調査者への聞き取りメモは大学ノートに清書して1人当たり2〜3ページはあっ

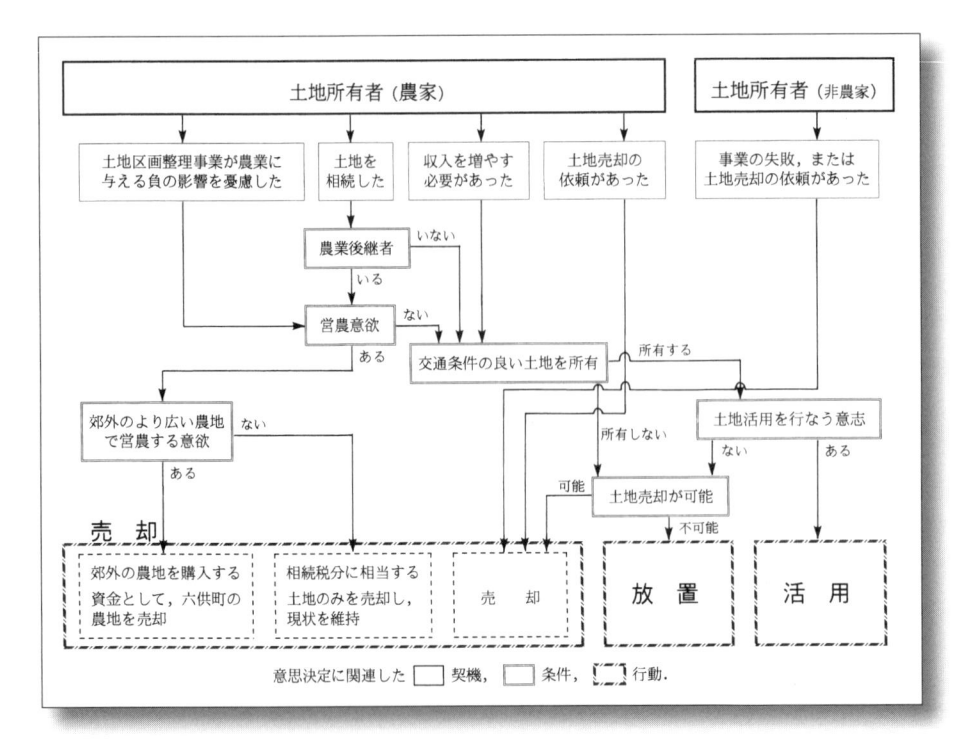

図2 エージェントの意思決定過程のフローチャート

たので、トータルでは膨大な量に達していた。百人百様のまま個々のケースを集めただけではパターン化は難しい。聞き取りメモが緻密であればあるほど全体像が見えにくい。土地を数回に渡り大量に売却した土地所有者もいれば、なるべく土地を手放さずに地域内に留まろうとする土地所有者（多くは農家）も多かった。すべての大規模土地所有者（おおむね1000㎡以上の土地の売買や相続に関与）に共通することは、多かれ少なかれ、すべての所有者が土地を売却していたという点のみであり、それ以外の行動には明確なパターンを見いだせないでいた。

そこで、すべての所有者に共通する土地売却について、具体的な契機をピックアップして一覧表にしてみた。土地相続を土地売却の契機とする例が多かったが、事例地区内で進行する土地区画整理事業による都市化の急伸を嫌ってより郊外の農地への移動を企てたり、店舗用地のための売却話に単純に応じて土地売却したり、単に生活資金確保のために土地を切り売りしたり、子息の大学進学資金のために売却したり……。個別のケースを精査するうちに、「どうして、土地がこんなに簡単に売れるのだろう？」という素朴な疑問をもった。土地所有者が自らマンションを建てたり、駐車場として賃貸する土地活用とはどう違うのだろうか。

院生仲間と勉強していた行動論的アプローチが頭に浮かんだ。一見バラバラにみえる個々の行動は、実は「都市的土地需要」というキーワードで束ねることができるのではないか。大量に土地を売る者もいれば、必要最低限だけを売る者もいる。事業の失敗を契機に全財産を売り払ったケースもある。「土地を売りに出せば、確実に売れる」という事実は、市街地周辺地域に固有の条件といえる。都心では高い地価のために売買が成立しないケースも多々ある。土地所有者は「売却する」という選択肢をもちつつも、所有地の立地条件に基づいて自らマンションや駐車場を供給し、そこから得られる不動産収入を期待する選択肢ももつ。個々が別々にとった行動は、具体的な契機と意思決定の条件に応じて単純に整理できることがわかった。今までブラック・ボックスだった意思決定過程のイメージに、まるで水が澱みなく

流下するように矢印を書き込んだ気がした（**図2**）。

9 他論文への発展

　今回主として取りあげた堤（1995）は市街地周辺地域のみを対象とした論文だが、この論文に都心部の調査を加えて都市域全体に議論を発展させたのがTsutsumi（1999）である。前橋市における都市化の時間的・空間的変化を、エージェントの数・属性、具体的な行動の差異という観点から模式的に表したものが（**図3**）である。

　都市の発展段階が比較的低かった1980年には、エージェントの数や種類は相対的に少なかった。エージェントAとBは市街地周辺地域のみ、CからEは都市中心部でのみみられた。また、各々の選択する行動も自ずと限定されていた。その後、前橋市の都心部および既成市街地は、1980年から96年にかけて拡大した。都市の成長に伴って、以前は市街地周辺地域でのみ卓越していた一部のエージェントが都市中心部へと進出したり、逆に都市中心部において活動していた一部のエージェントが市街地周辺地域へと分散した。その結果、個々の地区ではエージェントの数や種類が増加した。そして、同一種類のエージェントが従来の単純な行動に加えて複雑な行動をも選択するようになった。この理由は、エージェントの増加により、土地利用の変化をもたらす意思決定の契機や条件が多様化したこと、そして、結果的には土地利用に関する意思決定に際してエージェントの取りうる選択肢が増加し、行動様式が多様化したからである。

　例えば、銀行というエージェントは時として土地売買に直接関与するほか、別のケースでは仲介者としても重要な役割を果たす。このように、同一種類のエージェントが都市の発展段階に応じて異なる数種の行動を取りうることは、既往の研究では都心部においてのみ観察される現象であった。しかし、都市成長に伴って都市の内部構造が変容し、かつては農村的な色彩の濃かった地区において都市化が進展し市街地に編入されるに至ると、かつてはみられなかった複雑な行動が、当該地区においても出現することが確認された。例えば、農家という同じエージェントは基本的には地区に留まろうとする。周囲がまだ農地の卓越する農村的な地域であれば、農家は農地の売買は行なうものの、行動の選択肢は非常に少ない。やがて都市化が進むにつれて、同じ農家が土地活用も選択するようになる。事例地区にみられる多様な地域的条件は、個人の行動の前提となる社会構造を構成するだけでなく、同時にその行動の結果でもある。個々のエージェントが地域的な条件に基づいて行なう意思決定は、今度は別のエージェントの意思決定にも影響を与える。こうして展開する行動の再生産を通して、地域的な条件も絶えず変化していく。

図3　エージェントの意思決定からみた都市発展の模式図

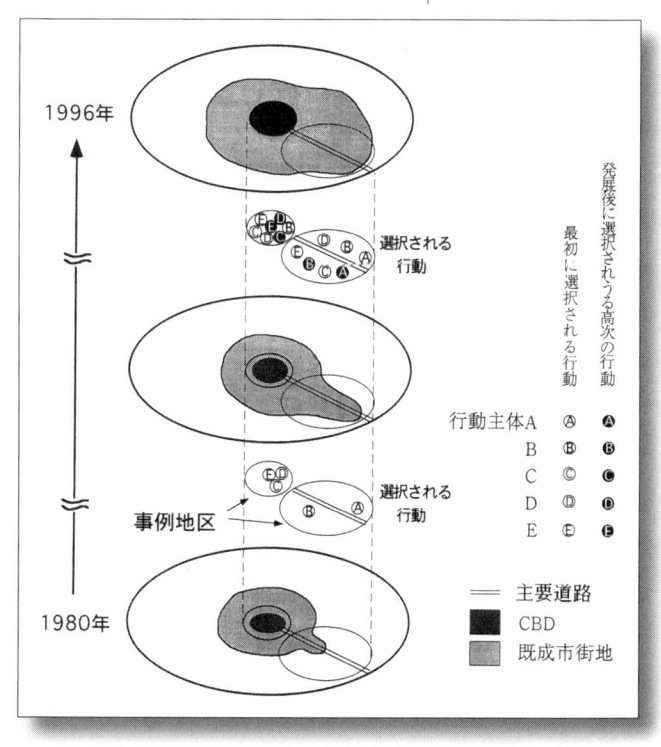

社会学者のギデンズによる構造化理論のフレームワークも大いに参考になった。

10　これからの都市の地域調査

　都市の調査は農村部に比べて難しいといわれる。とくに、大都市になればなるほど調査対象者のガードが固くなるといわれる。確かに、私が修士論文や博士論文を執筆していた1990年代に比べれば、昨今は「プライバシー保護」や「個人情報」に関して社会全体が敏感になっていることは間違いない。その影響から、昔はできた調査が現在は困難になっているケースも多々あるだろう。ただ、誤解を恐れずに述べるなら、これは程度の差こそあれ、いつの時代も調査にはついてまわることではないだろうか。要は調査者と調査対象者との間の信頼関係の問題である。10年前は閲覧できた資料が現在は法律で非公開になっているとしたら、もうそれで調査は不可能なのだろうか。

　いや、そうとも言い切れない。携帯電話を駆使してアポイントを調整すれば、10年前よりははるかに効率良く調査ができるかもしれない。ベースマップとして使う地図も、昨今は電子媒体で入手できることが多くなった。また、それらの電子化された地図をGISと組み合わせれば、効率よく調査を進めたり、情報を整理しやすくなるだろう。フィールドワークで最も重要なことは、失敗にめげずにフィールドに通い続けること、そして様々な現象のメカニズムを解明したいという情熱をかけることではないだろうか。

おすすめ文献

戸所　隆（1986）『都市空間の立体化』古今書院
山下宗利（1999）『東京都心部の空間利用』古今書院
氷見山幸夫・岡本次郎編（1992）『土地利用変化とその問題』大明堂

1-2

中川秀一　NAKAGAWA Shuichi

村落の地域調査——変わりゆく風景のなかで

本章でとりあげる論文

中川秀一（1995）「愛知県藤岡市における入会林野の再編成と機能変化」『人文地理』vol.47-1、46-65頁

　入会林野近代化法による入会林野の整備形態の地域性に関する議論に着目しながら、高度経済成長期以降の都市に近郊する山村の変容を明らかにした。1966年に施行された入会林野近代化法によって、全国で5586件、面積にして503,375haの入会林野の所有権が整理され、個人分割または生産森林組合などの協業体による所有へと移行した。その整備のあり方に関する地域性については、山村の地域性と関連した議論があり、東西の地域性についてはすでに明らかにされている。他方、大都市に近接する地域のパターンについては、議論の余地があった。本稿では、全国規模での地域性について再検討した上で、大都市近郊では整備が進展していないことを示し、それが入会林野の都市的利用への転用によるものであることを、整備が行なわれた事例と比較対照しながら明らかにした。大都市近郊で急速な変貌を遂げる近郊山村において、入会林野は機能を変化させながら、村落の紐帯としての機能を維持していた。

キーワード：都市近郊山村　入会林野　入会林野近代化法　窯業原料

中川秀一
1966年生まれ。名古屋大学大学院文学研究科博士課程単位取得退学。現在、明治大学商学部教員。専門は農村地理学、林業地理学。論文・共著書に、『内陸中国の変貌—改革開放下の河南省鄭州市域』ナカニシヤ出版、2003年、「都市—山村システムの架け橋を担う新規就労者—『知識』をめぐる林業の転換に関して」『林業経済』2003年、「林業への新規就労とその対応」『経済地理学年報』1996年など。
shu1@kisc.meiji.ac.jp

1　郊外から山村へ

　例えば、郊外の住宅地を抜けて、国道をさらに進んでいくと車窓の風景がいつの間にか移り変わっているという経験は誰しももっているものだろう。広がる田畑や身近な森林、家屋の形態などに、「田舎に来たな」とか「のどかな農村景観だな」

というような感想を抱いたりする。しかし、列車や自動車を降りて少し歩いてみると、それとはまた違ったその地域独特の雰囲気が強く感じられることもある。いったいそれは何だろう。

　例えば、山間地の集落を訪れると、急傾斜地の耕作地、棚田や段々畑、逆にそうした耕地がほとんどない集落などに目が留まる。「ここで人々はどんな生活を送っているのだろう？」　かつて各地でみられた焼畑も、当時の研究者の関心を惹きつけてやまないものだっただろう。それらの著作は、今でもかつての山村の生業と景観を蘇らせてくれるような気がする。村落形態や家屋の形態や神社などの配置に関する諸研究も景観の深層を理解する手がかりになるだろう。

　それにしても自分はどうして村落をフィールドとする研究を行なうようになったのだろうか。そしてまた今も研究をしているのだろうか。この稿を起こすにあたって、そんなことを考え、思い返していた。フィールド調査をするひとつの理由は、調査ということで村落というフィールドを訪ねることそのものにある。それは言葉や概念を通じて先学の研究から理解されたことを追体験し、さらには実態に即して新たに感得されることを見出す喜びである。そこから自分の理解の仕方でそれを自分の言葉で表現する道筋を求めることが、私にとってフィールドでの調査を通じて研究を行なう重要なモチベーションとなっている。

　また村落を選ぶのは、自分のこれまでの生活経験の中にひとつの理由があるのだろう。おそらく少なくない同世代の近い人たちがきっと共有しているに違いない、こどもの頃の身の回りの風景の共通項……都市の郊外に造成された住宅地、砂埃をあげる国道の向こう側にあるため池や竹やぶのある里山、その合間にある水田、地蔵堂や神社の境内のひんやりとした空気……。

　自分の家族が郊外の集合住宅から一戸建てへと転居をした頃、同級生たちも同じようにいろいろなところへと転居していった。みんな高度成長期前後に大都市に流入した地方出身者が経験するようなライフコースをたどる家族だったのだ。国道は舗装され、風景もどんどん変わり、当時住んでいた人たちはもうみんないなくなってしまった。それだけにあの風景は何だったのだろうという思いを今でもどこかで引きずっているところがあるのかもしれない。しかしもちろんそれだけではない。

　地域調査にもとづく村落の研究はさまざまな観点から、多様な学問領域でおこなわれてきている。村落の社会関係に関する研究は地理学のみならず、社会学などの他分野においても多くの蓄積があるし、土地の所有関係などの経済構造は経済学、生業や慣習については日本民俗学を中心に研究がなされてきている。村落の形態や立地に関する研究は地理学分野で盛んにおこなわれてきたが、農山漁村あるいは近郊農村や離島の村落など、ひとくちに村落といっても多様であり、さらには海外をフィールドとする場合も含まれる。このように村落の地域調査は多様であり、それぞれにその研究方法も異なっている。

　ここでは私自身のささやかな経験をたどりながら、（いささか個人的ではあるが）村落をフィールドワークすることがなぜ、どんなふうに面白いのかを、私なりに述べてみたいと思う。

2 ｜ フィールドワークに目が覚める

　この本を手にしている方々は、少なくとも地域調査に関心を持っている人たちだ

ろう。これからはじめて地域調査を始めようとするところなのだろうか、それとも少し始めてみたけれどうまくいかなかったという経験がすでにあるのだろうか。地域調査は結構大変だし、思ったとおりの結果がつねに得られるとは限らない。むしろ、思いがけないことに出会い、驚かされることが多い。そんなとき、「地域調査は難しい」と思う以上に、その面白さを味わえるように私は思っている。調査が「うまくいった」と感じられるのは、その思いもかけなかったことがなぜなのかをさまざまな点から検証し、理解できたときだからである。調査以前に自分の中で出来上がってしまっていた思考の枠組みが、自らの目で見て感じとっている現実によって新たに組み替えられる経験が、地域調査の醍醐味ではないだろうか。だからあらかじめ思ったとおりに調査が進んでいるときには、何か調査の仕方に問題があるのではないかと感じることもあるし、調査が終わっても達成感に欠けることさえある。新しい発見を得られなかったのではないかと不安になるのだ。

（1）地理学教室へ

　なぜそんな、思ったとおりにうまくいっているときに満足できないような、へんな感じ方をするのかを考えてみると、それは地理学教室との出会い方にあるような気がしてならない。私の学生時代は、バブル経済期にあたる。ニューアカデミズムなどといって、新しい時代思潮が現れてきていた頃で、ポストモダンなどという言葉もそのころ流行っていた。私もなんとなくそんな現代思想に関心を寄せたりしていた。分かったような分からないようなことをなんとなく分かろうとして、本を読んでは友人と語り合うのを楽しみにしていた。しかし、他方で薄々と違和感を感じていたのも確かだった。今にして思えば、「生まれ育った環境とアイデンティティとの結びつきの解体」をいうポストモダンの考え方を郊外で生まれ育ってきた自分に重ね合わせる一方で、その状態を脱したい、どこかに自分の寄るべきところがあるのではないかという満たされない欲求をも感じていたのではないかと思う。

　専門分野として地理学を学び始めたのはそんなころだった。なんとなく文学を志していたつもりが面白くなくなってしまって、それでも当時よく読まれていた『都市空間のなかの文学』（前田1982）やそれをベースにした国文学の演習（2年次）の受講を手がかりに、地理学教室に入室した。当時はそれほど確固とした志望理由があったわけではなかった。

前田　愛（1982）『都市空間の中の文学』筑摩書房

（2）手探りの地域調査とテーマ探し

　そんな私にとって、はじめての地域調査は、地理学教室での調査実習を通じてだった。突然降ってわいたような、まるで「事件」だった。当時の私が在籍した大学学部では、2年次の後期から研究室に配属されたが、講義以外にはほとんど研究室とは接点がない。それが2年次の春休みに、実習旅行に出かけるのでテーマを決めて報告するようにといわれたのである。どうしたものかと困惑しながら、とにかく研究室に出かけていった記憶がある。研究室ではすでに同級生たちが学会誌の頁を捲っていた。

　そのときに決めたのが「都市近郊農村」とか「都市－農村交流」というテーマだった。いざ自分がどこかで何かを調べるというときに、子どものころの自身の体験がまず思い浮かんだのだった。『農村計画学会誌』などを参考にしていた気がするが、テーマの報告会では、不用意に使った「村落共同体」など、言葉の定義の問題を中心に、しっかりと、厳しく指摘されて恐れおののいてしまった。しかし、ま

ずは、村落がどのようなものかを検討する必要があるということになったと思う。そして最後に「中川君がみたいと思っている村落を平場（ひらば）で見出すのは難しいかもしれない」ので山間部の集落を訪ねてみてはどうかと勧められた（2年次春。広島県での調査）。とにかく出かけて、集落の世帯悉皆（しっかい）調査をし、シイタケ栽培農家への聞き取り調査を行なった。そして四苦八苦の試行錯誤の末、実際の成果はともあれ、「これは面白い！」と強く感じたのである。それは「過疎」とか「むらおこし」というような文献に書かれていたことがらについて、実際に自分自身が当事者の方々から話を聞くことができたというささやかだが確かな手ごたえや満足感だった。それとともに、今にして思えば、見ず知らずの人が自分自身について時間を割いて話をしてくれたり、協力してくれたということがうれしかったのだという気がする。これが村落でフィールドワークの面白さに気づくきっかけだった。おおげさにいえば、ぼんやりとしか感じることができなかった「社会」と個人との関係について、実際に地域の中で社会を構成し、それを動かそうとする人々とその営為にじかに触れ、「目が覚めた」というような感覚だった。

同じように3年次でも調査実習があった。このころはすでに『日本の山村』（藤田1981）などの地理学における山村研究を少し読みはじめており、「山村はとても興味深い研究対象ではないか」と考えるようになっていた。そんなとき「入会林野に着目してみてはどうか」（愛媛県での調査）という助言を得て、さらに具体的なテーマ設定をすることにした。相馬（1962）などの先行研究を参考に、「焼畑と入会林野」について現在の状況を調査しようと考えた。

現地で紹介してもらった郷土史家の方に導かれるままに焼畑の痕跡をたどり、集落文書を見せてもらったりして入会慣行の実際に触れた。確かに入会林野は、山間地で家々が結びついて村落が成立していることを端的に表しているものだった。それを目の当たりにして、驚き、目を開かれることばかりであった。ただ、それは期間も短く（3泊ほどだった）、ある先生には「何をテーマにしてどう明らかにしようとしているのかが分からない」と叱責された。確かにその当時の私は、村落の幻影をたどるばかりで、学術的な研究課題にアプローチする段階には達していなかった。まだ覚束（おぼつか）ない足取りで読み始めたばかりの文献によって知り得た事象について、思い描いていたものとの差異を少しずつ確かめながら歩く地域調査だったのだ（**写真1**）。

写真1　はじめて見た入会関係の文書
入会林野のあるところならたいていこのような文書を保管しているが、はじめて見せてもらったときはとても驚いた。山林の場所と大きさや入会慣行の内容が記されており、入会集団の構成員の名前が連ねてあることが多い。ほかにも分割利用している場合のルールと配分を示した割山帳（わりやまちょう）や規約が変更されたり、山林組合として組織が設けられている場合にも資料が残されており、それらをみていると、入会山の利用を通じて村落とそれを取り巻く状況の変化が読み取れる。
（愛媛県面河村相ノ木集落で複写を収集）

藤田佳久（1981）『日本の山村』地人書房

相馬正胤（1962）「四国山岳地方における焼畑経営の地域構造」『愛媛大学紀要　第4部社会科学』vol.4-1、3-79頁

3　どこで調査するか―地域調査を始める前に

地域調査をどこで行なうのかを決めるのは、はじめて調査研究をしようとしているような場合には、越えることが結構難しいハードルなのではないだろうか。少なくとも村落の研究の場合、研究テーマと調査地とは深く関係していることが多いように思われるからである。

経験があってテーマも確立されている人なら、あらかじめテーマと調査地はある程度結びついて設定されていることが多いし、時間や費用の面で余裕があれば予備的な調査を重ねた上で調査地を設定することも可能だろう。しかし、卒業研究や研究レポートを作成しようとする学生の場合は、必ずしも時間や費用の面で余裕があるわけではないだろう。もし、学生ならば、調査実習などの機会に深め得た関心を持続させ、経験を生かしていくことでこのハードルを低くすることができるかもしれない。

　先に述べた愛媛県での調査実習で入会林野の調査をした際に資料収集に出かけた愛媛県庁で、入会林野近代化法（「入会林野等に係る権利関係の近代化の助長に関する法律」）による整備に関する資料を見せてもらう機会があった。「これはあれのことだな」とすぐに気がついた。整備の動向を示した図表からは明瞭な地域性が読み取れるように思えたが、そのときは十分な調査には至らなかった。

　「あれ」というのは、『歴史地理学紀要』に掲載されていた藤田・渋谷（1981）論文であった。その概要は、3年次のときに読んでいた『日本の山村』にも示されていたもので強く印象に残っていたものでもあった。入会林野の整備の動向に地域性が反映するというその論文は、村落の地域性とも関連して、私の関心を惹きつけていた論文のひとつだった。しかし、そのことを研究するとして、どこで何をすればいいのか。これまでの地域調査は、教室であらかじめある程度決められた地域の範囲の中で調査地を決めていくという、あくまで調査の実習に過ぎなかった。卒業研究からは、自分で研究目的を設定し、ふさわしい調査対象地域を探すのである。

藤田佳久・渋谷直幸（1981）「兵庫県丹波地域における入会林野の再編成」『歴史地理学紀要』vol.23、159-190頁

（1）文献資料の収集と分析

　はじめの調査実習での手ごたえを手がかりに、先にあげた先学以外の山村研究の論文についても地理学関係の雑誌に掲載されている論文を少しずつ読むようになっていたことで、2度目の調査実習の際に気がつくことも増えていた。人文地理学分野の文献を探すには、『人文地理』誌に毎年掲載される「学界展望」が役に立つ。少し前の文献を探すには、『経済地理学の成果と課題』や『地理学文献目録』を用いるのが一般的だろう。しかし、村落に関する研究は地理学分野のみで行なわれているわけではない。そんなとき優れた展望論文があると、研究対象に関する他分野も含めた領域を視野に入れた研究動向を理解することができる。入会林野については法学や法社会学分野、林業経済学分野でも多くの調査研究があり、著書もたくさんあった。幸いにもこの分野に関する膨大な文献を整理した展望論文が出ていたおかげで（藤田1977）、どんな文献があるのかを知ることができた。しかし、あまりにも多くて、とても読みきれるものではないと悩んだ挙句、学生時代に読むことができたのは比較的新しいものについてのみであった（武井ほか編1989など）。それでも基礎的なことがらしか理解できなかったが、地理学分野の文献のみでは知ることのできない不可欠の知識を得ることができた。

　そして、この入会林野の整備の地域性が林野の所有制を介した村落の地域性と関わっているであろうということを研究してみようと漫然と思いはじめてはいた。それをどんなふうにどこでやったらいいか。とりあえず、入会林野の近代化の地域性について、都道府県単位で検証してみることにした。先行研究ではその地域性について、地方単位で分析されていたからである。県単位のデータはないのかとも思っていたが、意外にも『林業統計要覧』という比較的よく見かける統計書で数値を拾うことができた。結果は、基本的に先行研究を支持するものであったが、一点だけ、

藤田佳久（1977）「入会林野と林野所有をめぐって―土地所有から土地利用への展望」『人文地理』vol.29-1、54-95頁

武井正臣・熊谷開作・黒木三郎・中尾英俊編（1989）『林野入会権―その整備と課題』一粒社

検討の余地が残されているように思えることがあった。三大都市圏に相当する府県には、先行研究に示されていない特徴が認められることに気づいたのである。

このときはこれを起点に何か書けるのではないかという期待と、そんなこれまでに言われていないことを明らかにできるのかという不安な気持ちとの両方を感じていた。そこでこのことに関連する文献はないかと、さらに文献サーベイを行なった。地理学関係ではない分野に類似の指摘をするものを見つけたときは、やはり先に取り上げている人がいるのだとちょっと残念に思ったり、このことを論じる上での味方を見つけたような心強い気持ちにもなったりした。それは、大都市に近いところでは、「入会林野近代化法」による整備は進展しないと考えるべきではないか、というものであった。ある先行研究は、その要因を入会林野そのものの減少（土地の転用による）に求めていた。また、別の先行研究は、生産森林組合など協業組織へと整備されるとし、その要因を近隣への人口流入から説明していた。自分が全国レベルで検討した結果は前者を支持していたが、まだ実証的には明らかにされていなかった。

幸い自分の暮らしていた愛知県も大都市を含むパターンの中に含まれていたので、まずは入会林野の近代化に関する愛知県のデータを収集してみることにした。県庁の関係課に連絡を取って、出かけていき、どんな研究をしたいかを説明した。このときは一生懸命説明した。そのときに奥の方からとりだしてきてもらった資料をみたときは、こんなものがあるのかと小躍りしそうな資料だった。1967年に愛知県が行なった、県内の入会林野の実態調査票だった。入会林野近代化法は1966年に施行され、その実施にあたって、円滑に進めるべく、当時の県が調査したものだということだった。台帳面積や沿革、所有形態、入会慣行の内容などを市町村ごとにまとめられている、入会林野近代化法による整備の開始段階での、県内の入会林野の概要が摑めるものだった。その後の整備実績に関する資料についても、県庁の職員の方に親切に教えてもらい、容易に収集することができた。こうして県内レベルで入会林野近代化による整備の地域性を検討した結果も、マクロスケールで得た仮説を裏付けるものだった。

そこから現地調査の対象地域を選ぶのには、そんなに迷いはなかった。実際に整備を行なった事例がどのようにして整備を行なったか、その上での困難や障壁はどのようなものであったかを、整備に取り組んだ事例とできるだけ同じような条件のものについて比較検討すればよいと考えたのである。そのような都合のよい条件にふさわしいと思われる事例は限られていた。

（2）フィールドワークに出かける前に

さぁ、いよいよフィールドに出かけよう！といきたいところではあるが、それではあまりに闇雲に過ぎる。ある程度の地域の概要について知っておくことが必要である。そのようなときに手がかりになるもののひとつは地方誌（史）である。たいていの場合は時間をかけて、できる限りの資料を集めて執筆されたものと考えられているといえる。ただ地方誌（史）は数十年に一回ぐらいしか編纂されないのが通常である。したがってつねに新しい情報まで網羅されているとは限らないので注意が必要である。この調査事例の場合、存在した町誌（村誌）は1974年に刊行されたものであり（藤岡村1974）、やや古いものであった。特徴的だったのは、巻末に詳細な集落誌が掲載されていたことである。この集落誌によって、町村レベルよりもさらに小さなスケールでの地域性、事例とする村落の沿革などを知ることができた。

村落の調査をする場合には、近代以降を考えるときにも、藩政村としてどのようなところだったかといった歴史的な成り立ちについて知っておくことが役立つことがある。町村誌で不十分な場合は、郡史や県誌などのより広い範囲での史誌類にも思いがけない情報があることもある。ここで比較対象とした事例は、明治初期には異なる村に属しており、やや複雑な合併過程をたどっていた。入会林野については、こうした町村の合併過程に関する情報は不可欠なものといえるだろう。

　町村誌が網羅していないような現在に近い時期の情報については、必要かつ可能な範囲で集めて近年の動向を調べておく。『国勢調査報告書』によってある程度の人口動態を知ることが可能だし、村落の場合は『世界農林業センサス』やより小さなスケールでは『農業集落カード』をみておくと概要を知る手がかりとなる。特に『農業集落カード』は、集落の農業生産以外の状況についても情報を得ることができる。ただ入会林野に関する項目についての数値の正確さは、そもそも登記されていないことも多く、正確な測量がなされているとは限らないこともあり、あまり信憑性を期待することはできないようだ。「ある」か「ない」かという程度に思えばいいのではないだろうか。森林に関しては各県から『林業統計書』が出ているので、それを用いるのがいいだろう。

　以上の統計類に限らず、すぐに手にしやすいもので調査対象に関して関連があると思われるものならば、他の統計類もみてみるといいだろう。この事例の場合、現在は豊田市に合併しているように、工業都市に近いため、『工業統計表』も検討してみた。しかし、事業所数が少数のため、秘匿項目（数値が「Ｘ」になっている）が多く、あまり参考にはならないとそのときは思った。実はこのことは、対象事例の特徴を把握する上で、肝心な点を見落とすことにつながっていたのだが。

　そのほかに先行研究などで用いられている対象地域周辺の森林に関する明治期の資料などを求めて愛知県の史料編纂所などを探し回ったりもした。どんな資料を使って先行論文が書かれているのか、もしかしたら役に立つのではないか、さらにはそういった資料を見ていなければ論文を書いてはいけないのではないかというような思い込みもあった。半日以上書庫にこもって、ホコリにうずもれたような薄い報告書を見つけ出したときには、県の職員の人も驚いていたし、自分でもうれしかったが、それはちょっとやり過ぎだった。結局この研究に役立ったかといえば、あまり役立ったとはいえなかった。

4 ｜ 悲喜こもごものフィールドワーク

　現地ではまず役場で地域の概況について市町村の要覧や地図を見ながら話をしてもらうことにしている。事前に調べておいた内容の確認や疑問に思ったことについて、地元の人に聞けばわけもなくすぐに解決することも少なくないからだ。

　この研究ではじめて現地の役場を訪問したときのことである。この地域の産業について尋ねると「以前は「土」しか売るものがなかった町だから」という答えが返ってきた。「土」が窯業原料のことだとすぐに分かるだろうか。土地の転用のことを考えていた私は、「「土」を売るって、土地を売ることですか？」と聞き返すと、むしろ役場の人が少し困ったようすで、窯業原料のことだと教えてくれた。確かに村誌にそのような記載はあったが、わずかなページしか割かれていなかったように思っていた。しかし、ここはかつて窯業原料生産がきわめて盛んに行なわれており、

特に事例として取り上げようとしていたところは代表的なところだという。そんなふうには読んでいなかった……（**写真2**）。

（1）試行錯誤を繰り返す

　はじめの役場での聞き取りでは、頭の中が真っ白になってしまった。ここはあの自動車工業都市として知られる豊田市の近傍（現在は合併）だという思い込みで事前の下調べをしていたのではないか、地図をしっかりとみて考えてみれば、峠を越えるとよく知られた窯業産地である瀬戸や東濃(とうのう)産地に隣接しているのだと悔やまれた。

写真2　大正期のサバ（窯業原料）生産の様子
豊田市藤岡町で創業していた山内水簸工場（水簸(すいひ)とは粘土の精製方法のひとつで原土の乾燥−粉砕−溶水の作業を繰り返しおこなう方法である。現在ではトロミルによっておこなわれるようになったが、かつては多くの人力と広い土地を必要とした作業であった）。昔の写真があると現在はみられないことについてもどんなことなのか思い浮かべやすい。
（山内隆男さん提供）

　役場の人は親切に、窯業原料産地としてのこの地域について、町の教育委員会などが作成したさまざまな資料を見せ詳しく話してくれた。また、この地域で起きた水害が窯業原料生産をしている集落に大きな被害を出し、窯業原料生産に関する資料の多くが失われたこと、村誌はその後で編纂されたために窯業原料生産に関する記述が少ないことなども教えてくれた。このできごとから、この地域は瀬戸や東濃の窯業産地への原料供給地から、工業都市豊田市の近郊へとシフトしてきた、その地域変化の中に入会林野を位置づけるという、研究対象地域のフレームを意識して考えることができるようになった。

　このあとは大学の講義の合間を縫って（サボって）、土日も休まずに調査のために足しげく現地に通うようになった。調べれば調べるほど、調査しなければいけないことが次々と現れてくるような気がした。入会林野については役場で地元の詳しい人を紹介してもらって訪ねていった。小学校の先生をしていたという杉田宇一先生には、分からないことがあるとお宅にお邪魔してお話をうかがったり、近所の詳しい人を紹介してもらったりしてとてもお世話になった。ある日連絡を取ると、まもなく入院予定なので分からないことがあればできるだけ近日中に来るようにとのことだった。4年生の春先で就職活動の日程も重なっていたが、そんな場合ではない。訪ねていくと、先生は床に臥せておられたが、起き上がっていつものように話をしてくれた。そのお姿を、今も時々思い出すことがある。

　窯業原料生産を行なう工場にも聞き取りに出かけた。こちらは電話帳で片っぱしから電話をしてみた。電話帳に載っているところでも、今は操業していないところも少なくなく、なかなかアポを取ることができなかったが、電話をしたついでに操業時期などを聞いてみることで、この地域で窯業原料生産が盛んに行なわれていた時期を確かめることができた。実際に訪ねていって話を聞かせてくれた工場では、何も知らない学生が訪ねてきたことを面白がってか、仕事中にもかかわらずいろいろな話をしてくれた挙句、かつて窯業原料生産の動力として用いられていた水車が当時まだ残っているところまで案内してくれた。

　入会林野を売却して造成された工場用地に立地したアイシン精機㈱にも、雇用の状況について尋ねに出かけた。民間の大きな会社は敷居が高いかと思っていたが、意外にも快く受け入れてくれ、従業員名簿などの資料を見せてくれた。農繁期に対応して、地元からの雇用は準社員が多いということだった。「農繁期」は、まだこの地域の生活の中で意味を持っているのだと思った。

　同じように、入会林野を売却して造成されたゴルフ場にも訪ねていった。地元か

らはキャディさんとして女性を雇用していること、通勤の便を補うためにマイクロバスを運行していることなどが印象に残った。

　こうしてみると、この地域の人びとはどのようにして生計を立ててきて、そして入会林野が転用されることによって、どのような生活の変化がもたらされたのだろうかという思いが湧いてきた。そして、2年生のときの調査実習のことを思い起こし、できる限りたくさんの人に会って仕事の履歴を聞いてみようと思い立った。夏休みに入り、少し時間に余裕ができたこともあった。住宅地図を片手に、各戸を一軒一軒回ってみることにした。

　各戸を訪ねてみると、新しい家が多かった。入会林野を売却した収益が配分されたことも理由のひとつであったが、ごく小規模な宅地開発がところどころで行なわれており、そこに越してきた豊田市方面への通勤世帯もみられた。想像していたように、工場などができたことでUターンしてきた跡継ぎの人たちもいた（**写真3**）。

　ある古い小さな家を訪ねたとき、中から野太い荒れた声で返事があり、酔っぱらった中高年の男性がよろけながら出てきたことがあった。怖くなって早々に退散しようと思ったが、用件を聞かれたので答えると、なぜか近所のプレハブの建物に案内された。そこは自動車部品を製造する小さなプレス工場で、10人ほどの中年女性が働いていた。「この人たちはお金もちなんだよ」と言い残して、男性は千鳥足で去っていった。そこにいた女性が少し事情を話してくれたが、むしろその後、ある新築の戸建住宅に訪問したときにその女性に再会し、よりよく事情が飲み込めたような気がした。発展を続ける都市の近郊にある山間の村落は急速な変化を遂げつつあり、その対応の差異が社会的に不安定な状況を生み出していることを肌身をもって知らされたできごとだった。

　夏休みを過ぎると入会林野に関するアンケート調査票をも携えながら、11月に入ってもこの「仕事調査」を続けていた。日は短くなり、お宅を訪ねていくころには日が暮れているということも多くなっていた。そんなとき、訪問先で「外は寒いだろうから」と心遣いをいただいたりすると本当にうれしいものだ。秋風が木枯らしのように感じられるようになった調査終盤の時期、あるお宅でいただいたおでんの温かさは今も忘れられない思い出である。

　こうした調査の仕方は、論文の本旨に沿ったものでは必ずしもなく、後に学会誌に投稿する際にはほとんど反映されなかった。要領の悪い、ずいぶん迂遠な調査で人に勧められるものではないが、この調査によって対象とする地域の相貌をようやく把握することができた。はじめて地域調査をする場合には結論を先に考えて要領よく進めることを目指すばかりではなく、思いついたら何でも調べてみようと行動してみてもいいのではないだろうか。

（2）続いていくフィールド……

　この論文を学会誌の投稿論文にすることにしたのは大学院の後期課程に入ってからなので、卒業論文を提出してからは数年の月日が流れていた。補足調査をしようとまず杉田宇一先生に電話をしてみた。「先生はお元気になられただろうか？」と。残念ながら少し前に先生は亡くなっていた。卒業論文を書いた後、礼状は書いたけ

写真3　手ぞりを用いた伐出方法について実演してもらっているところ
現在も瀬戸・東濃に向けた薪作りをしている。背景にも注目。新たな宅地化はそこまで進んできている。
（2005年8月　筆者撮影）

写真4　森林計画図をもとに地図を作成しているところ

森林簿や森林計画図は役場や森林組合などで学術研究目的としての利用・閲覧を申請する。森林簿は記号化されているとはいえ、個人情報データなので取り扱いには十分な注意を要する。森林計画図は縮尺5000分の1の地図で民有林内の林班、小林班、枝班まで詳細に区分が示されている。大きな地図なので縮小した図を写真のように継ぎ接ぎして用いている。森林簿データはもちろん森林計画図も近年はデジタル化されているところもあるが、デジタルデータの利用は困難なようである。

れど、原稿はそのまま放置していたことが悔やまれた。なんとかかたちにしてご霊前にお供えできないかという思いを、現地での補足調査再開のエネルギーにした。調査地では卒業論文作成当時にお世話になった人を再び訪ねて、不足している資料を探していった。中には山林組合の会計資料など、出しにくい資料だったのではないかと思われるものもあったが、事情を説明すると提供していただくことができた。

　地図については作り直した。林野や林地の一筆一筆について、樹種や所有を調べて地図化する方法は、卒業論文の作成時には分からなかったが、修士論文を作成した際に経験してできるようになっていた。土地の所有状況に関しては、地籍図をもとに土地台帳または土地登記簿のデータを載せていく方法がとられることが多いと思う。林野に関しても同じ方法が可能であるが、森林簿と森林計画図の開示を得る

ことができれば、作図はより容易で、森林に関する他の情報も重ねることができる。ここでは町全体の森林の概況については後者の方法で作図し、森林からの土地転用を含む集落レベルでの地図は、前者の方法で作図した。ただし、こうした作図をする際には、森林簿の林班などと土地台帳などの地番との対応関係に気をつけることが必要である。両者は一致していないことが多いからである（**写真4**）。

そのころ、調査対象地域である藤岡町をフィールドに、先輩や後輩も地域調査を始めていた。同じフィールドを子どもの生活空間の認知の観点（大西1999）や、ハチ取りと昆虫食の観点（野中2005）から見ると、まったく異なった姿が見えてくる。フィールドを共有することで自分が調べた地域に多様な方向から光が当てられることで新たな姿がみえてくるのは、とても興味深いことだと感じられた。

さらに今年（2006年）、藤岡町は豊田市と合併した。かつての町村合併により藤岡町（村）が生まれて百年目の節目の年でもあるということであった。百年誌を作るということで、森林部分の執筆に参加することになった。執筆委員会に出席すると、再度、卒業論文を作成したときにお世話になった方々に出会うことができた。役場で窯業原産地であることを教わった太田伊津夫さん、秋風吹く卒論調査の際におでんをご馳走になった加納保高さんも百年史の編纂にご協力いただいている。ここでは新たに林野所有の変遷から、深層で進行してきた地域変化とその問題性に接近しようと取り組んでいる。

大西宏治（1999）「手描き地図から見た子どもの知覚環境―山村の事例」『新地理』vol. 47-1、1-13頁

野中健一（2005）『民族昆虫学―昆虫食の自然誌』東京大学出版会

5 山村から郊外へ

フィールドワークは現地の方々のご協力をいただかないと成り立たない。この研究でも本当にたくさんの方々にお世話になったことは、ここまでに書いたとおりである。村落での私のフィールドワークは、基本的に知らないことを教えてもらう立場での調査の仕方だ。そのことは心がけて、いつも忘れないようにしているつもりである。それにしても当時はどんなところにでも「知らないから」とよく訪ねていったものだ。そのことの良し悪しは別として、「自分の専門は○○だから……」などとつい言い訳するようになっているのではないかと、最近の我がことを思う。

はじめてこうした地域調査を行なうときは、とにかく自分で手探りでやってみるしかない面もあるであろう。「よし、やってみよう」と意を決するのには、先生や先輩からのアドバイスや同級生同士の励ましが大きな力になった。どこにどんな資料があるか、どんなふうに文献を探すのか、フィールドワークに出かけるときの手続きは……。ここまで述べてきたことのほとんどすべてについて、特に年齢の近い先輩からアドバイスを受けなかったことはひとつとしてなかった。フィールドに出ると思いがけないことに多々出会う。何かあるたびに現地からまず研究室に戻っては、誰かに話を聞いてもらっていた。同級生同士は互いに立場の分かり合える一番話しやすい相手である。何に困っているかお互いに相談し合ったりした。また、研究室には助手の先生が遅い時間までいて、よく話を聞いてもらったものである。話をするだけで、ついさっきまでの思いもかけない困ったできごとが新しいヒントのように思えてきたりもしたのだ。

他方、郊外で生まれ育った自分に「郊外を研究対象にしたらどうか」と冗談半分にいわれることも以前はあった。しかし、地理学を学ぶ人は不思議なもので、自分の育ちとは違ったところをフィールドとする傾向があるような気がする。田舎で

第2章 村落の地域調査

育った人が都市を、都市で育った人は田舎をフィールドとするというように。

　すでに探検の時代ではないけれど、人には「ここではないどこか」を探し求めるようなところが、どこかにあるのかもしれない。幻想ではあるかもしれないけれど、そこに身をおいてその場所のことを深く知ることによって、自分が知らないまだ見ぬ自分自身の姿を探りたいというような欲求である。また、「まだ見知らぬところ」の探求は地理学的研究の動機のひとつといっていいのではないだろうか。それは時代によって変化する地域の姿であってもよいだろう。変わっていく村落の研究には、その両面があるのではないかと思う。

　卒業論文でここを訪れてから18年が経ち、今も関わりあいながら調査研究をさせていただいている。周辺での住宅団地の建設はさらに加速して進み、町の様子はずいぶんと変わった。どんどん変わっていく風景のなかで取り残されたような、事例集落の地区センターの建物のある神社の境内で巨木を見ていると「ここはむらだったのだ」という声がどこからか聞こえるような気がする。村落でも都市でもない、あいまいな空間である郊外へと移り変わっていくさまを見てきたのだ。私もそこで暮らす人たちと同じ住民としてではないが、調査研究をする者という立場で関わりあってきた。村落で調査するということは、もはや自分の生活の仕方なのだとこのごろは感じるのである。

おすすめ文献

池　俊介（2006）『村落共有空間の観光的利用』風間書房
池谷和信（2004）『山菜採りの社会誌―資源利用とテリトリー』東北大学出版会
古島敏雄（1967）『土地に刻まれた歴史』岩波新書
関　満博（2002）『現場主義の知的生産法』ちくま新書
浜谷正人（1988）『日本村落の社会地理』古今書院
藤田佳久（1981）『日本の山村』地人書房
宮本常一（1964）『山に生きる人びと』未來社

1-3 農業の地域調査 —— 農家が品種を変えるとき

仁平尊明　NIHEI Takaaki

本章でとりあげる論文

仁平尊明（1998）「千葉県旭市における施設園芸の維持と技術革新」『地理学評論』vol.71A-9、661-678頁

　この論文では、千葉県旭市における施設園芸を事例に、近年における農作物の産地がいかに維持されるかを、個々の農家における革新技術の導入過程に注目して明らかにした。旭市においては、1960年代後半から施設型の野菜園芸が盛んになり、1980年代以降は施設園芸農家数と栽培面積がほぼ安定した状態になる。事例地区における施設園芸農家は、2世代揃う家族労働力、平均37aの施設、水稲作との複合経営を経営基盤としつつ、近年、花卉園芸に転換したり、野菜類の新品種を導入したりして、農業経営を維持してきた。花卉園芸や野菜類の新品種を先覚的に導入したのは、施設園芸2代目の男子後継者を有する農家だった。この後継者たちは、旭市外部の先覚的な生産者グループ、種苗会社、卸売市場など、広域的な範囲から情報を収集してきた。

キーワード：施設園芸　農業経営　技術革新　先覚者

仁平尊明
1971年茨城県生まれ。筑波大学大学院博士課程地球科学研究科修了。現在、東京都立大学都市環境科学研究科教員。専門は農業・農村地理学、アメリカ地誌学。著書に『中央日本における盆地の地域性』[分担執筆]、古今書院、2006年、『アメリカ大平原』[分担執筆]、古今書院、2003年、など
nihei@tmu.ac.jp

1　このテーマの魅力

　個人的には、農業の地域調査の魅力は、自然に囲まれた、いわゆる田舎でフィールドワークができることにあると思う。研究室にこもって論文を執筆していたり、研究発表の準備をしていたりすると、「ああ、フィールドにでて、緑に囲まれた見晴らしのいい農村へいって、存分に調査をしてみたい」と切望したりする。

　農業の地域調査の特徴は、食料生産や環境問題など、社会的に関心が強いテーマ

を取り扱うことにある。また、農地は国土のなかでも広い面積を占めるため、農村の景観や土地利用など、経済的な生産性以外の役割も重要である。さらに、農業の地域調査を経験すると、スーパーマーケットなどで目にする生鮮野菜やその他の食料品に興味を持ったり、農村をドライブしたときにその景観や土地利用を楽しめるようになるだろう。

2 │ テーマを決めるまで

さて、この章で紹介するのは、「千葉県旭市における施設園芸の維持システム」というタイトルで、1996年2月に筑波大学に提出した修士論文をまとめたものである。ここでは、この論文を題材にして、テーマの選定、フィールドワーク、論文作成までを時間の経過に沿って説明したい。

まず、テーマの選定であるが、私は卒業論文で、郷里に近い茨城県友部町のキク栽培を対象とした。修士論文でも、花卉園芸の研究を続けようと思い、大学院1年生（1995年）の2月9日に開かれた修論の構想発表ゼミでは、房総半島の館山市の花卉園芸を対象にすることを発表した。2月下旬に館山市へ行き、農協、花卉園芸農家、農業改良普及所、市役所などを訪れて、産地の概要を知るための簡単な聞き取り調査をしたり、統計資料を実施した。

そのとき、安房農業改良普及センターの普及員が、「花をやるなら、海匝の旭にいってみたら。ここよりずっとおもしろいよ」といった。九十九里平野北部の旭市は、キュウリ、トマト、イチゴなど、野菜類の施設園芸が盛んな所である。しかし、この数年、花卉園芸が急激に伸びているとのことだった。

この言葉をきっかけに、3月上旬に旭市を訪れた。野菜が栽培されているビニルハウスの中に点在して、切花や鉢物を栽培している施設を確認できた。施設の中の農家に簡単な聞き取り調査をすると、いずれの農家も以前は野菜を栽培していたという。「これらの花卉栽培農家は、どうして野菜から花に変えたのだろう？」……そんな素朴な疑問から、旭市の花卉園芸を対象にすることを決めた。

3 │ 統計資料・論文の収集

3月から4月にかけて、主に統計資料を収集した。大学内でコピーを入手したのは、農業センサス、農業集落カード、作物統計、中央卸売市場統計などである。また、海匝農業改良普及センターに行って、市内の栽培作物について独自に収集している資料を閲覧させてもらった。これらの統計から分かったことは、旭市では、施設園芸農家数・施設面積とも、1970年代に急増し、1980年代以降横ばいになっていることである。また、施設で栽培される作物は、古い順番から、冬春トマト、キュウリ（＋夏秋トマト）、イチゴ、ミニトマト、花卉類が導入されてきたということだった。

論文は、農業経済学などの他分野のものを含めて、ひろく目を通すようにした。読んだ論文は、Excelなどの表計算ソフトを使用して、目的、方法、データ、結果、結論、今後の課題などを簡単にまとめた一覧表を作成した。なお、この一覧は修士論文を提出した後にファイルメーカーというソフトでデータベース化し、現在でも

活用している。

　集めた論文の中でも、愛知教育大の松井貞雄先生、伊藤貴啓先生、旭川大学の荒木一視先生が発表したものは興味深く、何度も繰り返して読むことにした（伊藤1993；荒木1996；松井1967）。論文を読む際には批判的な視点が必要というが、当時の私がこれらの研究について感じた批判的な第一印象は、次のようなものだった。まず、伊藤先生の地域システム論は複雑で、当時の私にはよく理解できなかったし、荒木先生のフードシステム論は他分野の視点をそのまま引用しているようだった。また、松井先生の産地形成論は、フィールドワークから得られたデータに基づいた綿密な考察と、論旨のわかりやすさから感銘したが、すでに農家数・栽培面積がすでに横ばいになっていた1990年代の旭市には適さないだろう。そこで、旭市の施設園芸はなぜ維持されているか、そのシステムを解明してみようと思った。とくに深い考えがあったわけでなく、維持という言葉を伊藤先生・荒木先生の論文にあったキーワードに繋げただけであった。指導教官からは「おまえはイージーゴーイングだ」といわれた。それぞれのキーワードを深く考えるようになったのは、論文を執筆するようになってからだった。

伊藤貴啓（1993）「愛知県豊橋市におけるつま物栽培の地域的性格」『地理学評論』vol. 66A、303-326頁

荒木一視（1996）「北海道旭川市における野菜産地の成長」『人文地理』vol.48、427-448頁

松井貞雄（1967）「渥美半島における温室園芸の地域形成と地域文化」『地理学評論』vol. 40、409-425頁

4　フィールドワーク

（1）準備したもの

　フィールドワークで準備したものは、まずは、フィールドノート、地図、空中写真、名刺、カメラである。さらに、多色ボールペン、帽子、長袖のシャツ、歩きやすい靴、保険証、学生証、画板なども必要である。

　フィールドノートはB5サイズの大学ノートであるが、4冊がひと束になった厚いものを購入した。その表紙には、「フィールドノート」と大きく書いて、自分の名刺をのり付けした。地図は、地形図（5万分の1、2.5万分の1）、都市計画図（1万分の1、2500分の1）、ゼンリン社の住宅地図、昭文社の旭市の地図である。都市計画図は旭市都市計画課から無償でいただいた。空中写真は、対象とする集落を決定した後で、4倍に拡大したものを1960年代から約10年ごとに購入した。都市計画図と住宅地図は、A3サイズでコピーしたものを張り合わせて、1枚の大きな地図にした。

　カメラについては、写真に興味がなかったのだが、論文やプレゼンテーションに使えるということで、大学院に入学した時に購入した。景観写真の撮り方は1994年に一緒にアメリカを旅行した石井實先生に教えていただいた。その内容は石井（1988）などに詳述されているので参照してほしい。出版にも使えるような景観写真を撮るコツは、たくさん撮影することだと思う。

石井實（1988）『地理写真』古今書院

（2）公的機関への聞き取り調査

　大学院2年の4～6月にかけては、主に公的機関への聞き取り調査を実施した。訪れたのは、海匝農業改良普及センター、旭市役所農水産課、旭市農業協同組合千葉県農林部、関東農政局千葉統計事務所であった。これらの期間では、旭市や千葉県全体の園芸農業の動向、歴史的な経緯を訪ねたり、地域のリーダー的な農家、話好きな農家を紹介していただいた。

　これらの機関で聞いた産地の基本的な情報は、その後の農家への聞き取り調査の際に役立った。こちらが産地の情報をあらかじめ勉強していれば、農家もより多く

写真1　千葉県旭市におけるイチゴの夜冷庫
（1995年9月15日撮影）

の情報を伝えてくれる。また、土地の区画整備事業や施設園芸団地の建設など、それぞれの公的機関が旭市の施設園芸に果たした役割を聞いたことは、修士論文を執筆する際に役立った。なお、公的機関への聞き取りの際には、襟付きのシャツを着るようにした。見た目がきちんとしていれば、たくさんの資料をもらえるかもしれないと思ったからである。

（3）農家への聞き取り調査（予備調査）

6月には、公的機関への聞き取り調査と同時に、施設園芸農家への聞き取り調査を実施した。これは、生産や栽培作物変遷について、概要を知るための簡単な予備調査である。花卉類（切花、鉢物など）をはじめ、キュウリ、イチゴ、ミニトマトなど、旭市全域のさまざまな施設園芸農家を訪ねた。

予備調査で面白いと思ったことは、切花を始めた農家は、種苗会社から苗を購入していること、同じ切花栽培でも、20年以上前（1970年代）からガーベラ栽培に特化する集落があったこと、施設での野菜栽培農家から企業になった植木会社もあること、同じ野菜の生産をつづけていても、品種や栽培技術は絶えず変化していること、直売所などで個人販売をはじめたイチゴ農家があることなどであった。現地でのいろいろな発見によって、自分の興味の対象がますます分からなくなったこともあった。

旭市をはじめ、日本のイチゴの多くは高値で販売できる冬季に出荷される。そのためには、苗を低温処理して人工的な春をつくることによって、開花期をコントロールする。以前、旭市のイチゴ苗の低温処理は、高冷地育苗（標高1000ｍを超える栃木県の鶏頂山や戦場ヶ原）だった。それが、1980年代後期から農家の庭先でも低温処理できるように、エアコンを備えた夜冷庫による夜冷育苗が普及した（写真1）。さらに、イチゴ栽培農家のなかには、直売をはじめたり、花卉園芸に転換したりするものがあらわれた。このような現実社会の変化を知ることが、フィールドワークの魅力の一つだと思う。なお、関東地方でイチゴを家庭菜園で自然に育てた場合、6月頃に実をつける。

（4）対象地域の選定

有名な雑誌に掲載されている農業の地域調査に関する主な論文をみると、統計資料、論文などの文献、農家への聞き取り調査のデータの割合が、1:1:3程度になると思う。この法則に従うかどうかは、これから論文を作成しようとする読者の自由な判断であるが、いずれにせよ農家への聞き取り調査が重視されることを覚えておいて損はない。

農家への聞き取り調査は、筆者の場合、市内に点在する花卉園芸農家を対象とするか、花卉園芸農家が集中する一つの地域を対象とするかという選択があった。前者は人文地理学的な視点であり、取得するデータの信頼度を考慮すれば、対象地域のすべての花卉園芸農家を対象とする必要がある。一方、後者は地誌学的な視点で

あり、対象地域のすべての農家を対象にする必要がある。旭市に約100軒あった花卉園芸農家への聞き取りは時間的に不可能であると思い、とりあえず、後者の方法を採用して、旭市南東部の野中地区を対象にすることにした。

6月に旭市農政課に行って、修士論文を作成するために使用するという事情を話して、野中地区の全農家のリストをいただいた。その際、それまで公表してきた学内紀要の抜刷と、卒業論文のコピーを渡して、農家の個人情報が公表される心配はないことや、修士論文のデータは地域の農家の発展のために活用できることを、担当の役員に説明した。

（5）農家への聞き取り調査（本調査）

7月中旬から3週間かけて、農家への聞き取り調査を実施した。役所でいただいた農家リストには32軒の農家があり、11軒が施設の花卉栽培農家、10軒が施設の野菜栽培農家、11軒が施設園芸以外の農家（水稲、畜産、露地野菜）だった。なお、調査の途中で分かったことだが、11軒の花卉栽培農家のうち5軒は花卉をやめて野菜に戻った農家であり、後に論文を執筆するにあたっては、このことが考察を難しくした。

農家への聞き取り調査は企業への聞き取り調査と比べて簡単だといわれるが、周年的に農作業をこなす施設園芸農家は年中忙しいため、サンプルはなかなか集まらなかった。1日に聞き取り調査を実施できた農家の数は、多いときで3軒であった。すべての農家に断られて、一軒も聞き取り調査ができなかった日もあった。電話でのアポイントメントはとらず、玄関先で断られた時に、都合がよい日を訪ねることにした。調査者の顔をみせたほうが、誠意が伝わると思ったからである。

聞き取り調査では、大きな地図を開いて耕地の分布や出荷先などを聞く必要があったので、圃場（ほじょう）ではなくて、農家の自宅を訪れるようにした。農家を訪れた時間帯は、主に農業従事者が自宅にいそうな時、すなわち、昼食直前、昼食直後、夕食前とした。それ以外の時間は、土地利用調査、景観撮影、図書館や公的機関での補足的な資料収集をした。調査のうまく行かない日には、地区内にある矢指ヶ浜海岸（やさしがはま）で昼間からビールを飲んで昼寝をして、気晴らしをしたこともあった。調査を断り続けられた農家を毎日のように訪れて、ついに聞き取り調査をできた日には、なんともいえない充実感を得た。

（6）補足調査

9～12月にかけては、補足調査を行なった。この時期は論文の執筆をすでにはじめている時期であり、フィールドワークで漏れていた情報にふと気がつくときでもある。私の場合、とくに農家への聞き取り調査で聞き忘れたことが多かった。不足していた情報を得るために再度訪れた農家からは「あんた、またきたの？」といわれたが、「それじゃあ、修士論文のために協力してやるか」と、親切に対応していただいた。

農家への聞き取り調査を実施するために、聞き取り調査票（**図1**）を作成した。何年にどのような作物（品種・栽培技術）を導入したかすぐに分かるように、年表の横に農業経営の内容を書けるようにした。また、あらかじめ対象地域の農家数分コピーして、農家の名前を記入しておくことで、すべての農家をまわるための動機付けにした。なお、調査票の原寸はB4サイズであり、書き込みには多色ボールペンを使用した。

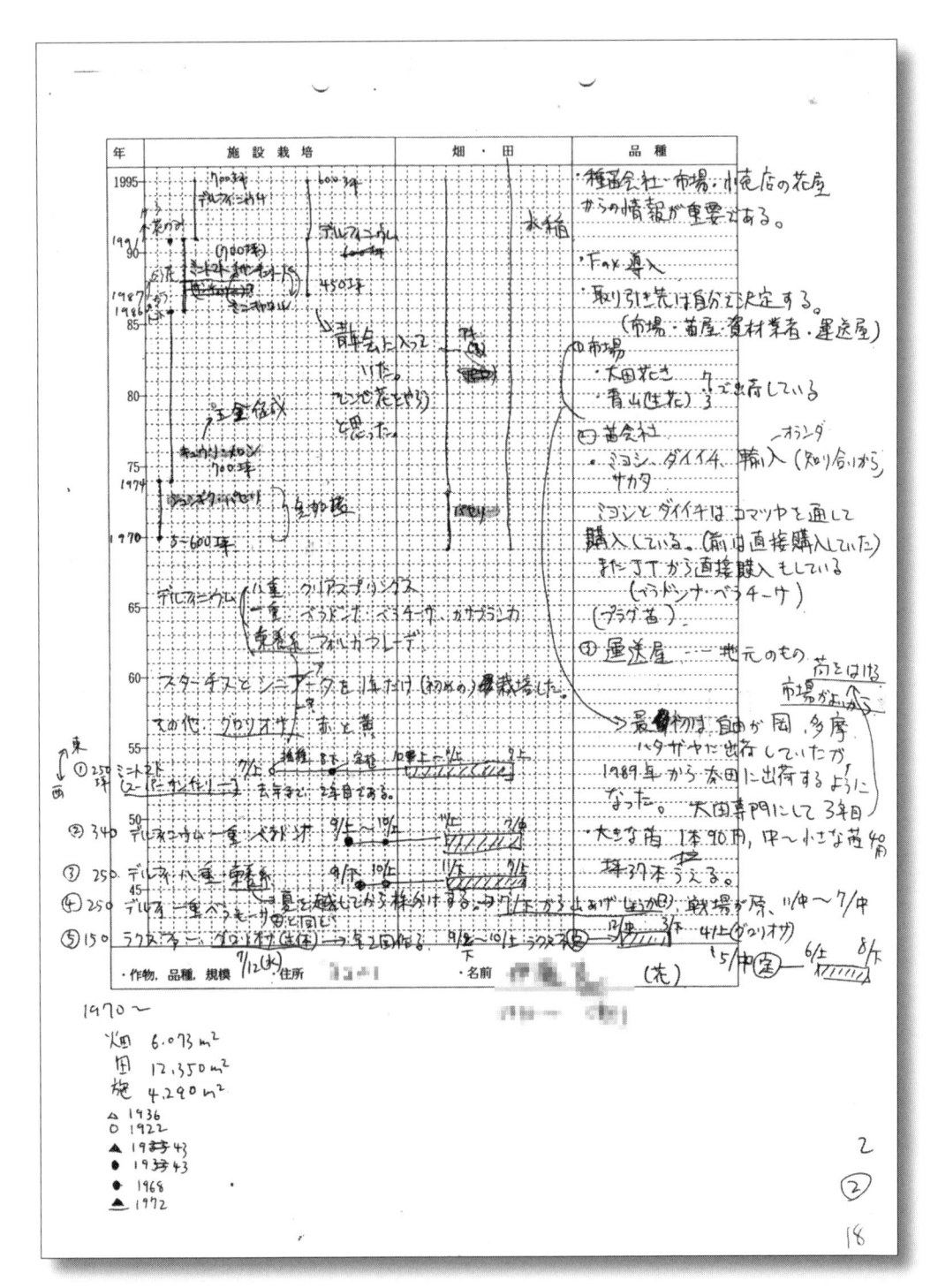

図1 聞き取り調査で使用した調査票

　年代を尋ねるとたいてい元号で返事が返ってくるので、調査票は元号の方がよいかもしれない。また、「10年ぐらい前だ」とか、「もう20年になるよ」というようなあいまいな答えに対しては、東京オリンピックや万博などの社会的なイベントや、娘が結婚した年などの個人的なイベントを聞いたりなどして、正確な年を把握するように努めた。本人は10年前だと思っていたことが、実は20年前であることが分かって、対象者自身も驚いていたということもあった。

5　論文の執筆

（1）論文の構成

　論文構成の基本は起承転結（目的、方法、結果、考察）である。しかし、最初からフレームワークを想定するのは難しい。そのようなときには、有名な文献の構成をまねてみるのも良い。ここで紹介した論文の構成は、Ⅰはじめに（目的・方法）、Ⅱ施設園型野菜園芸産地の展開（結果その1）、Ⅲ野中地区における花卉園芸の経営基盤（結果その2）、Ⅳ施設園芸農家における革新技術の導入（考察）、Ⅴおわりに（まとめ）である。これは、前述の松井先生の花卉園芸の論文を踏襲し、内容に応じて章のタイトルを適宜変えたものである。農家への聞き取り調査をよりどころにして論文を作成すると、結果が長くなって、考察があいまいになる傾向があるが、初めての論文作成ではそのことをあまり気にする必要はないと思う。

（2）とりあえず書く

　文章の執筆には多大なエネルギーが必要である。執筆がなかなか進まないときには、とりあえず、1日30分だけパソコンに向かうとか、400字詰め原稿用紙1枚分だけを書くなどの割り当てを課したりした。また、文献表や謝辞など、書けるところだけを書いたりした。どうしても考えがまとまらない時には、論文の執筆とはまったく関係ない友人と話をしたり、小説を読んだりもした。現在では最初にフレームワークを考えて、目的から論文を執筆できるようになったが、修士論文を書いていた頃は、結果の章から記述をはじめていた。

（3）原著を読む

　論文を執筆していると、普段何気なく使用している日本語や専門用語の意味をきちんと考えるようになる。日本語は広辞苑などの辞書を引けばよいが、専門用語は、考えすぎてよく分からなくなることもある。そのようなときには、専門の論文ではなくて、原著を読むことにした。

　農業の地域調査の場合、お薦めする本は、生態学のオダム（オダム、E. P. 1974；オダム、H./オダム、E. 1978）、環境問題のカーソン（1974）、食料問題のレスター・ブラウン（1995）、システム理論のベルタランフィ（1973）、構造主義のレヴィ＝ストロース（1972）などである。これらに目を通せば、「環境」「システム」「構造」などの言葉を躊躇なく論文で使用する自信がつくだろう。

（4）地図の表現技術

　大学でフィールドワークに関する科目を履修して、卒業・修了後に社会で活躍しようとする学生にお勧めしたいのは、地図の作成方法をしっかりと勉強して、就職活動の時にその技術をアピールすることである。ここで紹介した農業の論文では、土地利用図が最も大きな地図である（**図2**参照）。その作成過程は、2500分の1都市計画図のコピーへの現地での書き込み、色鉛筆による清書、ロットリングペン[★1]を使った清書、デジタルマッピングだった。地図表現の具体的な技術は、浮田・森（2004）や安仁屋（1987）が参考になる。

　ところで、「地図が読めない女性」というタイトルがついたベストセラーがある

オダム、E. P.（1974）『生態学の基礎』三島次郎訳、培風館

オダム、H./オダム、E.（1978）『人間自然エネルギー』市村俊英監訳、共立出版

カーソン、レイチェル（1974）『沈黙の春―生と死の妙薬』青樹簗一訳、新潮社

ブラウン、レスター・R.（1995）『だれが中国を養うのか？―迫り来る食糧危機の時代』今村奈良臣訳、ダイヤモンド社

ベルタランフィ、フォン（1973）『一般システム理論―その基礎・発展・応用』長野敬・太田邦昌訳、みすず書房

レヴィ＝ストロース、クロード（1972）『構造人類学』荒川幾男ほか訳、みすず書房

★1　なお、日本ではこの名前で売られているが、ドイツ語rot（英語のred）の発音はロートが正しい。

浮田典良・森三紀（2004）『地図表現ガイドブック―主題図作成の原理と応用』ナカニシヤ出版

安仁屋政武（1987）『主題図作成の基礎』地人書房

が、地図を読むことが苦手だからといって、女性が地図を敬遠する必要はない。私の授業での経験では、細やかな作業が多い地図の作成については、女性の方が綺麗な作品を仕上げることが多かった。

(5) 出来上がった論文の公表

ようやく大学に提出した修士論文は、1996年3月の日本地理学会の春季学術大会と、同年4月の経済地理学会の例会で発表した。その後、記述の分量を減らして、大学院3年生の9月に『地理学評論』に投稿した。この論文が掲載されるまで、丸2年の時間が過ぎた。そのあいだ私は、海外調査のための語学の勉強や、博士論文作成のためのエネルギー効率の計算に没頭していた。今になって考えれば、大変のんびりした態度だったと反省している。

論文の数が評価される現在、執筆のスピードが大切である。投稿した論文が学会事務局から戻ってきたら（リジェクトでない限り）、修正する箇所は修正して、修正できない箇所は修正できない理由を述べて、速やかに返送するべきだった。また、公表された論文を後で読み返すと、考察がうまくまとまっていないことに気がついて恥ずかしくなった。2002年にその点を修正して、英文でもう一度発表した（Nihei 2002）。

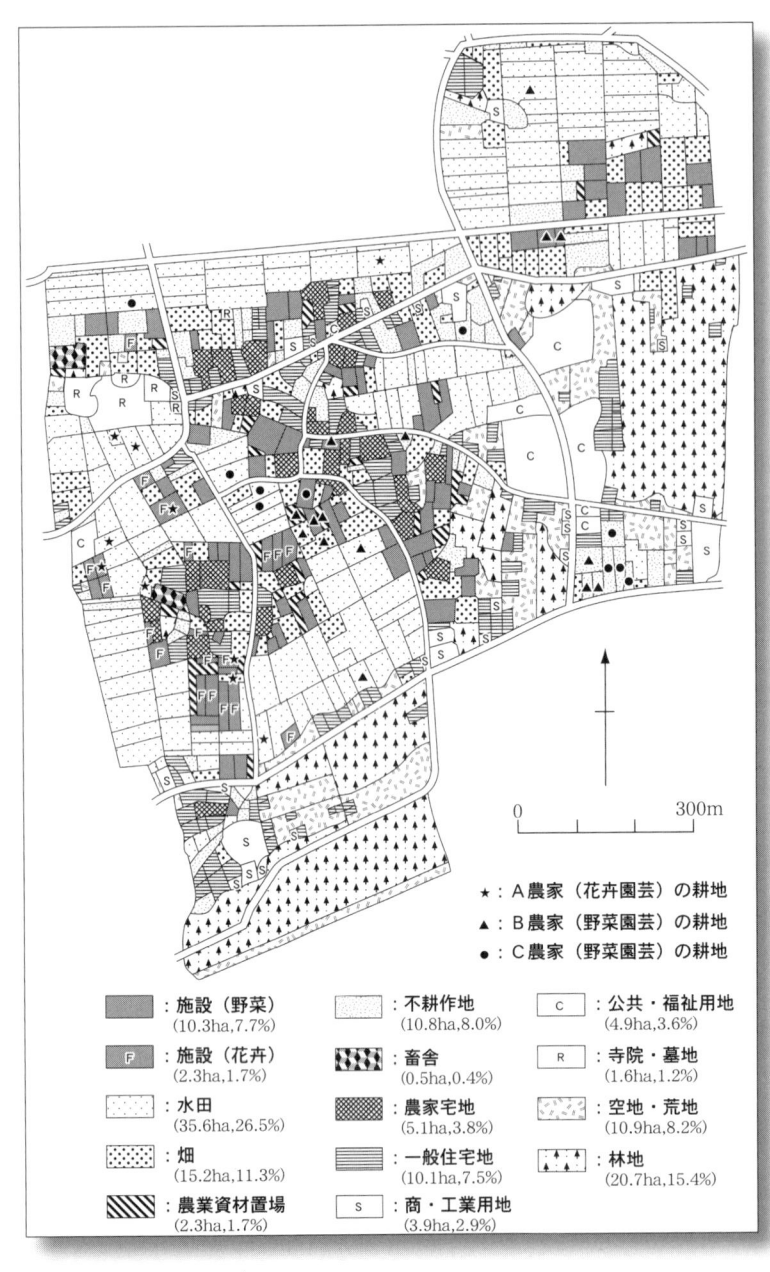

図2 千葉県旭市野中地区の土地利用
仁平（1998）より抜粋

Nihei, T. (2002) Technological innovations in the continuation of greenhouse horticulture in Asahi City, Chiba Prefecture, *Geographical Review of Japan*, vol.75 (5), pp. 324-343.

手描きで地図を作成するには、高度な技術を要する。手先が不器用な筆者は、どうしても道路の平行線が書けなかった。筑波大学の地図作成専門の宮坂和人技官に相談した時もあったが、彼のアートのような地図とその作成技術を自分に真似できるとはとうてい思えなかった。そんな時に、同じ院生室にいた火山学や惑星学の同級生に教えられて、デジタルマッピングと画像解析をはじめた。デジタルマッピングの利点は、平行線やハッチパターンの描画が容易であることや、何回も書き直せることである。

図2は、Adobe社のIllustratorで描いたものである。また、区画の面積の計測は、アメリカ国立保健研究所が無料で提供している画像解析用のNIHImageを使用した。これらのソフトを使用した土地利用図の描画と画像解析の方法は、仁平（2001）に

まとめたので、地図デザインやデジタルマッピングに興味がある方は参照してほしい。なお、デジタルマッピング用の主なソフトは、IllustratorのほかにGISのファイルも操作できるACD System社のCanvasや、アメリカの地図制作者がよく用いるMacromedia社のFreeHandなどがある。

仁平尊明（2001）「描画ソフトを用いた土地利用図の作成と分析」『GIS―理論と応用』vol.9-2、53-60頁

6 これからの農業の地域調査

最後に、農業の地域調査に興味をもった読者が、これらから論文を作成するための3つのヒントを紹介したい。

1つめは、農業政策や社会的関心に対して敏感になることである。農業生産活動は広い土地を占有したり、人が生きるための食料を生産したりするという点から、歴史的にみても国の大きな関心ごとであった。現在でも多額の補助金が農村で使用されており、これからの農業の動向は、社会的に重要なテーマである。

それに応えるキーワードは、環境問題、食料生産と食料自給率、緑地としての農地、農村の人口減少と高齢化、農業の担い手、バイオ燃料などであろう。例えば、環境という言葉は、かつて公害問題と同義だったが、現在では私たちの生活をとりまく様々な事象に使用される重要なキーワードになった。また、冒頭で紹介した農村景観や土地利用など、生産活動以外の機能は、農業の多面的機能と呼ばれ、これからの農業政策の大きなテーマである。

2つめは、新しい技術の活用である。論文の入手から地図の作成まで、役に立つ技術は日々進歩している。新しい技術のキーワードは、GIS、GPS、インターネット、オンラインジャーナル、デジタル（カメラ、マッピング、距離計、ボイスレコーダーなど）などにあると思う。また、これまで平面的に表現されてきた地図は、デジタル技術の進歩により、簡単に3次元表示できるようになってきた。

3つめは、可能であれば、海外で調査をすることである。海外での農業の地域調査は、NGOやJICAなど、大学や大学院を卒業後に国際的に活躍したい若い人たちにとっても、大変良い経験になるはずである。また、世界的な人口増加と食料生産という、グローバルな課題に取り組むことができる。海外調査には言葉や資金の壁もあるが、それを克服して得たデータには、日本に長年暮らしてきた調査者には考えもつかない、おもしろい発見があるはずである。それは、住民が長年をかけて工夫してきた地域固有の文化に関するものだろう。なお、斎藤（1994）によると、海外調査のための三種の神器は、地図、空中写真、統計資料であるという。

斎藤　功（1994）「地域研究のすすめ」筑波大学人文地理学研究室『筑波大学人文地理学ガイダンス』5-6頁

おすすめ文献
田林　明（2003）「地理学における農村調査の手順」田林　明『北陸地方における農業の構造変容』農林統計協会、394-410頁
農林統計協会編（2000）『改訂新版　農林水産統計用語辞典』農林統計協会
Grigg, D. (1995) *An introduction to agricultural geography* (2nd edition), Routledge.

1-4

鹿嶋 洋　KASHIMA Hiroshi

工業の地域調査
―― 大手メーカーの取引関係を知る

鹿嶋 洋
1968年大分県生まれ。筑波大学大学院博士課程地球科学研究科単位取得退学。現在、熊本大学文学部教員。専門は経済地理学、工業地理学。著書に『グローバル経済の進展と産業地域』[共著] 原書房、2005年、『日本のIC産業』[共著] ミネルヴァ書房、2003年、『21世紀の地域問題』[共著] 二宮書店、2002年、など。
kashima@kumamoto-u.ac.jp

本章でとりあげる論文

鹿嶋　洋（1995）「京浜地域外縁部における大手電機メーカーの連関構造―T社青梅工場の外注利用を事例として」『地理学評論』vol.68A-7、423-446頁

　京浜地域の外縁部に多数立地している大手電機メーカーの大規模工場群は、研究開発機能を併設して各社の母工場の役割を果たすとともに、京浜地域内外の多数の企業群を利用して生産を続けている。この論文では、大手電機メーカー工場をめぐる外注取引の空間的関係を解明することを通して、大手電機メーカーが当地域で存立する基盤を探った。

　事例としたT社青梅（おうめ）工場では、内製化する部門を高付加価値の工程にとどめて外注依存を強め、外注先として京浜地域の高度な加工技術を有する業者群を活用した。外注業者群は、専門的な技術に基づいて多数の取引先の注文に応えており、同工場との取引にも円滑に対応できた。また外注業者群は生産能力拡充のため分工場を京浜地域外に展開した。同工場の外注先は東日本一帯に広域的に展開するが、それは主に外注業者群の立地展開によって形成されたものである。さらに、外注業者自体も他の業者に対して積極的に外注することで、多様な技術的基礎を持つ業者群を同工場が活用できた。京浜地域内外の外注業者群を柔軟に利用できることが、同工場の地域的な存立基盤となっている。

キーワード：工業連関　外注　分業　電機・電子工業

1 研究のきっかけ

　地理学を学ぶ人が最初に（卒業論文などで）研究テーマを決めようとする場合、

まず自分の関心のある地域（しばしば自分の出身地かその近隣地域）を決めて、その地域でどのような対象を取り上げれば地理学的な研究ができるかを考えようとする人が案外多いのではないだろうか。私がこれまで指導してきた学生たちのおおむね半数以上は、まず地域ありきで研究テーマを決めているようであり、私自身もまたそうであった。

　私が卒業論文を書こうとしていたのは1990年度のことである。私の出身地である大分県では、1970年頃から半導体工場が立地するようになり、80年代以降はテクノポリス（高度技術集積都市）の指定を受けたこととあいまって、急速に工業化が進んでいた。そこで、大分県の地域性をとらえる際には、工業に着目するのが有効だと考えた。このようなきっかけで、工業地理学に関心を持つようになったのであった。

　卒論では、大分県内に点在する半導体関連の工場を訪ね歩いた。そもそも工場を訪問した経験は、学部3年生の時の巡検で奈良県の靴下工場を見学したぐらいで、ほとんど未経験といって良かった。そのような者が、先端技術産業の典型である半導体工場で調査をしようというのであるから、今から考えれば無謀なことである。調査先を紹介してくれる人がいたわけでもなく、突然に企業に電話をかけて、アポイントを何とか取り付け、緊張しながら聞き取りに向かったのを今でも鮮明に覚えている。しかし、その当時、県内の半導体工場では学部学生が調査に訪れること自体が珍しかったらしく、地元出身ということもあり、多くの企業で大変親切に話を聞かせていただいた。

　聞き取り調査を重ねるうちに、大企業とその関連企業（いわゆる下請け企業）とが緊密な関係を持ちながら半導体の生産体制を構築していることが次第に分かってきた。中でも興味深かったのは、半導体技術とは無縁であったいくつかの中小零細企業が、ある半導体メーカーの立地とともに下請け仕事をこなしながら次第に技術を蓄積していき、生産体制を支えていたことである。加えて、半導体関連企業が、地域内（この場合は県域程度の空間スケール）で一定の空間的秩序をもって立地していること（これは先行研究でも指摘されていることであるが）も知った。1つの大企業の進出がこれほどまでに地域に影響を与えるのか、ということを実感することができた。

　このように、工業は地域を形づくる力をもっているのである。友澤（1995）は、「「工業は地域を形成する」、またはその力がある」と述べ、工業のダイナミズムを軸として形成され構造化した空間を発見し提示することが、工業地理学の大きな仕事だと指摘している。工業地理学の課題は、工業を通して地域がどのようにして成り立っているのか、そこにはどのような力関係が地域に作用しているのかを解きほぐすことにあると私は考えている。そして、この課題に迫ることが、工業地理学の魅力であろう。

友澤和夫（1995）「工業地理学は何を目指すか」『地理』vol.40-2、72-76頁

2　テーマの絞り込み

　やや前置きが長くなったが、ここで取り上げるのは、私の修士論文をベースにして、その後紆余曲折を経た上で原形をとどめないほどに改稿して学会誌に掲載された論文である。まずは、研究テーマをいかにして設定したかを振り返ってみよう。

　卒論では郷里の大分県の半導体産業を対象としたが、修士論文では別の地域で、

半導体などの先端技術産業を取り上げようと思った。当時、佐藤（1988）や関・加藤（1990）などを読んで、東京近郊の大規模工場群が、近隣の中小零細企業群を連携しつつ研究開発機能を強めていることに関心を持った。そこで、修士1年生の1月に行なった修士論文の構想発表では、首都圏、特に東京南西郊において研究開発機能を併設した工場が集中していることに関心を持ち、その形成過程と特色を明らかにするとの趣旨説明を行なった。それに対し、指導教官や先輩院生などからは、「将来、博士論文に発展させていくためには、もっと独自の分析視点を取り入れる必要があるのではないか」というコメントを頂戴した。そこでしばらくの間は、先行研究の検討に多くの時間を割いた。日本の工業地理学研究を改めて見直し、中小企業論や経営学等の隣接分野の動向も探った。加えて、英語圏の研究サーベイもより幅広く行なった。

　文献レビューや、後述する予備調査などもふまえて、修士2年生の5月から6月頃になって、ようやく研究テーマが絞り込めてきた。日本の工業地理学では、大都市圏に集積している中小零細企業群の存立構造に関する研究や、地方に進出したキープラントを頂点とする階層的な分業構造についての研究が蓄積されている。それに対して、大都市圏と非大都市圏の間で、工業地域の成り立ちの違いを比較可能な方法で明らかにした研究はあまりないのではないか、特に大都市圏内に立地している大手メーカーの工場をめぐる地域的生産体系はよく分かっていないのではないか、と考え、そのような点を明らかにしたいと考えるようになった。しかし、大都市圏内では、大手メーカー工場の下請・外注関係は予想以上に複雑であることも、既存の研究から容易に推察できた。例を挙げると、ある部品サプライヤーの取引関係に着目してみると、大手企業A社からは直接受注する（つまり一次サプライヤーに相当）するが、別の大手企業B社からは、他のサプライヤーの下請け（つまり二次サプライヤーに相当）するということは日常茶飯事である。このように取引関係が固定的ではないことは大都市産業集積の一つの特徴であるが、中小企業論などの研究成果を援用したとしても、このような現象を適切に捉えることができるとは思えなかった。そこで、大手メーカーを中心にして、外注取引を通じて企業間がどのように結びついているかを、投入産出連関に着目して分析しようと考えた。その際には、イギリスを中心に蓄積されていた工業連関研究の成果を参考にした。工業連関研究の系譜に属するものとして、日本では加藤・森（1986）が得られているが、大企業を中心とする連関の分析にはあまり適用されていないので、有意義ではないかと考えた。

　さて、先行研究の検討について述べたが、地域調査のための論文の読み方について若干述べたい。それは、どのような調査をしたら、このような結果を導くことができるか、という観点から、先行研究を点検してみることである。たとえば産業の全体像を把握する上で、どのような統計データを使用しているのか、聞き取り調査ではどこで誰に何を聞いているのか、関係する資料を持っている団体や機関はどのようなものか、などをあらかじめ把握しておくと、その後の調査を効率的に進めることができる。また、このような論文の読み方をしていくと、先行研究の問題点も見えてくるものである。

佐藤正之（1988）『京浜メガテクノポリスの形成―東京圏一極集中のメカニズム』日本評論社

関　満博・加藤秀雄（1990）『現代日本の中小機械工業―ナショナル・テクノポリスの形成』新評論

加藤恵正・森　信之（1986）「尼崎市工業の連関構造」『神戸商科大学経済研究所研究資料』86、1-56頁

3 予備調査

　文献レビューと並行して、春休み頃から予備調査にも着手した。まず、調査対象候補地である首都圏西郊のいくつかの役所などを訪問し、関係すると思われる工業関係の調査報告書や工場名簿などの収集を開始した。これにより、当該地域の工業の現状や課題がどのように認識されているか、どのような資料が利用できるかを確認した。一方、調査対象地域は自分にとってそれまであまり馴染みのなかった場所であったため、いわゆる「土地勘」を養うという点でも有効であった。なお、調査を始めるときには、「まず一歩を踏み出してみる」ことが大事である。私のこれまでの指導経験でも、何から初めて良いか躊躇しているうちに無為に時間が過ぎていくという学生が少なからずみられる。そのような学生には、まず現地に行ってみることを勧めている。現地でいろいろなものを見聞きすることで、具体的なイメージが湧き、研究のモチベーションも高まっていくと思う。

　次に、事例企業を選定する作業を行なった。まずは対象とする首都圏西郊に代表的な業種を工業統計に基づいて検討し、電気機械工業を取り上げることにした。そして、『全国工場通覧』などの工場名簿を参考にして、東京都、神奈川県内の大企業の工場リストを作成した。この研究では外注先を比較的多く有する業種が調査対象として適切であったため、組立型の工場に絞り込んだ。また、企業の研究においては社史等の文献情報も有用であることが多いため、こうした資料が得られる企業であるかも加味した。こうして、いくつかの事例工場の候補を抽出した。

　しかし、実際に協力を依頼し、了解が得られなければ、いかに優れた研究プランであっても絵に描いた餅である。たまたま友人のつてで、候補となる工場の一つ（Ｔ社青梅工場）の関係者に接触することができそうであったので、紹介してもらい、工場への訪問が実現した。そして、調査の趣旨を説明し、調査への協力を依頼し、協力をしていただけることになった。最初の打診で協力が得られたのは幸運であった。

　このような経過を経て、調査方法をようやく決めることができた。第1に、事例工場となる大企業の工場（Ｔ社青梅工場）を選定し、同工場の生産の動向や外注戦略などについて聞き取りを行なった。同時に、Ｔ社の本社も訪問し、同社の資材調達戦略、外注戦略などを質問した。第2に、同工場の外注先企業を、探し出した。Ｔ社青梅工場では、主要な取引先企業によって協力会が組織されているので、この協力会に加盟している外注先企業（103社）を対象にすることにした。第3に、外注先企業（本研究では、Ｔ社青梅工場と直接の取引を行なう企業を一次外注企業と呼ぶことにした）に対して、Ｔ社青梅工場やその他の企業からの受注取引や、一次外注工場からの外注利用（その外注先を二次外注工場と呼ぶことにした）の状況に関する聞き取りおよびアンケート調査を行ない、取引の実態を探った。その結果、一次外注工場が31社45工場、二次外注工場が138工場についての情報を得ることができた。

4 事前の情報収集

さて、企業への聞き取り調査の前に、事前に情報収集を行なっておくことが重要である。この事前準備が聞き取りの内容を大きく左右するのは言うまでもない。そこで、ここでは企業情報の収集の仕方について述べる。

（1）業界情報の収集

まずは調査対象となる業界についての基本的な知識が必要である。図書としては、教育社の「産業界シリーズ」などが参考になる。業界構造、産業発展史、技術動向、主要企業の特徴などは当然知っておくべき基本的な事柄であろう。次に、業界の最近の動向を知るには、新聞記事が役立つ。最近では様々な新聞記事データベースのサービスがあるが、なかでも「日経テレコン21[★1]」は有用である。このサービスは日本経済新聞など100近い新聞や雑誌の記事を20年以上に遡って検索できるものである。利用料金はIDの基本料金が月額8,400円で、別に情報利用料金がかかるので高額であるが、所属する大学や企業で機関利用していれば、若干の費用負担でアクセスできることもある。また、一部の公共図書館では無料で利用できるところもある。私の勤務する三重大学でも最近になって機関利用できるようになり、重宝している。業界の最近の動きを知っておくと、聞き取りの際に話が弾むかもしれない。

次に、業界団体等が刊行する年鑑や企業名鑑の類も、業界の動向や個々の企業を知る上で役立つ。例を挙げると、『電子工業年鑑』『半導体産業計画総覧』『半導体産業会社録』『自動車産業ハンドブック』『日本の自動車部品メーカー』『日本の石油化学工業』などがある。これらの年鑑や企業名鑑は高額のものも多いので、公共図書館や専門図書館をうまく利用したい。

シンクタンクや地方自治体等の報告書、社史等も、重要な情報源となる。たとえば東京に関しては、東京都商工指導所（現・財団法人東京都中小企業振興公社）が都内産業に関するおびただしい数の実態調査報告書類を刊行しており、本研究でも大変参考になった。大阪であれば大阪府立産業開発研究所など、九州であれば財団法人九州経済調査協会などが多数の報告書類を出している。企業の社史については、市販されることが少ないため、入手が難しい場合もあるが、公共図書館や専門図書館を利用するとよい。古書店で社史を入手できる場合もある。私の場合、報告書や社史等の入手の際に、国立国会図書館や機械振興協会機械工業図書館（東京都港区）を利用した。

（2）企業情報の収集

上場企業であれば、「有価証券報告書」が有用である。有価証券報告書とは、証券取引所に上場している

★1　http://telecom21.nikkei.co.jp/

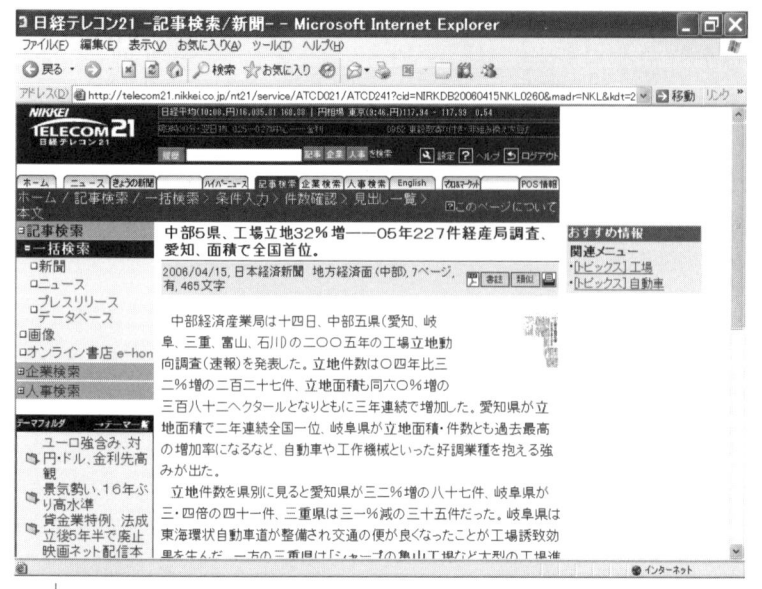

図1　日経テレコン21を用いて新聞記事を検索した結果

会社などが、事業年度ごとに営業状況や財務内容等を開示している資料である。これには、会社の概況、事業内容、営業状況、財務諸表など様々な企業情報が記載されている。証券取引所に株式を公開している企業は、各事業年度終了後の3ヶ月以内に有価証券報告書を提出することが義務付けられている。有価証券報告書には、「設備の状況」として、当該企業が保有する事業所ごとに、従業員数、土地・建物・機械装置等の固定資産の状況（帳簿価等）の情報が記載されているので、これを経年的に把握することで、当該企業の立地変化を追跡できる。筆者は有価証券報告書を利用して、事例工場としたT社青梅工場の従業員数や固定資本の時間的変化を知ることができた。

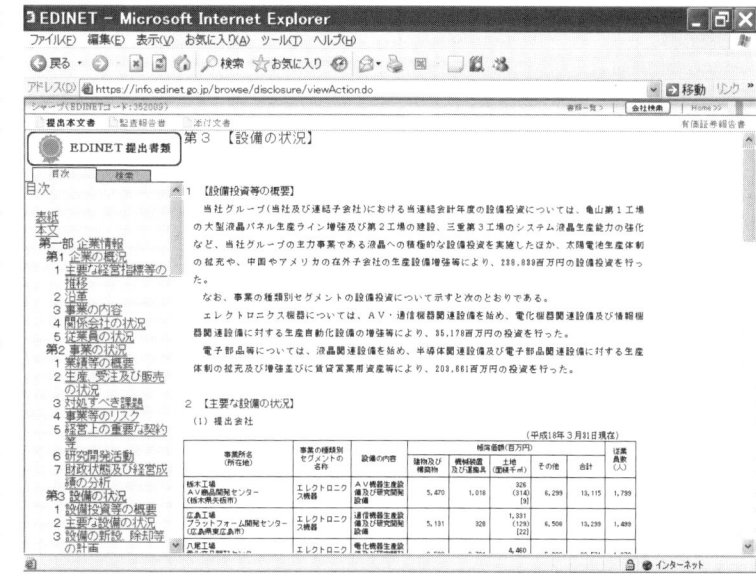

図2 金融庁のホームページ「EDINET」で有価証券報告書を表示した画面（シャープ株式会社の例）

★2 https://info.edinet.go.jp/EdiHtml/main.htm

有価証券報告書は、現在では金融庁のホームページ「EDINET★2」で閲覧できる。過去の有価証券報告書は冊子体で公表されており、各地方財務局や証券取引所のほか、日本証券業協会証券教育広報センター証券情報室（東京、大阪、名古屋に所在）で閲覧できる。伝統のある経済学部を有する大学図書館などにも所蔵されていることがある。

この他、企業に関する情報源として、以下のものが有用である。『会社四季報』（東洋経済新報社）は、全国の上場会社・店頭登録銘柄を収録した企業情報ハンドブックで、各社の業務内容、業績見通しなどが分かる。『日経会社情報』（日本経済新聞社）は、全国の上場会社、日本で取引されている外国会社も収録しており、連結情報を重視している。株式投資に役立つ情報が掲載されている。『会社年鑑 全国上場会社版』（日本経済新聞社）は、有価証券報告書に基づいて上場企業の情報を収録している。上場していない企業に関しては、『会社総鑑 未上場会社版』（日本経済新聞社）がある。

現代は製造業のグローバル化が進んでいるので、企業の海外進出状況を把握することも重要である。日本企業の海外進出状況については、『海外進出企業総覧 国別編』『海外進出企業総覧 会社別編』（いずれも東洋経済新報社）が有用である。JETRO（日本貿易振興機構）は海外現地法人の状況などに関する出版物を比較的多く刊行している。この他、『中国進出企業一覧』（蒼蒼社）、『中国・ASEAN進出企業年鑑』（シープレス）など、各国別に進出企業をまとめたものも刊行されている。

（3）企業名簿の入手

調査対象企業の分布を把握したり、事例企業を抽出したりする際には、企業名簿（工場名簿）が不可欠である。前述した通商産業省編『全国工場通覧』（日刊工業新聞社）は、全国の従業者数20人以上（かつては10人以上）の全工場の名称、所在地、従業者数規模、主要製品等が掲載されている。同書はかつて2年に1度刊行されていて、工業地理学研究者の必須の情報源であったが、1996〜1997年版（1994年12月末現在のデータ）を最後に刊行されなくなった。しかし、ある地域における過去のある時点の工場分布を復元する場合には有力な情報源となるので、ぜひ知ってお

てほしい。『全国工場通覧』以外にも、都道府県や市町村で独自に工場名簿を作成していることもある。本研究では『神奈川県工場名簿』も大変参考になった。その他、『工場ガイド』（データフォーラム）という工場データベースも刊行されている。

そのほかに信頼できる名簿が得られない場合、NTTのタウンページを利用することもある。タウンページはすべての企業が掲載されているわけではないが、全国のすべての地域の情報が毎年更新されているのが利点である。そのため、公共図書館などを利用すれば過去の電話帳も閲覧でき、過去と現在の分布変化の大まかな傾向を調べるのに役立つ。

なお、工業統計の地域メッシュデータでは、事業所数、従業者数、製造品出荷額等、生産額等の主要項目について1kmメッシュごとの集計結果が公表されている。このデータを使用すれば、個々の工場の所在地を正確に示す情報が得られない場合にも工場の分布傾向を大まかに把握することができるが、業種は産業中分類レベルにとどまるという制約がある。

（4）統計データ

まずは経済産業省の『工業統計表』を徹底的に利用したい。工業統計表は、経済産業省が毎年実施する「工業統計調査」の調査結果を公表したものであり、産業編、品目編、市町村編、用地・用水編、工業地区編、産業細分類別統計表（経済産業局別・都道府県別表）、企業統計編が刊行される。なお、調査対象は年によって異なっており、西暦末尾に0、3、5、8が付く年は全事業所の調査、それ以外の年は従業者4人以上の事業所について調査しているので、注意が必要である。工業統計は経済産業省のホームページで閲覧、入手できるほか、地方自治体によっては、より詳細な集計結果を公表していることもある。アイエヌ情報センターの『工業統計表CD-ROM』は高額ではあるが、1985年以降の工業統計表各編が収録されている。このCD-ROMは、専用ソフトウェアの利用によって必要な地域の業種別データを時系列的に整理することができるので、大変便利である。

製造業の品目別の生産動向は、経済産業省の生産動態統計から把握することができる。生産動態統計は、鉱工業生産の毎月の動きを捉えるもので、機械統計、化学工業統計、窯業・建材統計、繊維・生活用品統計、紙・印刷・プラスチック・ゴム製品統計、鉄鋼・非鉄金属・金属製品統計、資源・エネルギー統計がある。

調査対象が地場産業などであれば、地域ごとに同業者組合が組織されており、組合が生産統計をとりまとめている場合も少なくない。また、許認可の関係などで生産実態を行政に届け出なければならない業種もある。その場合、行政が統計データを有していることもある。過去の研究でどのような統計が利用されているかを探るのが有効である。

さて、統計データが得られたら、データを加工してみよう。この研究では、産業中分類の電気機械器具製造業やその下位分類である小分類別や細分類別の業種について、都道府県別の工場数、従業者数、製造品出荷額等を指標として主題図を作成した。その結果、首都圏への集中傾向を把握したので、次には東京都と神奈川県について、市区町村別の分布図を同様にして作成した。続いて、工業分布が時間的にどのように変化してきたかを、様々な空間スケールで検討した。全国スケールでみると、1960年代には首都圏や京阪神に集中していたが、その後地方で電気機械工業が成長し、結果的に分散的な分布になったこと、首都圏レベルでみると、大田区など東京城南地区で分布が少なくなり、代わって東京都西部や神奈川県内陸部で増

加していることなどが分かった。このように、工業統計データを様々な空間スケールで時間的・空間的に分析することにより、対象地域の工業がどのような特徴を持っているかを知る手がかりを得ることができる。

5 | 工場調査

　前述のように、調査対象企業をＴ社青梅工場の協力会加盟企業としたので、各企業に対する調査の準備に入った。

　まず、調査すべき項目を検討し、調査票を設計した。調査票の形式は、調査票の記入者が調査者本人であるか被調査者であるかによって異なり、前者であれば簡単なもので済み、後者であれば詳細な調査票を用意すべきである。本研究では、郵送配布・訪問回収の方法を基本的に採用し、回収時にはできるだけ聞き取りも行ない、記入内容の確認も併せて行なうことにした。調査項目の決定の前に、いくつかのＴ社青梅工場の協力工場で、予備的な聞き取り調査を行なった。その結果をふまえて、調査項目として、①調査対象企業全体に関する事柄（創業年、他事業所の立地や製品等）、②当該工場に関する事柄（工場開設年、従業者数とその内訳、主要製品等）、③当該工場とＴ社青梅工場との取引に関する事柄（受注する製品や部品の特性、取引の特徴、受注方法、当該工場にとってＴ社青梅工場との取引が占める比重等）、④当該工場からの外注の状況（外注先の数、分布、外注内容等）を設定した。そして、Ｂ４判で３ページの調査票を設計した。基本的に、○×形式もしくは数字で回答できるように工夫し、なるべく回答に要する時間を省略できるようにした。できるだけ多くの回答を得るには、記入者の負担を極力少なくする必要がある。なお、一般的な工場調査の項目として、青木（1990）は以下の項目を挙げている。①当該事業所名と所在地、操業開始年、立地経緯等、②他事業所の内容、③当該事業所の持つ機能や主要生産品目、出荷先、購入先、④生産工程とそれに従事する人数、⑤受注状況や発注状況、⑥主要な生産設備、⑦従業者の状況と採用状況、⑧地元下請企業に対する評価、今後の事業展開方針等。

　次に、調査票を発送した。上記のような詳細な、しかも特定企業との取引関係を含む調査票であるので、回答率が低くなることが十分に予想された。調査対象企業にとっては、主要な顧客であるＴ社青梅工場に迷惑がかかることを懸念するに違いない。そこで、Ｔ社青梅工場には、あらかじめ調査票を見てもらい、調査の趣旨も説明し、同社や協力企業に迷惑がかからないことを説明した。その上で、本調査への協力依頼文に、Ｔ社青梅工場の担当者の方に署名を入れていただき、調査票に同封した。なお、調査票を郵送する場合には、宛先を誰にするかに留意する必要がある。「○○工場御中」とした場合、通常はその工場の総務担当に届けられることが多いが、工場の規模が大きくなればなるほど内部組織が分化しているので、聞きたいことを適切に答えてくれる担当者の元へ調査票が届けられるとは限らない。本研究では、Ｔ社青梅工場協力会の名簿に、各社の窓口となる担当者の指名と所属部署が記されていたので、上記の問題を避けることができた。

　調査票の回収は、以下のように行なった。郵送から１週間ほど経過した頃に、上記担当者宛に電話をかけ、近いうちに調査票を回収するために訪問し、可能であれば聞き取りもさせていただきたい旨を伝えた。そして聞き取りの了解が得られた企業については、日程を調整し訪問して、話を聞かせてもらうことにした。中には聞

青木英一（1990）「機械・金属工業の地域調査」上野和彦編『地域研究法―経済地理入門』62-76頁、大明堂

き取りの都合は付かないが調査票への回答はしても良いという企業もあるので、その場合は記入した調査票を企業の受付窓口の担当者に預けていただくように依頼し、後日訪問して回収するようにした。ただし、この調査の対象企業は、遠くは宮城県や長野県にも立地していたので、すべての企業を訪問することはできなかった。そのため、遠方の企業については郵送で回収せざるを得なかった。このような手順で調査票の回収を行なったが、前述した協力依頼文の効果は大きかったようで、31社から回答を得ることができた。

聞き取り調査では、まず調査の趣旨を述べ、先に送っていた調査票を元に質問を行なった。記入されている数字や、どの企業とどのような取引を行なっているかという事実関係を確認するとともに、それぞれの取引の具体的な内容や、なぜその企業と取引をするのか、取引の選定について具体的にどのような意思決定を行なっているか、具体的な判断基準はあるのか、などの点に力点を置いた。こうした事柄は、取引関係を説明し解釈する際に大いに参考になった。調査によってT社青梅工場を取り巻く外注連関の状況を把握できたとしても、なぜそうなっているかを説明・解釈できなければ、論文にならないのである。

工場を訪問する際には、絶対に遅刻しないことが大事である。工場は公共交通の不便な場所に立地し、しかも個々の工場が分散していることが多いので、効率的な移動のためには、自動車の利用が欠かせない。その反面、交通渋滞に巻き込まれて遅れる危険も伴う。加えて、無理をして1日に4件も5件もの調査の予定を入れてしまうと、約束の時間に遅れてしまいかねない。そのためには、余裕を持ったスケジュールを立て、必要に応じて事前の下見なども検討した方がよい。

工場を訪問する際には、事前に調べた住所を手がかりに工場の位置を探す必要があるが、実際にやってみると目当ての工場にたどり着けないこともある。これは番地の割り振りが不規則である場合に多く、私も苦労した。そのため、住宅地図などであらかじめ確認しておくとよい。現代では、カーナビゲーションシステムやインターネット上の地図サービスを利用すれば、住所から場所を簡単に探り出せるし、携帯電話のGPSサービスで位置を知ることもでき、便利になった。なお、GISのアドレスマッチングサービスを利用すると、住所を元にして分布図を描くこともできる。

工場の聞き取りでは、事前に調査項目を伝えておくとよい。こちらの調査の趣旨を伝えることができるし、先方で関連資料を準備してくれることもある。項目を見た結果、訪問を断られることもあるが、その時間を他の調査に使えるので、効率的である。

聞き取り調査が終わったら、礼状を送るべきである。聞き取りの相手は貴重な時間を割いて協力してくれたのであるから、感謝の意を伝えるようにしたい。また、聞き漏らしたことがあれば補足調査が必要となるが、礼状を送っておくと、補足調査がうまくいく可能性が高い。論文が完成したら、やはりお世話になった企業にはコピーや別刷りを送るべきである。

聞き取り調査の方法について、より詳しく知りたい場合は、小池（2000）を読むと良い。著者は労働経済学の第一人者で、長年の経験に根ざした企業での聞き取り調査の方法が述べられている。フィールドワークに関する書物には、文化人類学や社会学で培われた方法（長期の内部観察）に立脚するものが多いが、その方法をそのまま企業に適用することがほとんど現実的ではない。企業にとって時間はコストであり、もしも聞き取りがなければその分の時間を生産や売上の増加に費やすこと

小池和男（2000）『聞き取りの作法』東洋経済新報社

ができたかもしれない。その点で、企業での聞き取りは時間の制約を十分考慮する必要があることを説いている。その他にも聞き取りの現場に即した事柄が多く、目から鱗が落ちる。企業調査の必読書といっても過言ではない。

6 調査のまとめ

聞き取り調査を行なったら、その日のうちに結果をまとめるようにしたい。まずはフィールドノートにメモした断片的な情報を、片っ端からワープロに入力していく。会社概要や工場概要などの資料を入手した場合には、それらに記載されているデータも入力する。それが終わったら、「意味のあるまとまり」ごとに小さな見出しをつけていき、各社の聞き取りで分かったことの全体像をまとめる。調査票を用いて聞き取りをした場合は、調査票に記入された内容を表計算ソフトやデータベースソフトなどを用いて入力していく。

このようにしてデータを蓄積したら、次はデータを一覧表のような形に整理し、工場を類型化すると、工場の特性を把握する手がかりを得ることができるだろう（図3）。また、工場の分布や取引関係などを可能な限り地図化すること（図4）や、項目間の関係をフローチャートのような形で図式化するという作業を通して、今まで気づかなかったことを発見することもある。このような作業を行なうためには、個々の工場に関する非集計レベルのデータを、ある程度のサンプル数確保する必要がある。

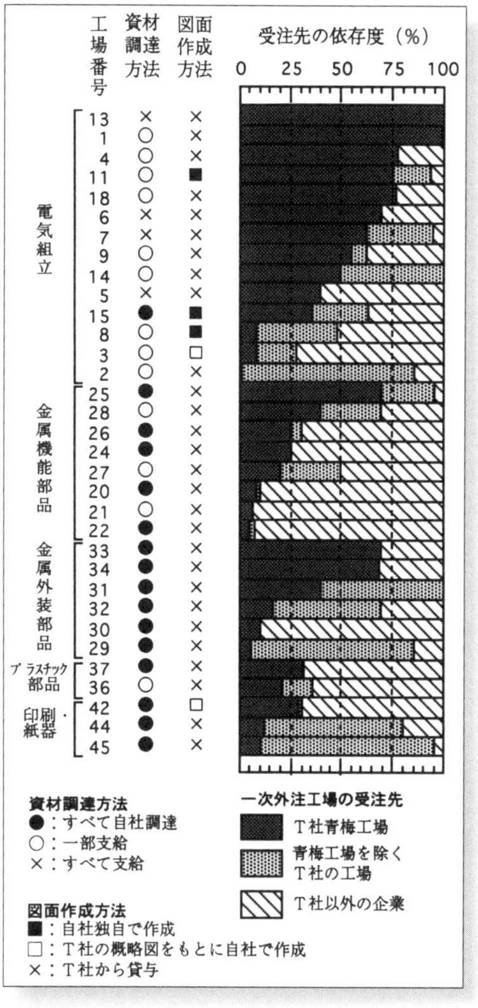

このような作業を通して得られた知見を整理し、書くべき項目を定めていき、論文構成を決めた。後はそれに基づいて原稿を執筆していった。

図3 工場の類型化の事例（T社青梅工場の一次外注連関における取引上の性格）

7 工業の地域調査をめぐる現代的な課題

私の研究は基本的に製造業企業を対象とし、工場に対する聞き取り調査やアンケート調査によって収集したデータを分析したものである。これは、工業自体が持っている空間的側面を明らかにしようという考え方に立脚している。しかし、工業地理学の調査対象は、工場だけにとどまるものではない。最近は、産業集積への関心が高まる中で、工業をめぐる社会的・文化的側面にも注目が集まっている。

工業は、地域の中で孤立的に存在しているわけではない。私が注目した外注連関は、工業をめぐる地域的関係の一断面に過ぎない。その他にも、原材料の調達や製品出荷で他の企業と結びついており、従業員の採用を通して地域労働市場と深く関わっている。地方税の大口納税者として、立地する地方自治体と密接な関連を有している。また工業は、地域における企業市民として、都道府県庁や市町村役場の商工担当部署、各地の商工会議所もしくは商工会、地域の工業関係の同業者組合、職業安定所（ハローワーク）、労働組合などと様々なつながりもある。企業城下町で

第4章 工業の地域調査　043

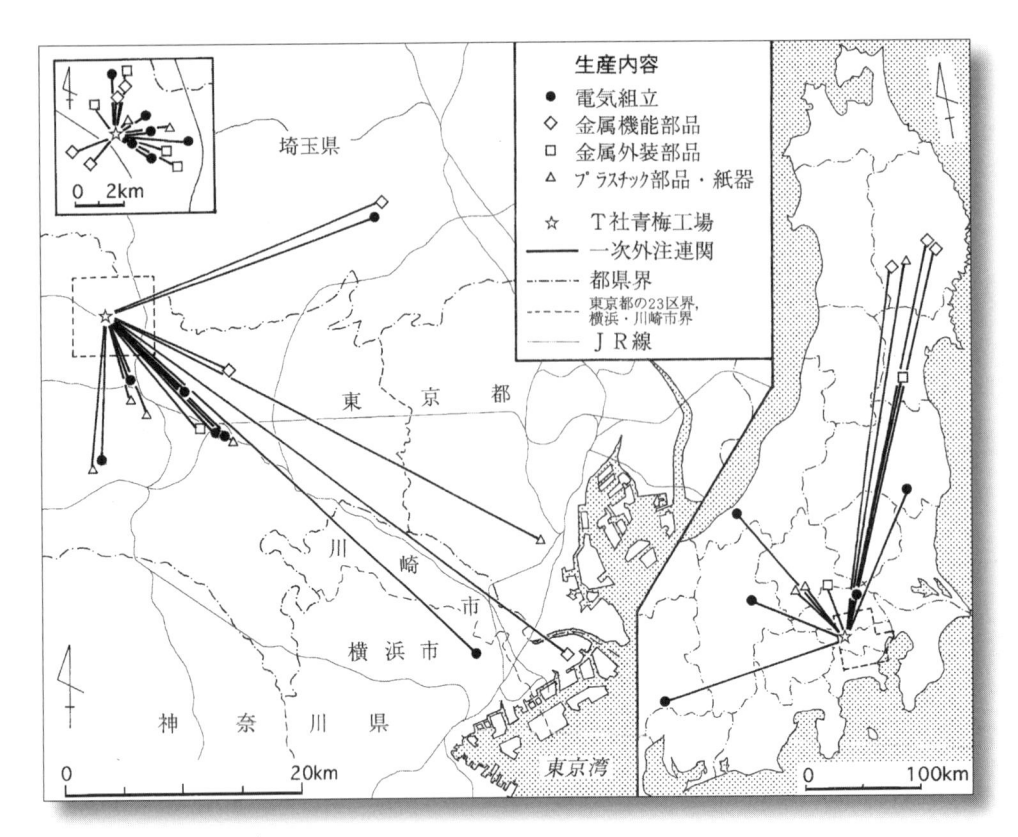

図4 工場の分布を地図化した事例（T社青梅工場の一次外注工場の分布）

あれば、当該企業が地域社会や地方政治の面でも様々な影響を地域に及ぼしている。地場産業などでは、工業が作り出す景観が地域の重要な構成要素となり、しばしば観光資源となる。また工業には、公害や環境問題によって地域に負の影響をもたらすという一面もある。このような、工業の地域における多面的な影響や役割に注目することで、新たな研究課題が生まれることが期待されよう。

最後に、工業の地域調査をめぐる、現代的な課題をいくつか挙げてみよう。

第1に、雇用の流動化が進み、正社員が減少する中で、請負業や人材派遣業が急成長し、製造業の現場を支えている。また、研修生や実習生という制度により、外国人労働者の受け入れが事実上進められている。こうした状況については、地域における現状がよく分かっておらず、今後の地域経済のあり方を見通すことができていない。このような雇用問題をどのように把握していくか、地域調査の方法を検討していくことが重要であろう。

第2に、取引先の流動化の影響である。eコマースの進展などの技術革新は、企業の立地や取引先の地理的分布にどのように影響するのだろうか。「アウトソーシング」や「世界最適調達」が叫ばれるなかで、大企業が自前の協力会組織を維持できなくなっている。そのような状況下、私が行なったような方法には、一定の限界があるだろう。取引関係はより複雑でわかりにくくなっているであろうし、その地理的特性を把握するのは非常に困難になっている。

第3に、工業の空洞化現象をいかに捉えていくかという課題がある。日本企業の海外立地展開が活発になるとともに、日本国内の非大都市圏の工場の中には、閉鎖や縮小を余儀なくされるものが続出している。この問題は、ある特定地域の内部だけをみていても問題の全体像を理解することはできないが、工業地理学がこれまで蓄積してきた概念や調査方法を組み合わせることで、地域における空洞化の影響や

今後の見通しを得ることができるのではないかと期待している。

　工業は様々な地域的側面を有しており、地域にとって今なお重要な構成要素である。今後も工業をめぐる地域調査の方法を洗練させていくことが求められる。

おすすめ文献

上野和彦編（1990）『地域研究法―経済地理入門』大明堂
小池和男（2000）『聞き取りの作法』東洋経済新報社
須山　聡（1994）「工場での聞き取り調査」正井泰夫・小池一之編『卒論作成マニュアル―よりよい地理学論文作成のために』69-74頁、古今書院
松原　宏（1996）「工業地理学のフィールドワーク」須藤健一編『フィールドワークを歩く―文化系研究者の知識と経験』356-364頁、嵯峨野書院

1-5 米家泰作 KOMEIE Taisaku

歴史の地域調査 —— 過去と現在をつなぐ試み

米家泰作
1970年奈良県生まれ。京都大学大学院文学研究科博士課程修了。現在、京都大学大学院文学研究科教員。専門は歴史地理学。著書に『中・近世山村の景観と構造』校倉書房、2002年、論文に「〈山村〉概念の歴史性」『民衆史研究』vol.69、2005年、「歴史と場所」『史林』vol.88-1、2005年、など。
Taisaku.Komeie@bun.kyoto-u.ac.jp

本章でとりあげる論文
米家泰作（1994）「吉野山村における近世前期の耕地経営—川上郷井戸村を事例として」『史林』vol.77-1、116-134頁

　この論文は、先進的な林業地域として知られる紀ノ川上流域において、育成林業以前の江戸時代初期の畑作景観を復原し、焼畑における商品作物栽培を論じたものである。従来の林業史の研究成果は、江戸時代中期に当地域で育成林業が展開するに際して、伝統的な畑作は貧弱だったと想定する傾向があった。しかし奈良県吉野郡川上村井戸集落の16世紀末および17世紀末の2度の検地帳を資料として、畑地の分布と特質を検討したところ、この2度の検地の間に茶・楮・漆などを栽培する焼畑が集落を取り巻いて展開する状況が確認できた。これは山地斜面の畑作で多角的な経営が試みられていたことを示すものであり、後の林業の発展もその延長線上で理解できる。

キーワード：山村　焼畑　林業　江戸時代　景観復原

1 過去の時空を求めて

　中学生の頃、山岳部に属していた私は、紀ノ川（吉野川）上流部にあたる奈良県南部の山々をよく訪れていた。この地域一帯は銘木・吉野杉の産地であり、山という山はスギとヒノキに覆われ、深い緑色に染められている。しかしそれは国道に近い場所がそう見えるに過ぎず、1000メートルも登ってしまえば、ヤマザクラのような雑多な広葉樹、またモミやシラビソといった針葉樹の木々が残っていた。山の頂(いただき)から俯瞰(ふかん)すれば、そういった様々な色からなる樹木が、かつてはこの地域の本

来の植生であったこと、そして人の手によって深い緑色の植生がじわじわと面積を広げていった過程が、想像できるような気がしたものである。

　ある地域を訪れたとき、人はその現在の姿しか眼にすることはできない。しかし地域の過去の姿は全く消え去っているわけではない。スギ林のそばにヤマザクラが残っているように、過去は様々な形でその痕跡を現在に止めている。それだけではなく、現在の林立するスギの姿そのものが、過去から現在へと至る長い過程（プロセス）の結果である。その意味では、現在の地域のなかで過去は常に息づいているものだといってよい。以下に紹介する「歴史の地域調査」とは、そのような過去の時空を探し求めて、現在と過去という2つの時空を往復する試みである。

　「歴史の地域調査」には、時の流れという人の力の及ばないものに挑戦する魅力がある。それはあらゆる歴史的な研究に存在する魅力であるが、単に過去の出来事を頭のなかで考えるだけでは、あくまで思弁的な作業を重ねているに過ぎない。現地におもむいて、過去の時空と現在の地域を繋ぎ止めるもの——例えば自然の植生だけでなく、古道の跡や路傍の石碑、古老の言い伝えや旧家に残る古文書など——を見いだし、それらを媒体として過去の時空に地理的なリアリティを与えること、それが「歴史の地域調査」の大きな醍醐味である。

　現在と過去をつなぐ媒体は、大きく分けて、①文字史料、②伝承や記憶、③遺物、そして④地表の景観がある。一般に、①を特技とする分野が歴史学と呼ばれ、②が民俗学、③が考古学、④が地理学ということになる。このうち考古学の技法は最も専門性が高く、片手間に手がけられるようなものではないが、他の作業は、比較的ハードルが高くない。したがって、他分野の出身であっても、併用して活用することが全くできないわけではない。この項を執筆している私の場合も、地理学の出身でありながら、むしろ古文書の取り扱いが卒業論文の時点から重要な課題になった。

　以下では、そのための試行錯誤の一例として、私が卒論作成に際して行なった調査の概要を紹介する。それは、あらゆる「歴史の地域調査」のモデルになるものではないが、「歴史の地域調査」の初心者が出会う主な問題を、その試行錯誤ぶりのなかに見いだすことができるだろう。

2 現地調査に入るまで

　京都大学文学部で地理学専攻に進んだ私は、1992年の春、卒論のテーマを決める時期を迎えた。相変わらず山歩きを好んでいたためか、脳裏には冒頭に述べた中学生の頃の想像がよみがえり、文化地理学者の佐々木高明氏らの照葉樹林文化論（佐々木1971; 1982）に触発されて、山村地域の歴史に取り組んでみたいと考えるようになった。佐々木氏の学説の出発点は、日本と東南アジア双方の焼畑山村の調査にもとづいて、照葉樹林という森林生態系を一つの文化の基盤として見いだすところにあり、1万年におよぶ巨大なスケールで東南アジアと西日本の文化的な繋がりを論じるものであった。照葉樹林文化論は1970年代には一般にも注目され、私もまた焼畑の系譜をめぐる雄大でロマンティックな主張に心躍るものを感じた。

　ただし現代のフィールドワークから演繹的に1万年もの歴史を語るという佐々木氏の手法は、学説の長所であると同時に大きな短所でもある。雄大な文化論が仮説的に述べ立てられる一方、山村地域の具体的な歴史を着実に論証する作業は、全く取り残されているように見えた。当時、山村史に関する研究は歴史学では極めて低

佐々木高明(1971)『稲作以前』日本放送出版協会
佐々木高明(1982)『照葉樹林文化の道』日本放送出版協会

調であった。また林業経済史の分野では、林業以外の伝統的な暮らしへの関心がやはり弱い。ただし文化地理学では、千葉徳爾氏以来（千葉 1977; 1986）、細々とではあったが、山村地域の歴史に関心を持つ研究者が途切れることなく活躍していた。

その地理学分野を選んだのは多分に偶然であったが、千葉徳爾氏以来の潮流の流れる先に自分のやるべき作業があるように思いこんだ私は、指導教官にその旨を申し出たところ、幸いテーマは却下されずに済んだ。しかしこれは漠然とした方向性が決まっただけに過ぎず、山村史や林業史の重要な先行研究を充分に咀嚼して、より明確な研究目的に絞る必要があった。しかしここで私は中学生以来の思いに引きずられ、紀ノ川上流域を調査地にすることを最初に決めてしまった。その上で、この地域で実施可能な課題を何か見つけようと考えたのである。

これは2つの点で、問題のある進め方であった。山村地域の過去の伝統的な暮らしに関して、研究者の間ではどんな点が研究課題だとみなされているのか、その点を見定めていなかったのである。その結果、研究課題に取り組むに適した事例を選ぶという手順も、当然のことながら欠落することになった。本来ならば、焼畑のような伝統的な山村の暮らしが最近までよく残っていた地域を探し出すことをまず考えるべきであり、逆に紀ノ川上流域のように林業が盛んな所では、伝統的な生業が早くから衰退しており、思うように調査が進まない可能性があった。

そのような問題点を深く考えることもなく、私は紀ノ川上流の山村地域の歴史に関わる研究文献を探し始めた。当時はまだ国立国会図書館や国立情報学研究所によるインターネット上での文献検索が使えず、文献情報の収集に時間がかかった時代である。私は地元の奈良県立図書館の郷土図書のコーナーに日参し、当地域の歴史に関わる開架図書を片端から読むことにした。とくに自治体史（県史や市町村史）は、地元の地方史研究の到達点を反映するものであり、長年その地域の歴史を研究してきた執筆者が関わっているのが普通である。それらは狭義の学術論文ではないが、地域の歴史を概観するにはまず読むべきものであり、関係する研究文献も紹介されている。とくにローカルな雑誌に掲載された論文の場合、地元の図書館が作成する郷土史文献目録や自治体史を参照しない限り、今なお所在がつかめないことが多い。

このようにして文献調査が進んだが、多くの自治体史では江戸時代以前の歴史的な記述が弱く、すぐには調査の糸口がつかめなかった。これは、記述すべき特徴的な事件が少ないか、史料が乏しいことを意味している。しかしそのなかで、刊行されて間もない『川上村史』（川上村史編纂委員会 1987; 1989）は、史料編も独立して設けられており、歴史の記述もかなり充実していた。奈良県吉野郡川上村は、紀ノ川の最上流部に位置し、標高差が1500メートルにもおよぶ険しい山地地形のなかに、小さな集落が点在している。山と森に囲まれた伝統的な暮らしを探究するには相応しい、いかにも山村らしい地域であると思われた。

しかし村史が充実している大きな理由の一つは、当川上村が18世紀以降、吉野杉生産の中心地として発展したことにある。村史を手がかりに手元に集めることができた先行研究も、林業の歴史を中心とするものが多く、とくに村史編纂にも参加されていた林業経済史の泉英二氏と地理学の藤田佳久氏が、江戸時代の当地域の実態に関して、何本もの論文を出されていた。しかも泉氏は博士論文（泉 1992）に、藤田氏も後に著書（藤田 1998）にまとめられた本格的な研究である。このような優れた研究者がすでに取り組んだ地域を調査対象とした場合、すでに重要な論点が言い尽くされており、後に続く者は落ち穂拾いのような作業しかできない可能性が大

千葉徳爾（1977）『地域と民俗文化』大明堂
千葉徳爾（1986）『近世の山間村落』名著出版

川上村史編纂委員会（1987）『川上村史史料編』奈良県吉野郡川上村
川上村史編纂委員会（1989）『川上村史通史編』奈良県吉野郡川上村

泉　英二（1992）「吉野林業の展開過程」『愛媛大学農学部紀要』vol.32-2, 305-463頁
藤田佳久（1998）『吉野林業地帯』古今書院

きい。しかし同時に、次の研究にとって重要な準備作業や足がかりが用意され、学恩をこうむることもある。

　私にとって幸いなことに、両氏の関心の重点は林業史にあり、18世紀に林業が発展する以前の伝統的な暮らしのあり方、とくに焼畑の実態については、実質的な検討が進められていなかった。ただし泉氏は焼畑へのスギ植林が当地域の林業が軌道に乗った大きな要因の一つと指摘されていた。これは、焼畑という伝統的な暮らしが、実は育成林業への劇的な展開の母体となりうることを指摘するものであり、私には重要なヒントとなった。つまり、焼畑を、古くから変わることなく続いてきた単調で原始的な伝統としてみるのでなく、もっと柔軟で経済的な仕組みとして捉えても良いのではないか、という可能性に気づいたのである。

　村史によれば、16世紀末と17世紀末の2回にわたり、地域の村々は検地を受けた。いくつかの集落には検地帳（江戸時代の土地台帳）が伝わっているとされ、そこに記録された農地の所在を分析すれば、焼畑を含む畑作の実態がある程度は復原できるように思われた。とりわけ、2回の検地の検地帳がともに残っている場合、その比較によって17世紀に生じた変化を見ることができる。そのような集落は川上村には2つあり、うち1つは藤田氏が2度目の検地帳をすでに調査されていたため、もう一方の井戸という集落を選ぶことにした。実は井戸も泉氏の調査地の1つであったが、検地帳の詳細な分析は手つかずのままとなっていた。

　このように調査集落をスムーズに絞りこむことができたのは、ひとえに充実した村史編纂がなされていたおかげである。また当時、筑波大学の吉野林業史研究グループが、川上村を中心とした『吉野林業史料集成』を発刊中であり、その成果も判断材料になった（赤羽ほか1987-1992）。このような先行する史料調査がなされていない場合、個別の古文書所蔵者のもとで、一人きりで一から古文書調査にかからねばならない上に、当初のテーマに適した史料が得られるかどうかは、調査してみないことには解らないことになる。日本史専攻の講読や古文書演習に参加させてもらい、古文書読解のイロハはなんとか習得していた私であったが、もし独力で古文書調査をすることになっていれば、かなり荷が重かったはずである。

　古文書などの史料調査は、大学の歴史学教室や地域の図書館を中心に、組織的に行なわれることが多い。すでに活字で翻刻され、あるいは図書館・文書館などで容易に閲覧・検索できる状態で管理されている場合、利用者にとってはまことに有り難いが、それは先人の多大な苦労の賜物である。そのことの重みを私が実感したのは、現地で古文書を閲覧させていただいてからであった。調査が進むにつれ、先人の「学恩」に感謝するとともに、研究や調査というものは決して研究者個人の独立の産物ではなく、実は何人もの見知らぬ先人との共同作業であり、自分もまたその一部を積み上げていくに過ぎないことを、肌身をもって実感するようになった。

赤羽　武ほか（1987-1992）『吉野林業史料集成』筑波大学農林学系

3 │ 現地での調査

　対象集落が定まったとしても、そこで現地調査が可能かどうかは別問題である。とくに私のテーマの場合、検地帳が閲覧できるかどうかが、成否を分けることになる。そこで、村史編纂にあたって史料調査の指揮を執られた歴史学の研究者に、現在の史料の所蔵・管理状況について問い合わせてみたところ、まず現地に行って調査のお許しをお願いするように、とのお返事をいただくことができた。これに背を

押されるように、村史編纂の事務局になった村の教育委員会に事前に電話をして、訪問することにした。

　教育委員会では、市史編纂時の古文書調査の概要や井戸集落での史料保管者（区長）の連絡先を教えていただいた。また古文書目録や古文書の解読原稿の拝読を許され、その一部についてはコピーを許していただいた。一般に、自治体史の史料編には発見された古文書が全て収められているわけではない。江戸時代以降については、ごく一部のみが精選されているのが一般的である。私が関心を抱いた検地帳にしても、1度目の検地のものは村史に全文が収録されていたが、2度目のものは抄録されているだけであった。しかも2度目の検地時に1度目の検地との土地の照合を記録した「地引帳（じびきちょう）」という村史未収史料があることにも、古文書目録を拝見して初めて気づいた。

　いったん帰京し、井戸の区長さんに古文書調査をお願いする手紙を認めたが、なかなかお返事はなく、不思議なことに電話も繋がらない。事情が解らないままに、思い切って集落を直接訪ねることにした。国道のバス停から坂道を登ること20分で集落の入り口に達したが、ほとんど人影が無い。後に気づいたことであるが、林業が盛んなこの集落では、男性は早朝から山仕事が普通であり、女性もまた集落内外の仕事場に出かけることが多い。それが、なかなか電話も繋がらない理由であった。ようやく区長の奥様がそのような作業場におられることがわかり、来意を告げたところ、事前の手紙によって事情はすぐに理解していただけた。ただし古文書は公民館に保管されているが、集落の共有財産（区有文書）であり、すぐに閲覧してもらっても良いかのどうか、判断ができないという。

　その場にいた村人の間で議論が始まった。区長のK氏は山仕事で夕方まで連絡が取れないという。本来であれば、集落として協議を行なうので結論が出るまで待ってほしい、と対応されても当然のところである。しかし一介の学生が遠方からやってきたことを気の毒に思われたのか、もう仕事も引退しておられるO氏に付きそうという形を取ればどうか、という意見が出され、私は早速O氏に預けられることになった。この間、わずか10分程度のことであったが、それはあたかも臨時に開かれたムラ（村落共同体）の「寄り合い」であり、私というヨソモノ（外来者）に対するムラとしての対応を即決するまでの一部始終を見るようであった。

　O氏の立ち会いのもと公民館の戸棚が開けられ、木箱に入った古文書と対面することができた。すでに村史編纂時の調査によって古文書は整理され、整理番号も振られていた。教育委員会において目録も入手していたので、私は本来ならば膨大な時間と労力を要する古文書の整理——独力で行なったならば1カ月はかかっただろう——を経ることなく、検地帳や村絵図など、目録上でチェックしていた古文書から閲覧し、必要に応じて写真撮影を進めることができた。当時の私はあまり性能の良いカメラを用意できなかったが、現在では中級レベルのデジタルカメラを活用すれば、フィルム代や現像代もかからず、気軽に史料撮影をすることができる。

　O氏にはこれ以後、調査のたびに立ち会っていただいたが、古文書調査というのは他の種類の調査以上に、現地の方のご理解と手助けを必要とする。聞き取り調査に短時間付き合っていただくのと訳が違い、古文書の管理や出入の必要上、拘束してしまう時間や作業場を提供していただく手間などが、はるかに大きいのである。ひとえに調査者としては感謝するほかなく、おろそかな卒論には出来ないと内心緊張した。しかし長時間お相手をいただき、その間、かつての焼畑や現在の畑作の有り様、伝承されている地名の位置、現地の方言など、様々なことを教えていただけ

たのは実に有り難かった。

　初めて現地を訪れたその日の夕刻、目を通していない古文書がかなり残っていたために、明日に引き続いての調査の可否を区長の奥様とO氏にお願いしたところ、ご了解いただけたばかりか、区長のお宅に宿泊させてあげようという。その日出会ったばかりの若者にこれほどの親切を施すことは、それまでの私の狭い人間経験のなかでは一度として考えられないことであった。感激のあまり、何とお礼申し上げてよいか分からなくなったことを覚えている。区長のお宅は江戸時代には庄屋を何度も務めた旧家であり、山村とは思えないような広い屋敷や、昔ながらの五右衛門風呂（釜風呂）に、私は目を丸くするばかりであった。

　翌日、夕刻まで古文書を閲覧し、検地や焼畑に関わる主要な古文書に目を通すことができた私は、いったん帰京し、とりあえず得た史料の分析に手をつけることにした。とくに検地帳を分析するにあたっては、土地所有者（名請人）単位の分析だけでなく、それらの土地がどの位置にあったのかという分析が、農地の性格を理解する上で重要な点となる。しかし、かつて焼畑があった箇所はほとんど植林地になっていると推測され、現在の景観からは300年以上も前の焼畑の分布は知りようもない。検地帳の一つひとつの土地に記されている小地名が、現在のどの位置に該当するのか、どうすれば判断できるのだろうか。その手がかり、いわば現在と過去の時空をつなぐ媒体となったのが、地籍図と村絵図、そして現在の村人の記憶のなかに活きていた小地名である。

　地籍図とは土地の登記に関して土地台帳に付属する公図であり、地方法務局出張所で閲覧ができるほか、役場や集落所有文書のなかに保管されていることも多い。とくに明治期に初めて作られたものは、当時の景観、すなわち土地区画と土地利用のほか、各土地の属する小地名（小字）が記録されているため、過去の時空に迫るためには有効な手がかりとなる。ただし法務局で正規に閲覧できるのは現在の公図であって、明治期のものが必ずしも閲覧できるとは限らない。井戸集落を管轄する法務局におもむいたところ、集落全体の土地区画を製図しなおしたものが用意されており、これは正規にコピーすることができたが、そこには小字の情報はなかった。実は井戸集落の古文書のなかに、明治期の地籍図が含まれていたが（**図1**）、これもまた小字の記載を省略したものであった。

　ただし、土地台帳で各地番の小字を確認すれば、小字の分布は確定できる。しかし法務局で集落全体の土地台帳を全て閲覧するには、規定上は莫大な閲覧料金を支払わねばならない。実は法務局によっては、研究目的に理解をいただき、明治期の地籍図を閲覧させていただける所もないわけではない。しかしそれは法務局の正規の業務でないために、必ずしも柔軟に対応いただけるとは限らない。困惑した私は、村役場の税務課で土地台帳が閲覧できないか問い合わせてみたが、個人情報が含まれているため希望には応えられないという。しかし1度目の古文書閲覧の際、多数の小地名が書き込まれた江戸時代の村絵図が区有文書に含まれていることに気づいた私は、これが手がかりになる可能性があると期待して、2度目の調査を行なうこととにした。

　その際、K氏とO氏に相談してみたところ、まことに幸運なことに、かつて井戸集落で用いていた土地台帳がK氏宅に保存されていることを教えていただいた。そこから小字と地番を写し取り、法務局で得た土地区画図と照合した結果、ようやく明治期の小字分布が判明した。ただし検地帳に記載されている地名の全てが明治期の小字と照合できるわけではない。明治期の地籍作成の際には、それまで伝わっ

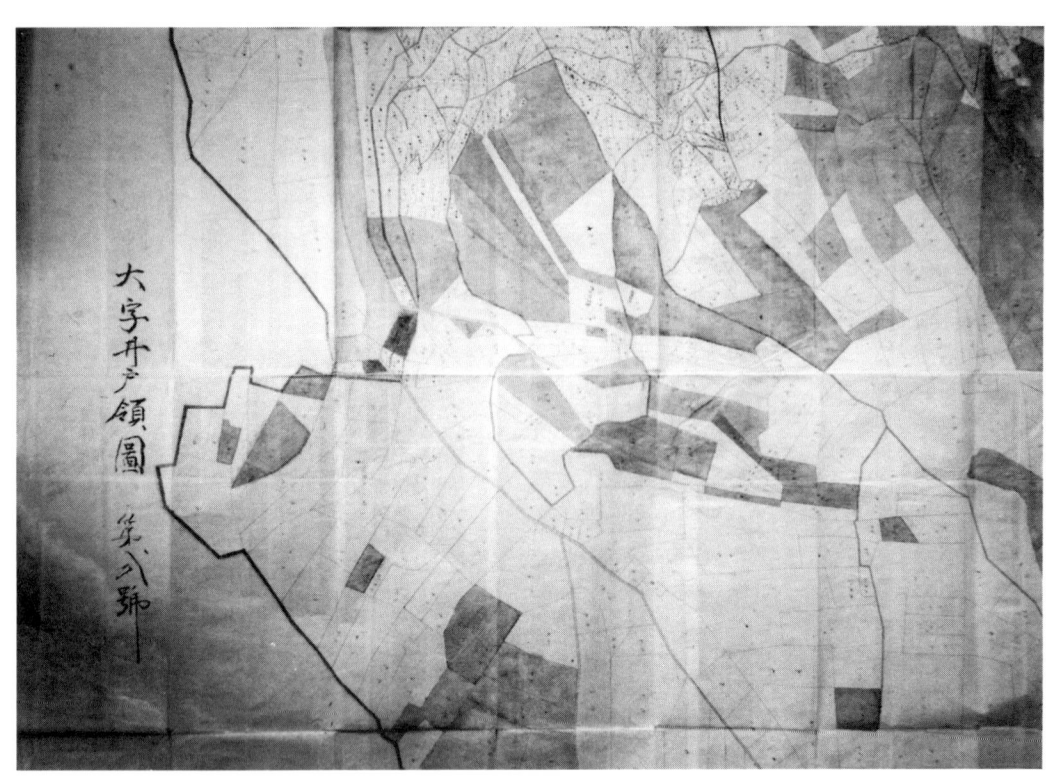

図1　井戸集落に保管されていた地籍図

ていた小地名の4分の1程度しか採用されなかったともいわれる。井戸集落の場合、検地帳の地名の約半数は明治期の小字に一致したが、残る半数は照合できなかった。しかし幸いなことに、江戸時代後期の村絵図のなかに、2度目の検地で記録された小地名をほぼ網羅して書き留めているものが確認された。

　その上で私は、O氏やK氏から小地名の位置を分かる限り教えていただいた。例えば2度目の検地帳に出てくる「馬乗石」という地名は、土地台帳では「馬ノリ石」と記録され、現地においては、古文書を保管する公民館のすぐそばの畑のなかの馬の背のような格好の岩を指している。集落から離れた森林のなかの地名であっても、O氏は自家用車で、あるいは徒歩で私を案内して下さった。とくに江戸時代には存在したものの、明治期以降廃絶した山中の小集落の跡地を正確に教えていただいたのは、実に有り難いことであった。さらに、古文書や村絵図を解読する際、固有名詞である小地名は文脈からは判断ができず、読み方に迷う所が何か所もあったが、その場でO氏に判読を手助けいただいたものも多かった。

　最終的に、O氏やK氏にも見当がつかない小地名が、やはりいくつかは残った。それは時間の流れのなかで失われてしまった地名ということになるが、それらは検地帳の記載順序からおおよその位置は推測できる。どうやら江戸時代初期の山村における畑作景観の広がりが復原できそうだという手応えをつかんだ私は、調査を終えて、古文書に記録された内容に地理的なリアリティを与える作業を進めることにした。

4　史料の分析と卒論の執筆

　さて分析の中心となる検地帳とは、一般に、各土地の所在する小地名、地目（地

種)、面積、所有者を列挙する内容を持つ。この4つのカテゴリーに従って表計算ソフトにデータを入力すれば、各カテゴリーの関係はパソコンで集計できる。面積の単位には30進法（1畝＝30歩）が含まれているのがやっかいであるが、簡単な数式を用意すれば良い。井戸の検地帳は、約260筆の土地から構成されていたが、その入力自体は数日で済んでしまった。

　一般に歴史学では所有者を軸とした検地帳の集計がよく行なわれ、村人の社会的階層が焦点になるが、所在地を軸として農地の広がりや自然環境との関わりをみる視点は意外にも一般的ではない。ただし地理学のうちでも歴史地理学の分野では、後者の視点こそが好まれる手法であり、山村の検地帳を分析した研究例も、いくつか見られるようになっていた（例えば、溝口1986）。ただしそういった先行研究は、せいぜい江戸時代中期（17世紀末から18世紀）まで遡るものしかなかった。その理由は、山村であれ農村であれ、安土桃山時代や江戸時代初期（16世紀末から17世紀初頭）の検地帳が伝わっていることが、そもそも稀少なためである。

　その点、井戸集落には16世紀末と17世紀末の2回の検地帳がともに残されており、私はこの点を活かした分析をぜひ手がけてみたいという理由で、調査地に選定したわけである。ただし1度目の検地帳（16世紀末）にはごく簡略な小地名記載しかなく、その多くは所在地の手がかりが得られなかった。しかし、2度目の検地帳（17世紀末）に記載された小地名の大半は、先述の調査により位置が判明し、さらに幸い両検地の間の土地の移動を記録した地引帳を介して、16世紀末の農地の所在、ならびに両検地間の土地の改廃についても、おおよそ判断することができた。

　ただし、歴史上の焼畑の実態に迫りたいという当初の目論見に、検地帳はすぐには応えてくれなかった。その理由は、そもそも「焼畑」という言葉が江戸時代の当地域では用いられていなかったためである。当時の語彙のなかで、焼畑がどのように表現されていたのかを、同時代の史料のなかで判定する作業が必要であった。現在の語彙と過去の語彙は当然ながら異なっており、同じ言葉であっても意味が変化することもある。しかしこういった言葉の問題が、分析を進める上での単なる厄介ごとと思うのは誤りである。当時用いられていたキーワードの意味内容を判定する作業が、実は分析上の壁を乗り越える鍵になることが多い。

　例えば、1度目の検地帳に「山畑」とある地目は、「畠」（普通の畑）と「畑」（焼畑）を使い分けるという中世の慣行により、焼畑であると判断された。これらの「山畑」は、地引帳では「地下」（村落共同体）が所有する「先送り場」と表現され、2度目の検地帳では「村作」（村落の共有地）の「下々畑」と表現されていた。「先送り」という言葉が江戸時代の当地域では焼畑を意味するらしいことは、すでに泉氏によって指摘されていた。しかし一般には、焼畑を「下々畑」と等級づけることは、考えにくい。しかしながら、ここでの「下々畑」は集落から離れた山地斜面に分散して位置しており、そのうちたまたま隣の集落との争論となったものが、争論に関わる史料では「切畑」と表現されていた。「切畑」はこの地域では焼畑を指す。

　そのような判断の積み重ねにより、いくつかの小集落を核として、焼畑が山の斜面にひろがる景観がかつては存在していたことが、浮かび上がってきた（図2）。しかも2度目の検地帳が記載する「下々畑」の過半は、「下々楮畑」、「下々漆畑」、「下々茶畑」から構成されており、商品になる樹木を焼畑に盛んに栽培していたことになる。これは調査に入る前は全く予想もしていなかった結論であったが、焼畑という一見原始的な農法に実は様々な応用力があること、そして当時の村人が山全体を畑として活用し、そこにコウゾ（和紙の原料）やウルシ、チャの木を育てる延

溝口常俊（1986）「焼畑村落の展開過程に関する歴史地理学的研究」『人文地理』vol. 38-2、1-26頁

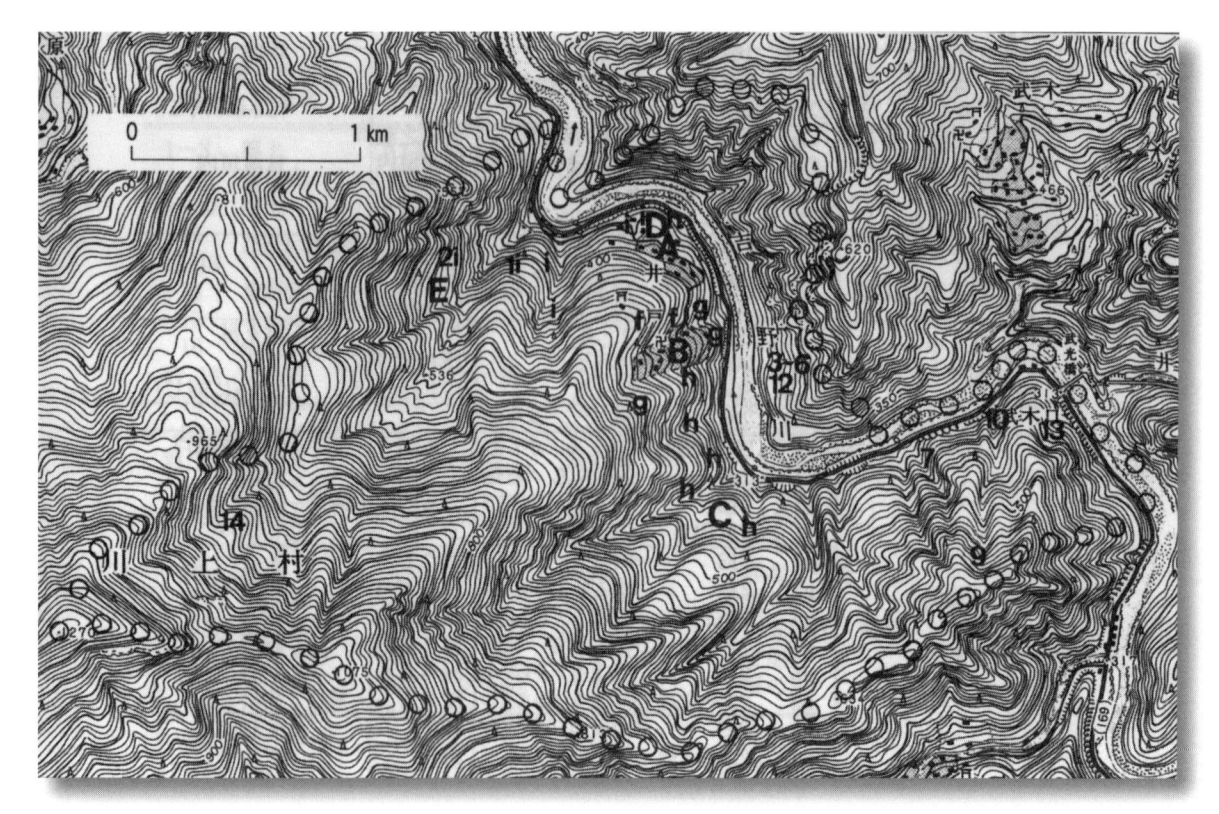

図2 近世前期の井戸村における集落と焼畑の分布
丸印は村境、アルファベットの大文字は集落、小文字は焼畑、数字は隣村から出作りされていた焼畑を示す。

長上に、スギやヒノキを栽培していく選択肢が浮上してきたことが、見えてきた。

そこで私は、いよいよ卒論を執筆するにあたっては、焼畑の分布と、その商品作物栽培を論点とすることに決めた。史料の紹介やその統計的な分析に関しては、具体的な記述が書きやすく、字数をかせぐのは難しいことではなかった。しかし、調査で見いだした結果をどう位置づけるのか、つまり論文の序論と結論については、私はなかなか書くことができなかった。それには大きな2つの理由があった。

まず1つは、江戸時代の初期に焼畑で商品作物を栽培する例が、どれだけ一般的あるいは特殊なことなのか、当時の私には判断がつかなかったことにある。そしてその判断力の不足は、当地域以外の山村史や林業史の研究例を積極的に読み込み、それに学ぶ姿勢が当初から欠落していたことに由来していた。それゆえ、「江戸時代以前の山村の商品生産を論じた研究は、木工や林業に関するものを除けば見られない、だから調査を行なうことにした」、という趣旨の消極的な序論しか用意できなかった。これでは、この研究を行なうべき必然性を語ったことにはならない。

もう1つには、史料調査時の関心が検地に集中していたために、焼畑の活用がどのように林業に繋がるのかという点に関して、具体的な分析が用意できなかった。そもそも伝統的な山村地域の暮らしに迫りたいという当初の問題意識に立ち戻れば、焼畑は山村の生業の全てではなく、あくまで様々な山仕事のなかの一つに過ぎない。生業の全体像が見えないなかでは、明確に焼畑を位置づけることはできない。やっかいなことに、隣村から出作りしてきた焼畑の史料があることに私は気づいており、その焼畑群のほとんどは検地帳には記録されておらず、つまりは検地から漏れた焼畑がかなり存在していた可能性が考えられた。その点をどう考えるか、はっきりした答えが出ないままでは、当然ながら見いだした事実の位置づけが歯切れの悪いものとなる。

卒論提出後、口頭試問の際に、指導教官からは「物足りない」とのお言葉をいた

だいた。細かな事実の発見をただ積み重ねても、それは有意義な議論を展開したことにはならない。たまたま出会うことのできた史料に没頭するばかりで、その史料の意義を充分に引き出してやれない自分自身の視野の狭さに、歯がゆさを感じるばかりである。しかし幸いにも大学院への進学が決まると、指導教官から論文の公刊を勧められ、改めて卒論の内容を見直すチャンスが訪れた。

5 論文公刊とその後

　論文を公刊することは、執筆者にとっても達成感があると同時に、研究生活の足がかりをつかむことである。そしてお世話になった調査先に対して、真摯に調査したことを証明できる唯一のものでもある。しかしばたばたと書き上げた卒論を活字として公表するには、いくつかの問題が残されていた。

　具体的な問題としては、検地帳や地引帳の読みとりにあたり、微細なミスが含まれている可能性があった。というのも、パソコンを用いて集計した数値と、検地帳自体に記された地目ごとの面積小計に、一致しない所が生じたためである。その原因には、原史料自体に誤記がある可能性と、私の読みとりにミスがあった可能性の両方が考えられる。フィルムの節約のため、検地帳には撮影を省略した箇所があり、いま一度原文書を確認しなければならなかった。

　卒論提出後の春休み、再度O氏に立ち会っていただき、検地帳の紙面を一枚一枚確認したところ、数値の位取りを誤った箇所や、紙面を飛ばして読んでしまった箇所が、何か所も出てきたのには冷や汗をかいた。しかしそれでも、最終的には計算が合わない部分が残った。実は原史料自体が、領主の保管する検地帳の写しであり、そこには写し間違いが含まれることがある。しかしどこに誤記が潜んでいるのかは判断できないので、とりあえず史料の数値をそのまま分析するしかない。

　また、2度目の検地帳はほぼ同じ内容のものが3セット伝わっており、同内容の文書がなぜ複数あるのか、当初は気にも留めていなかったが、内容を確認するため、3つの検地帳を並べて一枚一枚紙面をめくりながら比較した。すると焼畑と判断された「下々畑」に関する記載が、それぞれで異なることに気づいた。1つの検地帳には役人の押印があり、これが領主より下げ渡された検地帳だとすれば、他の2つは村人によって作成された写しであり、「村作」になっている「下々畑」の実際の耕作者の名前が貼り紙で示されていた。さらにその1つには、「下々畑」の位置する小地名が、さらに詳細に記されていた。

　これは卒論の分析を深める上で、重要な情報となった。焼畑の所在する位置をより詳細に特定しなおすことができただけでなく、村落の共有地である森林にどの村人がどの程度の焼畑を営んでいたかが、判明したからである。以上の補足調査は、私の古文書の扱いがいかに甘くて表面的なものだったかを痛感させる出来事であった。しかし結果的には、補足調査のおかげで論文の書き直しの方向がはっきりすることになった。すなわち、焼畑といえば原始的で単調な農法と思われがちであるが、実際にはもっと柔軟で経済的な仕組みであったことを、江戸時代初期というこれまで研究例のない早い時期において示す、ということである。

　扱う内容が歴史的であるため、指導教員の判断により、投稿先は地理学専門の雑誌ではなく、歴史学・考古学・地理学の総合雑誌『史林』を選んだ。これは当時の京大文学部史学科を母体とする雑誌で、編集委員である地理学と日本史の助手の先

生に査読をいただいた。匿名の査読者の判定を受ける一般の学術雑誌とは違い、初めての投稿にしてはあまり緊張を感じなくて済んだが、日本史の先生にも査読をいただけることは有り難かった。その際、先行研究、とくに紀ノ川上流域の林業史研究での焼畑の扱いとの違いを明確にするようアドバイスを受け、何回か書き直したところ、幸い、修士１年生の夏休み前には論文の採用が決定した。

このように調査から公刊までの一つの過程を——上述のようにそれはあまりにも行き当たりばったりであったが——早めに体験できたことは、その後、研究者としての自覚を育む上で、プラスに作用したように思う。それは、公刊という明確なゴールを意識しないまま、とにかく調査を続けていくのではなく、区切りをつけて成果を公表することに調査者としての責任を負う、ということである。私の卒論の場合、検地帳から判明する畑地以外の焼畑や他の生業をどう捉えるのか、という課題が残っていたが、当時はこれをどう解決すべきか、すぐには答えが見いだせなかった。しかし暫定的に分析できる事柄に内容を絞ってまとめておくならば、次の調査地や課題に進むことができる。

私は修士論文では高知県を、博士後期課程ではまず愛知県に調査地を求め、それぞれ卒論とは異なる課題を設定した。面白いことに、卒論を含め、各論文の公表時に取り残した課題は、取り残したものであるが故に、宿題となって頭に残り、それらが次第に有機的に結びついて視座を拡げてくれる。その結果、私は博士後期課程の中頃から就職後しばらくの間、再び紀ノ川上流域に舞い戻り、卒論時には思いつきもしなかった課題を再発見することができた（米家 1998; 1999; 2000）。それは、森林に対する村落共同体の共有のあり方や空間的な認識、あるいは集落の歴史的起源に対する地域的なイメージといった事柄であるが、そこには、卒論時の調査内容のうち、卒論にまとめきれなかった内容がかなり活かされている。博士論文をもとに著書を刊行した際にも（米家 2002）、これらの論文をまとめて収録した。このように、卒論とその公刊は、私にとってあらゆる意味で研究の出発点であり、原点となった。とくに、ナマの史料に触れて、そこから泉のように湧き出す過去の事実やそれをめぐる疑問にひたすら没入したこと、そして現地の景観や地名を媒介として、過去の事実を具体的な空間に即して検討したことは、以後の研究を後押しする原動力となった。

ここに紹介した私の体験からは、様々な反省点が引き出せる。ただ一つ肯定的に強調することができる点があるとすれば、それは歴史的な事実を現地に即して考えるということであろう。歴史学者のなかには、過去の出来事が起こった現場には興味がなく、史料の分析のみで事足りるといういわば安楽椅子探偵タイプの研究者も少なくないという。確かに、歴史的な事件があった現場も、現在訪れてみれば、過去との繋がりを失った平凡な風景しか見られないことも多い。しかし単に頭のなかだけで過去の事実を検討することは、あくまで思弁的な作業を行なうに過ぎない。実際の地域に即して考えることは、地域の環境や景観、あるいは現在そこで暮らす人々の記憶に即して考えることである。そこには例えば、ころげおちそうな急斜面で焼畑が行なわれていたという発見もあれば、その跡地が鬱蒼たる植林地に変貌するまでに、どれほどの大きな変革がこの地域を襲ったのか、という驚きもある。現在私たちが目にする風景や地域は、簡単には過去の姿を教えてくれないが、いったんそれをひもとく術に気づけば、そこには過去の時空に地理的なリアリティを与えるという得難い体験が待っているのである。

米家泰作（1998）「近世大和国吉野川上流域のおける「由緒」と自律的中世山村像の展開」『地理学評論』vol. 71-7、481-504頁
米家泰作（1999）「近世大和国吉野川上流域における焼畑の出入り作と「村領」について」『愛知県立大学文学部論集』vol.48、日本文化学科篇1-40頁
米家泰作（2000）「山村の村絵図にみる山容描写と空間構成」『地図と歴史空間』大明堂
米家泰作（2002）『中・近世山村の景観と構造』校倉書房

おすすめ文献

有薗正一郎ほか編（2001）『歴史地理調査ハンドブック』古今書院
　│歴史地理学で用いられる主要な資料が概説されている。
佐藤甚次郎（1996）『公図』古今書院
　│地籍図の歴史や利用上の注意点をまとめる。
地方史研究協議会編（1990）『歴史資料保存機関総覧』山川出版社
　│全国各地で歴史的資料を保管している図書館・博物館等を紹介している。
地方史研究協議会編（1997）『地方史事典』弘文堂
　│ローカルな歴史研究を進めるための基礎知識や語彙を集成している。

1-6

佐藤大祐 SATO Daisuke

観光の地域調査
―― 集客圏・客層・行動を調べる

佐藤大祐
1974年生まれ。筑波大学大学院博士課程地球科学研究科修了。現在、立教大学大学院観光学研究科教員。専門は観光地理学。論文に「明治・大正期の軽井沢における高原避暑地の形成と別荘所有者の変遷」『歴史地理学』2004年、「明治・大正期におけるヨットの伝播と受容基盤」『地理学評論』2003年、「相模湾・東京湾におけるマリーナの立地と海域利用」『地理学評論』2001年、など。
dsato@wg8.so-net.ne.jp

本章でとりあげる論文

佐藤大祐(2001)「相模湾・東京湾におけるマリーナの立地と海域利用」『地理学評論』vol.74A-8、452-469頁

　この論文では、東京を中心としたマリーナの立地とマリーナ利用者の属性およびレクリエーション行動を解明することを目的とした。1960年代に三浦半島の相模湾岸において別荘地帯の延長線上に開設されたマリーナは、充実した施設を併設している。この利用者は東京都区部の西部に居住する高額所得者層から成り、夏季を中心にリゾートマンションなどに滞在して、沖合海域において大型のクルーザーヨットでのセーリングとモーターボートでのトローリングを、沿岸海域に密集する漁業活動とすみわけつつ行なっている。一方、1973年の第1次オイルショック以降、東京湾において産業施設から転用されたマリーナは簡易な施設で構成されている。中産階級にも広がる利用者は、週末に日帰りし、波浪の静穏な東京湾内湾の中でも沿岸寄りの海域を小型モーターボートを使って行動することで、沖合の大型船の航路とすみわけている。このようなマリーナとその海域利用の実態が明らかとなった。

キーワード：マリーナ　利用者属性　レクリエーション行動　海域利用

1 | フィールドの記憶

　地域調査の経験について書こうとして机に向かってみると、私の瞼には10年前の西伊豆での光景が浮かび上がって消え去らない。フィールドワークを行なう者にとっては日頃からの観察と聞き取りの積み重ねが肝要とされるが、言うは易く行な

うは難しである。指導教官は私をフィールドワークに連れ出した際、無口な私を見かねて、プロとしての意識が足りないと指摘されたものである。それでも西伊豆での経験は卒業論文の題材となり、また現在の研究活動の根底にもなった。

　私が本稿で取り上げる調査は1998年に修士論文として取り組んだものであり、集客圏と客層およびレクリエーション行動の分析からマリーナの立地を明らかにするとともに、それらを成立させている社会的背景を探ろうとしたものである。マリーナは産業としてはきわめてマイナーであり、研究対象としても狭隘な分野だという印象を抱くかもしれない。しかし、観光地理学の研究対象は元来、多岐にわたっており、また集客圏や客層およびレクリエーション行動はその中心的な研究課題でもある。そのため、マリーナに関する研究も広く観光施設の立地、観光客の客層、観光の季節性の問題、観光行動などに当てはめ、調査手法も含めて観光地理学一般に押し広げられるものと考えている。ぜひとも自分が調査したい対象にマリーナを置き換え、想像力をたくましくして読み進めてほしい。そうしていただければ、本稿が少しは貢献できるのではないかと思う。

2　経験の中で問題意識を育てる

　宮崎県の漁村で生まれ育った私は半ば必然的に海に興味を抱いていたので、大学入学後すぐにスキューバダイビングのクラブに入った。クラブでは仲間たちと伊豆半島や伊豆諸島などへよく出かけ、そこではダイバーを満載した多くの漁船が漁港とダイビングスポットを往復する光景に驚かされた。ダイビング業者は多いときは50名以上の客を受け入れ、定員20名ほどの漁船が第1陣、第2陣と何往復も続くのである。このような光景は、ダイバーが海に潜る午前と午後、そして夜の3回に分けて繰り返される。レジャーとしての磯釣りが盛んな宮崎県の漁港にも、磯渡しの遊漁船が幾隻もあったが、それでも伊豆での光景は私にとって新鮮であり、東京の影響の濃さに圧倒された。

　ダイビング業者の多くは地元の漁業者であり、民宿をも兼業しているため、経済的な面においても相当潤っているに違いないと思われた。彼らの民宿に入りきらないダイビング客は他の民宿に流れるので、ダイビング業者以外の住民にも恩恵を受ける者が多いようだった。しかも、従来は閑散期だった秋と冬にも、海水の透明度が夏より高くなるため、ダイビング客は比較的多かった。このように、民宿とダイビングの組み合わせは相互補完的に成立しているようだった。

　また、忘れられない光景がある。西伊豆の沿岸集落、雲見の湾口に浮かぶ牛着岩という小島の周りで潜っている時のことである。遠くにハタ科の大魚であるクエが見えた。霞んでいたこともあったのだろう、私の目にはとても巨大に写った。そこから浮上して休息のため牛着岩に上陸すると釣り人がいて、話を聞くとクエを狙っているという。幻の魚とその釣り人、それらを見つめるダイバーがいたわけである。NHKのドキュメンタリー番組もかくやと思われる一場面であった。また、牛着岩は岩の隙間に伊勢エビがいることで有名なのだが、牛着岩の周囲の海底では夜行性の伊勢エビを獲る刺し網を見ることもあった。このことは、刺し網は夕方に入れて早朝に引き揚げるので、同じ海域が昼間はダイビングに、夜間は刺し網漁に使われていることを意味していた。以上のように、海は時間的にも立体的にも、棲み分けて利用することで効率よく活用されているようだった。

そして住民に話を聞くと、漁獲量や漁期の制限、ダイビングスポットの制限などの漁業資源を維持する仕組みにも、集落をあげて努力が払われていた。しかし、漁場が汚れることや、先祖伝来の海に余所者が入り込む不快感、収入差からくるダイビング業者への妬みを抱いている様子も見受けられた。このような漁村の住民間にわだかまる悪感情や確執もまた興味深かった。なお、このような沿岸集落へのダイビング業の進出と地域変化については池（2001）に詳しい。

そこで、私は雲見での集落調査を卒業論文に選んだ。卒業論文はいまだ公表するには至っていない。しかし、卒業論文を通して、利用が錯綜する沿岸観光地の魅力、すなわち漁業従事者や観光業者、海水浴客、釣り客、ダイビング客などの間の確執と棲み分けといったものを解明していくことの魅力を実感することができた。これらの魅力を他の観光地に当てはめて考えると、温泉地においては引湯権と宿泊客をめぐるホテル・旅館の地域内・地域間競争、スキー場においては集落の生き残りをかけた入会地利用、巡礼地においては篤信者と観光客の相克などといったように数多く存在するだろう。これらの問題意識をいかに研究に結びつけるか、実際に調査する際には問題設定が必要とされる。

池　俊介（2001）「伊東市富戸におけるスキューバダイビング導入に伴う地域社会の変容」『新地理』vol.48-4、18-37頁

3　観察の反復から問題設定する

実を言うと、私は修士論文でも伊豆半島沿岸の民宿研究を実施しようとしていた。しかし、民宿研究については先行研究が多いため、独自性を打ち出すためにはどうしても民宿地域の中での新しい事象や新しい研究手法、使われたことのない資料などが必要とされる。大学院2年目の6月頃には修士論文の調査に行き詰まってしまい、未開の方面を切り開きたいとの思いに駆られた。そこで、大学院1年目に福岡巡検でマリーナの調査を実施していたこともあって、指導教官と話し合って方向転換し、マリーナを修士論文の対象にすることに決心した。

ちょうどその当時は、プレジャーボートの違法係留が全国の主な都市部で問題となっていた。また、東京とその周辺部の海岸線を車で走ると、驚くほど多くのマリーナを目にすることができた。しかしマリーナと一口で言っても、実態を広い範囲で観察すると実に多種多様であった。たとえば、カツオ一本釣り漁で知られる西伊豆の安良里では、港に50隻ほどのヨット・モーターボートが係留されており、漁業者との共存がはたして上手くできているのか疑問に思った。また、東京湾の臨海工業地帯には、製鉄所や石油化学コンビナートなどが密集していると中学・高校の地理の授業で学習したはずだが、ここでも多数のマリーナを見出すことができた。さらに、指導教官が通勤路の抜け道沿いに、50隻ほどのボートが整然と並んだ一画を発見した。霞ヶ浦から5kmほど内陸に位置していたのでボート展示販売店かと思ったが、尋ねたところ、実はブラックバス釣り用のボートを保管するためのもので、駐車場ならぬ駐艇場と呼ばれていることが分かった。なぜボートやマリーナがこれほどあるのだろうか。ボートやヨットで遊んでいる彼らは、いったいどういう人たちなのだろうか。漁業や工場などと共存できているのだろうか。

これらの問いに対する答えは、ある程度は景観観察と既存の知識に基づいて直感的に想像できる。たとえば、漁港におけるプレジャーボートの増加と臨海工業地帯におけるマリーナの出現は、第1次・第2次産業から第3次産業への産業構造転換という時代の流れに対応しているのではないかと考えられた。また、リゾート地に立

地するマリーナと工業地帯に立地するものとでは客層も異なるに違いない。他にも、東京からの距離や場所の歴史性など様々な答えらしきものが思い浮かんだ。

　しかし、上記のような思いつきの問いと直感的な答えを、研究論文に必要な問題設定と調査手法に高めるためには、相当な時間と労力を要した。調査するべきと思われる問題は山ほど浮かび上がってくるが、その中の何を調べればよいのか、絞り込むことができなかったのである。この答えを導くために論文を読み、指導教官にも教えを請い、また次節に記すフィールドワークを繰り返して取捨選択し、中心となる問題を設定しようとした。

　結局のところ、解決の糸口は実にシンプルなものであった。マリーナを含めホテルやテーマパークなどの観光レジャー施設は、場所や食事、ホスピタリティなどを観光客に提供するサービス産業である。噛み砕いて言えば、お客さんがやって来て、遊んだり、宿泊したり、食べたりしていく。そこで、マリーナの中にどのような施設があるのか、どのようなお客さんがどこから来ているのか、何をして遊んでいるのかが、全てのマリーナに共通する最大公約数的な、基本的な問題となる。つまり、施設構成と集客圏、客層およびレクリエーション行動を明らかにしようとした。加えて、漁港や造船所などからマリーナへの転用が多いことから、従前の利用形態を調べることにした。それらを遡る中で、マリーナを含めた地域の成り立ちや競合関係の推移を明らかにできるのではないかと考えた。このように、観察を通して事象の多様性が見えるとともに、観察の反復によって基本的な課題が見出せたと言えるだろう。

4　リストに基づいた全数調査

　実際には、前節のような問題設定の試行錯誤と同時並行して、全体像を把握するための全マリーナ対象の調査を行なった。この全数調査は、5節と6節で述べる利用者の客層やレクリエーション行動などを調べる「調査事例探し」としての目的も兼ねていた。まず全数調査の前に、マリーナのリストを取得しようとした。産業や施設などの多くは、官庁への届出制や許可制によって管轄されている。そのリストは一定の基準に従って選別・登録されたものであり、また行政によりオーソライズされたものなので説得力がある。そして何より自分でゼロから集める苦労が不要な分だけ手っ取り早い。

　マリーナは届出制でも許可制でもないが、私にとって都合のよいことに、当時はプレジャーボートの違法係留や放置艇が社会問題化しており、それらの対策のために3省庁が合同で現地調査したリストがあった。このリストを関東運輸局に出向いて取得した。リストには、放置艇の数だけでなく、マリーナの位置と保管艇数が記載されていた。また、関東運輸局の管轄は関東地方だけであるが、その中のマリーナは90ヶ所にも上ったので、全数調査の対象は東京湾と相模湾に絞ることにした。東京大都市圏にまで広げるには時間的に無理があったし、修士論文としては東京湾と相模湾の比較で工業地帯とリゾート地の二面性をあぶり出せれば十分だろうと判断したからである。

　全数調査においては、このリストをベースとし、分析に必要なデータを補充していくことにした。具体的には、リストに記載されたマリーナの住所を頼りに、全てのマリーナを車で回り、以下に述べる景観観察と聞き取りを行なった。ここで、全

写真1 相模湾のシーボニアマリーナ
敷地内にはリゾートマンションやプールなどもある。手前の小網代湾にはカツオ一本釣り漁の餌イワシの畜養イケスが、右上には油壺湾が見える。

数調査に際してはA3サイズの調査票を作って、私が調査票に記入する形式で調べたことを指摘しておきたい。調査票に基づけば、全ての対象に共通した調査項目で、欠損のないデータを作ることができるからである。調査票に調査項目として列挙したものは、艇種ごとの保管隻数、施設構成、開設年、開設者・開設資本、開設の経緯、利用者の属性、行動場所などである。これらの中で、艇種ごとの保管隻数と施設構成については、観察すれば分かることである。また開設年と開設者・開設資本、開設の経緯については、聞き取りやパンフレットから得ることができた。そして利用者の属性、行動場所については、聞き取りで概略を把握した。ちなみに、マリーナ開設の経緯についての聞き取りからは、造船不況が契機となったことや、リゾートマンション販売時の付加価値づけなどが、マリーナ開発の理由の一つだったことが分かった。これらの聞き取り結果は、3節で述べた最大公約数的な問題設定に絞り込む根拠にもなった。

また訪れた先々では、艇所有者やマリーナの周囲の住民への聞き取りも心がけた。相模湾のヨット所有者は「東京湾にヨットで行くと船体が汚染されて黄色くなる」などという偏見を持っていたり、漁業者は「プレジャーボートに漁網を切られないよう定置網の設置場所をマリーナに通知」したりしていることが分かった。これらを部分的に論文に折り込むことで、記述に厚みが増したのではないかと考えている。

以上のように、全てのマリーナから統一指標でデータを収集したことで、全体像をきちんと把握することができた。この結果を踏まえて、相模湾と東京湾からそれぞれ1ヶ所ずつ代表的なマリーナをピックアップし、集客圏と客層、レクリエーション行動を詳細に調査する準備が整った。以下は相模湾のマリーナでの地域調査である。

5 集客圏と客層の調査

　ヨットやモーターボートの所有者という、同じ趣味を持ち、似通った購買力を有する社会集団の客層を解明するためには、どうしても彼らの住所や勤務先企業名、役職などのつっこんだ個人情報が必要となる。しかし、これらの個人情報はそう簡単に入手できるものではない。もちろんマリーナには情報の提供をお願いしたが、予想どおり、にべもなく断られた。あまりしつこく情報提供を繰り返しお願いしても、疎まれて聞き取りなどの他の調査にまで支障を来すだろう。

　そこで、艇所有者に聞き取りすることで直接に上記の情報を収集しようと試みた。あらかじめ、マリーナ経営会社から艇所有者への聞き取り調査の許可を、迷惑にならない範囲でとの条件付きで得ていた。そのため、ヨットやモーターボートを始めた契機や保管した理由、遊びに行く場所などと共に、住所や職業なども合わせて尋ねることにした。しかし、番地を不要とした住所はともかく、企業名や役職まで答えてくれる人はきわめて少なかった。また、船のクルーや家族、来客などが多いため、肝心の艇所有者には話を聞く機会が少なかった。これらのような理由で、聞き取りで作った客層データは分析に耐えられるような体系だったものにはほど遠かった。

　艇所有者への聞き取り調査が上手く運ばなかった場合の善後策として、同時進行していた調査がある。マリーナには、経営会社とは別にクラブ組織が存在する。前者の経営会社は艇所有者から保管料を徴収して、施設を管理・運営するものである。後者のヨットクラブは艇所有者によって構成され、パーティーやヨットレースなどを中心に行なう社交組織であり、入会には厳格な審査があり、経営会社に対して艇保管料の値下げ交渉などもおこなう消費者団体の側面も持つ。そのため、ヨットクラブではしっかりした会員名簿が作られている。この会員名簿を入手できないかと考え、経営会社の責任者の方にヨットクラブの理事長を紹介していただいた。ヨットクラブの理事長は飯塚浩二先生の親類とのことで地理学に理解を示してくれ、激励とともに会員名簿を与えてくれた。入手したのは1970年と1987年、1996年の名簿である（図1）。名簿には会員の氏名、住所、勤務先名、艇名、艇種が記載されていた。これによって住所が分かるので、集客圏を知ることができた。

　ヨットクラブの名簿には勤務先名は記載されているものの、勤務先だけでは社長や部長といった役職を判別できない。他にも、自宅で開業している医師や自由業などと思われるが、勤務先が未記入の部分も多かった。これらの肩書きは客層を判断するうえで不可欠なものなので、何としてでも把握する必要があった。そこで、8月下旬に開かれる毎年恒例のクラブ主催パーティーの折に、会員に対してアンケートをとることにした。このアンケートは主としてレクリエーション行動について把握することを目的に、ヨットクラブ理事長から許可を得ていたものである。会場受付で会員にアンケートを手渡し、その場で記入してもらった。しかし、記

図1　ヨットクラブ名簿の一部
名簿には左上から氏名、住所、会社名、会社所在地、艇名、艇種、全長が記載されている。

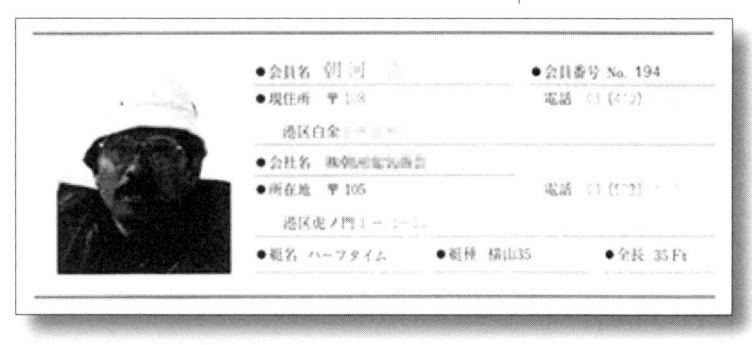

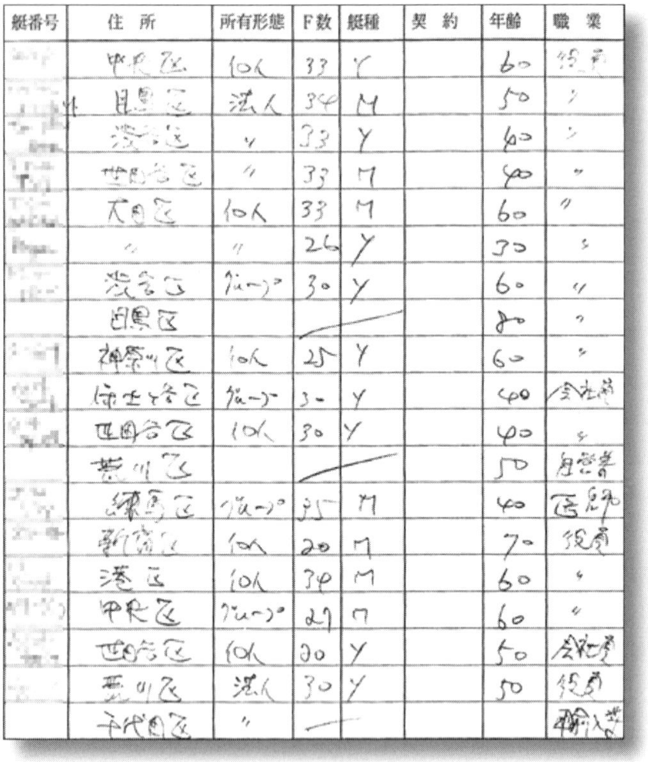

艇番号	住所	所有形態	F数	艇種	契約	年齢	職業
	中央区	個人	33	Y		60	役員
	目黒区	法人	34	M		50	〃
	渋谷区	〃	33	Y		60	〃
	世田谷区	〃	33	M		40	〃
	大田区	個人	33	M		60	〃
	〃	〃	26	Y		30	〃
	渋谷区	グループ	30	Y		60	〃
	目黒区					80	〃
	神奈川区	個人	25	Y		60	〃
	保土ヶ谷区	グループ	30	Y		40	会社員
	世田谷区	個人	30	Y		40	〃
	荒川区					50	自営業
	練馬区	グループ	25	M		40	医師
	新宿区	個人	20	M		70	役員
	港区	個人	34	M		60	〃
	中央区	グループ	27	M		60	〃
	世田谷区	個人	30	Y		50	会社員
	荒川区	法人	30	Y		50	役員
	千代田区	〃					輸入業

図2　ヨットクラブ会員の手書き名簿
左から艇名、住所、艇の所有形態、艇種、年齢、職業が書かれている。

入漏れも多く、やはり体系だったデータには程遠かった。

9月に入って夏休みが終了し、院生研究室に戻ると、同級生たちはアンケート調査やフィールドワークなどを手堅く実行し終えて、得られたデータを分析している最中だという。私はと言うと、肝心の客層に結びつくデータをいまだに入手できておらず、正直焦った。ところが、ここで幸運が舞い込んだのである。幸運のきっかけは大学に戻る日に、経営会社の現場責任者の方にダメ元で最後のお願いをしたものであった。その責任者の方のいる事務室には何度も足を運んでいたので、私の顔も見慣れ、信頼も得ていたのだと思う。なんと、その方が400人分の艇名や肩書きなどを手書きで書いてくれたのである（**図2**）。この手書きの会員リストは今でも大切に保存している。私が必要とするのは艇名と肩書き、市区町村までの住所、年齢だけであり、氏名は不要とした点も、個人が特定されないので安心感を与えることができたのだろう。しかし、会員名簿（**図1**）とこの手書き名簿（**図2**）を、艇名をもとに結合することができた。その結果として、全ての会員の氏名、住所、職業、役職などが判明したわけである。

さらに、艇所有者が経営する、または勤務する企業の規模を知るため、日本経済新聞社刊の『会社年鑑』と『会社総鑑』から資本金額を抽出した。前者には上場企業が、後者には未上場企業のうち資本金1,000万円以上の会社が収録されており、有価証券報告書などに基づいた資本金額が記載されている。以上のようにして、クラブ名簿と手書き名簿、会社年鑑の3つをExcel上で結合することによって、分析に耐えうる客層データを作成することができた。こうした客層データは個人情報の入手困難な昨今、とても貴重なものであろう。

6　レクリエーション行動の調査

レクリエーション行動は具体的には、行き先、目的、月日（季節性）、滞在日数などであり、これらは一般的には“観光行動”と呼ばれるものであろう。これらを把握するために、1997年の1年分の「出港届け」を入手した。「出港届け」とは、艇所有者が出港する前に、遭難した時などに備えて、行き先、乗員、日時などを記入し、マリーナ事務所に提出するものである。たとえば**図3**からは、とあるヨットが8月14日午前10時に6人で伊豆諸島にクルージングに出かけ、14日に伊豆大島の波浮（はぶ）港、15日に神津島（こうづしま）に入港して16日午後に帰港する、といったことが分かる。出港届けは台帳として綴じられており、これをコピーさせてもらった。

出港届けの中から、艇名、出港・帰港月日、乗員数、行き先をExcelに入力した。出港・帰港月日を集計することで、行動の季節性と滞在日数を得ることができる。

これに加えて、先述のクラブ主催パーティでのアンケート調査において、別荘やマリーナ付随のマンションの所有状況と、それらの利用状況について調べた。それによると、多くはマリーナ内のリゾートマンションを所有しており、また対岸の小網代湾に桟橋付き別荘を所有してボートでマリーナとの間を往来する者もいた。

また、出港届けの中の行き先を集計することで、行動圏を得ることができる。しかし、これだけでは大まかな行動圏しか分からないので、ミクロなスケールでの漁業との競合関係を知るために聞き取りで補完した。艇所有者からは、漁船や漁網などとのトラブルに加えて、ヨットの場合はセールを揚げる位置とその理由、機走から帆走に切り替える位置とその理由、モーターボートの場合はフルスロットルから徐行に移る位置とその理由などを尋ねた。近隣の漁業者からは、漁業の種類と漁場、およびプレジャーボートとのトラブルを尋ねた。この聞き取り調査で参考にしたのは、田和（1997）に収録された一連の研究である。それによると、漁業者の行動は、海底地形や潮流など自然環境と密接に対応していることに特徴がある。そこで、漁業者に海図を見てもらいながら、具体的な漁具の設置場所やその水深などを尋ねた。かつてはプレジャーボートがプロペラで定置網を切って走り去り、漁業者が大損害を被ったこともたびたびあったが、定置網に旗を立てることや、漁網設置場所の位置と水深をファックスでマリーナに通知することなどの対策の結果、トラブルは減少しつつあるとのことだった。これらを根拠に作成したのが海域利用の地図（**図4**）であり、漁業は沿岸で、プレジャーボートは沖合で行動することで棲み分けていることが分かった。このように、一枚の地図の作成にたくさんの聞き取り・下調べが必要であった。

図3　出港届け
下段の房総半島から伊豆半島、八丈島までの地図はあらかじめ出港届けに印刷されているもので、そこに各自が行き先を記入する。

田和正孝（1997）『漁場利用の生態』九州大学出版会

7　反省と漸進

最後に反省の念を込めて、もっとこうすれば良かったと思うところを吐露したい。今回取り上げた調査は集客圏と客層およびレクリエーション行動という、観光地理学ではオーソドックスな研究対象に課題を設定した。しかし、これらの課題や地域を絞り込んで、より詳細に調査することもできたはずである。あるいは他にも適当な課題があったかもしれない。観光客にとって観光の対象は自然から文化に至るまで幅広く、それらの価値も観光客の主観が反映されて十人十色である。そのため、

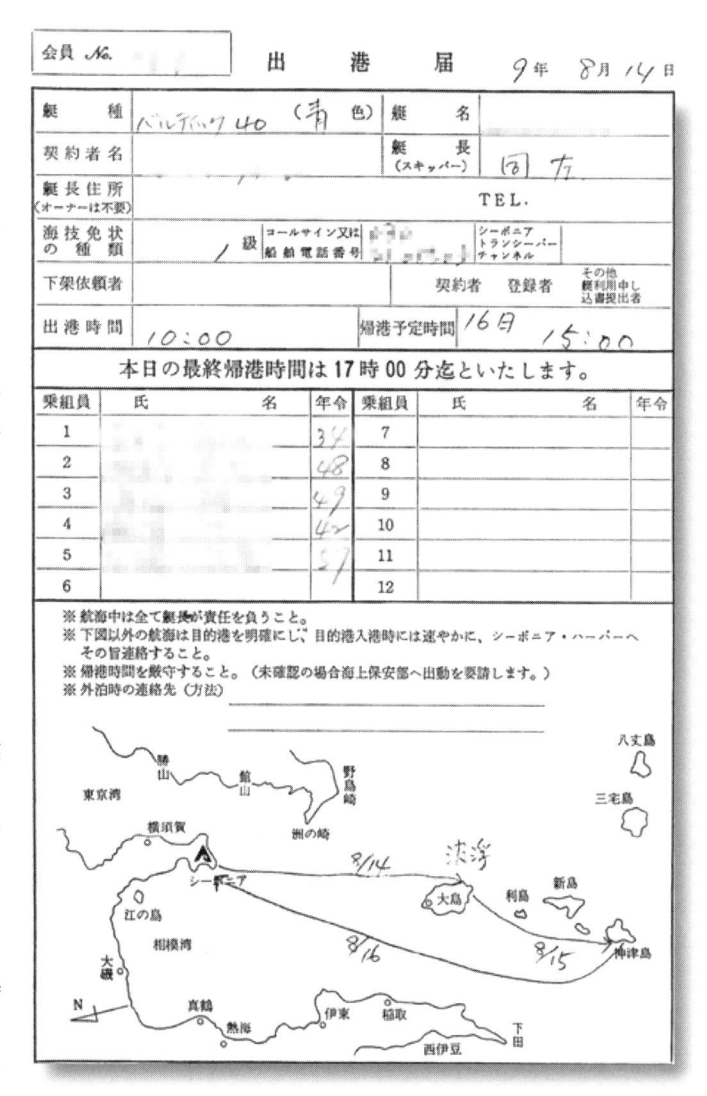

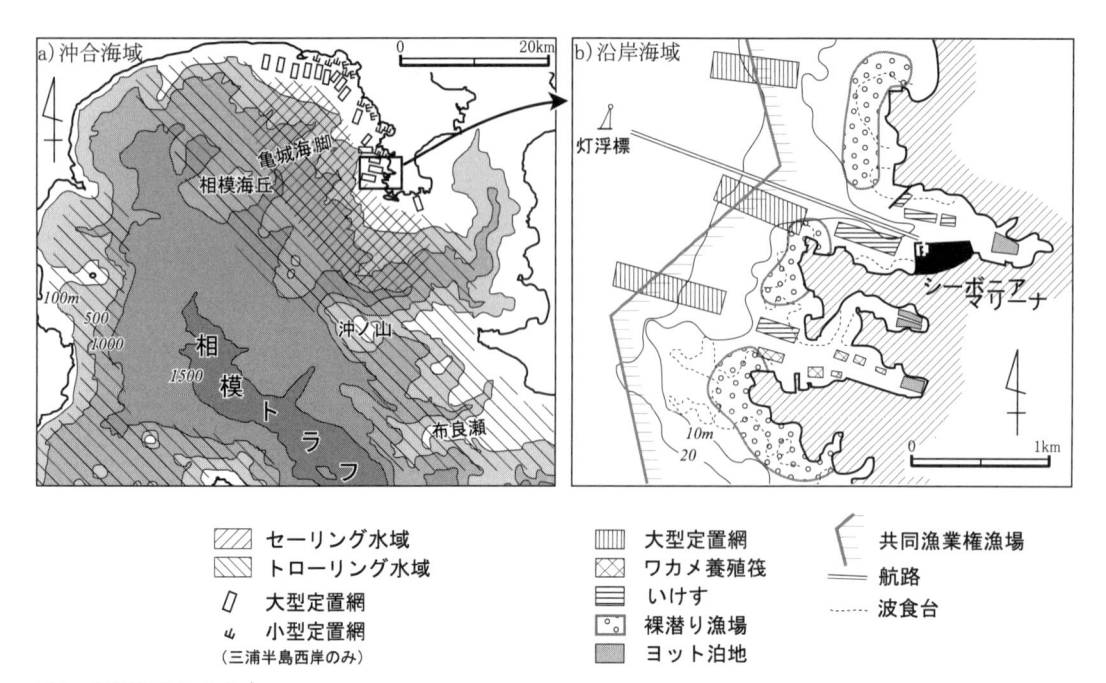

図4 三浦半島沖合および沿岸海域の海域利用
佐藤（2001）に加筆修正。

凡例：
- セーリング水域
- トローリング水域
- 大型定置網
- 小型定置網（三浦半島西岸のみ）
- 大型定置網
- ワカメ養殖筏
- いけす
- 裸潜り漁場
- ヨット泊地
- 共同漁業権漁場
- 航路
- 波食台

a) 沖合海域／b) 沿岸海域（相模海丘、亀城海脚、相模トラフ、沖ノ山、布良瀬、灯浮標、シーボニア）

市川健夫（1985）『フィールドワーク入門—地域調査のすすめ』古今書院

山村順次（1995）『新観光地理学』大明堂

Pearce, D. G. (1995) Tourism today: a geographical analysis, Longman.

観光の地域調査は多岐にわたっており、自分の興味対象に狭量にこだわる必要はないのではないかと思う。

観光地理学に関する初歩的な調査手法は、市川（1985）や山村（1995）などに書かれている。また、集客圏と客層および観光行動に関する個別研究は数多くあるが、それらを広く取り上げて事象別・地域別に理論化・モデル化を試みたD. G. Pearce（1995）の著書が分かりやすい。しかし、この著書には個別研究の具体的な研究方法や分析資料までは書かれていないので、当然のことながら個別の論文を読む必要がある。ただ、狭義の観光研究に限定せずに、村落の地域調査やアンケートによる地域調査、文化研究など他分野の文献を広く渉猟し、それらの調査手法や資料などの中に自分の調査に援用できるものがないか、常にアンテナを伸ばしておくべきだろう。

また、調査の運び方も至らぬ点だらけだった。前節までを通して読むと、わりあいスムーズに調査できていると思われるかもしれない。しかし、私は先行研究を参考に理論だてて調査手法を選んだわけではなく、調査を進めながら、結果としてそこにたどり着いたにすぎない。漠然と集客圏や客層などを調べなければと思いながら、偶然にヨットクラブ会員の名簿や手書きリスト、出港届けといった資料に巡り会えたと言えるだろう。そのため、節ごとに分けて書いたことは、時間的には多くの部分が重複していた。

上記の3つの資料を得ることができたのはまさに幸運であった。一般的に、観光についての統計資料は、サンプル調査から求めた推計値であることがほとんどである。そのため、上記のような事実を確実に反映した一次資料は、なおさら価値の高いものになると思う。この点において、ノンフィクション作家である佐野眞一の調査体験記は、私の教訓の書となっている。というのは、動かしがたい事実を提示することで社会を批評していく佐野の体験記から、事実の重さと、事実を徹底的に追い求めるフィールドワーカーの姿勢に感銘を受けるためである（佐野 2001）。また蛇足ながら、アーネスト・サトウが明治初期に編んだ旅行ガイドブックは、当時は徒歩中心の交通事情であり外国人であったにも関わらず、膨大で緻密な地誌的記述が

佐野眞一（2001）『私の体験的ノンフィクション術』集英社

なされていて、読むたびに自分の腰の重さと無能さを反省させられる（サトウ1996）。

　私は本稿で取り上げた地域調査中に面識のできた人に誘われ、ヨットに乗るようになった。貧乏暇なしとはよく言ったもので、ほぼ毎週末に車と電車とバスを駆使して、つくばから油壺まで片道3時間以上かけて、日帰りで練習・レースに参加していた。しかし、ここでの活動が言わば定点観測となり、ヨットというスポーツ文化が人と人の繋がりの中で拡がっていくことの面白さを実感した。身近なところでは大学の部活動が好例だろう。そこで、ヨット部の記念誌をはじめヨットマンの回想録などを入手していった。そして、石原慎太郎が彼の回想録（石原1976）の中で「海の先覚者」と呼んだ、GHQ将校による小網代湾と油壺湾での桟橋付き別荘生活が、前述のアンケートと聞き取りで把握した桟橋付き別荘所有者に受け継がれており、日本人による文化受容を実感した。さらに、私はクラブの名簿に味をしめ、知人を介して名簿を収集していったところ、1936年の湘南ヨット倶楽部（葉山）の名簿と1996年のシーボニアヨットクラブの名簿に同一人物を見出した。これらのことが明治・大正期のヨットの伝播論文に導いてくれた（佐藤2003）。さらには、同じく明治・大正期の軽井沢での高原避暑の受容論文にも結びついた（佐藤・斎藤2004）。現在も油壺には定期的に通っている。定点観測は続く。

おすすめ文献

市川健夫（1985）『フィールドワーク入門―地域調査のすすめ』古今書院
佐野眞一（2001）『私の体験的ノンフィクション術』集英社
中川　正（2000）『文化の法則を探ろう』三重大学出版会
　　自分の知的好奇心がどこにあるのか、興味・関心にどう向き合えばよいのか、暗中模索している人を導いてくれる一書。さらにより実践的な、中川　正・森　正人・神田孝治（2006）『文化地理学ガイダンス―あたりまえを読み解く三段活用』ナカニシヤ出版、もある。

Pearce, D. G. (1995) *Tourism today: a geographical analysis,* Longman.

サトウ、アーネスト（1996）『明治日本旅行案内　上・中・下』庄田元男訳、平凡社

石原慎太郎（1976）『伯爵夫人物語』集英社

佐藤大祐（2003）「明治・大正期におけるヨットの伝播と受容基盤」『地理学評論』vol.76-8、599-615頁

佐藤大祐・斎藤　功（2004）「明治・大正期の軽井沢における高原避暑地の形成と別荘所有者の変遷」『歴史地理学』vol.46-3、1-20頁

1-7

杉浦真一郎　SUGIURA Shin'ichiro

行政の地域調査
—— 高齢者福祉サービスの地域格差をとらえる

杉浦真一郎
1971年愛知県生まれ。広島大学大学院文学研究科博士課程後期修了。現在、名城大学都市情報学部教員。専門は人文地理学。著書に『地域と高齢者福祉』古今書院、2005年、論文に「特別養護老人ホームの立地と入所先選択をめぐる現実と理想的条件」『地理科学』vol.59-1、2004年、「介護保険制度による事業者間競合とサービス事業の展開」『地理学評論』vol.76-7、2003年、など。

本章でとりあげる論文

杉浦真一郎（1997）「広島県における高齢者福祉サービスと地域的公正」『地理学評論』vol.70A-7、418-432頁

　この論文は、広島県の全86市町村を単位として、高齢者福祉サービスの供給とニーズを定量的に把握し、それらから、サービスをめぐる「地域的公正」のあり方について検討することを目的とした。先行研究をもとに、ニーズを寝たきり高齢者数から捉える「客観的ニーズ」と利用（希望）者数から捉える「主観的ニーズ」に区分して理解した。またサービス供給面では、3種類の在宅系サービス（ホームヘルプサービス・デイサービス・ショートステイ）を高齢者人口100人当たりの量で把握した。これらニーズと供給との間の相関から、「地域的公正」の水準が「主観的ニーズ」では一定の高さを示すものの、「客観的ニーズ」では「無相関」との結果が出た。さらに、高齢者福祉サービスの総体的な優位性を市町村別に見ると、相互に隣接する市町村間で著しい差異が生じるケースも散見された。これらのことから、進展する地方分権時代にあって、そうした市町村間でのサービス格差の存在が大きな地域的問題になる可能性を指摘した。

キーワード：高齢者福祉サービス　地域的公正　供給とニーズ　ジニ係数

1　修士論文のテーマを決めるまで

　本章で取り上げる拙稿は、私が広島大学に提出した1995年度の修士論文を大幅に改稿して発表したものである。後述の通り、修士論文と当該の拙稿とは、その内

容に少なからず違いが生じることになった。しかし、あまり深く掘り下げた論考にもならず、学会誌での発表当時から自分自身でも決して良い出来映えとは思えなかった。自ずと、達成感も今ひとつであった。

そのような自己評価でもあり、博士論文（1998年度）にそれ以降の雑文を加えて1冊にまとめた拙著（杉浦2005）の計画時も、構成から外そうかと一時は考えたほどである。そうした事情があるため、本書の分担執筆にあたり編者から上記拙稿について書くように言われた際は、よりによって一番思い出したくない論文が指定されたなあと困惑もした。日本地理学会「地方行財政の地理学研究グループ」のメンバーのほか、私よりも行政の地域調査に詳しい方が少なくない中でこうした文を書くのは気が引けるが、参考になるところが少しでもあればと思う。以下では、ややさかのぼるが、修士論文の作成にも影響を与えた学部生時代の経験からスタートして、修士論文の構想段階から、調査、執筆、学会誌『地理学評論』への投稿と修正・再投稿といったプロセスを順にたどってみたい。

杉浦真一郎（2005）『地域と高齢者福祉―介護サービスの需給空間』古今書院

（1）少しさかのぼる学部生時代のはなし

地理学専攻の学部生時代において卒業論文に比肩する最大の難敵は、学部3年次の巡検レポート作成であった。学部3年次（大学によっては2年次の所もあろう）では概して、地理学の論文を読む経験もまだ少なく、どのようにレポートを執筆したらよいか、いやそれ以前の問題として、調査も未経験で、どこに行ってどんな資料を集めて何を聞いてくるべきか分からず、そもそも調査テーマの決定自体が簡単ではない。自分も、そんな五里霧中の3年次の春であった。

そうした中、同級生らと比べてあまり深く考えていなかったのであろうが、政治地理学と呼ばれる分野に少し興味のあった自分は、その年の訪問地が和歌山県であったことで、県内のある2自治体間の境界紛争について調査したいと当初は思い、構想発表会でその考えを述べた。ところが、先生方およびお目付役として巡検に同行される院生の先輩の反応はいずれも芳しくなかった。要するに、本人に興味があるのはわかるが、巡検レポートとしてどうまとめることができるのか疑問である、といった主旨であった。

こうした構想段階での否定的なご託宣のため、少なからず落胆もした。しかし後になって思い返せば、それら芳しくない反応は、おそらくそのテーマでは初学者には具体的な研究方法の設定段階ですでに難しすぎるため学部学生の巡検レポートには不向きであるとの教育的見地から出されたものであったと思われる。

しかしこうした経験によって、地理学のオーソドックスな調査・研究とはいかなるものかという点に留意するようになり、巡検レポートを作成するにはどうしたら良いかを（ただし、できれば自分の関心の範囲内で）、現実的な観点から考え直してみることにした。その結果として、政治地理学というよりは行政的分野にシフトすることになるのだが、最終的に、和歌山市の家庭系ごみ収集について調査することになった。当時はあまり明確に意識していなかったが、行政サービスについて関心があったのは間違いない。ただ、多種多様な行政サービスのなかで、なぜごみ収集を選んだのかは記憶が定かでない。ともかく初夏に実施される巡検まであまり準備期間がなく、急いでテーマの変更をすることになり、ずいぶん慌てたような覚えがある。

3年次の終わり頃に求められた卒業論文の構想には、以上のような巡検計画時のドタバタの反省をふまえ、自分なりに現実的な観点を重視することにした。要する

に、いくら自分にとって興味があって面白そうだと思っても、論文としてまとめられなければ駄目であり、何かきちんとデータの得られる研究テーマにしようと考えたのである。その結果、3年次に受講した岡橋秀典先生の講義で、農協という組織が話に出てきたのがヒントになった。農協は行政とは少し違うが、地域において公的な性格も持つ団体であり、かつ自治体のように全国をくまなく重複なくエリア化している、といったことを講義で知った。そこで、農協の事業についてデータを集め、それぞれの地域的特徴を調べてはどうかと考えた。

　すると今度は、構想段階ですんなりOKが出て拍子抜けした。かといって、最終的に卒論が素早く書けたり高い完成度になったわけでは全くなかった。むしろ、実際の卒論作成では、数量的なデータを集めても、それをどうまとめるべきかを決めかねて、ずいぶん時間が浪費された。最終的には、指導教官の岡橋先生にデータ分析の方法まで具体的に指示していただき、何とか提出にこぎつけた。

（2）大学院に進学してから

　大学院に進むと、すぐに修士論文の計画を立てて、早いうちから具体的な調査などに取りかかることが求められた。ただ、修士論文は2年間の集大成だから、学部3年次の巡検レポートの時のように焦って決める必要もないだろう、とも勝手に考えていた。それゆえ、ここは原点に立ち帰って自分本来の関心に忠実になってみようかな、でも卒業論文で手がけたことも生かせたら良いな、などと調子の良いことばかり空想していた。

　その結果、大学院ゼミで最初に修士論文の構想を発表した際は、農協の事業活動の中で政治的側面に注目した、言ってみれば農協の政治地理学のような内容を考えていた。農協という組織が、とくに農山村地域を中心として伝統的に保守系政党の有力支持団体として位置づけられているのは周知の事実であり、その点で何かできないだろうかと構想していた。しかし、案の定、大学院ゼミでの教授陣の反応はと言えば、ゴーサインにはほど遠いものであった。かくして暗中模索のまま、構想とは名ばかりの支離滅裂で意味不明の発表をして、意気消沈の結果となった。

　手元に残る当時の研究用ノートを今ひもとくと、大学院1年目の9月や12月のゼミにおいてもなお、政治地理的な内容にこだわっていたことが、発表用レジュメの題目から読み取れる。逆に言えば、この頃になってもまだ、「高齢者福祉」の文字はレジュメに全く出てこない状態であった。ただし、その後の展開につながるところがあったとすれば、かろうじて12月22日付の発表用レジュメにおいて、地方政治と立地紛争に関する議論をいくらか展開する中で、以下で触れるピンチ（1990）が初めて引用文献として登場したことであった。

> ピンチ（1990）『都市問題と公共サービス』神谷浩夫訳、古今書院

（3）ピンチとの出会い（再び？）

　以上のような学部生時代から大学院1年目まで続く暗中模索の日々を振り返るとき、自分の研究を進める上でそれまで決定的に欠けていた要素があったと言わざるを得ない。賢明なる読者諸氏はすでにお気づきかもしれないが、それは、初学者たる当時の自分が健全なる意味で模倣すべき良き手本となる具体的な先行研究であった。もちろん、当時すでに行政サービスとしてのごみ収集の問題や、農協の事業活動に関する地理学的な実証研究はいくつも存在していたかもしれないが、それらと明確には出会っていなかった。そのため、研究全体を貫く一つのまとまりある骨組みはおろか、単純な章構成すらイメージできないままであった。

ところが、上記のように、地方政治の切り口の一つとして立地紛争を述べる際に引用した文献こそが、その後の自分の修士論文にとって手本とすべき内容を含んでいた。正確には、その文献とは初対面ではなかったので、再び会ったと言うべきかもしれない。それが、イギリスの地理学者スティーブン・ピンチが著した『都市問題と公共サービス』という1冊の本であった。邦訳の刊行は1990年であったから、当時すでに4年ほど経っていた頃である。初めてその本を手にしたのがいつ頃だったかは忘れてしまったが、おそらく学部生時代であっただろうと思う。いずれにしても、この本の中で、イギリスの高齢者向けサービスが題材となって図表入りで詳しく書かれていた箇所があった。そのことと、「日本の高齢者福祉サービスと地域（行政域）との関係がどうなっているのか」という研究上の素朴な興味が、修士論文のテーマ選定という現実的課題の下で結びついたのであった。

　ピンチ（1990）については、タイトルに「公共サービス」との語句が含まれていたため以前から関心はあった。しかし、自分の研究や論文執筆と直接結びつけては意識していなかったように思う。もちろん、同書の内容を充分に理解できていなかったことが、それまでの段階で具体的な自分の研究にさほど影響を及ぼさない状態のままだった理由であった。つまり、初めての出会いではなく以前から存在は知っていたが、自分にとっての意味は、修士論文のテーマを絞り込むそのときになって初めて見出したのであった。

　テーマ決定までの最終段階では、年が明けて1995年の2月のゼミにおいて院生各自の関心に近い研究分野のレビューという課題が与えられたことが決め手となった。自分は「国内外の政治地理学の研究動向と今後の研究視点」と題した報告を行ない、その中で公共施設の立地と公共サービスの問題とともに、地域人口の高齢化と福祉サービスに関して述べた。それをふまえて年度末の3月に指導教官に提出した修士論文構想において、研究題目の中に「高齢者福祉サービス」という言葉がついに登場するに至ったのであった。このように、高齢者福祉サービスを修士論文のテーマと決定したのは、大学院1年目の年度末であった。

2　研究テーマを決めてから

（1）政策・制度についての勉強

　さて、テーマも決まり、手本にできそうな心強い先行研究も見つかったのは良かったが、冷静に考えると、ピンチの本に書かれている話はイギリスの事例である。当然ながら、日本とは高齢者福祉をめぐる諸制度に違いがある。ただ、どのように違うのかを即座に理解することはできなかった。そもそも、日本の高齢者福祉政策について、自分がほとんど何も知らなかったからである。さしあたり、ピンチ（1990）に出てくる個別具体的なサービスの名前を見て、それがどういう内容であり、また日本でどういう名前のサービスとして存在しているのか、といったことを本などで調べた。本と言っても、もちろん地理学関係の本や論文を読んでも福祉に関する内容はほとんど出てこない時代であったから、福祉分野の解説書のような本を書店で探した。参考にする本は、なるべく最新のものとした。少し古いものであると、制度が少しずつ変わっていて、とくに初学者は混乱しやすいからである。

　加えて、それら個別のサービスを取り巻く、もう少し大きな政策的枠組みについて理解しようと努めた。その中で、1989年に策定された高齢者保健福祉推進十カ

年戦略（いわゆるゴールドプラン）や、自治体による老人保健福祉計画の策定義務化、あるいは国から自治体への措置権限委譲といった流れを、不充分ながらも知るようになった。また、人口高齢化という言葉を自分に関係のある問題として意識したのも、やっとこの頃だった。

　それにしても、政策やそれが生み出す具体的な諸制度についてよく知っているかどうかは、行政を対象とした研究の幅と奥行きに大きな違いをもたらすように思う。逆に言えば、それらをよく知っていなければ研究の具体的なテーマも方法論も幅が狭くなってしまう。そんな当たり前のことに、最初はあまり気づいていなかった。今から考えれば、大胆不敵というか徒手空拳の恐いものなしとは、その頃の自分にぴったり当てはまる言葉である。

（2）大学院2年目に入り

　上記の通り、修士論文の準備は、大学院1年目を通じて全体的に順調とはとても言えない有様であった。やや言い訳がましいが、大学院1年目の後半は、修士論文の準備とは別のことで少し時間を使っていた。というのも、1994年1月に提出した卒業論文を改稿したものを、同年の秋に学会誌『地理科学』に投稿していたからである。予想通り、すんなり受理（掲載決定）とはいかず、複数回にわたって修正を要求された。慣れないことには時間がかかるものである。修士論文のことも気になるが、いや気になるがゆえ余計に、まずは目の前の課題を早く片付けてしまいたい。そうした気持ちが強かったため、どちらかというと投稿論文にエネルギーが多く注がれていたかもしれない。ともかく修士論文のために集中できるようになったのは、その投稿論文（杉浦1995）が曲がりなりにも受理された大学院1年次の3月頃からだったように思う。

　大学院2年目に入り、まず行なったのは、広島県庁への聞き取り調査と資料収集であった。実を言えば、そもそも研究対象地域をどこにしようかなどとは、さほど深く考えなかった。修士論文の際の自分は、当時住んでいた広島県を対象地域とすることを、最初から漠然と決めていた。現実的な理由としては、他県を対象地域とした場合は調査費用が確実に増えることが挙げられる。そのため、最適とは言えないまでも、学生の立場としては無理のない判断であったように思う。結果として、広島県には数の上でも地域特性の面でも多くの市町村が当時は存在していたため、研究対象地域として大きな問題はなかったと今も考えている。ただし、地理学であれば一般に、どんなテーマでも研究対象地域の選定にはきちんとした理屈が求められることも事実である。

　いずれにしても、まず広島県庁におじゃまして、県全体での高齢者福祉施策に関するお話を伺い、いくつかの資料を頂戴した（**図1**）。その他にも、卒業論文で農協をテーマとしたことから、広島県の農協中央会や、福祉事業で先進的と言われていた広島市内のある農協およびその農協の別組織が運営する福祉施設なども調査に訪れた。それらの資料を手に入れてみると、情報量としてはそれなりに豊富であったため、またもや「これで修士論文も書けそうだな」などといい加減な見通しを描いた。そこで、しばらくは単純に、県内での福祉施設の分布について、データを整理する作業にあたった。しかし、それら得られた資料には、修士論文に必要なデータのうち肝心の一部が含まれていなかったのである。それは、市町村ごとのサービス供給実績に関するデータであった。

　修士論文の調査について、広島県庁への調査だけで片付けようなどと最初から考

杉浦真一郎（1995）「広島県における農協活動の展開とその地域的性格」『地理科学』vol.50-2、103-122頁

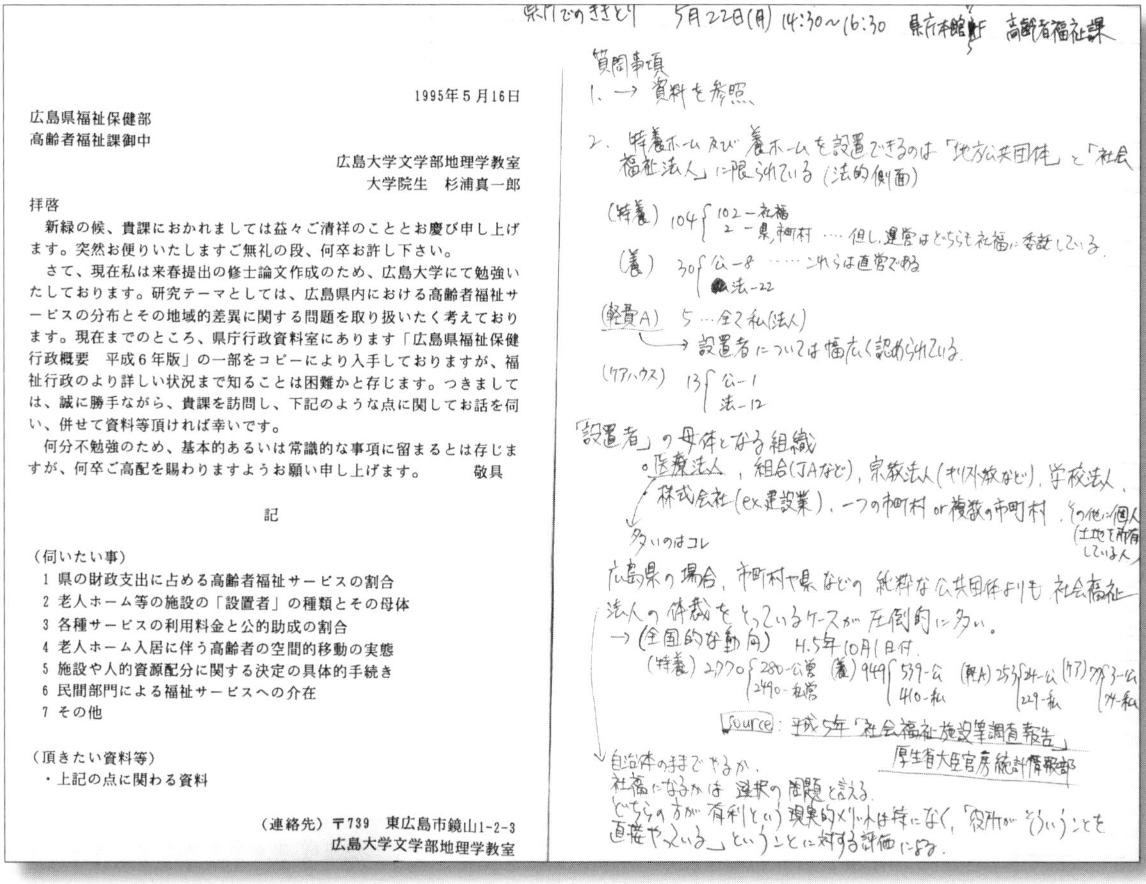

1995年5月16日

広島県福祉保健部
高齢者福祉課御中

広島大学文学部地理学教室
大学院生　杉浦真一郎

拝啓

新緑の候、貴課におかれましては益々ご清祥のこととお慶び申し上げます。突然お便りいたしますご無礼の段、何卒お許し下さい。

さて、現在私は来春提出の修士論文作成のため、広島大学にて勉強いたしております。研究テーマとしては、広島県内における高齢者福祉サービスの分布とその地域的差異に関する問題を取り扱いたく考えております。現在までのところ、県庁行政資料室にあります「広島県福祉保健行政概要　平成6年版」の一部をコピーにより入手しておりますが、福祉行政のより詳しい状況まで知ることは困難かと存じます。つきましては、誠に勝手ながら、貴課を訪問し、下記のような点に関してお話を伺い、併せて資料等頂ければ幸いです。

何分不勉強のため、基本的あるいは常識的な事項に留まるとは存じますが、何卒ご高配を賜わりますようお願い申し上げます。　敬具

記

（伺いたい事）
1 県の財政支出に占める高齢者福祉サービスの割合
2 老人ホーム等の施設の「設置者」の種類とその母体
3 各種サービスの利用料金と公的助成の割合
4 老人ホーム入居に伴う高齢者の空間的移動の実態
5 施設や人的資源配分に関する決定の具体的手続き
6 民間部門による福祉サービスへの介在
7 その他

（頂きたい資料等）
・上記の点に関わる資料

（連絡先）〒739　東広島市鏡山1-2-3
広島大学文学部地理学教室

県庁でのききとり　5月22日(月) 14:30〜16:30　県庁本館　F　高齢者福祉課

質問事項
1. → 資料を参照。

2. 特養ホーム及び養ホームを設置できるのは「地方公共団体」と「社会福祉法人」に限られている（法的側面）

（特養）104 { 102－社福 / 2－県,市町村 …… 但し,運営はどちらも社福に委託している。
（養）30 { 公－8 …… これらは直営である / 法－22
（軽費A）5 … 全て私(法人)
→ 設置者については幅広く認められている。
（ケアハウス）13 { 公－1 / 法－12

「設置者」の母体となる組織
○医療法人，組合(JAなど)，宗教法人(キリスト教など)，学校法人，株式会社(ex.建設業)，一つの市町村 or 複数の市町村，その他に個人(土地を所有している人)
多いのはコレ

広島県の場合，市町村や県などの純粋な公共団体よりも社会福祉法人の体裁をとっているケースが圧倒的に多い。
→（全国的な動向）H.5年10月1日付．
（特養）2,770 { 280－公営 / 2490－私営　（養）949 { 539－公 / 410－私　（軽A）253 { 24－公 / 229－私　（ケア）77 { 3－公 / 74－私
Source：平成5年「社会福祉施設等調査報告」厚生省大臣官房統計情報部

自治体のままでやるか，社福になるかは選択の問題と言える。
どちらの方が有利という現実的メリットは特になく，「役所がそういうことを直接やっている」ということに対する評価による。

図1　広島県庁への調査の依頼文と聞き取り内容のメモ

えていたわけでは決してない。しかし、何となくではあるが、次のようなイメージがあった。それは、まず県全体の話を県庁への調査から得て、その上で、県内の一部の市町村を事例的に取り上げ、それらいくつかの事例的市町村（あるいは農協が熱心に取り組んでいる事例など）を比較する形でもう少し詳しく調査すれば、論文としてまとまるのではないか。これは、地理学の論文としても、さほど珍しくないパターンであろう。

しかし、いくつかの市町村を事例的に取り上げると言っても、どのように選ぶのか根拠や方法が明確でなければ説得力に欠ける。それは、市町村ごとのデータをきちんと入手して内容を吟味しなければできない話である。しかし、市町村ごとのデータのうち、いわば静態的データとでも言うべき施設の立地状況に関する情報は得られたが、もう一方の動態的データと位置づけられるサービス供給実績に関する情報が広島県庁からの資料では不充分であった。施設やサービス機能の所在情報だけでは、どこにどういうサービス施設が存在するかは分かっても、そのサービス機能から実際にどれだけサービスが提供されているのかは不明である。したがって、市町村ごとのサービスの多寡を知るには、どうしても供給実績に関するデータが必要であった。そこで再び広島県庁に対して、それらサービス供給実績に関する資料の提供をお願いした。しかし、県としては県全体での値はすぐに出せるが、市町村ごとの数値を個別にまとめた資料はないといった反応であった。

言うまでもなく、サービスに関わる国や県による補助金等の業務があるので市町村ごとの値を県が把握していないはずはないが、要するにそれら市町村単位での数値を公表することは差し控えたいとの姿勢であったように思われる。もちろん、関

係部局内や議会方面では同様の資料が回っていたかもしれないし、単に県庁担当部署で業務繁忙のため一介の院生のために資料提供の準備をすることが控えられたのかもしれない。今となってははっきりしないが、もしかすると例えば議会対応に大忙しの時期（考えられるとすれば6月頃か？）にたまたま何も知らずに依頼をして断られたのかもしれない。いずれにせよ、欲しい資料を県庁から丸ごと入手できたらとの目論見は外れたのであった。

3　全市町村への調査にとりかかる

（1）郵便での依頼

　必要なデータを県庁から一括して得ることを諦めた以上、もはや自分には選択肢はなかった。要するに、各市町村から直接データを提供してもらうしかない。しかしそうは言っても、当時の広島県には市町村が86もあった。相当に多いのである。全部のデータを集めるのが簡単でないことだけは想像できた。ところが一部だけに限定するにしても、どこからどこまでの範囲で区切るかを決めなければいけない。そんなことをあれこれ考えているうちに時間は過ぎてしまい、7月に行なわれる修士論文の中間発表会に向けて、さしあたり何かレジュメを作成せねば、となった。

　中間発表会自体は、先に記したサービス施設の立地について主に話して、何とか切り抜けたような記憶がある。しかし、肝心のサービス供給実績に関するデータは、修士論文の骨格として、どう考えても必要に思えた。先生方からのコメントでも、そうしたデータを盛り込むことは当然であるように言われた。そうこうしているうちに、8月である。もはや長考にふける余裕はない段階であった。かくして、サービス供給実績に関するデータ提供についての依頼状を県内の全86市町村に対して郵送した。日付は明確に覚えていないが、お盆のころだったと思う。

　程なく、8月後半にいくつかの郵便が自分に届き始めた。各市町村からのデータ提供である。それらの市町村には、受け取ったことを報告する意味で、ハガキで礼状を出すようにした。それにしても、予想以上にと言うべきか、県内全市町村の半分どころか4分の1も連絡がこない。さすがに、最初の依頼状を送って即座に督促をするのは礼を失すると考え、焦る気持ちを抑えて9月上旬までは待っていたように思う。しかし、一向に回答が増えない。そこで、待つばかりでは埒が明かないと考え、自分で依頼先を実際に訪問して改めてお願いすることにしたのであった。訪問先が多く、事前に日時の調整などしている時間的余裕もなかったため、全てアポイントなしでの訪問であった。

（2）市町村めぐりのあれこれ

　高齢者福祉サービスに関する調査で市町村役場を訪問することは、これが初めてであった。さしあたり、当時住んでいた東広島市から近いところを中心に回り始めた。調査には、実家から譲り受けた古い車を運転して出かけた。たしか昭和62年式の車だったから、当時8年落ちくらいだったと思うが、幸いトラブルなく走ってくれた。いずれにしても、調査で広島県内の役場をあちこち回るには、公共交通機関を利用していては時間的に効率が大変悪いため、自家用車は重宝した。最終的に、全86市町村のうち40近くの市町村を実際に回って資料収集を行なった。データをすでに提供してくれた市町村にはおじゃまする必要がなく助かったが、それ以外は

できる限り自分で乗り込んでお願いをした。ただし広島県も広いので、とくに東広島市から遠く離れた県北東部の市町村には電話で個別にお願いをして郵送やファックスで返信してもらった。

　実際に調査に出てみると、各市町村での反応はさまざまであった。何事もなかったかのように、こちらが求める資料をその場ですぐに出してくれる場合や、依頼状が来たのを放置していたためわざわざ取りに来てもらって申し訳ないと低姿勢で、却ってこちらが恐縮する例もあった。逆に、一体これは何のための調査なのか、地理学がなぜこんなことを調べるのかと訝る向きも皆無ではなかった。

　この調査を通じて福祉行政の現場を少し覗いて、次のようなことを初めて知った。第一は、ちょうど9月の半ばから調査に出たことが関係しているが、高齢者福祉の担当部署は、敬老の日（当時は9月15日）の前後は関連行事で非常に忙しい場合が多いということである。都市部はともかく、人口規模の小さな自治体でその傾向が顕著であったように思う。一般に小規模自治体では職員の人数が限定されるため、同一の職員がより広範囲の業務を受け持つことになる。そのため、町内各地の敬老行事の業務で忙殺されていて私の調査に対応する人が役場に不在、といったケースが多くあった。

　第二に、市町村役場には自分がそのとき依頼していたような内容を含めて、福祉関係で同様の照会が日常的にきわめて多く来ていることを知った。それらの調査主体や調査手法、照会内容は多様であるが、役場職員の側からは、いわゆる「調査もの」としてひとくくりにされ、どちらかというと迷惑な存在と考えられている。そのように非常に多くの調査依頼が来る中で、当然のことながら、国や県およびそれらの関係団体からの調査回答依頼が優先されることが多く、一般の学術系調査は優先度が低い。ましてや学生からの単なる郵送アンケートなどは返信しないと決めているところもあると聞いた。したがって、単に郵便等でいきなり「お願いします」などと依頼状を送っても梨のつぶてであったのは、ある意味では仕方がない話とも言える。ただ、わざわざ役場まで押し掛けてくるなら、面倒だが対応してやろう、という場合は少なくなかった。その点では、福祉部門に限らず行政への調査は、一般の民間企業への場合よりは受け入れてもらえる可能性が高いのではないかと思われる。

（3）苦い思い出2つ

　調査を通じて、とくに苦い思い出の訪問先が2つある。一つは、ある瀬戸内海の島しょ部の自治体でのこと。金曜日の午後5時少し前の時間帯であった。その役場の窓口にアポイントなしで飛び込み、データ提供のお願いをした。担当職員の方はその日とても多忙であり、金曜の夕方でもあって早く仕上げねばならない業務があるため、週明けにファックスで回答すると言われた。しかしこちらも、訪問先はいずれも役場であるから週末は調査に行けないし、一つでもデータ入手済み市町村を増やしておきたいとの思いに駆られ、「データの項目は少ししかないので、5分もあれば大丈夫だと思いますが」などと、つい言わずもがなの言葉を発してしまった。果たして、この無神経で身勝手な発言は担当氏のご不興を買うこととなり、「週明けに出すと言うとるのに、それなら、もう私は知らんけんね」とのお叱りを受けた。平身低頭で謝罪の言葉を述べ、依頼文を改めてお渡しして、その場を辞するほかなかった。そんなことがあったせいか、実際にデータ提供を頂いたのはすぐの週明けではなかったものの、幸いにも他の市町村と比べて特別に遅くもない時期であった。

改めてお詫びと御礼の手紙を送ったことは言うまでもない。

　もう一つの苦い思い出は、これも別の島しょ部のある町役場であった。一般に、役場における福祉関係の部署には、福祉分野に精通した担当職員がいることも多い。しかも、福祉行政と言うよりも、福祉援助技術など福祉サービスそれ自体の専門家も中にはいる。数年ごとの人事異動によって福祉部門以外の部署との間で動く一般行政職の人たちと違って、これら福祉系専門職の人々には、ある意味で注意が必要であると調査を通じて痛感した。意図的ではないにせよ、聞いたことがない福祉関係の用語を容赦なく浴びせられ、こちらは半年ほど前からようやく福祉について勉強を始めた素人であったため（本来は、修士論文を書くのに素人ではいけないのだが）、さしあたって自分が欲しいデータと直接関係しない方面の話になると理解がまるで追いつかなかった。

　先方は、ご自身の福祉に関する哲学のような話をしたいと思っていらしたのかもしれない。ところが、こちらが自分の欲しいデータに関係する話ばかり聞こうとするので、ご機嫌を損ねる結果となった。そのためか、こちらの調査それ自体へのクレームも頂戴した。曰く、そのような県内の多くの市町村から一律に同じデータを集めて横並びに比較して意味があるのか、各市町村あるいはもっと細かい個別の地域はそれぞれ地域に応じた福祉の取り組みを熱心にやっているのだからそういう姿に着目すべきではないのか、といったご主旨であったと思う。

　このような点は、後に、全く別の他県で都市の施設サービスについて調査をしたときにも、ある福祉施設の責任者の方から「個別の施設や地域が持つ過去の経緯や事情を無視して単純に比較するような形で論文でございますなんて公表されてはかなわない」と言われたことがあり、重要な論点を含んでいると言えよう。ともかく、修士論文の調査時には、地理学の立場からの研究方法の妥当性や意義について明瞭に説明する力もなく、そうしたご意見を前に終始たじたじとなっていた。

　以上のような苦い経験もしながら、何とか県内の全86市町村から資料を得ることができたのは、10月の半ばに近かった。それは、データ収集の見通しも立たない8月のうちに申込をしていた人文地理学会の発表まで、1ヶ月も残っていない段階であった。

4　データ分析から論文へ

（1）データは得たものの……

　さて、いよいよ本格的な修士論文の作成に取りかかることになった。何はともあれ86市町村から数量的データを収集できたので、これを何か計量的に分析できないかと考えていた。というのも、2年前の卒業論文で広島県内の全ての単位農協から事業活動に関するデータを集め、各地域のさまざまな属性データ（人口密度、高齢化率、産業別就業者比率など）と併せて、パソコン上で動く多変量解析ソフト（Mac版SPSS Air）による主成分分析およびクラスター分析を行なった経験があったからである。つまり、それと同じソフトを用いて同じようなことができるのでは、と考えていたのである。卒論の時と少し違ったのは、修士論文では各市町村の高齢者福祉サービスの供給実績データの数値を従属変数とした回帰分析を行なおうと考えた点くらいであった。そうして、統計的に意味があって説明しやすい、要するに格好の良い解析結果が出ることを望んでいたのである。

ところが、説明可能な形での結果らしい結果はまったく得られなかった。独立変数をあれこれ入れ替えるなどして試行錯誤したが、何度やっても駄目であった。作業としてはデータの取捨選択が主であって、解析はパソコン上で数秒で終わるため割と気楽に挑戦したのだが、いくらやっても成果が得られず、結局は11月前半に行なわれた人文地理学会の発表前日まで粘ったがついに断念するに至った。

　9月から10月にかけての資料収集では粘り勝ちできたが、以上のように、その後の多変量解析の試みでは白旗を揚げることになった。こうなると修士論文の期限もいよいよ迫ってくるので、原点（原典？）から離れて妙な色気を示している余裕が本当になくなってきた。すなわち、ピンチ（1990）で描かれているような具体的データ（幸いこれは何とか収集できていた）を供給面と需要面とで地域（自分の修士論文では市町村）ごとに地図化しそれを解釈した上で、さらに需要とサービス供給との全体的な関係を地域的公正[1]という概念によって分析するという構成に急いで立ち帰ることとなった。

★1　地域的公正
territorial justiceの訳。領域的公正あるいは領域的正義と訳されることもある。各地域（市町村などの領域）の人々がもつニーズに応じた各地域へのサービス供給が全体として達成されているかを論じる。

（2）最終的な修士論文執筆

　最終的に修士論文の文章を書き始めたのは、11月下旬からだったと思う。提出期限は1月10日頃と定められており、12月になってから書き始めるのでは余裕がなくなると先輩方から言われていたような記憶がある。論文の書き方は人によってさまざまであろうが、自分はどちらかというと、杓子定規に第1章から最終章へと順に書いていく方が好きであるため、序論で少しもたもたしていたら、すぐに師走となった。12月をどう過ごしたか、正確な記録もないし、記憶も明確ではないが、やはり修士論文の追い込みモードとも言うべき生活パターンになっていった。それまでは、なるべく昼間に起きて活動して夜は休むという真人間スタイルを基調としていたつもりだったが、12月の後半にもなると、たまたま筆が走るときは千載一遇のチャンスとばかり、つい夜遅くまでパソコンに向かってしまった。

　執筆にあたっては、とにかく一日ごとに「今日は最低ここまでは書き上げよう」と目標を細かく設定し、進めていった。もはや風邪などひいて寝込んでいる暇は一日たりとも無いと思い、非常に追いつめられたような緊張感の中にあった。そんな調子で、年越しも院生室であったが、大晦日の夜は院生室の隣の部屋に持ち込んだテレビで他の修論生（その年の地理学教室には、自分を含めて6人もいた）と一緒に紅白歌合戦も見たし、翌朝は初日の出を拝むなどと称して、徹夜明けではあったが瀬戸内の島々を臨む海岸まで行ったり、後から思えば余裕があったのかもしれない。かくして、どうにか製本まで終えた上で期限当日に大学院の事務に提出した。

（3）修士論文の投稿と苦難の修正作業

　修士論文の提出後は、内容に関する口頭試問と、博士課程後期への進学希望者には別途面接試験が待ちかまえていた。このうち、修士論文の口頭試問は初めての人文地理学会の発表時と並んで、自分にとって最も緊張した出来事であった。なぜなら、自分なりに一所懸命に修士論文を作成したことは事実であるが、その内容が（少なくとも自分が所属する地理学教室の標準的な水準と比較して）きちんとした一定以上の評価を得られるかどうかが、当時の自分としては見当がつかなかったからである。結果として、内容は大してほめられる水準でもないが、一応真面目にやっているのを認めて進学させてやろうということになったようでほっとした。

　博士課程後期への進学が決まると、院生室の先輩たちもそうであったように、修

士論文をいずれかの雑誌に投稿することが求められた。そこで、自分は『地理学評論』に投稿することにした。投稿にあたり文章は短縮したが、サービスや制度に関する語句説明は少し丁寧に書いたような気がする。最近でこそ福祉分野の地理学論文も珍しくないが、当時はまだ多くなく、福祉制度全般に関する地理学界内の標準的な認識の度合いもそれほど高くないように思われたからであった。それ以外は、大した改稿もせず形式的に執筆要領に準ずる形に改めたくらいであったので、6月には投稿に至った。しかし、それからの道のりが平坦ではなかった。

　修士論文も初回の投稿論文も、基本的にはピンチ（1990）にあったイギリスでの事例研究の内容（とくに分析方法）を概ね模倣していた。ところが、最初の審査を経て返送されてきた査読結果には、思いがけず、分析手法自体に問題があるとの指摘がなされていた。紙幅の都合で詳細は省くが、その指摘は、論文の根幹に関わるため、簡単に対応できる問題ではなく、どうしたものかとしばらく悩んだ。査読結果には、サービスに対するニーズ量など、重要な指標を把握する方法として、よりシンプルな代案がいくつか提示された。現在であれば、場合によっては何らかの形でそれらに反論することも不可能ではないだろうが、当時の自分にとって編集委員会からの査読結果とは、すなわち神の声であった。やむなく、当初の方法は破棄し、査読意見に基づく方法でサービスニーズを把握し直すことを決断し、大幅な修正を経て、11月頃だったと思うが再び投稿した。

　2度目の査読結果をいつ受け取ったか記憶が定かでないが、おそらく1月ごろだったかと思う。再投稿時は修正意見に従ったわけだから、前回よりは受理に近づいているだろうと期待したが、またも重要な修正要求が含まれていた。それは、分析対象とした数種類のサービスのうち特別養護老人ホームに関する部分を削除せよとの内容であった。特別養護老人ホームについては、高齢者福祉サービスの中では基幹的な役割をもつと考えていたこともあり、せっかく論文の中でこれまで扱ってきたのを削除せよと言われ、落胆した。

　後になって思えば、この査読意見も、投稿に不慣れな大学院生の論文を少しでも読みやすい形に改善してやろうとの半ば教育的見地から提示されたのであろう。そうした言わば親心の機微には当時ほとんど考えが及ばなかったが、ともあれ前回の修正ですでに大幅な修正に応じていた自分としては、もはや抵抗する力もなかった。ともかく、最初の投稿時から念頭にあった年度内受理（掲載決定）の目標をクリアしたいと思って、言われるがままであった。そのほかの表現上の問題点や形式的な事項を含めて改めて修正して再々投稿した。

　結果的には、1997年4月の編集会議でようやく受理された。最初の投稿から10ヶ月後であった。初投稿から修正の過程を振り返ると、最初の2回がいずれも厳しい反応であったので、最後は妙にあっさり受理されたような気がした。最終的に、編集会議でどんな意見が交わされた結果なのかはわからない。世の中には、知らない方が良いこともあろう。

　それにしても、とくに再々投稿の頃は、自分には学会誌に論文を載せるだけの力はないのかもしれないと思い、かなりマイナス思考になっていたことははっきりと記憶している。加えて、並行して進めなければならなかった博士課程後期1年次での新たな研究についても、調査を通じて秋頃からデータは徐々に揃い始めていたものの、「これも論文にして投稿しても、同じように駄目になるかもしれない」などと悲観的な気持ちもあった。そういう点では、この頃が、5年間の大学院生時代で最も精神的には厳しい時期だったように思われる。

最終的に受理された論文については、修士論文および当初の投稿内容とは大幅に変更せざるを得なかったことで、本章冒頭にも書いたように、あまり納得がいかず、どちらかというと不本意な形での『地理学評論』デビューであった。ただ、もう駄目かもしれないと落ち込んでいた状態から、形ばかりとはいえ受理されて掲載までたどりつけたことで、一方では少しの自信になったのもまた事実であった。

5　行政から情報を得るために

　以上のように、修士論文を中心とした研究らしき一連の過程を記してきたが、行政の地域調査について述べるべき本章であるので、最後に今後この分野を志す方に若干の補足をしておきたい。

　すでによく知られていることであろうが、本章で述べた1990年代半ばとは異なり、現在は情報公開が大きく進んでいる。個人情報は別として、行政に関する大きな政策的枠組みはもとより、それを具現化した諸制度の詳しい説明や施行状況などもインターネットで広く公開されている。10年前というより、5年前と比較しても、より多くの情報がインターネット上で提供されるようになった。さまざまな法令や議事録なども公開されているケースが多い。読者諸氏にとっても、インターネットを介したアクセスは最も手軽に実現可能な方法ではないだろうか。

　ただし、このことは逆に、大抵のことはネット上で公開されているのではないかとまず考え、そこから得られる情報をきちんと把握した上で初めて、訪問調査などの依頼をするのがマナーである時代になったと言えるかもしれない。そうでなければ、相手先には「ネット上に出てますから見て下さい」と門前払いされることになる。

　一般に、行政機関への調査は民間企業への聞き取り調査よりは受け入れに寛容であると思われるが、今後は行政でも非正規職員の増加など実質的な人手不足が進めば、従来のような懐の深さは望めなくなるかもしれない。そうなった場合でも調査を受け入れてもらい、かつ重要な資料を提供してもらうにはどうすればよいか。おそらく行政の側も、建設的で新しい発想や聞いたことのないアイディアには関心を持つ場合が多いであろう。そのような、行政側の関心をも引きつけることができるような斬新な研究テーマがあれば理想的である。もちろん、調査経験の少ないうちは、それほど肩に力を入れる必要もないであろう。

　先に、インターネットで情報が多く入手できると述べたが、それが全てでないこともまた大いなる事実である。現地に行ってみて、できれば相手先と顔なじみになると、やはり出てくる資料の中身も自然と充実していく。対面接触は非常に重要である。その代わり、忙しい相手の所に複数回に渡っておじゃまする以上は、こちらも何か新しい情報を提供すべきであろう。それは、それまでに提供してもらった資料を自分で分析した途中経過でも良いし、場合によっては、（差し支えない範囲で）他の自治体の動向でも話のネタとしては充分である。

　そのような調査と並行して、日頃から自分の研究対象とする行政分野についての勉強をしておくことも求められよう。さほど頻繁に変わることのない法令やそれに基づく諸制度の内容はもちろんのこと、年次あるいは月ごとに発表される各種の統計類をチェックすることも望まれる。私の場合はとくに高齢者福祉行政について関心があるため、例えば厚生労働省が毎日配信する電子メール（厚生労働省「新着情

報配信サービス（**図2**）」）に利用登録することで、そこに含まれる高齢者福祉や介護保険に関する最新の情報をその都度受け取ることが可能である。他の全ての省庁について同様のサービスがあるかどうかは確認していないが、省庁のメールマガジンも今や珍しくない。そのほかに、業界向けの専門雑誌も行政分野ごとに刊行されている例は多い。

そうした情報に日頃から触れながら、少しでも当該分野の実情を知るように努めることが必要である。なぜなら、調査の相手先は、当該行政分野に深く関わり、その業務の対象について常に考えている立場のプロだからである。基本的に、現場の実情や制度的知識の面で相手を超えることは困難である。そのことを謙虚に受け止めつつ、なるべく多くの貴重な情報を得るためには、こちらも相応の知識や問題意識をもっておくことが求められよう。

図2　厚労省「新着情報配信サービス」
http://www.mhlw.go.jp/shinchaku/index.html

おすすめ文献

坂田周一（2000）『社会福祉政策』有斐閣
新藤宗幸（1996）『福祉行政と官僚制』岩波書店
武智秀之（2001）『福祉行政学』中央大学出版会
ピンチ（2001）『福祉の世界』神谷浩夫監訳、古今書院

第2部

地域調査の諸手法

1	アンケートによる地域調査	083
2	地域調査のデータ処理	095
3	GISを用いた地域調査	105
4	企業へのインタビューによる調査	117
5	ライフヒストリーによる地域調査	126
6	史料分析による地域調査	137
7	地域調査とトライアンギュレーション	151

●●

　第2部「地域調査の諸手法」では、特定の手法に依拠した地域調査の論文を材料として、地域調査の実践について考えていきたい。

　まず、最初にとりあげるのはアンケート調査である。アンケート調査は、地域調査の手法として、真っ先に思いつく手法の1つであろう。アンケート調査では、調査で得られたデータから現象の程度や地域間・属性間の差異などを定量的に把握することができ、必要に応じて自由回答項目などの形で定性的な情報を得ることもできる。しかし、その実施には多くの費用と労力を必要とし、慎重に質問項目や実施方法を検討しないと、大きなコストを払ったにもかかわらず有益な情報を得ることができないこともある。**第1章「アンケートによる地域調査」**でとりあげるのは、R&D部門に従事する研究開発技術者を対象として、その就職・転勤移動の実態をアンケート調査を通じて明らかにした論文である。経済的・労力的制約がある学生の身分で、どのようにしてアンケート調査による研究を結実させていったのかを参考にしてほしい。

　地域調査では、自らさまざまな空間データを取得・地図化することで、現象の空間的な範囲や分布の特性を考察することも有益である。**第2章「地域調査のデータ処理」**では、2時点間の電話帳の比較より居住者移動の実態を分析する、という非常にユニークな手法で都市内居住地移動を検討した論文をとりあげる。筆者は、主題図作成に関する豊富な機能を持ち、地域調査の研究者の間でも多くの愛用者がいる地理情報システム（GIS）ソフトウェア「MANDARA」の開発者としても知られており、空間データ処理の基本的な考え方や必要とされるスキルを参考にしたい。

　近年、整備・公開が進められているさまざまな空間データを地理情報システムを使って解析し、分析対象に関する理解を深めていくアプローチもある。**第3章「GISを用いた地域調査」**では、台風災害からの復旧の取り組みを事例として、森林管理をめぐる自然環境と人間との関わりを検討した論文の舞台裏を紹介している。この論文では、崩壊地の

特徴や林道からの距離との関係についてGISを用いた分析を行ない、分析結果に基づいた定量的な知見を論拠として、関係者に対するインタビュー調査で得られた知見と組み合わせながら、森林管理に関するそれぞれの主体の行動原理と適切な森林管理のあり方に関する考察が行なわれている。GISというとスマートな分析手法というイメージがあるかもしれないが、その背後ではデータ整備のための膨大な作業が行なわれているのである。

一方、アンケート調査や空間データ分析のような定量的な分析に対して、インタビュー調査に代表される定性的な分析もある。定性的な分析では、現象の深部での検討が可能になり、定量的な分析では抜け落ちてしまうような主体の姿を生きいきと描き出すことができる。まず、**第4章「企業へのインタビューによる調査」**では、自動車産業を事例として外注関係における距離の意味を、企業へのインタビュー調査や各社の資料を基に分析した論文の調査記録がまとめられている。また、**第5章「ライフヒストリーによる地域調査」**は、結城紬の生産における織り子のライフヒストリーに関する詳細なインタビュー調査から、家族内分業に基づいた生産活動が家族の変動といかに密接に関係しているかを示した論文の調査現場を紹介している。2つの論文は、インタビュー調査を中心に分析を行なっている点では共通しているが、インタビューに至るまでの段取り、インフォーマント（聞き取り相手）の性格、インタビュー内容、論文中での記述の仕方など、調査のスタイルは大きく異なり、インタビューという調査手法が研究テーマや調査相手によっていかに多様なものであるかをうかがい知ることができる。第4章の調査では、忙しい仕事時間を割いて対応してくれる社会人に対するインタビューにおいて、手際のよいアレンジメントや綿密なインタビュー戦略の策定など、周到な準備と迅速なとりまとめが重要な意味を持っていることに、第5章の調査では、研究対象に対する熱い思いが相手から貴重な話を引き出していることに注目してほしい。

調査対象から直接、知見を得ることができない、あるいは、それが困難な場合には資料分析が重要な役割を果たすことになる。特に、歴史上の事象をめぐる研究では史料を渉猟し、それぞれの史料の価値を十分に精査した上で、説得的な解釈を作り上げていくことが目指される。**第6章「史料分析による地域調査」**は、絵図を史料として南北朝期における長門国府の構造とその空間認識について検討した論文の舞台裏である。史料渉猟と検討作業の進め方、史料を扱う際のマナーなども参考になるであろうが、必要な史料にたどり着くまでのさまざまな交渉や人間関係の構築、現場での試行錯誤、そして現地での何気ない観察の重要性などの点において、実は他の地域調査と同じような過程を経ていることが分かるだろう。

ここまでの章では、主として単一の調査手法に依拠した論文をとりあげ、地域調査の現場をみてきたが、それぞれの手法には長所と短所があり、通常はさまざまな調査手法を組み合わせながら論証材料を揃え、自らの解釈の妥当性を主張していくことになる。この作業をトライアンギュレーション（三角測量）ないしはマルチメソッド（多元的方法）という。最後にとりあげた**第7章「地域調査とトライアンギュレーション」**は、公共事業をめぐる業者間の受注調整、いわゆる「談合」という調査対象者が自ら進んでは話したがらず、直接の資料も提供されないテーマに対して、資料分析とインタビュー調査を組み合わせることによって論証を試みた調査の記録である。どうやって学術論文が要求する精度で論証材料を整えていったのか、その試行錯誤のプロセスを土木業者の前でおどおどしながらインタビューにのぞむ筆者の姿を想像しつつ考えてもらえれば幸いである。

第2部を通して、読者の皆さんにはまず、それぞれの調査手法にどのような特徴そして長所と短所があるのかを知っていただきたい。その上で、読者各自の研究テーマに即して地域調査を進めていくなかで、現場で起きているさまざまな現象と採用した調査手法との間の齟齬をいかに埋めていけばよいのかを、各章を参考にしながら知恵を絞って考えてみてほしい。

（梶田　真）

2-1

中澤高志　NAKAZAWA Takashi

アンケートによる地域調査
―― 調査票から見えてくる個人のライフコース

本章でとりあげる論文

中澤高志（2001）「研究開発技術者の新規学卒労働市場―東京大都市圏への集中過程を中心に」『経済地理学年報』vol.47-1、19-34頁

　この論文では、R&Dの集中が著しい東京大都市圏を対象地域とし、アンケート調査に基づいて、研究開発技術者が就職に伴って当該地域に流入する過程を明らかにする。

　東京大都市圏に勤務する研究開発技術者の約半数は、東京大都市圏外の出身者であり、彼らは高等教育機関への進学時よりも、むしろ就職時に東京大都市圏に流入する傾向にある。こうした過程において地方中核都市は、潜在的な研究開発技術者を学生として引きつけ、卒業時には彼らを東京大都市圏のR&Dに送り出す人材ポンプとしての役割を果たしている。

　学生が研究開発技術者としての職を求めるのに際し、高等教育機関は学生と企業を結びつけるきわめて重要な役割を果たす。地方圏を最終学歴修了地とする者は、大学院卒者が少ないという学歴上の不利があるが、高等教育機関の就職担当部門を介した就職が多いことで、東京大都市圏の比較的良好な就業機会にアクセスすることが可能となっている。また、地方中核都市の高等教育機関では、研究室や指導教官を窓口として巨大企業とのネットワークが形成されており、それを介して学生に良好な就業機会が提供されている。

キーワード：研究開発技術者　新規学卒労働市場　大都市圏　地方中核都市　高等教育機関

中澤高志
1975年神奈川県生まれ。東京大学大学院総合文化研究科博士課程修了。現在、明治大学大学院経営学研究科教員。専門は都市地理学、経済地理学。著書に『働く女性の都市空間』[共編著] 古今書院、2004年、『日本の人口移動』[共著] 古今書院、2002年、『シングル女性の都市空間』[共著] 大明堂、2002年、など。
nkzw23@meiji.ac.jp

1 スタートラインに立つまで

　はじめから横道にそれてしまって恐縮だが、表題となっている研究を手がけるに至った個人的な経緯を記しておきたい。こんなエピソードでも、卒業論文・修士論文のテーマ設定をしようとしている皆さんに対して、なにか示唆するものがあるかもしれないと思うからである。

　私はもともと、修士課程では共働き世帯、それも夫婦ともに仕事に力点を置いた生活を送っているデュアル・キャリア世帯の仕事と住まいにまつわる研究をしたいと思っていた。高度成長期以降の日本社会を特徴づけてきたのは、夫が長距離通勤をし、妻は家で家事・育児に専念するというライフスタイルである。そしてそれは、都心と郊外が仕事の空間と住まいの空間にきっちりと色分けされる都市構造を生み出してきた。結婚しても自分の職業キャリアを大事にして行きたいと思う女性が増えれば、これまでの都市構造は変わらざるを得ないのではないか？　そう考えてのテーマ選択であった。

　来る日も来る日も、横文字と向かい合う生活であった。共働き世帯を含め、女性の仕事や住まいに関する研究は、まだ日本ではほとんどなされておらず、欧米の先行研究を元に議論を組み立てる必要に駆られていた。苦心してまとめ上げた横文字のレビューを、地理学関係の研究者をメンバーとする人口移動研究会（後に荒井ほか編（2002）を出版）と大学院ゼミで発表したところ、先生方の反応は予想以上に良いものであった。当時は研究者になりたいと思いながらも、先の見えない不安から、修士課程修了後就職しようかと考えることもしばしばあった。今思えば、そんなときの自分は、目の前の不安から単に逃げようとしていただけだったのだ。自分の研究らしきものが認められたことによって、私は研究者の道を歩むことに対して、確実に自信をつけていった。このときのレジュメは、後に中澤（1999）として日の目を見ることになる。

　しかし、どうやったら調査対象である共働き世帯の女性を捕まえられるだろう。ずいぶんと思い悩み、指導教官であった荒井良雄先生（東京大学総合文化研究科）にもたびたび相談した。実現可能性のない研究はできない。当時の私には、共働き世帯の調査を可能にする知恵も力も無かった。

　正直な話、どうして修士論文の研究対象を民間企業の研究所（R&D）で研究開発に携わる人々（研究開発技術者）に設定し直したのかは、あまり記憶にない。指導教官のアドバイスがあったこと、これは確かだ。それから、働く女性に関する研究を読みふける中で、たまたまHenry and Massey（1995）とMassey（1995）に接し、それに惹かれたことも大きい。これらの論文は、大胆に要約すると、次のような議論だった。研究開発の仕事では考えること、思いつくことが重要なので、極端な話、どこでも仕事ができる。しかも研究開発の現場は競争的な環境であり、加えて研究開発技術者は仕事にのめり込みやすい人たちである。したがって研究開発技術者の生活においては、職場と家庭という空間の境界がゆらいでいる。マッシーらの論文は、研究開発技術者の働き方あるいはライフスタイルそのものが、地理学のテーマとなりうることを教えてくれた。

　テーマを変えたことについては、ここに記した以上のことは記憶の彼方である。しかし大きなテーマ変更をしたことに対するわだかまりは、不思議なほど全くない。

荒井良雄・川口太郎・井上孝編（2002）『日本の人口移動―ライフコースと地域性』古今書院

中澤高志（1999）「DUAL EARNER, DUAL CAREER 世帯の地理学」『空間・社会・地理思想』vol.4、19-32頁

Henry, N. and Massey, D.(1995) Competitive time-space in high technology, *Geoforum*, vol. 26, pp.49-64.

Massey, D. (1995) Masculinity, dualism and high technology, *Transaction of Institute of British Geographers N.S.*, vol. 20, pp.487-499.

中澤（1999）を公表していたことが縁で、神谷浩夫先生（金沢大学）、若林芳樹先生（東京都立大学）、由井義通先生（広島大学）らと面識を持つことができて、程なくして共働き女性に関する研究をする機会が得られたという幸運も、自分を納得させてくれる要因になったのだろう。

2　スタートラインには立ったけれど

　曲がりなりにも修士論文の研究テーマは決まったわけだが、個人を対象にしたアンケート調査は、必ずしもはじめから想定していた調査方法ではなかった。というのも、研究に取りかかった時点では、研究開発技術者という個人よりも、R&Dが数多く立地している地域に焦点を当てたいと考えていたからだ。

　日本において民間企業のR&D設立が本格化するのは、高度成長期以降のことである。R&Dは当初都心周辺部に集積していたが、郊外への移転や郊外での新設が増え、今では郊外に立地することが特徴的な機能となっている。だから私は、広い意味での郊外研究のひとつとして、研究に取りかかったのである。

　私は共働き女性のレビューの好評に味をしめ、相変わらず横文字文献ばかりかじっていた。前出のマッシー論文からの芋づるでMassey et al（1992）を読むと、イギリスのある地域では、R&Dが集積し、研究開発技術者が住むようになることで、独特の地域社会が形成されていることが示されていた。サクセニアン（1995）も、シリコンバレーやボストン・ルート128といった、ハイテク産業地域の動向を研究開発技術者のライフスタイルと関連づける視点をもっていた。ハイテク産業地域に関する多くの研究では、そこに立地する大学とR&Dが、新規学卒者の採用や共同研究を通じた密接な関係を持ち、そのことが地域の競争力を高めるとされている。そうした地域では、研究開発技術者の企業間の流動性も高く、これまた地域の競争力につながっているという。こうした研究をふまえ、対象地域を探した。

　横浜市内の相鉄線沿線に住んでいた私は、電車を乗り継いで30分強の所にある神奈川県厚木市を対象地域の第一候補に設定した。都心から約50kmに位置する厚木市は、私が研究を始めた時点で50あまりの民間企業のR&Dと7、8校の四年制大学が立地し、東京大都市圏西郊における研究開発機能の一拠点をなしていた。ちょっと手前味噌過ぎるとは思うが、自治体の方が「東のつくば、西の厚木」などと自負していたのがほほえましく思い起こされる。

　厚木市にはR&Dと住宅、それに大学を複合的に開発した「森の里」という団地が整備され、その時点ではそれなりの成功例とみなされていた。しかも厚木市は大都市圏の郊外に位置していながら昼夜間人口比率が100を越えていた。おそらく厚木市には多くの研究開発技術者が生活し、付近のR&Dで働いているだろう。厚木市には、少なくとも表面的にはR&Dの集積に牽引されて発展してきた地域であるといえそうな材料がそろっていた。マッシーやサクセニアンなどの欧米の研究を日本風に味付けした研究が可能であるかのように思えた。ただし、その日本風味付けのレシピたるや、あやふやなもので、おそらく当時は、読んだ横文字の研究を換骨奪胎して日本に適用する、程度のことしか考えてはいなかったと思う。

　手始めに全国試験研究機関名鑑や各企業のホームページ、社史などと首っ引きで、厚木市に立地しているR&Dのリストを作った。社史については、神奈川県立川崎図書館が全国有数のコレクションを所蔵しており、大変役に立った。社史を繰ると、

Massey, D., Quintas, P., and Wield, D. (1992) *High-tech fantasies; Science parks in society, science and space*, Routledge.

サクセニアン、アナリー（1995）『現代の二都物語―なぜシリコンバレーは復活し、ボストン・ルート128は沈んだか』大前研一訳、講談社

設立の経緯やそこで行なわれている業務内容についてまで、かなり詳しくわかる企業もあったが、すべての企業について社史があるわけでもなく、設立年のような基本的な項目でさえ、歯抜けが多いリストしかできなかった。いわんやR&Dで働く研究開発技術者に関する情報は、ほとんど空白のまま残された。厚木市役所の担当部局でもお話を伺ったが、収穫はパンフレットと報告書くらいだった。既存資料からわかることはあまりに少なかった。

3 聞き取り調査は予想外の結果

　実社会に疎く、それでいて自分の至らなさを悟りたくない学生にとって、企業への聞き取り調査は気が重いものだ。しかし重い腰を上げざるを得なかった。作ったリストから、めぼしいR&Dに聞き取り調査のお願い状を出し、数日後に調査依頼の電話をした。今ではeメールで調査依頼をすることが可能な場合も多いだろうが、私はいまだに文書でお願いを出すことの方が多い。それから、聞き取り調査の際には、簡単な菓子折を持参している。学生にそんな気遣いは不要と固辞される方もいらっしゃるが、その時はその時。誠意だけは受け取ってもらい、院生室で振る舞えばいい。

　さて、聞き取り調査にOKしてくれた企業は半分強だったが、協力してくださった方々はおしなべて親切だった。いくつかの企業は、個人を特定できない形で、R&Dに勤務する研究開発技術者の名簿を提供してくださった。これで研究開発技術者の居住地を知ることができる。しかし聞き取り調査の結果は、率直に言ってショッキングなものであった。まず、研究開発技術者の多くが厚木市内に住んでいなかった。郊外に職場がある研究開発技術者でも職住近接ではなく、都心部のオフィスに勤める人と同様で、職住分離だったのである。若いころこそ、独身寮などに住んでいるために職住近接だが、結婚すると職場からかなり遠くに居を構えている場合が多かった。職住近接をうたい文句にしていた森の里に勤務する研究開発技術者の場合でもそうであった。もちろん一定の割合で森の里に住んでいる人もいるわけだが、そこに独自の地域社会が作られているとは考えがたい程度でしかない。

　厚木市に立地している大学やR&D同士の関係も誤算だった。お話を伺ったR&Dの担当者は、「新規学卒者の採用にせよ、共同研究という形にせよ、厚木に立地する大学とはほとんど関係ない。厚木に立地するR&D同士の関係もあまり無く、地元での中途採用もほとんど無い」と口々に言った。Uターンで出身地に帰ってしまう人がある程度いるのを除くと、そもそもR&Dを辞めていく人はあまりいないのだそうだ。厚木の研究開発技術者たちは職住近接の生活をしていないし、大学とR&Dの集積内での関係もあまり無い。つまり私の当初の予想は全くはずれていた。

4 アンケート調査へ

　予想ははずれたが、新しい疑問が出てきた。職住近接でないなら、研究開発技術者のライフスタイルはどのようなものなのか、厚木市に立地する大学やR&Dの間の関係が薄いなら、どこに立地する大学やR&Dと、どういう関係を持っているのか、などである。特に疑問に思ったのは、地元からの中途採用が少ないならば、ど

こから、どのようにして研究開発技術者を採用しているのかということであった。ほかのR&Dや大学との関係や、研究開発技術者の採用に関する大まかな傾向を明らかにするという目的であれば、R&Dを対象にした聞き取り調査やアンケート調査でも達成することはできるだろう。しかし私は、英語の文献を読むうちに、研究開発技術者のライフスタイルに迫りたいという希望を持つようになっていた。これを果たすためには、是非とも研究開発技術者自身にアプローチする必要があった。

指導教官である荒井先生に相談したところ、研究開発技術者が多く入会している学会の名簿を手に入れて、アンケート調査をやったらどうかとのアドバイスをくださった。荒井先生は、かつていくつかの学会名簿を元に、コンタクトアナリシスという研究手法で研究開発技術者の業務活動を分析した経験がおありだった（荒井・中村1997）。それをふまえてのご提案であったろう。加工組立型産業のR&Dが最も多いという事実と、そこに勤める研究開発技術者が入会しているであろうとの考えから、日本機械学会をターゲットとした。早速日本機械学会に電話をかけ、「こういう理由で名簿がほしい。ついては会員になりたいのだが」と正直に言った。結局、「個人の責任でアンケートをするならよろしい」ということになり、晴れて会員になった。当時私は理学系研究科所属であったので、学会の係の方もあまり不信感を抱かなかったようだ。自分が理学系所属であることのありがたみを肌で感じた一瞬であった。

荒井良雄・中村広幸（1997）「コンタクトアナリシスによる空間的情報流動データの信頼性と安定性—宮城県地域の製造業事業所をケーススタディにして」『都市計画論文集』vol.32、103-108頁

アンケート調査をすると、名簿の出所に対する問い合わせの電話やメールがかなり頻繁にくる。そんなときに自信を持って答えられるように、名簿の入手は正攻法が基本である。調査に対する問い合わせには、つねにオープンであるべきだ。調査票に同封するお願い状（通称「鏡」）には、名簿の出所とアンケート実施者の連絡先を記しておくのは言うまでもない。

名簿を手に入れた後には、恐るべき単調作業が待っている。名簿を入力し、アンケートの発送原簿を作る作業である。発送原簿は市販の宛名用タックシールに打ち出して使用する。何日かかったかは定かでないが、一時期は1日10時間以上、人の名前と住所をひたすらたたき続けたと記憶している。本当は東京大都市圏の1都3県に居住する会員すべてに調査票を送りたかったが、数が多すぎて叶わなかった。郊外研究として研究が始まったことを引きずり、結局1都3県から都区部を除いた地域を対象地域とすることにした。

5　調査票の設計

アンケート調査は、対象とするものごとがもつ一般的な傾向や特徴を、定量的に明らかにするのに適した調査方法であるが、それなりに短所もたくさんある。キャッチボールができないこともその一つである。つまり聞き取り調査のように、調査をする人とされる人のやりとりの中から、新たな論点や問題点を浮かび上がらせるといったことは不可能である。聞き忘れたことをもう一度聞いたり、曖昧な点を聞き返したりすることもほとんどできない。それだけに、調査票の設計、すなわち何をどう聞くかという問題は、アンケート調査をするに当たって最も大切な作業なのである。

学会名簿を手に入れると同時に調査票の設計に入ったが、どう設計して良いのかわからない。科学研究費補助金の報告書などには、調査の結果だけでなく調査票も

調査票　（全部で４ページです）　　整理番号　1678

●あなたご自身とあなたのお仕事についてお尋ねいたします．

質問 1. あなたの現在のお住まいを市区町村までお答え下さい．（横浜市・川崎市も区までご記入願います）

東京都　(神奈川県)　（ 横浜市瀬谷区 ）市・区・町・村

質問 2. あなたの年齢とご結婚についてうかがいます．

満（ 58 ）歳；　1. 未婚　(2.) 既婚→　いつご結婚されましたか？　(昭和)・平成（ 45 ）年

質問 3. あなたが現在ご在籍の企業・機関の，グループ全体の従業員規模をお答え下さい．

1.　1000 人未満　　2.　1000 人以上 10000 人未満　　(3.) 10000 人以上

質問 4. あなたは初就職をなさった際に，その企業や機関にどのような経緯で入社なさいましたか．

1. 研究室・指導教官を通して　(2.) 学科（学校）の就職担当部門を通して　3. 学校の先輩を通して．
4. 個人的に就職活動を行って　5. 両親・親族・知人の紹介で　6. その他（　　　　）

質問 5. 転職の経験はございますか？（ここでの転職は転籍を含み，出向の場合は除きます）

(1.) ない　　2. ある→（　　　）回

質問 6. あなたの勤務している企業・機関の業種は何ですか．

もっとも当てはまる番号 1 つだけに○を付けて下さい．

・メーカー→　1. 機械　(2.) 電気機器　3. 輸送用機器　4. 精密機器　5. 金属製品
6. その他の製造→具体的にお書き下さい（　　　　）
・非製造業→　7. 建設業　8. 運輸・通信業　9. 電気・ガス供給業．
10.その他（　　　　）

質問 7. あなたのお仕事の種類は何ですか．

該当する番号に 1 つだけ○をお付け下さい．

1. 経営者　2. 研究開発の実務　(3.) 製品設計の実務　4. 工程・システム設計の実務
5. 生産現場での技術的な仕事　6. 管理的な仕事　7. 営業・マーケティング　8. 総務・事務
9. その他（　　　　）

質問 8. あなたが現在従事していらっしゃるお仕事の内容を簡単にお書き下さい．

発電用ガスタービンの設計・開発に関し，技術全般の統括管理専門職

質問 9. あなたの勤務先（仕事場）の所在地はどこですか．市町村名までお答え下さい．

横浜市・川崎市等についても，区までご記入願います．

（ 神奈川 ）(県)・都　（ 横浜市鶴見区 ）市・区・町・村

質問 10. 現住地から勤務先までの通勤手段についてお答え下さい．

いくつかの交通手段をお使いの場合は，該当するもの全てに○を付けて下さい．（電車・バスを利用するための徒歩などは除く）

また，片道の所要時間をお答え下さい．

1. 徒歩のみ　(2.) 電車　(3.) バス　4. 自家用車　5. 自転車　6. バイク　7.その他（　　）
所要時間　片道（ 1 ）時間（ 10 ）分

図１　調査票（返送されてきたもの）
実物は桜色。

巻末に収録されている場合が多い。そこで、研究開発技術者に関する報告書を集め、調査項目を決める上での参考にした。しかし調査項目を決める上で最も役に立ったのは、事前に行なった聞き取り調査であった。例えば研究開発技術者の採用については、学校推薦や研究室指導教員の口利きによる場合が多いと聞いていたので、新規学卒時に就職先企業を決めた経緯に関する質問を盛り込んだ。聞き取り調査は、私の思いこみの誤りを正してくれただけでなく、適切な調査項目への指針となってくれたのである。調査票は指導教官と先輩である佐藤英人さんにじっくりと見てもらい、言葉遣いやレイアウトの細部に渡るまで議論を重ね、改訂版を作った。これを何度か繰り返して、ようやく調査票ができあがった★1。

★1　なお、調査票（図1）の質問3の選択肢では従業員数の上限を「10,000人以上」としているが、対象論文の第7表ではさらに「従業員数30,000人以上」の区分を設けている。「従業員数30,000人以上」の区分については、調査票に記入された勤務先の企業名に基づき、『会社四季報』を用いて特定している。

このときの調査票はA3変形判の両面印刷を二つ折りにして4頁としたもので、桜色の紙に印刷した（**図1**）。淡い色の付いた調査票の方が白い紙より高級感があり、回収率も若干良いように思う。調査票はB5判のお願い状、発送用および返信用封筒とともに印刷業者に発注した。調査票の印刷には、お金と時間が結構かかる。このときは3000セット強印刷し、印刷業者に大勉強してもらって、それでも15万円以上はかかっているのではないだろうか。納期も1～2週間見ておいた方がいい。後で述べるが、料金受取人払いで調査票を回収する場合には、返信用封筒に印刷するバーコードなどを取得するため、版下を印刷業者に出す前に郵便局で所定の手続きをする必要がある。

調査票が納入されて来てもすぐに発送できるわけではない。調査票とお願い状、返信用封筒を封入し、封筒をのり付けし、宛名を打ち出したタックシールを貼り、切手を貼る作業が待っている。10時間もこんなことをしていた日には、めっきり思考力が退化した気がしたものだが、よほど金銭的に余裕がない限り、こうした作業を外注することは難しいだろう。

調査票の印刷についても、もちろん、やろうと思えばコピーでもできる。調査票の発送数が500通程度であれば、印刷業者に出したほうが割高となる可能性もある。しかしコピーでもコストはかかるわけだし、封筒の印刷はどのみち業者に任せることになる。それに調査票を折ったりする手間（普通は頼めば印刷業者が折った形で納入してくれる）と印刷の仕上がりを考えると、私なら500通程度でも印刷業者に任せる方に軍配を上げる。

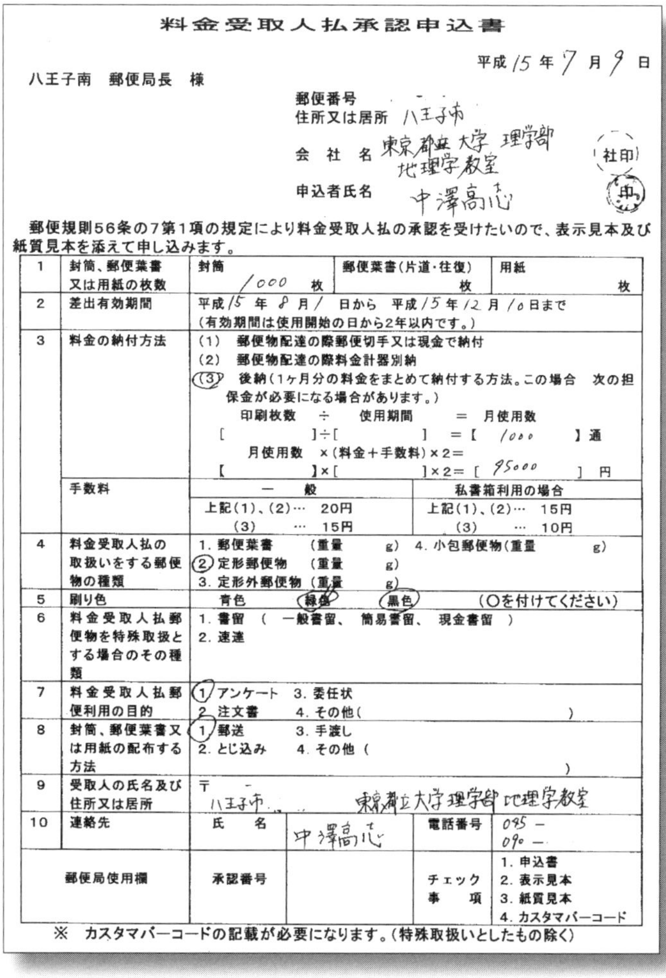

料金受取人払承認申込書

平成15年7月9日

八王子南　郵便局長　様

郵便番号　-
住所又は居所　八王子市
会　社　名　東京都立大学 理学部 地理学教室　（社印）
申込者氏名　中澤高志　（印）

郵便規則56条の7第1項の規定により料金受取人払の承認を受けたいので、表示見本及び紙質見本を添えて申し込みます。

1	封筒、郵便葉書又は用紙の枚数	封筒 1000 枚／郵便葉書（片道・往復） 枚／用紙 枚
2	差出有効期間	平成15年8月1日から 平成15年12月10日まで（有効期間は使用開始の日から2年以内です。）
3	料金の納付方法	(1) 郵便物配達の際郵便切手又は現金で納付 (2) 郵便物配達の際料金計器別納 (3) 後納（1ヶ月分の料金をまとめて納付する方法。この場合 次の担保金が必要になる場合があります。） 印刷枚数 ÷ 使用期間 ＝ 月使用数 [ ]÷[ ] ＝【 1000 】通 月使用数 ×（料金＋手数料）×2＝ 【 】×[ ]×2＝[95000] 円
	手数料	一般：上記(1)、(2)… 20円　(3) … 15円／私書箱利用の場合：上記(1)、(2)… 15円　(3) … 10円
4	料金受取人払の取扱いをする郵便物の種類	1. 郵便葉書（重量 g）　4. 小包郵便物（重量 g） 2. 定形郵便物（重量 g） 3. 定形外郵便物（重量 g）
5	刷り色	青色　緑色　黒色　（○を付けてください）
6	料金受取人払郵便物を特殊取扱とする場合のその種類	1. 書留（一般書留、簡易書留、現金書留） 2. 速達
7	料金受取人払郵便利用の目的	1. アンケート　3. 委任状 2. 注文書　4. その他（ ）
8	封筒、郵便葉書又は用紙の配布する方法	1. 郵送　3. 手渡し 2. とじ込み　4. その他（ ）
9	受取人の氏名及び住所又は居所	〒 -　八王子市　東京都立大学理学部地理学教室
10	連絡先	氏名 中澤高志／電話番号 095 -　090 -
	郵便局使用欄	承認番号／チェック事項：1. 申込書　2. 表示見本　3. 紙質見本　4. カスタマバーコード

※　カスタマバーコードの記載が必要になります。（特殊取扱いとしたもの除く）

図2　料金受取人払いの申請書
別の調査の時に使用したものである。

6　調査票の発送と回収

　調査票を対象者の元に届けるためには、いくつかの方法がある。特定の地域に居住する人全体を対象者にするのであれば、汗を流してのポスティングという手もある。調査票を配達してもらうなら、今なら各種メール便が安上がりだ。郵便を使う場合でも、条件を満たせば各種割引が受けられる。しかし私が調査したときにはメール便はまだ無く、郵便の割引も受けられそうになかった。仕方がないので80円×3000強＝24万円以上をはたいて切手を大量に購入し、ちぎっては貼り、ちぎっては貼りした[★1]。

　一般に、返信用封筒に切手が貼ってあると、回収率は高まるとされる。しかし、それではあまりに無駄が多いので、普通は料金受取人払いを使って回収する。このサービスを受けるためには、返信用封筒に印刷する承認番号とバーコードを郵便局から交付してもらう必要がある。まず、配達業務をやっているような大きな郵便局に行き、所定の用紙に必要事項を記入し（図2）、返信用封筒のサンプルとともに提出する。返信用封筒の印刷をする前に、返信用封筒のサンプルが必要となるわけだが、これは印刷業者に相談すれば用意してくれるだろう。つまり郵便局に行く前の時点で、見積もりをかねて印刷業者に接触しておかなければならない。手続きをして1週間ほどすると、郵便局から承認番号とバーコードの見本を含む書類が送られてくる。それらの書類を印刷業者に渡し、やっと印刷にかかることができるわけだ。

　問題は調査票の返信先、つまり返信用封筒に印刷する住所をどこにするかである。自宅にしてもいいわけだが、毎日郵便物が配達される時間に自宅にいるとは限らない。返信先を大学にしておいた方が信用を得られるのではないかとの下心もあり、荒井先生にお願いして「東京大学人文地理学教室　荒井研究室」を返信先にさせていただいた（図3）。こうすることで事務職員の方の負担が増えるのは目に見えている。毎日受領印を押し、受取人払いの代金立替をしなければならない。そこで調査票を発送するのに先立ち、事務職員の方にご挨拶に伺った。事務職員の方に限らず、アンケート調査はさまざまな方の協力があってはじめて円滑に実施することができる。それゆえに関係者への気配りは欠かすことのないようにしたい。

　これで準備は整った。院生室には発送するばかりになった調査票がうずたかく積み上がっていた。全部ポストに入れるのは、どう見ても無理だ。郵便局に電話をすると、無料で集荷に来てくれるという。しばらくすると、郵便局の方が集荷に来て、何十時間もかけて発送作業をした調査票の山を、ものの数分で持っていった。記入されて無事に帰ってこいという、子供を旅に送り出したような心境だった。

★1　郵便局に行って切手の代わりとなるスタンプをつく、料金別納郵便を使うなど、切手貼りをせずに調査票を発送する方法もある。しかしその場合切手が手で貼られた封筒よりも、ごみ箱に直行する可能性が高いと思った方がよい。

図3　料金受取人払いの返信用封筒

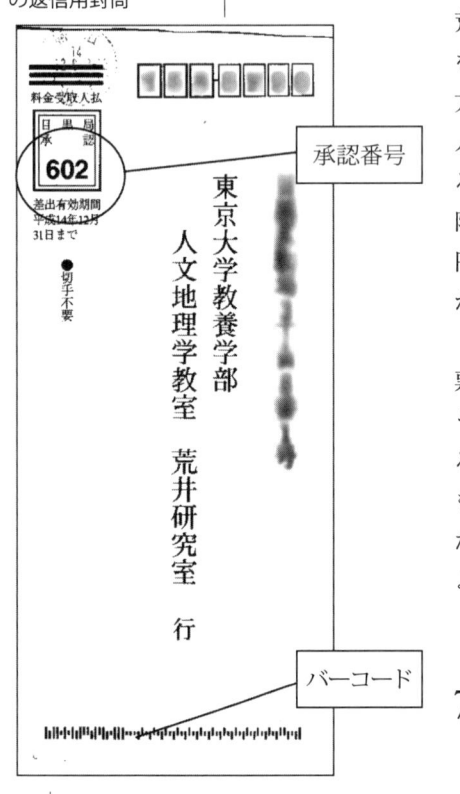

7　入力作業

　発送して数日たつと、調査票がぽつぽつ返送されはじめ、1週

間ほどでピークを迎えた。しばらくたつと、調査票の返送数は減少し、1ヶ月ほどたつとほとんど返ってこなくなった。ほぼ1ヶ月の間、郵便物が届く11時頃に大学に行って返信用封筒の束を受け取り、院生室に帰って開封し、入力作業を行なうのが日課となった。最終的な回収率は24.9％。郵送アンケート調査にしては上々の部類だろう。

　データ入力は宛名の入力ほど、単調ではない。入力の時間は、調査票を書いてくれた人に思いをはせる時間である。ひとつひとつの調査項目は、ややもすれば無味乾燥な「はい／いいえ」や数字の羅列と感じられるかもしれない。しかし一枚の調査票からでも、調査票を書いた人物の働き方やライフコースはかなりはっきりと浮かび上がってくる。入力作業はそれに続く分析に多くのインスピレーションを与えてくれるものなので、機械になったつもりでキーボードをたたくのではなく、調査票を読むつもりで望んでほしい。しかし時々は目を休めてほしい。私はこれでだいぶ目を悪くした。

　入力にミスは付き物である。しかし可能な限り排除しなければならない。まずEXCELのフィルタ機能を使い、一桁の数字しかあり得ない列に二桁の数字が入っているなどの単純ミスを検出する。次にデータを、マイクロソフト社のデータベースソフトであるACCESSに読み込み、フォームを作成して調査票とひとつひとつ照合し、項目間の関係の矛盾など、より高度なエラーの発見に努めた。

8　分析、そして論文執筆

　そしてやっと分析に入ることができる。アンケート調査の分析では、表計算ソフトの機能をどれだけ使いこなせるかによって研究効率が大きく左右される。Excelであれば、ピボットテーブルさばきが鍵を握る。ピボットテーブルとは、データベースからクロス表の集計などを瞬時に行なってくれる便利な機能である。これに早道はない。習うより慣れろの精神で取り組むしかない。修士論文執筆時にもがきながら覚えた甲斐あって、私も以前よりはだいぶデータ分析の時間が短縮でき、その分を思考の時間にまわせるようになった。

　はじめに対象者の属性に関する項目を単純集計し、研究開発技術者とはどのような人たちなのかを把握した。それから既存研究の検討や聞き取り調査、入力段階で得たインスピレーションなどを元に、より細かい分析に取りかかった。聞き取り調査の段階で出てきた、「どこから、どのようにして新規学卒者を研究開発技術者として採用しているのか」という疑問が最も具体的であり、答えも出しやすそうだったので、まずはその問いに沿った分析をした。

　東京大都市圏に勤務する研究開発技術者の約半数は地方圏の出身者である。彼らの中には進学の時点で東京大都市圏に出てくる者もいるが、地方中核都市の大学に進学する者が多い。しかし地方中核都市の理工系学部の学生は、研究室や学部・学科の推薦を通じて、大都市圏に立地するR&Dに就職してしまうため、大学が立地する地域には根付かない。つまり地方中核都市は、地方圏の研究開発技術者の卵を吸い上げては大都市圏へと送り込む人材ポンプのような働きをしている。

　研究開発技術者の側から見ると、大学や大学院は企業と自分を結びつけてくれる存在である。地方圏や地方中核都市の学生は、就職担当部門や研究室、指導教官が窓口となってくれるからこそ、遠く離れた東京大都市圏の良好な就業機会にアクセ

スすることが可能になるのである（図4）。

この内容は修士論文の中の１章を構成し、後に『経済地理学年報』に掲載されることになった。研究者を志す読者のために、初めて学術論文を書く際の注意点をごく簡単に触れておこう。論文が学術誌に掲載されるための最初のハードルは、形式的な要件を満たしていることである。論文の書式は雑誌によって少しずつ異なるが、文献表がきっちりしていることと用語の統一が図られていることはどの雑誌でも要求される。それから、初めての学術論文は、指導教官に何度か添削してもらってから投稿するようにしたい。普段文章を書き付けていない学生が、なおさら書き付けていない論文形式の文章を書くのである。初稿はまずもって読むに耐えないものと心得なければならない。申し訳ないが、指導教官には読むに耐えないものを読んでいただいて、読める文章に添削してもらおう。

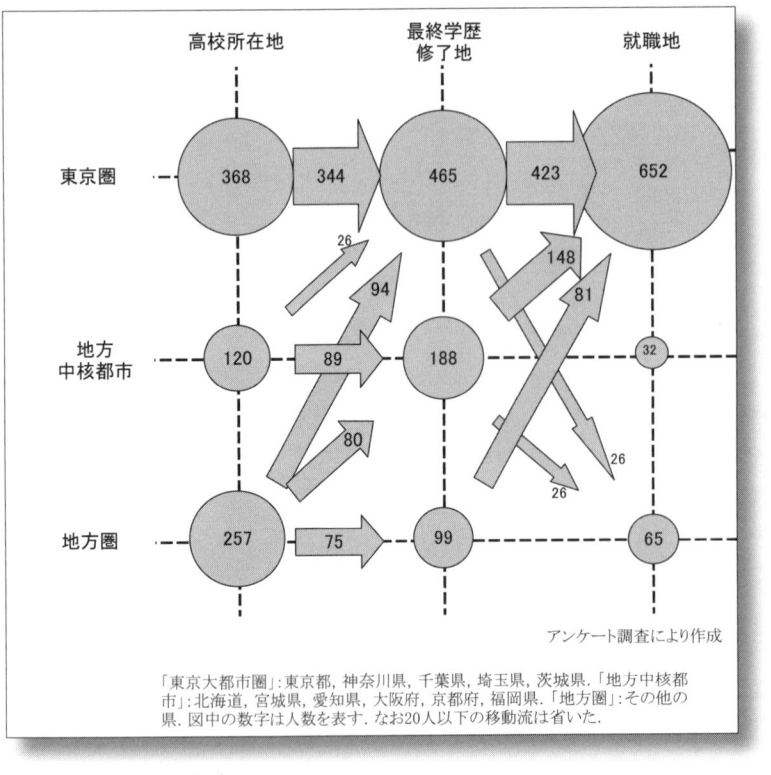

図4 研究開発技術者の高校卒業後の移動 中澤（2001）を見やすく改変。

私もこうしたプロセスを経て、修士論文を提出して何ヶ月後かに、『経済地理学年報』に投稿する原稿を仕上げた。閲読結果は論文投稿後、２ヶ月弱で届いたと記憶している。コメントや修正要求はA4にして２枚程度だったろうか。これに沿って原稿を修正していくわけだが、原稿に手を入れるだけではだめである。頂いたコメントを自分がどう理解したか、その上で、どういう修正を加えたかを記した報告書をあわせて作成しなければならない。私の場合、研究室の先輩にお願いし、投稿論文に対して彼が受け取ったコメントと、それに対する修正報告書を見せていただいて参考にした。

繰り返しになるが、アンケート調査では対象者に聞き返すことができないので、およそ重要と思われることはきちんと把握できるような調査票設計にする必要がある。それでも、手持ちのデータではいかんともしがたい修正要求が挙がってくることがある。もしそれが妥当な要求である場合には、別のデータを傍証として修正要求に答えられるよう最善を尽くす。それも不可能な場合には、報告書には正直に「いかんともしがたい」と書くしかない。この「いかんともしがたい」は万策尽くした後で自らの失敗を認める、とても苦い言葉である。決して居直りであってはいけない。その失敗から学び、次のアンケート調査はよりよいものにするという、決意の言葉である。

私の場合、２回ほどのやりとりで無事受理となった。投稿から１年と少しして、論文は印刷された。自分の論文が掲載された雑誌が届いたときもうれしかったが、初めて抜刷を手にしたときの喜びの方が大きかった。抜刷を名刺代わりに渡すことは、学問の世界に身を置いていることの象徴だと感じていたからである。

9 振り返って思うこと

　回り道になったかのように思えたが、アンケート調査をする前に聞き取り調査をしたことは吉と出た。聞き取り調査の結果は、自分の予想と違っていたわけだが、そのことが認識の誤りを正し、妥当な調査票を設計する助けとなってくれた。未熟さゆえ、私はこのときの聞き取り調査の結果を論文に盛り込むことができず、ある本のコラム（若林ほか2002: 147-150）に少し活用しただけである。しかし最近、私は聞き取りとアンケートを組み合わせた調査方法をよく採用している。

　『経済地理学年報』に掲載された論文は、日本の研究開発技術者の新規学卒労働市場を律している制度と、その下で研究開発技術者の移動が形作る空間構造を、全国スケールでやや抽象的に論じたものになった。感覚的な表現を使えば、具体的な地域の姿がはっきりと見えるような研究ではなかった。私はそれが間違っていたとは思っていない。しかしアンケート調査の分析から明らかになる一般的な特徴に、聞き取り調査から明らかになる地域における具体的現象で肉付けをすることができていれば、論文にはいっそうの厚みが生まれていただろう。

　それから、先輩や指導教官を積極的に活用すべしと言いたい。「下手の考え休むに似たり」とはよく言ったもので、初学者があれこれ考えたところで、問題解決の糸口はなかなか見つからない。困ったときには、ためらわずに先達の知恵を借りるべきだ。そして先輩や指導教官は、面倒がらずに先達の知恵を後から来る者に授けてやってほしい。

　アンケート調査を取り巻く環境は、年々厳しさを増している。個人情報保護法は、アンケートによる学術調査を制限するものではない。しかし昨今、団体も個人も、個人情報の扱いには敏感になっている。郵送で調査票を配布するには、どうしても名簿が必要になるが、よほどのことが無い限り、名簿を第三者に開示してくれる団体は無いだろう。配布方法のいかんにかかわらず、調査票の回収率は低下傾向にある。特に名簿の入手ルートに疑いをかけられてしまいがちな郵送アンケート調査の回収率はかなり低い。ここで書いたことのうち、学会名簿の入手経緯や回収率などに関することは、もはや昔話の域に入るかもしれない。

　それでもこれからも多くの研究者がアンケート調査をするだろうし、読者のあなたがアンケート調査に取り組むこともあり得る。私もこれからの研究人生で、いくつものアンケート調査に関わっていくだろう。このところ私は、アンケート調査の結果を簡単にまとめた報告書を希望する回答者に送ることが多い。本当は紙の形で郵送するのがいいのだろうが、学生の場合それでは予算的に厳しいかもしれない。結果概要をホームページに掲載したり、eメールでファイルを送ったりといった方法をとってもいいだろう。研究者と言えば偉そうに聞こえるが、調査をする側がされる側から貰うものは、与えるものよりもずっと多い。これはどんな調査でも言えることだが、調査者と対象者のキャッチボールができないアンケート調査では、調査者が一方的に情報提供を受ける形になりかねない。そのことを心に留めて研究に臨むこと、これは自戒でもある。

> 若林ほか編著（2002）『シングル女性の都市空間』大明堂

おすすめ文献

荒井良雄・川口太郎・井上　孝編（2002）『日本の人口移動—ライフコースと地域性』古今書院
> アンケート調査に基づく研究成果が多く収められている。この本に含まれている私の論文は、本書で取り上げたアンケート調査のうち、『経済地理学年報』の論文では使わなかった部分の分析なので、興味のある方はご一読願いたい。

吉川　徹（2001）『学歴社会のローカル・トラック』世界思想社
> 地理学のアンケート調査をするにあたり、大上段に構えた「社会調査法」のテキストはあまり役に立たない。ほとんどの場合、サンプルの抽出に際して厳密な統計学的手続きを経ていないからだ。私は筆者が使う「計量的モノグラフ」という概念に注目している。

Sayer, A. (1992) *Method in social science: a realist approach,* Routledge.
> 研究することそのものに関する本。自分の研究方法に不安や不満を感じたときには、この本を手にすると効き目があるかもしれない。平易な英語で書かれた内容の豊かさに、いっそう打ちのめされてしまう可能性もあるが。

2-2

谷 謙二　TANI Kenji

地域調査のデータ処理
―― 一次データを読み解く

本章でとりあげる論文
谷　謙二（1995）「愛知県一宮市における都市内居住地移動」『地理学評論』vol.68A-12、811-822頁

　この論文では、名古屋大都市圏郊外に含まれる一宮市における都市内居住地移動の主要なフローパターンを明らかにし、移動の要因を検討した。移動者を抽出する資料として1990年と1992年の電話帳を使用し、922件の市内での移動が確認された。距離帯の分析から一宮市における主要なフローパターンは中心から周辺への流れであることが明らかになった。次に移動の要因を検討するため、中心部を発地とする移動者にアンケート調査を行なった。回答者の多くは職業的理由によって一宮市外から流入した都市間移動者であった。都市内移動の主な理由は住宅事情であり、6割が一戸建て持ち家に移動している。移動者には周辺に流出する者と中心部に留まる者が存在し、数量化理論Ⅱ類を適用して両者を判別した。その結果、両者を分ける重要な要因は、移動後の住居形態、前住居での居住年数、移動前の住居形態であることが明らかになった。

キーワード：都市内居住地移動　電話帳　距離帯分析

谷　謙二
1971年愛知県生まれ。名古屋大学大学院文学研究科博士課程修了、博士（地理学）。現在、埼玉大学教育学部教員。専門は都市・人口地理学、GIS。著書に『GISで空間分析』［共著］古今書院、2006年、『MANDARAとExcelによる市民のためのGIS講座』［共著］古今書院、2004年、『日本の人口移動』［共著］古今書院、2002年、など。
ktani@socia.edu.saitama-u.ac.jp

1　データ処理の目的

　地域調査を行なう重要な目的として、他の資料や既存の研究からは得られない、何らかの新しいデータを収集することがあげられよう。このような調査者が自ら収集したデータを一次データと呼ぶ。これに対して、他の個人・機関が収集したデータは二次データと呼ばれ一次データとは区別される。地域統計においても、一次統

計・二次統計という区分がある。一次統計とは、国勢調査のように統計を作ることを目的とした調査によって得られた統計であり、二次統計とは、一次統計を加工して作られた統計である。

既存の研究や統計書から、対象地域に関する二次データや二次統計を取得すれば、地域の概観を把握することが容易になる。しかし編集の際の視点や目的の違いから、調査者にとって必要なデータが含まれていない、サンプルの取り方が調査者の目的と一致しない、といったことも起こり得る。

そこで地域調査では、調査者自身が目的にあった方法で一次データを収集し、加工されていない一次統計を利用することが重要となってくる。しかし、全く加工されていないデータは、調査者自身が見ても解釈が難しい。そのため、調査者が分析できるようにわかりやすく編集し、さらに他人に容易に理解してもらえるように加工する必要がある。

どのようにデータを処理するかは、収集したデータの種類によって様々である。そこで本章では、私が卒業論文を作成する過程でのデータの処理方法を具体的に述べる。また、作成当時と現在では状況がかなり変化しているので、現在ではどう対応するか、といった点もフォローしていきたい。

2 卒業論文での研究テーマ

私は学部4年生（1993年）当初、人口移動や通勤流動といった、地域間のつながりに関心があり、漠然とそうしたテーマで卒業論文を書こうと考えていた。当時4年次には、4年生各自が卒業論文の途中経過を発表する卒論演習という授業があった。そこでは、4～7月にかけて関心のある研究分野の文献をレビューしながら卒業論文の方向を決め、夏休み以降具体的な調査に入るよう、スケジュールが組まれていた。

人口移動や通勤流動に関する従来の研究を調べていくと、空間的相互作用モデル★1の研究や都市内人口移動のシミュレーションなど、様々な研究があることが分かった。そうしたなかで、都市内人口移動の特性をCBD（Central Business District：中心業務地区）との関連で明らかにし、さらにアダムスのくさび形のメンタルマップ★2と関連づけて移動距離や移動方向を検討するという方向で卒業論文を進めることにした。対象地域としては、CBDがまとまっており、さらに個人での調査が可能な人口規模という点から、愛知県一宮市を選定した。

3 電話帳を使った人口移動の抽出

（1）電話帳への注目

都市内人口移動研究では、データ入手の問題が付きまとう。都道府県間の人口移動では、「住民基本台帳人口移動報告年報」（総務省統計局）という報告書が毎年発行されており、入手は容易である。しかし都道府県内の市区町村間人口移動では、都道府県ごとに対応が異なっており、集計されているところもあれば、そうでないところもある。さらに都市内人口移動ともなれば、転居数は分かるものの、都市内の地区間の移動データを整備している自治体は少ない。

★1 地域間の人やモノの流れを数式で表現したモデル。

★2 都市住民は自宅と都心の職場、郊外のショッピングセンターの間を日常的に行き来するために、都市住民の知識は都心を頂点としたくさび型の範囲に集まっており、さらにそのメンタルマップに規定されて都市内人口移動もくさび形の範囲に収まる、というもの。

卒業論文では、移動者の移動距離や角度を計算しようと考えていたので、移動者の発地と着地が地図上で厳密に分かる必要がある。当然そうしたデータは公表されていないが、従来の研究を見ると住民異動届のうち転居届を閲覧して発地と着地を特定しているようである。そこで、まず市役所の担当課に転居届の閲覧が可能かどうかを尋ねてみたが、そうしたことはできないと断られてしまった。確かに、転居届を閲覧した研究は、河野（1979）など1970年代にはあったものの、それ以降は見られないようである。90年代初めには、プライバシー保護がかなり重視されるようになってきており、役所も転居届を閲覧させなくなっていた。

　そうしたなかで、NTT発行の新旧の電話帳を比較して、氏名が同じで住所が異なっている者を抜き出せば、特定の期間の人口移動の発着地データになるのではというアイデアを思いついた。90年代初めには、大部分の固定電話加入者が電話帳に番号を掲載しており、新聞社の世論調査も電話帳を母集団として標本を抽出していた★3。

　当初、電話帳という厳密とは言いがたい資料を使うことは不安だった。しかし、7月上旬に、くさび形のメンタルマップの存在を指摘した有名な論文（Adams 1969）を苦労しながら読んでいると、アダムスの研究も実は電話帳から人口移動データを得ていたという意外な事実を知った。このことで、電話帳からデータを得ることにお墨付き（？）が得られたような気がして、電話帳を資料として使用することにした。

　電話帳を利用するといっても、そのままでは氏名・電話番号・住所の並んだ分厚い本に過ぎない。そこから移動者の発地と着地を抜き出し、移動距離や角度を測定できるようになるためには、段階的にデータを整理し、処理していかなければならない。

（2）移動者の抽出

　まず、作業の第1段階として、電話帳から移動者を抽出する作業を7月中旬に行なった。一宮市の電話帳は、約350ページあり、1ページにつき約300人分の電話加入者の氏名、電話番号、住所が掲載されている。この電話帳を1991年と92年の2冊用意し（**図1**）、氏名が同じで住所が異なる者を「あ」行から1人ずつ順番にチェックしていった。やってみると、1日8時間ほどの作業で、約30ページ9000人分のチェックができ、平均すると1ページあたり2〜3人移動者がいることが分かってきた。約10日間の地道なチェック作業の結果、922件の移動が確認された。

　次に、第2段階として、チェックした移動者の発地と着地を地図上に落としていく作業を行なった。具体的には、電話帳の住所を見て、住宅地図で場所を確定し、1/10,000都市計画図上に点をプロットするという作業で（**図2**）、1つの移動につき発地と着地それぞれを行なうので、1844ヶ所について調べていった。この作業をはじめてみると、1時間に5件の移動の発地と着地を確定するのが精一杯であることが分かってきた。1日8時間作業しても、40件程度しか進まず、922件を終えるには3週間あまりかかると思うと気が遠くなった。しかし93年の夏は記録的な冷夏・長雨で、8月に入っても連日雨が続いたため、自宅で黙々と作業をするのには適しており、7月下旬から8月中旬までかけてすべての移動者の発地と着地を地図上にプ

河野美智子（1979）「都市内人口移動の空間的拡散分析―奈良旧市街地域における場合」『人文地理』vol.31、365-377頁

★3　現在では、電話帳に電話番号を掲載する加入者自体が減少したため、この方法は採用できなくなっており、大場（2002）のように行政とタイアップした調査でないと、移動者個人を抽出することは困難となっている。なお現在の電話世論調査では、電話帳への電話番号非掲載世帯も母集団に含めたRDD（Random Digit Dialing）というサンプリング手法が使われている。

大場　亨（2002）「千葉県市川市における高齢者の居住地移動の距離と方向の特性」『GIS―理論と応用』vol.10、67-74頁

Adams, J. S. (1969) Directional bias in intra-urban migration, *Economic Geography*, vol.45, 302-323.

図1　使用した2冊の電話帳

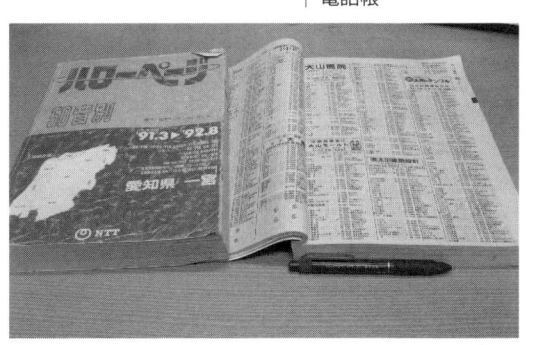

図2 都市計画図に発着地を記入
数字は電話帳のページ。

★4 http://www.csis.u-tokyo.ac.jp/

ロットすることができた。

（3）発着地の位置データの取得

完成した都市計画図上には、発地が赤、着地が青でプロットされ、それぞれに電話帳上のページ番号が付記されていた。しかしこの大きな地図を見ても、市街地には発着地が多い、といった程度のことしか分からない。発着地の分布図を作ることだけが目的なら、作成した大きな地図を示すだけでもよいかもしれない。しかし移動距離や角度を測定し、きれいな発着地の分布図を作るなど複数の用途に活用するには、位置情報の数値化が不可欠である。そこで、第3段階として発着地の位置データを取得し、パソコンに座標を入力する作業を行なった。

具体的な作業内容としては、発着地をプロットした都市計画図とA0サイズの方眼紙を重ねて透写台上に乗せて座標を読み取り、パソコンの表計算ソフトに入力するというものである。数値化といっても、地道な手作業だったが、4日間ほどで全ての発着地の座標を取得できた。

当時、点データの座標を取得することは労力のかかる作業だった。しかし近年では、地名のような間接的な位置情報を緯度経度などの直接的な位置情報に変換する、アドレスマッチングと呼ばれるコンピュータを用いた技術が発展してきたので、こうした作業は比較的容易になりつつある。電話帳の住所から住宅地図を参照して都市計画図上に点をプロットするという作業は、現在であれば、電話帳から住所をパソコンに入力して、そのデータをもとに緯度経度を取得するという作業になるだろう。

東京大学空間情報科学研究センターのホームページ★4では、無償で「CSVアドレスマッチングサービス」が公開されている。このサービスは、住所の一覧のファイルを送信すると、緯度経度が付与されて返ってくるという便利なものであるが、その精度は細かくても街区（道路に囲まれた一区画）レベルが限界である。都市内の人口移動では、街区内での移動も珍しくないため、そうした場合には同じ位置に発着地が重なってしまう。ミクロな空間スケールが問題となる場合は、現在でも結局手作業で位置を設定する必要が出てくるだろう。

4 移動パターンの解析と地図化

（1）移動距離と移動角度の計測

人口移動データの取得が終わり、8月下旬から9月上旬にかけて移動パターンの分析を行なった。分析は都心（市役所）を中心とした距離帯、および市役所を頂点としたセクターごとの移動特性を中心としたもので、移動距離や移動角度（発地と

図3 MANDARAで作成した発着地の分布
円は市役所を中心とした半径2kmの範囲を示す。

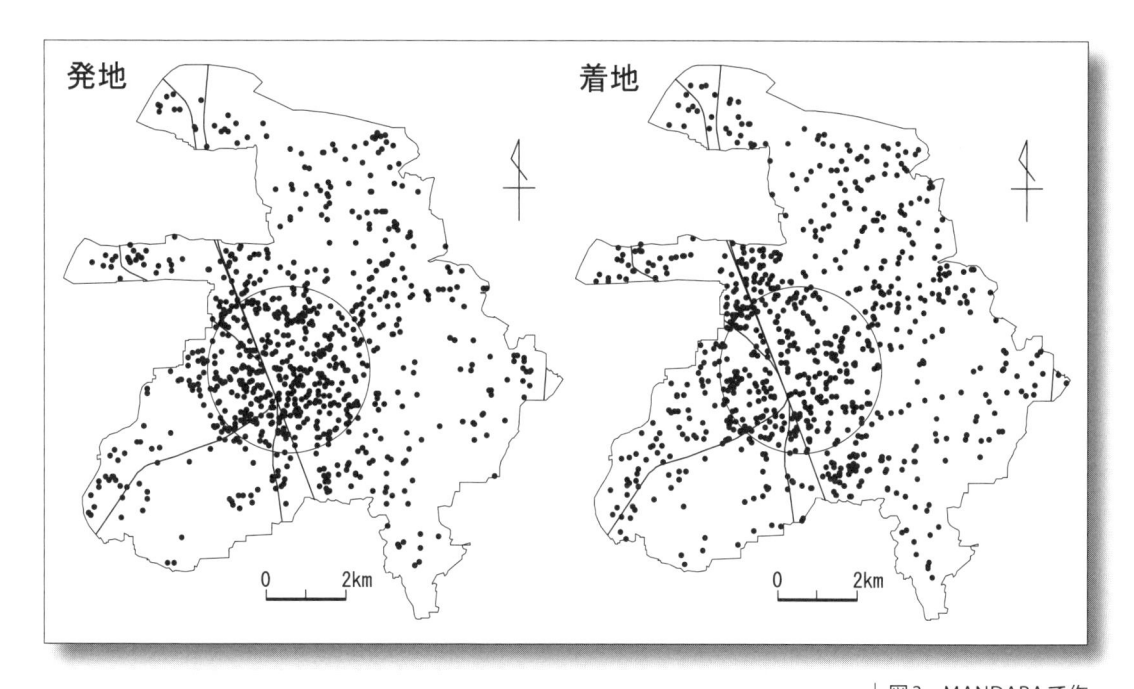

CBDと着地のなす角）を測定し、さらにランダムな状況を想定したシミュレーションを行なって比較検討した。その方法は、まず発着地の分布を制約条件としておき、移動距離のシミュレーションでは発地をかえずに着地をランダムに入れ替える操作を行なった。移動角度では、移動者の移動距離を制約条件に加え、発地から移動距離にある程度の幅を持たせた距離にある着地を抽出し、そこからランダムに着地を選択させた。このシミュレーションで得られた発着地の組み合わせから、移動距離と移動角度を計算して実際の値とを比較してみた。その結果、移動距離は短距離の移動が卓越し、角度については、短距離移動が多いために結果的に移動角度の小さい移動が多くなる、という結果が得られた。

移動距離や角度は、座標を入力した表計算ソフト上で計算式や三角関数を使えば求めることができる。しかし、シミュレーションとなると表計算ソフトの機能だけでは困難で、自分でプログラムを作成する必要性が出てくる。プログラミングというと敷居が高く感じられるかもしれないが、計算やファイルの読み込みだけなら、それほど困難ではない。現在、Microsoft Office製品には最初からVBA（Visual Basic for Application）と呼ばれるプログラミング言語が付属しており、プログラミングに入門する環境が整えられている。興味のある人はトライしてみてはどうだろうか。

（2）GIS（地理情報システム）を使った地図化

座標を入力した発着地の分布図は、GISを使ってパソコン上に表示させた。90年代初めは、GISの普及初期の頃で、誰でも使えるようなGISは皆無であり、GISを習得・利用するだけでも卒業論文になるという時期であった。当時私は、市販GISとは別に「MANDARA」というGISソフトを開発しており、発着地の分布図もMANDARAを使って作成した。図3は現在のWindows版MANDARA[★5]上で当時のデータを使って発着地の分布を示したものである。図3を描くことではじめて、発地の分布は着地の分布よりも中心部に集中しており、中心部から周辺部へ向かう移動の流れが存在することを読み取ることができるようになった。

発着地の分布以外にも、一宮市の町丁別（本町1丁目、本町2丁目といった地域

★5　http://www.mandara-gis.net/よりダウンロード可能。

単位）の統計データと地図データを整備し、いろいろな指標を地図化してみた。当時は、町丁別の地図データも、人口移動の発着地の分布を読み取った場合と同様、方眼紙上に写し取った境界線から座標を読み取る方法で行なったので、たいへんな労力が必要だった。統計データも自分自身で紙の情報を元にパソコンに入力する必要があった。

★6 http://www.gsi.go.jp/

★7 http://gisplaza.stat.go.jp/GISPlaza/

　現在であれば、地図データとして国土地理院のホームページ★6から無料でダウンロードできる数値地図2500（空間データ基盤）が利用できる。町丁別の統計データについても、多くの自治体で町丁別人口をホームページで公開している。さらに総務省統計局の「統計GISプラザ★7」では、全国の国勢調査の町丁別データを地図データとセットでダウンロードできるので、MANDARAなどのGISを使えば簡単に地図化できる。

5　アンケート調査による要因分析

（1）アンケート調査の実施

　9月上旬までに、移動パターンの分析はかなり進み、中旬の卒論演習の発表では、移動パターンの幾何学的特性に関する分析結果を報告した。しかし、こうした分析だけでは、具体的にどのような人が動いているのか分からないし、幾何学的特性が生じるメカニズムも分からない、というコメントをもらい、まだ提出まで時間もあることから、アンケート調査で移動の要因分析を行なうことになった。

　当初アンケート調査は、電話帳というデータの特性をいかして電話で行なおうと考えていた。しかし最初の1件目の電話で、あっさりと断られてしまった。考えてみれば、新聞社などによる調査ならともかく、見知らぬ学生から電話でアンケートに協力してくださいと言われても、協力してくれないだろう。また電話の場合、世帯主が不在だと調査ができないといった点も問題である。こうしたことから、郵送で調査を行なうことにした。

図4　人口密度と平均世帯人員で行なった地域区分

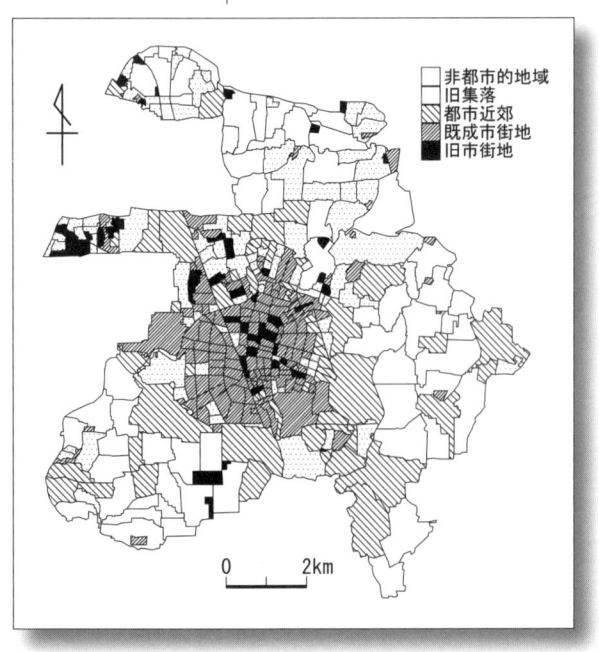

　移動パターンの分析から、中心から周辺への移動が一宮市の人口移動の中で主要な流れであることが分かったので、中心部を発地とする移動者を調査対象とすることにした。ただし中心部といってもその範囲が問題となる。そこでまず町丁ごとの人口密度・平均世帯人員をもとに一宮市内を町丁ごとに図4のように地域区分した。その上で、人口密度が高くて平均世帯人員が少ない地区である「既成市街地」地区を発地とする移動者419人分を分析の対象とすることにした。

　このアンケート調査では、質問事項を11項目に限定して全て選択式にし、回答は同封した葉書に番号で記入してもらうことにした。これは、封筒で返信してもらうよりも、葉書の方が安価であり、回答者にとっても封をせずに投函できて便利だと思ったからである。

　質問項目としては、移動理由や世帯属性以外に、

一宮市外での居住経験を尋ねた。これは、地域外からの転入とライフステージに応じた郊外への転出という、渡辺（1978）の東京大都市圏での移動モデルが一宮市内でも妥当するかどうかを検証するための項目だった。この項目は、後で卒業論文を学会誌に投稿する際、研究の意義付けを考える上でたいへん役だった。一方で、世帯主の通勤先を尋ねなかったため、その後の分析・考察に際して深みが出せなかった。

アンケート調査はやり直しができないので、事前の質問項目の選定がたいへん重要だが、不要な項目がなく、必要な項目の欠落がない調査票を作ることは容易なことではない。従来の研究の調査票や指導教員の意見を参考にし、また知人などに試しに回答してもらうなどして、慎重に作成する必要がある。

こうした準備の後、宛名用の住所・氏名を電話帳から抜き出してパソコンに入力し、タックシールへ印刷、さらに封筒詰めなどの作業を行なって11月中旬には419通を郵送した。郵送のアンケート調査の楽しみは、調査票が続々と返信されて戻ってくるところである（ただし苦情の電話も時々ある）。この場合は約3割の調査票が戻ってきた。私はこの後現在まで郵送によるアンケート調査を2回行なっているが、この卒業論文の際の調査の回収率が最も高かった。郵送によるアンケート調査の回収率は、どのような人を対象とするかでもかなり変わってくるが、この場合は質問事項を少なくして、葉書一枚で回答できるようにしたことで回収率が高まったのだと思う。

（2）数量化理論II類による要因分析

アンケート調査の主たる目的は、世帯の属性や移動理由から移動パターンを説明することにあった。独立変数と従属変数★8の関係が決まっており、かつデータの種類が質的データ★9の場合には、多変量解析★10の一つである数量化理論II類を用いることで各独立変数の説明力を定量的に把握することができる。

当時はパソコンの性能が低かったため、統計関連の実習は大学の情報処理センターの端末機器を使って行なわれていたが、そこには数量化理論を扱える統計ソフトウェアSPSSは入っていなかった。しかし、多変量解析の文献にはプログラムが記述されていることも多かったので、掲載されていたプログラムを少し修正しながら入力し、分析を行なった。

現在では、パソコンとソフトの発達によって多変量解析も容易に行なうことができるようになった。プログラミングと同様、多変量解析も敷居が高く感じられる技法の一つである。しかし、データが大量にある場合、個々の数字を見るだけではなかなか意味のある特徴を見いだせない。そこで多変量解析を用いれば、複雑なデータが整理され、データの特徴をよりわかりやすい形で抽出できる。

卒業論文では、独立変数として移動前の住居形態や転居理由など10項目を、従属変数として移動後に**図4**の「既成市街地」に残留するか、あるいは流出するかを設定した。数量化理論II類で分析すると、独立変数ごとその重要性を数値で表すことができる。その結果、移動前後の住居形態や移動理由が既成市街地内に残留するか流出するかを判別するのに重要であることが分かった。

渡辺良雄（1978）「大都市居住と都市内部人口移動」『総合都市研究』vol.4、11-35頁

★8　説明する側の変数を独立変数または説明変数、説明される側の変数を従属変数または目的変数、被説明変数という。

★9　アンケート調査における選択式の回答項目（性別、移動理由など）のように、量を測ったり、順序をつけたりすることができないデータ。

★10　多数のサンプルと変数からなるデータを、相互に関連づけて計量的に分析する統計的手法の総称。データ間の因果関係を調べる重回帰分析、データを類似度によって分類するクラスター分析、データ中の共通する因子を見つける因子分析、質的データを扱う数量化理論（I～IV類）など、目的やデータの種類に応じて様々な手法が存在する。

6 卒業論文から投稿論文へ

（1）内容の吟味と草稿の作成

94年1月に卒業論文を提出し、しばらくすると口頭試問が行なわれた。口頭試問では、大学院で指導教官となる岡本耕平先生から、現在の地理学の研究の傾向として、幾何学的特性の空間分析だけでなく、より社会的側面が重視されるようになってきており、今後はそうした点にも注意する必要がある、との指摘を受けた。

学部を卒業して大学院に進学した年、偶然にも在学する名古屋大学で日本地理学会秋季学術大会が開催されたため、卒業論文の結果を発表することにした。発表では、細かな点を説明しようとしてしまい、最後の重要な箇所で時間が足りなくなってしまった。こうした失敗に学んで、最近の学会発表では冒頭で結論を話すことにしている。

さて学会での発表からしばらくして、指導教官の岡本耕平先生から、卒業論文の内容を学会誌に投稿するようすすめられた。投稿論文ではページ数が限られていることもあり、論点を明確化し、分析・議論を必要不可欠なものに絞り込んだ上で、シンプルな結論を導き出す必要がある。卒業論文の内容を見直した結果、投稿論文では、距離帯別の分析と中心部から周辺部への移動に分析の焦点を絞り、都市の拡大と人口移動の関係を渡辺（1978）の研究と対比させながら明らかにすることが中心になった。

この修正の過程で、同一の人口移動の現象を対象とした場合でも、対象を探る視点は様々なものがあり、視点の違いによって研究のテーマが大きく変わることを実感した。口頭試問の際に言われた社会的側面には、どのような視点から研究を行なうかという研究者の立場も含まれていると感じた。

取りあえず草稿を書いて、岡本先生に読んでもらったところ、「人口密度と平均世帯人員による地域区分が複雑でわかりにくいので、もっとわかりやすくするように」との指示をいただいた。そこで、人口密度と平均世帯人員で地域区分（図4）して、調査対象者を抽出するのではなく、市役所から半径2km以内（図3）を発地とする者を対象とした、より単純なものに変更した。

いろいろなデータがあると、様々な角度から分析できるため、つい複雑な分析をしてしまい、かえってわかりにくくなってしまうことがある。そうした場合には初心に返り、何を明らかにしたかったのかを思い出してみるのもよい。単純な方法を用いた方が、意外とよい結果を得られることもある。

（2）補足調査の実施

卒業論文の際には、市役所から半径2km以内を発地とする移動者すべてにアンケート調査をしたわけではなかったため、追加でアンケート調査を行なった。それに伴い数量化理論II類の分析もやり直すことになったのだが、分析対象者などが少なからず入れ替わったため、分析結果も変化した。たとえば卒業論文の際の分析では「移動理由」が移動先の判別（既成市街地に残留するか、流出するか）において重要な項目だったが、投稿時の分析では重要度が低下していた。分析結果を比べてみると、移動理由内の各カテゴリー（住宅事情、結婚、職業関係、生活環境、その他）のうち、度数の少ないカテゴリーの影響度が変化していることが分かった。

質的なデータでは、項目内部のカテゴリーに度数の偏りがしばしば発生するが、そうしたデータに対して多変量解析を行なうと、度数の少ないカテゴリーの影響度が変動しやすい。質的データを多変量解析にかける場合は、カテゴリーを結合させたりして度数の極端に少ないカテゴリーが含まれないようにしないと、うまくいかないことがある。もっとも、この場合の分析結果の変化は、より解釈がしやすい方向への変化だったので、問題は生じなかった。

　表1は投稿時の数量化理論Ⅱ類による分析結果である。質問項目とそのカテゴリーごとに、従属変数に対する影響度がカテゴリースコアとして求められ、項目全体の影響度を示す数値としてレンジ（カテゴリースコアの最大値と最小値の差）と偏相関係数が算出される。この表を見れば、どの項目のどのカテゴリーが移動先の判別に影響しているかが一目瞭然である。

質問項目	カテゴリー	世帯数	カテゴリースコア	レンジ	偏相関係数
移動後の住居形態	一戸建て持ち家	71	0.530	1.782	0.387
	公営・公団・給与住宅	6	0.139		
	分譲マンション	17	-0.655		
	その他	5	-0.957		
	民間借家	18	-1.252		
前住居での居住年数	5年未満	41	0.694	1.315	0.319
	5〜10年未満	27	0.072		
	10年以上	49	-0.620		
移動前の住居形態	一戸建て持ち家	24	0.581	1.072	0.271
	公営・公団・給与住宅	20	0.567		
	民間借家	55	-0.309		
	分譲マンション	12	-0.443		
	その他	6	-0.491		
世帯構成	夫婦のみ	22	0.557	1.433	0.229
	単身	6	0.373		
	その他	8	0.305		
	2世代	73	-0.136		
	3世代	8	-0.875		
移動理由	その他	27	0.153	1.028	0.218
	住宅事情	69	0.151		
	結婚など	6	-0.546		
	生活環境	7	-0.608		
	職業関係	8	-0.875		
世帯主の年齢	30歳代	48	0.293	1.117	0.217
	50歳代	20	0.048		
	40歳代	26	-0.018		
	20歳代	8	-0.272		
	60歳以上	15	-0.825		

カテゴリースコアが正の場合は流出方向に影響し、負の場合は残留方向に影響する。

表1　数量化理論Ⅱ類による分析結果

（3）投稿そして掲載へ

　この再調査によって、論文の内容はかなりわかりやすくなり、95年3月には論文を完成させ、日本地理学会の学会誌『地理学評論』に短報論文として投稿した。投稿後しばらくして査読者からのコメントがついて返ってくる。投稿前には、電話帳調査という公的でない資料を利用した研究がどう評価されるか不安だったが、「人口移動に関するデータの入手が困難となるなかで、本研究のようなデータの利用は新しい方法として注目に値する」という好意的なコメントをいただいた。もちろん他にもいろいろな指摘があり、頭が痛くなったが、できるだけ早く対応して再投稿し、95年12月の『地理学評論』に掲載された。

　掲載された時の感想は人それぞれだろうが、私の場合は、読み返すことはほとんどない。学会誌に投稿するのは研究が一段落してからであり、掲載されるのはさらに後のことになる。掲載された頃には、その研究を土台として次の研究に取りかかっているため、読み返しても問題点ばかりが目につき、前向きのアイデアが浮かぶことは少ない。やはり研究の面白さは、研究課題を考えて必要なデータを収集し、考察しながら新たな知見を得る段階にあると思う。

7　パソコンを使った効率的なデータ処理

　こうして卒業論文作成当初から学会誌に掲載されるまでの過程を追っていくと、ずいぶん無駄な作業を行なっていたように思われる。たとえば、町丁ごとの統計地図の作成や、**図4**の地域区分、移動距離や方向のシミュレーションの結果は、投稿論文では全く使われなかった。しかしこれらの試行錯誤があってはじめて、投稿論文の内容にたどり着くことができたとも言える。こうした試行錯誤を支えたものが、パソコンによるデータ処理である。

　私の卒業論文作成の経験から、パソコンを使用して地域調査のデータ処理を行なう際に便利なテクニックとして、①表計算ソフトの利用、②GISの利用、③多変量解析の利用、④データ処理のためのプログラミングの4つを挙げておきたい。

　①の表計算ソフトは、様々な作業で活用できて汎用性が高い。自分で計算式を作れるようになれば、多量のデータも短時間で集計できる。またグラフや表を使えばデータをわかりやすく示すこともできる。

　②のGISは、データの地図化に有効である。現在では無料の地図データ・統計データがかなり整備され、私の開発しているMANDARAをはじめ、無料のソフトも出るようになったので、使いやすい環境になってきた。

　③の多変量解析は、アンケート調査の分析だけでなく、地域データの分析にも活用でき、データの性質や目的に応じた様々な手法が存在する。大量のデータがある場合は、SPSSなどの統計ソフトで分析してみてはどうだろうか。

　④のプログラミングの技術を身につけると、収集したデータを自在に加工することができる。表計算ソフトやGISでも、定型的でない処理を行なったり、類似した処理を何度も繰り返したりする際には、簡単なプログラムが書けると短時間で処理できる。

　こうしたテクニックをマスターすることで、大量のデータも短時間で処理することができ、複雑なデータも分析しやすくなり、さらにわかりやすくデータを表現することができるだろう。そのためには、普段から様々な手法に触れ、いろいろなデータで試してみることが重要ではないだろうか。

おすすめ文献

荒井良雄・川口太郎・井上　孝編（2002）『日本の人口移動―ライフコースと地域性』古今書院

後藤真太郎・谷　謙二・酒井聡一・加藤一郎（2004）『MANDARAとEXCELによる市民のためのGIS講座―パソコンで地図をつくろう』古今書院

古谷野　亘（1988）『数学が苦手な人のための多変量解析ガイド―調査データのまとめかた』川島書店

2-3

横山　智　YOKOYAMA Satoshi

GISを用いた地域調査
―― 森林管理問題の分析ツールとして

本章でとりあげる論文

横山　智（2001）「福岡県矢部村における台風災害地の森林管理――崩壊地分布と台風災害復旧の分析から」『地理学評論』vol.74A-5、287-304頁

　この論文は、山村における森林の荒廃、特に斜面崩壊と森林管理との関係を、森林所有者の属性（居住地および所有形態）と林業経営の2つの側面から明らかにし、山村の森林管理について提言することを目的とした。調査地は、1991年の台風19号によって甚大な被害をうけた福岡県矢部村とし、森林管理の一側面として台風災害からの復旧についての問題を扱った。

　斜面崩壊地と台風災害地の関係ついて、GISを使用して分析を行なった結果、分析地区の崩壊地は復旧が行なわれていない台風災害地と重なっていた。すなわち、崩壊地の発生には、台風災害からの復旧といった森林管理を行なっていないことが一つの要因となっていた。また、森林管理を放棄する傾向は、不在村の森林所有者に多くみられた。森林管理は、自然資源を活かした地域振興を試みる山村の存立基盤にも大きく影響するため、不在村の森林所有者の問題をはじめとする森林の維持管理対策が山村には必要不可欠である。

キーワード：森林管理　森林所有属性　林業　山村

横山　智
1966年北海道生まれ。筑波大学大学院地球科学研究科博士課程中退。現在、名古屋大学大学院環境学研究科教員。専門は農山村地理学、東南アジア地域研究。論文に「照葉樹林帯における現在の焼畑」『科学』vol.75、2005年、「ラオス農村におけるGPSとGISを用いた地図作成」『GIS―理論と応用』vol.9-2、2001年、「農外活動の導入に伴うラオス山村の生業構造変化」『人文地理』vol.53-4、2001年、など。
s-yokoyama@nagoya-u.ac.jp

1　問題の所在と仮説設定

　大学院に入学した当初から山村を調査したいと考えていた私は、1997年の大学院巡検が福岡県久留米市で実施された際に、最も近くに位置する山村を調査することにした。その山村が、この論文の調査地となった矢部村である。そこでは、過疎

写真1 矢部村の林道に立てられていた森林管理を促す看板（1997年）
「森林を風雪害・病虫害から守り、高価な森林を造るため、間伐枝打を実施しましょう」と書かれている。

化や林業の衰退といった山村が抱える問題を総合的に調査する予定であった。

巡検初日、まずは役場と森林組合を訪問した。村の現状や振興策の話を聞くためである。しかし、そこではこれまで気にも留めたことがなかった新しい問題を知ることになった。その問題とは、矢部村の山の半分以上が「不在村所有者」と呼ばれる村外の人によって占められていること、そして1991年の台風19号によって被災した森林の復旧がいまだに完了していないことの2点であった。特に後者は、森林組合の指導課長から多くの木々が台風によってなぎ倒された状態で放置されている写真を見せてもらい初めて知った問題であった。

被災地が6年間も復旧されずに放置されていることに大きな衝撃を受けた私は、さっそく現地を視察した。その場所を見ると、被災地を放棄しているというよりも、森林管理そのものを放棄しているように感じられた。言いかえれば、そこは完全に見捨てられた森林であった。

林道には管理を促す**写真1**のような看板が多く立てられていた。森林組合としては、管理をしていない所有者に対して呼びかけているのだろうが、そうした所有者はほとんど森林に来ないのだから、この看板を見ることはないのだろう。森林管理の放棄は、問題の根が深く、かつそれを解決するには長い時間を要すると感じた。

現地を視察するうちに、当初の研究目的である過疎化や林業の衰退のような一般的な問題を取り上げるよりも、台風災害の復旧を事例とした森林管理を取り上げたほうが、山村が抱えている問題をより明快に示すことができると思えてきた。調査前の下調べをしっかり行なっていれば、現地で調査目的を変更するような事態は起こらなかったのかもしれない。しかし、復旧を放棄された被災地を自分の目で見ているうちに、どうしてもその問題を放っておくことができず、結局、研究目的を台風災害と森林管理の問題に変更した。この調査結果を修士論文としてまとめ、それを大幅に修正して学術誌に投稿したものが、ここで紹介する論文である。

2　仮説設定と研究手法

最初の現地調査であった1997年の巡検は、期間が1週間に限られていたため、詳細なインタビューは次の機会に行なうことにして、矢部村の林業と森林管理の実態を把握することに調査の重点を置いた。具体的には、オフロードのバイクで現地の森林を観察し、分からないことがあれば、森林組合の担当者を訪ねて質問するという調査を繰り返した。

森林観察を実施して、最も気になった点が**写真2**で示すような斜面崩壊である。このような斜面崩壊は、3日間で20ヶ所も見られた。この現象について森林組合に尋ねたところ、集中的に雨が降ると林道や作業道を開設した場所から崩れやすくなるが、その発生は自然現象なので防止できないとのことであった。ところが、道路から離れた場所で起こっている斜面の崩壊も多く、地すべり性の崩壊とは異なる原因があるように感じた。

林道を開設すると、これまで樹木で覆われた地面がむきだしになり、そこに集中的な雨が降ることによって斜面が崩壊する可能性は高くなる。復旧されずに放置さ

れた林地も地面がむきだしになり、似た状態がつくりだされる。この段階で、私は「台風災害の復旧を実施していないことが斜面崩壊の発生要因である」との仮説を立て、この検証をメインに森林管理の問題に切り込みたいと考えた（**図3**）。

最初の作業は、従来研究の検索であった。林道と斜面崩壊の関係については、栃木・海堀（1991）によって、林道や作業道が豪雨の影響で崩壊する事例が報告されていた。ところが、台風災害の復旧と斜面崩壊の発生を論じた文献は見つからなかった。

そこで、台風災害の復旧と斜面崩壊の関係について、砂防学会が運営する電子メールのメーリングリストに意見を求めてみた。専門分野ではない学会のメーリングリストに投稿するなど、今考えると怖いモノ知らずだったと思うが、当時は相当困っていたということである。

すると、ある大学の先生から「崩壊地発生に人的要因を入れた研究はほとんどなく、森林の管理状況などを因子として入れられれば、非常におもしろい研究になると思います。ただし、森林のどのような状態がよい状態かは、簡単には答えられません」との返信をいただいた。自分が考えている斜面崩壊と森林管理の関係は、新しい研究視点であることがわかったのである。

仮説の検証には、斜面崩壊地の分布を明らかにして、次にそこが復旧されなかった台風災害地であったことを示せばよいと考えた。具体的には、GIS（地理情報システム）を使用して、台風が発生した直後の被災地と現在（研究当時）の斜面崩壊地を地図上に重ね合わせることができればよい。

林学では1990年代に入り、GISを使用して衛星データや空中写真のような画像データと地図を重ね合わせて森林を管理する技術が急速に普及した。この研究を実施していた当時、私はアルバイトで林野庁の森林総合研究所に行っており、そこでの作業を通してGISを使用した森林管理について学んでいた。したがって、GISを利用して台風災害地と斜面崩壊地を地図上に重ね合わせるという発想は、基本的に林学で用いられている方法を採用したものである。

写真2　研究対象地域における斜面崩壊地（1997年）
手前と奥に2本の斜面崩壊地が確認できる。奥の崩壊起点となっている上部は、樹木がなぎ倒された状態で放棄された台風災害地と考えられる。

栃木省二・海堀正博（1991）「豪雨による林道・作業道での崩壊とその特徴―広島県西北部豪雨災害現場におけるケーススタディ」『広島大学総合科学部紀要』vol.IV-16、1-18頁

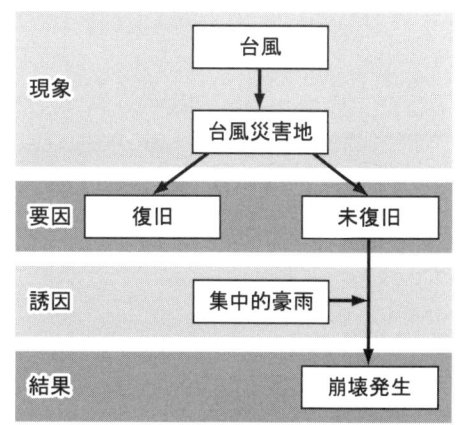

図3　「台風災害の復旧を実施していないことが斜面崩壊の発生要因である」とする仮説（最初の仮説）

3　GISの利用と空間データの構築

台風災害地と斜面崩壊地の抽出作業で利用できるデータは、衛星データと空中写

「3災害・造林・福岡A」C19-18
(1991年10月7日林野庁撮影)

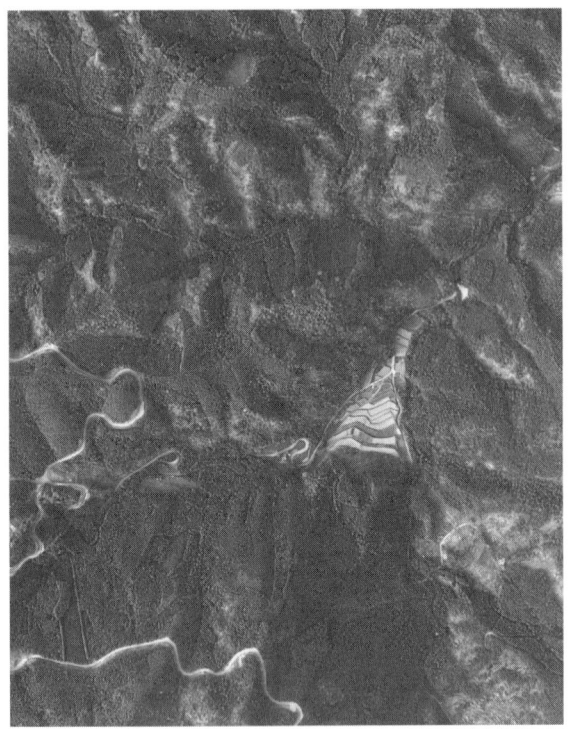

「3災害・造林・福岡A」C19-19
(1991年10月7日林野庁撮影)

写真4　1991年の台風19号によって被災した研究対象地域の森林（1991年）
裸眼実体視ができるように空中写真を加工している。被災地の判読を試していただきたい。

真の2種類である。衛星データは地図との重ね合わせは簡単だが、台風災害地と斜面崩壊地の抽出は困難である。当時、金額的に入手可能な衛星データはLandsat/TMであったが、解像度30mでは小面積の判別はできない。一方、空中写真は小面積でも判別可能だが、地図との重ね合わせが難しい。結局、台風災害地と斜面崩壊地を抽出しなければ次へ進むことができないため、地図との重ね合わせが難しいことを承知の上で空中写真を用いることにした。

空中写真の判読には、実体鏡を使用したが、この作業はそれほど難しくなかった。実体視ができるように加工した空中写真を**写真4**に示すが、樹木がなぎ倒された状態が比較的簡単に判別できるだろう。27枚の空中写真を使用し、2日間で台風災害地386ヶ所と斜面崩壊地56ヶ所を抽出した。

次の作業はGISで使用するベースマップの作成である。基図となる縮尺1/5000の森林基本図（もしくは森林計画図）から小班と呼ばれる森林区画だけをパソコンに取り込み、GISで使用可能な多辺図形データ（ポリゴン）へと変換する。そして、森林簿のデータと森林組合から得た復旧作業のデータを入力してベースマップは完成となる。

空間データ構築の最後の作業は、ベースマップと空中写真（台風災害地と斜面崩壊地の位置が記されている）の重ね合わせである。先に空中写真は地図との重ね合わせが難しいと述べたが、その理由は、周辺が歪んでいる中心投影の空中写真を補正して、地図と同じ正射投影に変換しなければならないからである。変換後の写真を正射投影写真（オルソフォト）と呼んでいるが、その変換についての技術的な解説と精度の検証は、別稿で詳しく説明しているので参照願いたい（横山 1999）。

最終的に仕上がった空間データを**図5**に示す。分析地区を示した論文中の図には、森林の境界を表示していないが、ここでは空間データの構築が大変な作業であることを理解してもらうために、見づらいのを承知でそれを表示した。ここまでの作業

横山　智（1999）「GISを活用した台風による森林災害分析の試み」『GIS―理論と応用』vol.7-2、11-18頁

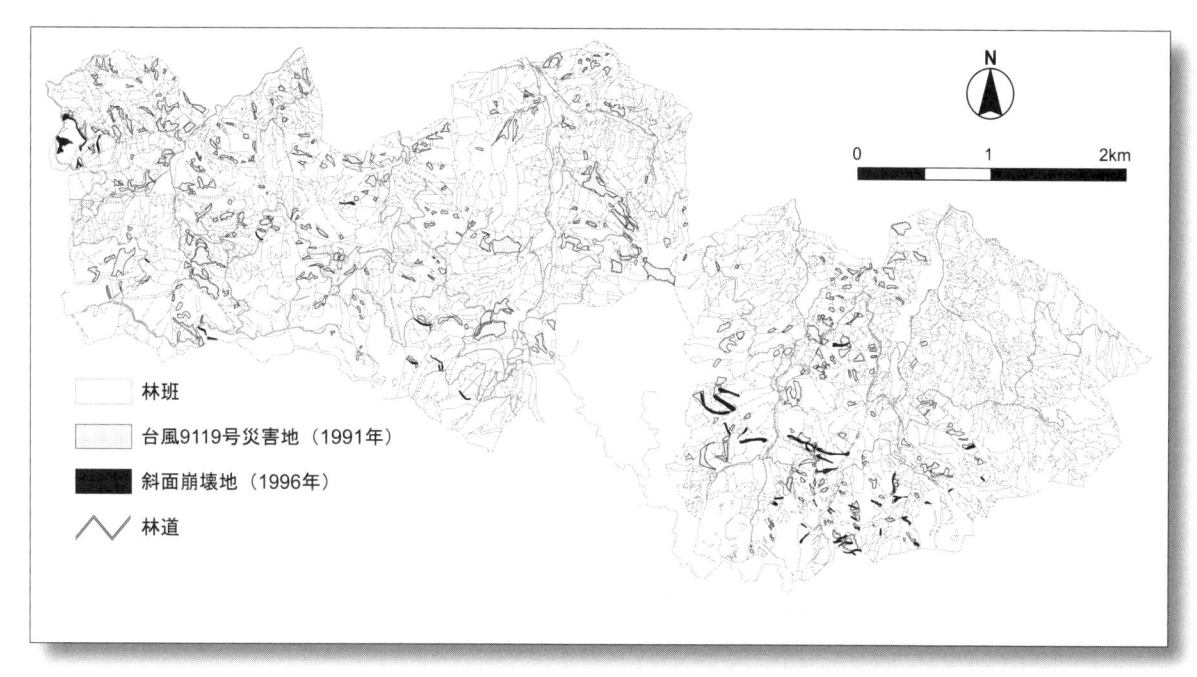

図5 分析の基礎となる空間データ

凡例:
- 林班
- 台風9119号災害地（1991年）
- 斜面崩壊地（1996年）
- 林道

に要した期間は約2ヶ月であり、これでようやく分析のスタートラインに立った状態であった。当時、修論の調査をしていた大学院の同期がすでに何度もフィールド調査に出かけているのに、私はパソコンの前でひたすら地道な作業を続けることに焦りを感じていたことを思い出す。

一般的にGISを用いた研究の論文では、分析の前段階に相当する空間データの構築についてはほとんど述べない。しかし、論文に書かれていなくても、空間データを構築する作業には相当の労力と時間が費やされていることを知ってもらいたい。

4 GIS分析と仮説の修正

GISによる重ね合わせ分析の結果、斜面崩壊の8割強が台風災害地で発生していることがわかった。このように書くと、仮説が正しかったと述べているようだが、**表1**の結果をよく見てほしい。台風災害の復旧を実施していない場所の6割強は斜面崩壊が発生していない。一方、復旧した場所の1割強でそれが発生している。要するに、斜面崩壊の発生には、台風災害の復旧以外の要因も影響しているのである。

この結果は、「台風災害の復旧を実施していないことが斜面崩壊の発生要因である」とする仮説の検証に失敗したということであった。では、崩壊地の発生要因は何なのかと問われれば、実はそれもよくわからなかった。**表1**に示したように、傾斜、土壌、樹種といった自然的要因の中にも決定的な斜面崩壊の発生要因と言えるものがなかったのである。2ヶ月かけて空間データを構築し、最初の分析でいきなり壁に突き当たってしまった。

研究を続けるためには、これまでの仮説から離れて、違った視点から分析する必要を感じた。しかし、ここまでの分析を無駄にはしたくなかったこと、そして最終的に山村の森林管理に言及することなどを考慮すると、台風災害の復旧に関する問題を分析から外すわけにいかなかった。

悩んだ結果、台風災害の復旧にかかわる人的要因に分析対象を絞り込むことにし

(単位：％)

要　因		自　　然　　的				土　壌[3]				樹　種			人　的	
		傾　斜[2]											災害復旧	
属　　性		微	緩	中	急	B_B	B_C	B_D	B_E	スギ	ヒノキ	その他	復旧	未復旧
台風災害地[1]	未崩壊地	2.6	13.8	34.1	49.5	2.1	2.7	43.6	51.6	86.7	1.5	11.8	38.2	61.8
	崩壊地	1.8	10.7	35.7	51.8	0.0	0.0	61.9	38.1	99.0	0.1	0.9	13.6	86.4
分析地区全域の面積比		0.7	25.0	37.8	36.5	2.3	1.7	51.5	44.5	86.6	4.0	9.4	37.2	62.8

1) 台風災害地面積は1997年の時点で80.3ha、そのうち未崩壊地面積が74.2ha、崩壊地面積が6.1haであった。数値はいずれも一属性を100％とした場合の面積比率である。
2) 国土地理院標高数値地図よりリサンプリングした10mメッシュの標高値から傾斜を算出した。なお、表中では傾斜を、「微：10度以下、緩：11～20度、中：21～30度、急：31度以上」という基準で表記した。
3) B_B：乾性褐色森林土、B_C：弱乾性褐色森林土、B_D：適潤性褐色森林土、B_E：弱湿性褐色森林土
出典：横山（2001）

表1　仮説の検証：台風の災害地における崩壊地の発生要因の分析（1997年）
横山　智（2001）「福岡県矢部村における台風災害地の森林管理―崩壊地分布と台風災害復旧の分析から」『地理学評論』vol.74A、287-304頁

倉治光一郎・保屋野初子編（2004）『緑のダム―森林・河川・水循環・防災』築地書館

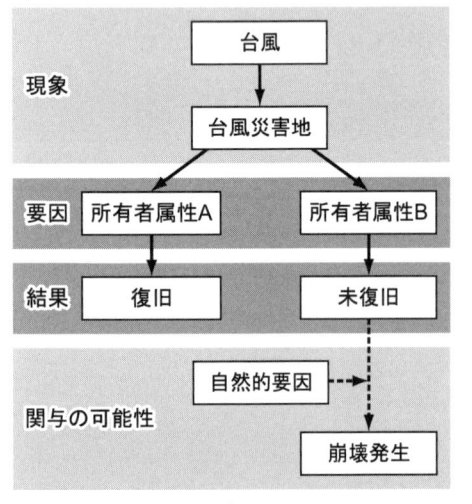

図6　「森林所有者の属性によって台風災害の復旧に差が生じる」とする仮説（修正後の仮説）

た。人的要因の分析とは、台風災害の復旧を行なう森林所有者と行なわずに放棄している森林所有者の違いを明らかにすることである。つまり「森林所有者の属性（居住地や所有形態）によって台風災害の復旧には違いが生じる」とする仮説を検討することにした（**図6**）。

最初の仮説の検証には失敗したとはいえ、斜面崩壊の要因に触れずに論を進めるのは困難だと思い、修士論文では傾斜・斜面崩壊地・災害復旧の3つの要因間でGISの重ね合わせ分析を行なった。また、学術誌に投稿する際には、分析の仕方を修正して、多変量解析（数量化理論Ⅱ類のカテゴリー解析）を実施した。ところが、返却された査読者のコメントには、自然的要因については、従来研究を参照するだけにとどめたほうがよいと書かれていた。

自然科学の諸分野が実験やシミュレーションを用いて斜面崩壊の要因を調べているのに、統計分析だけでそれを論じることに、私も不安を感じていたのは事実であった。したがって、査読者のコメントに従って、これまで行なった自然的要因に関する統計分析は論文から削除し、従来の研究でわかっている事実だけを記載した。

林学・砂防学・森林水文学などの専門家によれば、森林が持つ緑のダム機能（水源涵養と崩壊防止）は、現在でも科学的に解明されていない点があるらしい（倉治・保屋野2004）。今考えると、専門家でも明らかにできないことを、私が統計分析だけで論じなくてよかったと思っている。

最初に提示した仮説の検証方法について振り返って考えてみると、考えられる要因全てを扱い、それらの間にみられる因果関係の強弱を調べていただけであった。したがって、どの要因もそれなりに因果関係があるような結果となり、斜面崩壊の要因が何であるかを特定できなかった。

仮説の立て方に問題があったのかもしれないが、自然現象と人文現象の両方を扱うような研究では、試行錯誤を繰り返しながら、扱う現象を絞り込んでいかなければならないことを実感した。試行錯誤とは、出たとこ勝負で分析を行なうことではなく、また研究目的を途中で変更することでもない。最も効果的なアプローチの方向を見極めることであり、この論文でいうならば、森林所有者の違いによって生ずる森林管理の差異に論点を絞ったことである。

(単位：％)

属　性		所　有　形　態					居　住　地			
		個人	会社	村有	共有	その他	在村	県内不在村	県外不在村	不明
台風災害復旧	実施	57.3	4.3	11.8	26.3	0.3	40.0	56.2	2.1	1.7
	未実施	64.3	2.9	6.3	25.0	1.5	28.7	62.4	6.9	2.0
分析地区全域の面積比		61.9	3.0	8.4	25.5	1.2	30.9	58.0	4.6	6.5

（注）台風災害面積は1997年の時点で80.3ha、そのうち災害復旧が実施された面積が29.5ha、未実施の面積が50.8haであった。
　　　数値はいずれも一属性を100％とした場合の面積比率である。
出典：横山（2001）

表2　修正した仮説の検証：台風災害の復旧と森林の所有者の関係についての分析（1997年）

5　GIS分析とインタビュー

　修正した仮説を検証するため、台風災害地だけをGISで抜き出し、森林所有者の属性と復旧状況の関係を分析した。その結果、不在村所有者と個人所有の林地が、その他の属性の林地と比べて復旧されていないことがわかった（**表2**）。

　この結果を説明するためには、所有者にアンケートかインタビューを実施する以外に方法はない。しかし、アンケートは何百人もの所有者の住所を調べることが難しく、あきらめるしかなかった。そこで、インタビューを実施した。対象者は**表2**で示した属性をできる限りカバーするように森林組合にお願いして、十数人の所有者を紹介してもらった。そして、インタビューに応じてくれた9人から森林管理についての話をうかがった（**表3**）。インタビューで得られた情報は、論文中の要所要所に交えている。

　インタビューでは、不在村所有者へのアポイントメントを取るのに苦労した。特に、森林管理を実施していない県外の不在村所有者に電話をすると「何も話すことはない」という理由で、断られることが多かった。また、たとえアポイントメントが取れても県外の不在村所有者は全国に分散しており、移動が大変であった。

　他方、在村所有者に対するインタビューは、断られることもなく、時には食事をご馳走になりながらリラックスした雰囲気で色々なことを聞くことができた。なかでも、収益性が悪化している林業の経営方法を熱く説いてくれた矢部村愛林クラブの会長さんからは、研究の面で様々なヒントをいただいた。論文の最後に「適切な森林管理による森林資源の維持は山村振興にもつながる」と述べたが、それは矢部村愛林クラブの会長さんと話をしていて実感したことを表現したものである。

　また論文では、災害復旧の放棄につながる経済的な要因について、林業収益（スギ1haを45年間育てた場合）の試算を行なって論じたが、このデータも森林組合の担当者へのインタビューによって得たものであった（**図7**）。インタビューは、GIS分析を主要な分析ツールとしたこの研究において重要な役割を果たしている。

6　GISを用いた地域調査の考え方

　前節では、GIS分析結果の解釈や説明におけるインタビュー結果の使用について述べたが、全てのGIS分析にインタビューが要求されるわけではない。では、GIS分析結果の解釈にインタビューが必要とされる場合とそうでない場合の違いは何に

対象者	形態	居住地	面積	職業	管理方法	現状
所有者の妻	個人	兵庫県西宮市	167.9ha	元会社役員	森林組合委託	福岡県八女市出身の祖父が矢部村の山を少しずつ買い集めた。かつては山守を置いて管理していたが、現在は伐採・間伐などの施業を森林組合に全て委託。林業経営を行なう気はなく、森林を手放したい（公的機関、国に寄付したい）と考えている。実際に矢部の地域振興施設「杣の里」の用地も提供した。
所有者	個人	千葉県松戸市	9.5ha	会社員	森林組合委託	矢部村出身の親から森林を相続した。施業は実施する時は森林組合に委託するが、最近はほとんど何もしていない。所有林分では台風災害は発生しなかった。経営的には赤字だと思うが、売却する予定はなく、そのまま財産として子に相続する予定。林業に関してあまり関心を持っていないので、所有する山を見に行くことも滅多にない。
所有者	個人	福岡県小郡市	100.6ha	林業専業	所有者＋労働者4名	補助金申請には森林組合を通すが、それ以外の施業計画から労働者の手配、販売まですべて所有者自ら行なう。パワーショベルなどの林内作業車を所有し、作業道も自ら敷設する。矢部村森林所有者で唯一、林業だけで生計を立てている所有者。
所有者	個人	矢部村	17.0ha	農林業	所有者＋森林組合委託	林業は椎茸などの特用林産物生産、および農業との兼業。農業は、自然農法により栽培した茶と米を自家販売ルートで直接消費者へ販売。林業経営は、年間収支が赤字にならないようにしながら伐採と施業を計画する。1年スパンの農業と40～50年スパンの林業を上手に組み合わせながら生活を行なう。矢部村愛林クラブの会長も務める。
共有者の1人	共有	福岡県筑後市	15.6ha		森林組合	兄弟で所有。共有者の1人は製材工場を経営している。大正時代から少しずつ購入し電柱材を育てていた。九州電力などに納めていたが、現在は、森林組合を通して間伐材の注文が入ったときだけ材を販売。主伐の計画はない。災害の復旧は未処理林分が約2ha残っているが、近年中に行なう予定。
共有者の1人	共有	矢部村	8.1ha		共有者	6人の知人同士で共有しており、そのうち1人は隣り町に居住し、もう1人は会社勤めである。管理は共有者で行なっているが、施業適正時期より遅れがち。組合から間伐材の注文が入ったので、10月から十数年ぶりに間伐を実施している。最初は4人で間伐作業を実施していたが、先日84歳の共有者が木から落ちて怪我をしてしまい、現在は3人で4.61haの間伐を実施中。共有者が林業外就業に就いたり、共有者の高齢化が進んでいることから施業に様々な問題が生じている。
共有者の1人	共有	矢部村	4.2ha		共有者	約80年前に集落で購入し、現在16世帯で共有している。日時を決めて毎年共同で施業を行なう。欠席者からは出不足金（1日8,000円）を徴収する。間伐材は10年前から売れなくなったので、現在は切り捨て間伐が多い。補助金を作業賃金として共有者で均等に分配する。集落自体のまとまりがよく、施業管理はきちんとされている。集落でキャンプ場も経営している。
共有者の1人	個人・共有	矢部村	17.4ha		共有者	部落で17.4ha（19口、11人）の共有林を所有していた。共有林の処分を望む共有者が存在し、約20年前に共有で残しておく林分10口と個人所有にする林分9口を分裂させた。個人所有にした9口分のうち6口は八女の業者に販売した。共有で残した林分は9人で管理しており、毎年共同で施業を行なう。個人および業者が管理する9口の林分は、ほとんど施業されていない。
駐在員（山守）	会社	大阪府大阪市	15.6ha	製材・木材加工業	山守＋森林組合委託	九州に120ha（日田・耶馬渓・矢部）の社有林を所有する。その他、三重にも社有林、和歌山県と大阪府に分収林を所有。木材業界の大手企業である。大分県中津江村に駐在員（山守）を置く。駐在員が施業計画を立案し、作業を森林組合に委託する。矢部村の材木は電柱材目的で育林していたが、現在は電柱材需要がないため、新規植林は伐期を長くして優良材を育林する目的へと転換。かつて電柱材として育ててきたスギは、ログハウス用に転換。台風災害を受けた林分は、全て復旧済みで、尾根沿いには災害に強い広葉樹（ケヤキ）を植林した。山の管理は、木材会社としての義務であると考える。

表3 インタビューから得られた所有形態別にみた森林管理の現状（1998年）

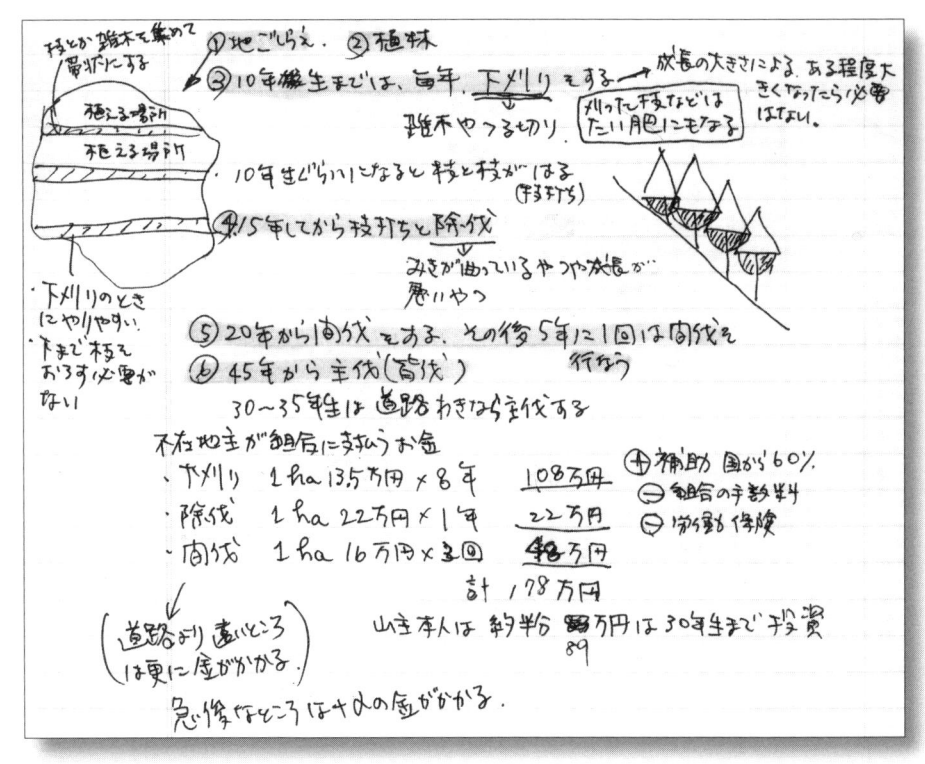

図7 面積1haのスギを45年間育てた時の売却益についてインタビューした時のフィールドノート（1998年）研究対象地域における標準的なスギの育て方、所有者が組合に支払う賃金など、実際の資料を見ながら説明を受けて、それをフィールドノートに記していく。

起因するのであろうか。以下2つの例を挙げて説明してみたい。

〈事例1〉

ある村の農業的土地利用の変化を調査した。GISに過去20年分の農業集落カードの集落データを入力し、多くの主題図を出力した。それらの図を読み取ることによって、1980年代にはA作物の面積が全農地の80％を占めていたが、1990年代に入ると村の北部を中心にB作物やC作物の導入が進み、全農地に占めるA作物の比率は60％に減少したことがわかった。

〈事例2〉

東南アジアのある国で森林植生の変化を調査した。衛星データを使用して正規化植生指数（NDVI）を算出した結果、1995年以降、南部A州の森林減少が著しいことがわかった。政府の資料によると1993年に経済特区がA州に設けられたようである。州レベルの人口増減データを分析してみると、1995～2005年のA州の人口増加率は3％で、国の人口増加率1％よりも高かった。また、A州に立地する工場の数も最近10年間で5倍に増加していた。都市化と工業化の進展が森林減少の主要因と考えられる。

〈事例1〉の研究では、土地利用が変化した事実は示されているが、なぜ特定の作物が村の北部に導入されたのか、全く論じられていない。GISを使用して図を何枚も出力したところで、変化の要因は明らかにすることはできないのである。一方の〈事例2〉の研究では、リモートセンシングによる分析結果を統計データや資料を用いて、ある程度の説得力を持った説明ができている。これら2つの事例では、ともに現地調査やインタビューを実施していない。にもかかわらず、〈事例1〉で

第3章　GISを用いた地域調査　113

スケール	調査対象	GIS入力属性データ	ラスターデータソース	GIS分析結果の解釈・説明方法
極小	集落レベル	個人レベル	空中写真	個人へのインタビューによって得たデータを用いる。
小	市町村レベル	集落・地区レベル	空中写真（場合によっては衛星データ）	集落や町内会などのキーパーソンへのインタビューによって得たデータを用いる。加えて、集落・地区レベルの統計データ（例：農業集落カード）を用いる。
中	都道府県レベル	市町村レベル	衛星データ（場合によっては空中写真）	市町村レベルで集計された各種統計データを用いる。加えて、行政機関での資料収集、政策担当者へのインタビューなども併用される。
大	国家レベル	地方自治体レベル	衛星データ	都道府県レベルの統計データを用いて解釈・説明。リモートセンシングなども用いられる。

表4 調査の空間スケールとGIS分析

は結果説明に失敗し、一方の〈事例2〉では結果説明に成功している。それはなぜだろうか。

2つの間にみられる決定的な違いは、調査の空間スケールである。実は、地域調査でGISを使用する際は、調査スケールの問題に注意しなければならない。GIS分析結果の解釈と調査の空間スケールの関係について**表4**にまとめたので参考にしていただきたい。

本研究で紹介した分析地区は**表4**で示す「極小」から「小」に相当するスケールである。これらのスケールの地域調査でGISを用いる場合、入力される属性データは個人レベルもしくは集落・地区レベルの情報である。分析結果を解釈するためには、インタビューによって、そこで生活をする人の声を聞くことが大切である。

また、〈事例1〉に示した村の土地利用の変化も「小」スケールでの調査である。よって、調査地域で農民や関係機関（役場、JA、農業改良普及所など）に対してインタビューを行なう、もしくは、農業集落カード以外の資料を用いてGIS分析結果の解釈を行なうのがよいだろう。

もう少し大きな都道府県レベルの「中」に相当するスケールの調査でGISを用いる場合は、市町村レベルで集計された既存の統計データを用いて説明するのが一般的だろう。加えて、行政機関で探し出した資料を分析したり、政策担当者へのインタビューを実施したりすることで、GISの分析結果を補完することも行なわれる。しかし、住民レベルのインタビューを実施するには調査地域の範囲が広すぎる。また、画像データが必要となる場合には、衛星データを使用することになるだろう。都道府県レベルの範囲を空中写真でカバーしようと思うと、何百枚もの写真が必要となるため現実的ではない。

そして、〈事例2〉で示したような国家レベルの「大」に相当するスケールでGIS分析を行なう場合は、人文社会系の研究ではセンサスのようなデータを用いた統計処理、自然科学系の場合はリモートセンシングなどのテクニカルな分析だけで対象とする地域の特徴を述べることになる。このスケールの研究では、ピンポイントでインタビューを実施しても、その結果は事例報告の域を脱することができず、最終的にGIS分析結果に反映させることは難しい。したがって、テクニカルな分析を緻密に行なうことにウェイトを置いたほうがよい。

GIS分析を地域調査で用いる場合には、調査対象とする空間スケールによって、インタビューを組み合わせたり、資料分析を組み合わせたり、または統計処理やリモートセンシングだけで分析したりするのである。

7　GIS分析の今後

　この研究ではGISが必須の分析ツールとして位置付けられている。もしGISを使用しなかったとしたら、3000以上の小班を森林簿のデータに対応させて分析することなど、とうてい無理であった。

　また、最初の仮説に失敗しても、GISで空間データを構築していたので、すぐに修正した仮説に対応できた。空間データの構築は大変な作業であったが、最初にデータの構築が完成すれば、その後は、属性として入力するデータを追加するだけで、フレキシブルに様々な分析に対応できる。だからといって、何度も仮説を立て直してよいというわけではないのだが、これまでは困難であった複雑な空間分析を可能とするGISは、極めて便利なツールだと感じた。

　ただし、GISは何でもできる魔法のツールではない。分析結果を解釈したり説明したりするのは、分析者自身である。特に地域調査の場合、調査の空間的スケールによってGIS分析結果の解釈方法が異なる。それは、大学における地理学の概論や概説の講義で教わるスケールの概念（調査の空間的スケールによって調査方法が異なり、また必要とされる地図や資料も異なる）と基本的に同じである（たとえば、浮田ほか 2001: 168-169）。調査スケールにあった正しい解釈ができなければ、GISはきれいな主題図を作成するだけのツールとなってしまうだろう。

　これまで、GISを用いた分析を当たり前のように説明してきたが、GISは誰もが容易に利用できるとは限らないことに注意してほしい。本研究では、アルバイト先の森林総合研究所、および所属する大学にGISのシステムが導入されていたので、それらを使用することができた。この研究を実施した1990年代後半と比べると、現在のGISソフトウェアの価格は非常に安くなっており、多くの地理学教室にGISが導入されるようになってきた。とはいえ、やはり個人で購入できる価格ではないし、すべての教育機関に導入されているわけではない。したがって、GISを活用した研究を実施しようとした場合、状況によっては必要なGISソフトウェアを持っている研究機関や研究室の協力を仰ぐことも必要であろう。

　また、GISで使用する画像データについては、高解像度の衛星データは今なお高価だが、本稿で紹介したような空中写真からつくられる正射投影写真（オルソフォト）は、1km²あたり3〜4,000円で市販されるようになっている。かならずしも対象とする地域で目的とする期間の正射投影写真（オルソフォト）が得られるわけではないが、林野庁で撮影する範囲に関しては、日本林業技術協会に問い合わせてみるとよいであろう。加えて、地方自治体の林野や土木に関係する部署では、正射投影写真（オルソフォト）を整備している場合もある。

　最後に、この研究は、現地の方々と関係機関の協力によって成しえたことは当然であるが、砂防学会のメーリングリスト、およびアルバイト先でお世話になった森林総合研究所の研究者からの情報や助言によるところも大きい。人文地理学を専攻とする私が崩壊地とか台風災害のようなテーマを扱ったこと自体が無謀であったと言われればそれまでである。しかし、専門外の問題に踏み込まなければ、その地域を描き出せないことも多い。そうした時は、積極的に学問分野の枠を超えて、他分野の専門家から意見を求めてみよう。学際的な意見の交換は、研究者にとってプラスになるだけでなく、最終的には地域の解明につながり、現地の人々にもフィードバックされる。

浮田典良・池田　碩・戸所　隆・野間晴雄・藤井　正（2001）『ジオ・パル21―地理学便利帳』海青社

この研究以降、私は学際的な研究に興味を持つようになった。現在、東南アジア大陸部の国々を中心に、山村の生業構造や森林問題についてGISやGPSといったツールを使用しながら調査を行なっている。共同調査者は地理学以外の他分野の研究者が多く、様々な分野の意見を統合しながら、そして時には対立しながら、地域を描いていくのは、非常に刺激的な仕事であると感じている。

おすすめ文献

木平勇吉・西川匡英・田中和博・龍原　哲（1998）『森林GIS入門―これからの森林管理のために』日本林業技術協会
　　森林管理にGISをどのように活かしていくべきかについて分かりやすく解説している。
佐藤郁哉（1992）『フィールドワーク―書を持って街へ出よう』新曜社
　　定性的データと定量的データ、トライアンギュレーション、概念化、仮説立証、サンプリング、調査の信頼性と妥当性など、フィールドワークのHow toを説明している。
日本林学会「森林科学」編集委員会編（2003）『森をはかる』古今書院
　　森林に関して現在行なわれている最新の調査・研究を広範囲にわたって概観できる。
倉治光一郎・保屋野初子編（2004）『緑のダム―森林・河川・水循環・防災』築地書館
　　森林がもつ機能の一つである「緑のダム」機能に対して、何が分かっていて、何が分かっていないのか知ることができる。

2-4

水野真彦　MIZUNO Masahiko

企業へのインタビューによる調査
――製造業の取引において「距離」はどんな意味があるのか？

本章でとりあげる論文

水野真彦（1997）「自動車産業の事例から見た企業間連関と近接」『地理学評論』vol.70A-6、352-369頁

　この論文は、自動車産業を事例として、企業間連関における近接の重要性について、取引と物流の両面から考察した。浅沼萬里の提起した「関係特殊的技能」という概念や、貸与図部品・承認図部品・市販品タイプの部品という分類を地理的観点から検討し、部品調達の地理的範囲の仮説を提示した。完成車メーカーや一次部品メーカーが資材や部品を調達するに際し、貸与図部品は地域レベルで、承認図部品は国内レベルで、市販品タイプの部品はグローバルなレベルで調達を行なうと考えられる。これは取引プロセスにおける相互作用の質と量、信頼や「文化的距離」の重要性、物流プロセスにおける輸送時間削減の必要性、輸送費の比率といった、取引と物流の両方の理由による。
　さらに、国際競争の激化で企業の戦略が製品の多様化から低コスト化へとシフトしていることや政治的な要因のため、近年では連関における物理的・文化的近接の重要性は相対的に低下し、連関の地理的範囲は徐々に拡大しつつある。

キーワード：自動車産業　企業間連関　近接　承認図部品　貸与図部品

水野真彦
1971年大阪府生まれ。京都大学大学院文学研究科博士課程修了、博士（文学）。現在、大阪府立大学大学院人間社会学研究科教員。専門は経済地理学。論文に「イノベーションの地理学の動向と課題」『経済地理学年報』vol.51-3、2006年、「企業間ネットワークにおける技術的イノベーションと地理的近接との関係」『地理学評論』vol.77-13、2004年、「企業間ネットワークから生まれるイノベーションと距離」『人文地理』vol.53-1、2001年、など。
mizuno@hs.osakafu-u.ac.jp

Schoenberger, Erica (1987) Technological and organizational change in automobile production: spatial implications, *Regional Studies*, vol.21-3, pp.199-214.

1　シェーンバーガー論文との出会いから

　私は日本の機械産業の地理的な集積に関心があり、関連する論文を読みあさるなかで、アメリカのシェーンバーガーという研究者の論文に興味を持った（Schoenberger 1987）。実際のところ、当時の指導教員に「もっと英語論文を読め」と言われてい

やいや（？）読み始めたなかで見つけたものであるが、読んでみると非常に面白く惹きつけられた。それはアメリカの自動車産業を事例にした論文で、そこでシェーンバーガーは、企業の競争戦略の転換が生産や技術の性質を変え、さらにそれが空間的再集中をもたらすと述べている。つまり、消費者の好みが多様化し、流行のサイクルが短くなると、市場の変化に柔軟に素速く対応し生産することが競争戦略として重要になる。そうすると開発から組立までの調整を緊密かつ柔軟に行なう必要がある。そのためには、開発から試作、生産立ち上げから実際の製造、物流において、企業内の組織（例えば開発部門と生産部門）や企業と企業（例えば完成車メーカーと部品サプライヤー）が空間的に近接していることが重要となる。わかりやすく単純化すると以上のような議論になる。当時の私はこの論文にハマってしまって、こういう視点・ロジックはまさに日本の機械産業の特徴を地理的視点から述べたものなのではないか、日本においてこそこういう視点が必要なのではないかと考えるようになった。

　学部生などが研究を始めようとする時は、ひとつのやり方として、自分が一番興味を持った論文のスタイルをまねてみたり、その議論を他の事例で検討してみるというやり方が取りかかりやすいのではないかと思う。

　そのシェーンバーガーが企業へのインタビュー調査について論文を書いている（Schoenberger 1991）。彼女の研究にハマってしまった当時の私には、それは格好のテキストとなった。もちろんこの論文も読んでいただきたいのだが、これはアメリカの学会誌であり、どこにでもあるわけではないので、それを紹介しながら私自身が行なった調査の経験を述べたい。ただし、私自身がシェーンバーガー論文に書かれているような理想的な調査ができたというわけではない。実際にはそううまくいくものではなく、だからこそ私の経験について述べることに意味があると考える。

Schoenberger, Erica (1991) The corporate interview as a research method in economic geography, *Professional Geographer*, vol.43-2, pp.180-189.

2　なぜ企業インタビューを用いるか

　シェーンバーガーによると、企業へのインタビューの目的は、その企業のたどってきた歴史と状況に照らして、企業の競争戦略や市場との関係、生産方式、労使関係、競争相手の戦略などといった文脈のなかで、企業の行動を理解することにある。

　別の言い方をすると、インタビューによって企業の意思決定の背後にある戦略の論理に切りこむことができる。経済理論のテキストで想定するような完全競争[★1]であれば企業の戦略の入り込む余地はないが、現実の世界では多くの場合は完全競争ではなく、製品の種類、マーケットの位置づけ、価格設定などの戦略、生産のプロセス、技術や組織、そして立地などが重要な問題となる。戦略は生産のプロセスに影響を与え、さらにそれは立地の選択肢にも影響を与える。逆に、現在ある立地が生産のプロセスに影響を与え、それによって戦略が限定されてしまうこともあるだろう。そうした選択はお互いに関連し、「あちらを立てればこちらが立たず」のトレード・オフの関係にあることも多い。戦略や組織、技術などの非地理的要素と、立地場所や企業間の近接などの地理的要素は、どちらかがどちらかを決定するというわけではなく、お互いがお互いに影響を与える関係にある（**図1**）。それらの関係を捉えることができるのが企業へのインタビューという方法の利点であるとシェーンバーガーは述べている。

　特に、経済的社会的な変化が激しく、既存のカテゴリーや理論でうまく説明がで

★1　完全競争とは、①価格は市場によって決まり、企業は自分で価格を決める力を持たない。②商品は均質であり差別化は存在しない。③売り手、買い手の数が多く、かつ参入・退出は自由である。④買い手は商品についての完全な知識を持っている。
上記のような前提を満たす状況。

きないような状況でこそ、企業へのインタビューの価値は高まる。シェーンバーガーが調査の対象としたのは、日本の自動車メーカーがアメリカに現地工場を設立し、ジャスト・イン・タイム方式などいわゆる「日本的生産システム」によって効率的で柔軟な生産を始めた時期のアメリカ自動車産業であり、まさにこれに当てはまる。新産業、新技術、新しい産業組織が次々生まれ、国際競争が激化する現在はそういう時代であるとも言えよう。

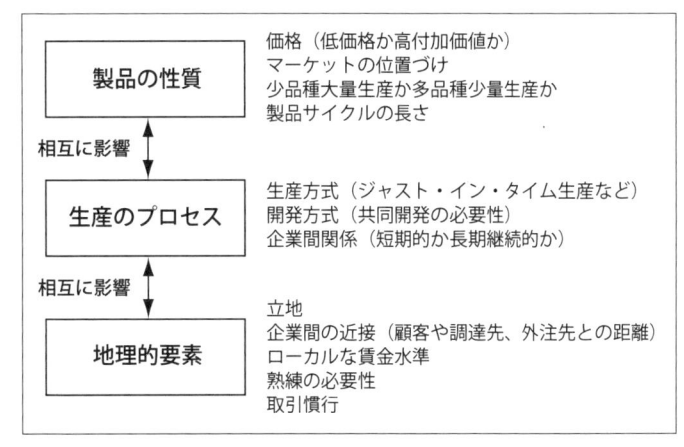

```
┌─────────────┐    価格（低価格か高付加価値か）
│  製品の性質  │    マーケットの位置づけ
└─────────────┘    少品種大量生産か多品種少量生産か
      ↕ 相互に影響   製品サイクルの長さ
┌─────────────┐    生産方式（ジャスト・イン・タイム生産など）
│ 生産のプロセス │   開発方式（共同開発の必要性）
└─────────────┘    企業間関係（短期的か長期継続的か）
      ↕ 相互に影響
┌─────────────┐    立地
│  地理的要素  │    企業間の近接（顧客や調達先、外注先との距離）
└─────────────┘    ローカルな賃金水準
                   熟練の必要性
                   取引慣行
```

図1　企業戦略のロジック

　また、シェーンバーガーがインタビューの優位性を主張するもう一つの理由は、言葉の意味という問題と関連する。同じ言葉でも、質問者と回答者ではそれが意味するところは異なる可能性がある。例えば、「成功した投資」という言い方一つとっても、典型的なアメリカの企業にとっては一定の利益率を生み出したものを指すが、ドイツ企業ではキャッシュフローを得られたか（現金を稼ぎ出したか）、日本企業では市場シェアを達成できたかで判断する。インタビューを用いれば、お互いの対話により言葉の解釈の違いを擦り合わせ、返答の妥当性、正確さを高めることができる。さらに、質問者と回答者の解釈の違いそれ自体が興味深い考察の材料ともなりうるのである。

　一方で、インタビューは、回答者が自らの経験をどう解釈するかに依存する。そういう点ではフィルターがかかることは避けられない。しかし、結局のところ回答者である企業の意思決定者は、自らの解釈に基づいて実際の意思決定（高度の決定であれ日常的な決定であれ）を行なうのであり、その解釈もまたそれ自体が価値を持つ。具体的な例で言えば、企業の調達担当者がそれまでの調達業務に携わった経験から「調達先は近い方がいい」と認識しているならば、実際に近いことが効率性をもたらす客観的メリットがあるかどうかは別にして、それは企業の行動に影響を与える可能性がある、ということである。

　企業の意思決定者が経験をどのように解釈し、どのような状況でどのような意思決定を行なうのか。私の研究でいえば、意思決定者が地理的要素をどのように捉えて戦略を立てているのか、その結果が地理的にどのように反映されるのか。逆に、地理的要素が戦略にいかに影響を与えるのか。企業インタビューを用いることにより、企業のこうした問題を考察することが可能になる。

3　アポをとるまで

　まずは、インタビューにおいて何を聞きたいかをはっきりさせなければならない。極端な話、企業の受付を訪ねて、「何でもいいから教えて下さい」と言われても相手は迷惑なだけである。当然、研究の目的というものがなくてはならない。例えば「○○地域の××産業についての研究が不足している」というのも重要な目的の一つであろうが、それだけでは読み手へのアピールが足りない。研究の意義を明確に示せるような目的があれば評価は高くなるだろう。

その目的を探すためには関連する論文に数多くあたる必要があるのではないだろうか。実際には、インタビューを進めていくなかで新たな発見があり、研究の結論は変わってゆくものだが、最初の目的が不明確では新たな発見にさえたどりつかない可能性もある。ただし、ずっと論文を読んでいるだけでは自分のオリジナルの調査はいつまでもできない。ある程度研究の目的が見えてきたらどこかで踏ん切りをつけて調査に着手しないといけない。

私の場合、先述のシェーンバーガー論文（Schoenberger 1987）を日本の文脈、日本の事例で検証したいという目的を立てた。つまり、企業戦略と生産の組織、そしてその空間的なあり方の関係を、日本の機械産業の事例で考察しようと考えた。

次に、研究目的から導き出される大きな質問を一つ決める。私の場合「企業と取引相手との距離は、どのような場面でどのような意味を持つか？」であった。これをさらに小さな質問に分ける。「実際の部品調達先の地理的分布はどのようになっているか？」、「製品開発のプロセスにおいて相手との近接はどのように意味があるか？」、「生産段階で部品調達に必要な物流プロセスにおいて相手との距離はどのように問題となるか？」、「最近の戦略の変化（製品サイクルの変化、部品の共通化、部品の内製化、低コスト化への要求など）がそうした近接の重要性に影響を与えているか？」などといった質問である。実際のインタビューの場面で具体的にどういう聞き方をするかは、相手企業によって変える必要があるし、相手の返答によっても柔軟に対応する必要があるが、この時点では大まかな質問項目を決めておく。

次に、調査の対象となる企業を探し、その企業について下調べをしなくてはならない。インタビュー前にその企業と業界、そして業界で使用されている用語をよく知っておくことが重要であると、前述のシェーンバーガーは述べている。相手は調査者がよく知っているとわかればより詳しくオープンに答えてくれる。そしてインタビューで得られた情報が正確か、妥当かを判断する材料になる。そのためには、業界名鑑、業界新聞、有価証券報告書、シンクタンクの出すレポートなどの調査から始めた。所属大学の図書館はもとより、大阪・北浜の証券広報センターで有価証券報告書や新聞スクラップをコピーしたり、パソコン通信で新聞記事データベースを検索するなどの方法を用いた。現在ならインターネットでかなりの情報が検索できるようになっているので、このあたりはより効率的になっているだろう。例えば、上場会社の有価証券報告書は、現在インターネット上のEDINET★2によってPDF形式でダウンロードできる。

★2 https://info.edinet.go.jp/

私は、比較的規模の大きな企業、上場企業を対象としていたため、上記のような方法で探すことができたが、特定地域の中小企業を対象とする場合などは業界団体などを訪ね、そこで紹介してもらうといった方法もある。

こうして、対象として適当な企業をピックアップし、候補が決まったらインタビューの依頼文を作成する。まずは、自分の身分、専攻、どういう文脈から相手に興味を持ちインタビューの依頼に至ったかなどを簡潔に述べ、その後でおおよその質問内容を記す。私の場合は、経済地理を専攻し、経済活動において空間的・地理的要素の意義について興味を持っていることを書き、先に述べたような質問項目を挙げた。

依頼文の形式についてはビジネス向けの手紙の書き方のハウツー本を買って一から学んだ。冒頭が「拝啓　貴社ますますご清栄のこととお慶び申し上げます」で始まり、最後は「敬具」で締める。相手先の企業は「御社」「貴社」と書く、などなど……。私が当時作成した依頼文を参考のため載せておく（図2）。今となって見る

と非常に恥ずかしいし、模範例では決してないことはお断りしておきたい。ともかく、このような依頼文でインタビューを受け入れてくれる企業があったことは確かであり、いかにも学生らしい文面がかえって先方の警戒心を解いた効果があったのかもしれない（単に、未熟な学生だからと大目に見てくれた、というのが実情だろうが……）。

こうして作成した依頼文は、広報部がある会社では広報部に、ない会社では総務部に郵送するか、電話した後FAXで送った。電子メールによる依頼は大量のメール群に埋もれて無視されてしまう可能性もあるようだ（最近では変わってきているのかもしれないが）。相手方に届いたからといってインタビューに応じてくれるわけではなく、様々な理由で断られることもある。特に肩書もコネもない状態からの依頼の場合では無理もない。電話をかけて依頼を伝えると相手から「折り返しお電話いたします」と言われ、ずっと電話の前で待っていたが（当時は携帯電話がなかった）、本当に「折り返し」で電話が返ってきたことはほとんどなかった。忙しいのだろうと思いながら恐る恐るもう一度電話し「先ほど電話いたしました件ですけど」と聞いてみると「そのような電話は受けていません」と言われることもあった。きちんと断られる場合は、企業秘密に関わることなので、といった理由が多かった。こちらが一方的に協力をお願いするわけだから仕方がないと考えよう。断られることを覚悟してインタビュー相手の候補はたくさん用意しておいた方がいいだろう。もちろん、コネや紹介があればそれを活用した方がいいことは言うまでもない。

```
                                                    199X 年 X 月 X 日
 （株）○×御中
                                    ○×大学大学院○△研究科地理学専攻
                                         修士課程　　水野真彦
    拝啓
    貴社ますますご清栄のこととお慶び申し上げます。突然の手紙を差し出す失
  礼をお許し下さい。
    私は○×大学大学院で地理学を専攻し、機械工業の生産システムの地域的展
  開について研究を進めております水野と申します。
    今日、日本の機械メーカーは生産コストの低下を目的として世界中から最も
  安い部品を調達する傾向にあり、組立と部品メーカーとの距離は重要にならな
  くなっているといわれておりますが、その一方では、最近の製品多様化により、
  部品メーカーと組立メーカーの間の情報交換や在庫削減等のため両者の近接、
  地域的な集積が有利になるとも聞いております。
    しかしこれらは本や論文などで仕入れた知識でありまして、実際のメーカー
  の現場では、資材・部品メーカーとの距離がどの程度重要になるのか、という
  点について、貴社の機械事業部の方にお話をお伺いしたく思い、ここにお手紙
  をお出しした次第です。
    具体的なお話をお聞きしたいのは以下の諸点です。
    １．部品調達先との距離はどのように重要になるか。それは外注品か一般購
        入品か、承認図か貸与図によって、どのように異なるか。
    ２．海外からの調達の進展度と、その利点、その進展の障害となるものは何か。
    ３．内製化の進展度と、その利点、その進展の障害となるものは何か。
    ４．部品の共通化・標準化の進展度と、それが外注に及ぼす影響。
    ５．開発段階での資材・部品メーカーとの共同開発の有無。
        拝見させていただきたいデータは以下の通りです。
    １．購入資材・部品（特注品でないもの）の調達先の場所（都道府県・市町
        村名、国名）
    ２．外注部品の調達先の場所（都道府県・市町村名、国名）
    ３．近年の資材・部品海外調達率の推移
    つきましては、X 月 Y 日の午後 X 時頃にこちらからお電話させていただき
  ますので、ご都合をお聞かせ下さい。
    なお、教えていただいたことはあくまで研究論文作成のためにのみ使用し、
  決して貴社にご迷惑をおかけするようなことはいたしません。
    ご多用中のところ勝手なお願いで申し訳ありませんが、何とぞよろしくご協
  力のほどお願い申し上げます。
                                                          敬具
  自　宅：〒123-4567 ○×府○×市○× 12-34
          TEL 012-345-6789（FAX 兼用）　E-MAIL: XXXXXXX@abcde.or.jp
  研究室：〒111-1111 ○△市○□区×△　○×大学○△学部地理学研究室
          TEL 0123-45-6789
```

図2　企業へのインタビューの依頼文

4　インタビューの実際

依頼から相手の承諾を得るまでは大変しんどいが、インタビューに応じてくれた企業は大抵親切に対応していただける。その親切を裏切らないためにも、約束の時

間は必ず守り、時間より少し前に受付を訪ねて待機しているようにしたい。

実際のインタビューの手順としては、まず自己紹介と名刺交換をして、回答してもらう相手の所属部署（生産管理部門、調達部門、総務・広報部門など）や立場などを確認しておく。様々な部門の担当者にインタビューするのが理想だが、それは相手企業の協力がないと難しい。私の場合は、総務部の方に対応者をアレンジしていただいたが、調達部門と生産部門から一人ずつ、管理職クラスと現場の方、といった組み合わせが多かった（後で論文にする場合、どの部門の担当者に聞いたかを書いておくとよいだろう）。名刺交換は、インタビュー終了後に聞き落としたことを尋ねる場合などに必要なので、必ず自分の名刺を作成してインタビューにのぞむべきだろう。

次に、その会社についての一般的情報、つまりどのような製品を生産していて、どこに工場を立地させているか、どのようなものを外注しているか、市場では他企業とどのような点（価格、品質、スピード等）で競争になるか、などを説明していただいた。もちろん事前に下調べはしておくのだが、それが正しいかの確認と、下調べでは分からない情報を得るためである。

その後で、本題の質問に入る。質問に際しては、「空間的」や「生産組織」といった抽象的であったり様々な意味で用いられるような概念をそのまま使うのは避けて、現場で使う具体的な用語に言い換えて使うべきだろう。逆に自分が知らない用語を相手が使った場合はすぐにその意味を説明してもらう。おおよそは前もって決めた質問を順番にしてゆくが、臨機応変に話の文脈に応じた質問をすることも必要だろう。

一般化できるかどうかは分からないが、うまくいっていることを聞くよりもうまくいかないことについて聞いた方が興味深い話が聞けるように思う。私の場合、資材・部品の海外調達についてそのことを感じた。当時は円高と日米貿易摩擦が問題となっていたころで、機械産業全体として海外調達を増やす努力をしていた。しかし、現実には円高だからといって海外メーカーからの部品の輸入を急激に増やしたという企業は必ずしも多くなかった。その理由を聞くと、一つは品質、特に品質の「安定度」だという。「品質」というものに対する考え方の違い、とも言える。また、海外メーカーとの取引の場合、契約や図面・仕様の明確化が必要となることに言及する企業もあった。こうしたことは別の論文として発表した（水野1997b）。このように、問題を解決しようと模索しているプロセスをみた方が、模範的成功事例の良い点ばかりを語るよりも興味深いのではないだろうか。それは製造企業における生産の話に限らず、例えばまちづくりや有機農業の話などでも同じではないかと思うがどうだろう。

また、こちらが前もって用意しておいた仮説を率直に相手に話すこともよいかもしれない。その仮説の妥当性について助言をくれたり、新たな視点へのヒントを与えてくれる。私の論文の主旨の一つに、部品の種類によって企業間の距離の意義が異なることを示したことがあるが、それはインタビューに協力していただいた自動車メーカーの方との対話のなかで固まっていったものだ。

新聞記事などのスクラップがある場合はそのコピーを持参し相手にその真偽を訪ねるのもよい。新聞記者は取材したことを記事にしやすいように大げさに書くことも多いらしく、その裏話や実情なども教えてもらえるし、そこから新たなネタが得られることもある。私の経験したなかでは次のような例がある。インタビュー先の企業が部品の海外調達を増加させている、という記事のコピーを持参し、「これは

水野真彦（1997b）「機械メーカーと部品サプライヤーとの取引関係とその変化」『人文地理』vol.49-6、1-21頁

本当ですか？」と尋ねた。それに対し、「いや、実際は数パーセント増やした程度で微々たるものですよ。むしろ海外企業から提示された値段を国内企業に提示し、値引き交渉の材料とする意味の方が大きいです」と回答した企業もある（ちなみに、本論文でとりあげた企業ではない）。

難しいのは数字などのデータを入手することだろう。定量化できるデータを入手できれば、そしてそれがより詳しいものであれば、論文の説得力は増す。しかし、企業側としても企業秘密があったりいちいち数字化する作業がかかるなどの事情があり、そのようなデータが得られるとは限らない。明確な数字が得られなければ、おおよその数字（例えば「何パーセントぐらい」や「平均して週に何回ぐらい」など）でも聞いておきたい。正確性と説得力は落ちるがやむをえない。こうしたことは交渉次第という他はない。私の場合、取引先の所在地ごとの分布のデータが欲しかったが、企業の側では、取引先の所在地によって分類するという必要性がないため、正確なデータを知るには全てを一から集計しなおす必要があり大変な手間がかかる。一方で、取引先の生データは企業秘密であり見せられない、と断られたこともあった。仕方なくおおよそのパーセントで答えていただくことにせざるをえなかった。これは仕方なかったと考えているが、もしかしたら交渉が下手だったのかもしれない。

ところで前述のシェーンバーガーが、インタビューで得られた事柄の妥当性をチェックすることの重要性を強調し、様々なチェック方法を記しているので紹介したい。それは第1に、相手の説明が一般的な理論、他の資料、業界レポートなどと異なる場合、なぜその違いが生じるのかを聞くこと。第2に、他の文脈からの説明をしてもらうこと。例えば、立地の意思決定について直接に尋ねた後、市場戦略、生産技術、労働戦略などについて質問し、その整合性をチェックする、などである。第3に、ライバル企業にインタビューをすること、である。企業の意思決定者は業界のライバルについてよく知っているはずであり、それで返答をチェックするのに役立つ。こうした方法は実際のインタビューに参考になるのではないだろうか。

インタビューにはテープレコーダー（現在ならICレコーダーだろうか）を持ち込み、許可を得た上で録音し、帰ってすぐテープ起こしをした。テープレコーダーを用いると相手が身構えてしまい、本音が聞けなくなるので使わないという人もいるようだ。これは聞きたいことがどのようなことかにもより、一つの正解はないであろう。テープレコーダーを使わない場合はその分メモを十分にとる必要がある。この場合も帰ったらすぐにメモを見直し、得られたことを整理する必要があるだろう。

インタビューが終わった直後というのは精神的に疲れる。充実感もあるので心地よい疲れ方ともいえるが、とりあえずゆっくりしたくなるものだ。しかし、調査を文字化するというのは直後でないとできないし、疑問があれば早いうちに電話で確認しなければならない。

最後に、調査に協力していただく企業への「手みやげ」であるが、用意した方が無難だろうと思う。私の場合、最初にインタビューに行った業界団体で土産の受け取りを断られたため、その後の企業にも持参しなかった。しかし、その後他の研究者仲間に聞くと持参している人が多いようで、それ以降は私も持参するようにしている。なるべく賞味期限が長く、軽く荷物にならないような洋菓子類がいいのではないだろうか。

5 | 論文にするには

　インタビュー調査は、統計類や大量に郵送するアンケートなどと比べて一般性や客観性などに限界があることは認識する必要がある。できるだけ多くの企業、担当者にインタビューするに越したことはないが、特に個人で行なう研究の場合はインタビュー量には限界がある。聞く必要がある事柄であっても、時間を割いて質問に答えてくれるかは相手次第である。また、インタビューには、聞き手側の主観と答え手側の主観がどうしても入り込む。それらを承知でインタビューという方法を用いるからには、インタビューでしか得られないような、質的に充実した成果を得られるようにしたいものである。そのためにはしっかりとした地道な準備と、どこかで踏ん切りをつけて企業に飛び込む思い切りの両方が必要になる。

　さらに、その質的な充実とは何か、というのも難しい問題ではある。例えば、個々の企業のエピソードをどう評価するか。地域産業の研究において、どこどこの地域のある企業ではこういうことをやって成功している、といったようなエピソードは口頭発表などでは聞き手を惹きつける力を持つ。しかし、そうした個々の企業の断片的エピソードで地域産業の姿をどこまで語ることができるだろうか。地域の企業の成功談はどのような意味を持つのか。こうした問題は常に頭に入れておく必要がある。エピソードの面白さと研究の面白さは区別しなければならないだろう。

　企業の実態を調査し記述することは言うまでもなく重要なことではあるが、やはり読み手にアピールするには工夫が必要である。例えば地理学の論文を書くのであれば、どういうロジックが現実の生産活動に働いているのか、それに地理あるいは空間というものがどのような意味を持つのか、それをうまく明示的に述べることができればその論文の面白さが増す、と私は思う。そのために必要なことの一つは、インタビューの結果得られたものをうまく説明してくれる概念を探す、あるいは作り出すことではないか。要するに、インタビューで聞いた話を羅列するよりも、それがなぜそうなのか、それは何を意味するのか、それが自分の問題意識とどう関連するのか、ということが読み手に分かるようにするためには、それらの間をつなぐ役割を果たす概念が必要になる、ということである。ここで再び文献を読んだ量と質がものをいうことになる。

　私の経験で言うと、当初は「こういうような感じの概念を使えばうまく説明できるのではないか」という着想はあったが、それは曖昧で不明確であった。それがインタビューにおいて企業の担当者との対話を行なううちに、なんとか仮説という形までもっていくことができた。経営学者の野中郁次郎氏らは、言葉に表せないような知識を、明確なコンセプトや仮説という形に表すためには、対話というものが有効であると論じている（野中・竹内1996）。対話の中からアイデアを固めてゆくことができるというのは、インタビューの利点の一つかもしれない（これは今になって振り返ってみると分かることで、当時はインタビューするのが精一杯で対話の意義なんて考えてもみなかったが……）。

　言ってみれば、論文というものは、これまで蓄積されてきた研究の成果と、論文執筆者のアイデアと、インタビューに答えてくれる企業担当者の方の経験や知識と、その3つがうまく組み合わさって初めて出来上がるものではないだろうか。その意味でも、企業の方は実質的な見返りもないのに協力してくださるわけだから感謝を

野中郁次郎・竹内弘高（1996）『知識創造企業』梅本勝博訳、東洋経済新報社

忘れないようにしたい。

　実際に論文執筆にあたって必要なことがもう一つある。それは、記述を絞り込むことである。苦労して聞き取ったことは雑談も含めて全て書きたくなる気持ちは誰でも同じだと思うが、あまり雑多な情報を詰め込みすぎると論旨が散漫になる恐れがある。言いたいことを明確にするためには、論旨と直接関連しない事柄は脚注に入れるか、思い切って省くといったことも必要だと思う。

　私の場合、論文を雑誌に投稿した際にレフェリーの方から、インタビューした1社分の記述をまるごと削除するように勧められた。その時は「せっかくインタビューしたのにもったいない」と思ったが、後で読んでみると、インタビューに行きました、という「アリバイ作り」のための記述でしかなく、論文の主旨を補強する材料として貢献していないことが明らかだった。

　なお、論文執筆上でのより細かい話をすれば、何年何月に行なったインタビュー調査を基にしているかは明記する必要がある。また、相手の語り（つまり話した言葉）をそのまま（あるいはそのままに近い形で）引用するという方法を用いた産業地理学の論文も最近では目にする（例えば、湯澤2002；立見2004）。この方法を私自身は使っていないが、話し手のそのままの言葉を伝えることでそのニュアンスを伝え、かつ透明性が増すという利点がある。ただし、ページ数制限のある論文では、全ての語りをそのまま記述するわけにもいかないし、比較的単純な事実を述べるだけの場合にも全て語りを引用していては冗長になってしまうだろう。そのあたりは場合に応じて書き方を考えたい。

湯澤規子（2002）「結城紬生産に見る家族経営とその変化―機屋の女性三代のライフヒストリーからの考察」『人文地理』vol.54-2、23-47頁

立見淳哉（2004）「産業集積の動態と関係性資産―児島アパレル産地の『生産の世界』」『地理学評論』vol.77-4、159-182頁

おすすめ文献

松原　宏「工業地理学のフィールドワーク」須藤健一編『フィールドワークを歩く』嵯峨野書院、356-364頁
> 英語で書かれたものなら前述のシェーンバーガーのものが参考になると思うが、日本語で読める地理学における企業調査の技法解説としてはこれを薦めたい。地域の工場群調査のノウハウを詳しく解説してあり、入門としては最適だろう。

小池和夫『聞き取りの作法』東洋経済新聞社

小池和夫・洞口治夫『経営学のフィールドリサーチ　現場の達人の実践的調査手法』日本経済新聞社
> 経営学の分野の小池和夫、藤本隆宏、三品和広、佐藤郁哉など、まさに「現場の達人」たちが自らの調査手法を語っており、お手本として非常に参考になる。ただし、あまり「達人」の姿ばかり追いかけていると、特に研究を始めたばかりの学生だと「私にはこんな調査は無理だ」とあきらめたり自信をなくしたりする恐れもないとは言えない。現実には様々な制約があるのだから、現時点で自分ができるだけのことをすればいい、という開き直りも時には必要かもしれない。

伊丹敬之『創造的論文の書き方』有斐閣
> 経営学者の伊丹敬之氏が、テーマの決め方から文章表現まで、研究の仕方、論文の書き方を解説している。「現実と理論の往復運動」「論文の幹は一つ」「人はリニアー（線的）にしか読めない」「舞台裏を見せるな」など印象的な表現で論文作成のコツを説明している。

2-5 ライフヒストリーによる地域調査
―「語り+α」から暮らしを分析する

湯澤規子　YUZAWA Noriko

湯澤規子
1974年大阪府生まれ。筑波大学博士課程歴史・人類学研究科単位取得退学、博士（文学）。現在、法政大学人間環境学部教員。専門は歴史地理学、農村社会学。著書に『在来産業と家族の地域史―ライフヒストリーからみた小規模家族経営と結城紬生産―』古今書院、2009年、論文に「結城紬生産にみる家族経営とその変化」『人文地理』vol.54、2002年、「結城紬生産地域における家族内分業の役割」『地理学評論』vol.74、2001年、など。
yuzawa.noriko@hosei.ac.jp

本章でとりあげる論文

湯澤規子（2001）「結城紬生産地域における家族内分業の役割―織り手のライフヒストリーからの考察」『地理学評論』vol.74A-5、239-263頁

　この論文は結城紬生産地域を事例とし、機屋の家族内分業が実際にどのように行なわれ、それが結城紬生産を維持するメカニズムとしてどのような意味をもっていたのかを明らかにしたものである。家族内分業を明らかにするために、家事・育児を含めた暮らし全体を家族構成員一人ひとりの特性把握にもとづき長期的・動態的に検討することを試みたが、その研究手法として、この論文では個人と家族のライフヒストリーを分析することを提示した。この論文におけるライフヒストリーは、聞き取り調査による口述史だけでなく、織り手が所持する紬の切端から引き出される記憶、紬生産に関する記録を合わせて検討することによって構成されている。
　ライフヒストリーを分析した結果、家族と地域、産業との相互関係は従来考えられてきた以上に複雑であり、家族内部の状況が生産地域に影響を与える要因となりうることが明らかになった。具体的には①生産現場では、「織り」、「絣括り」、「下拵え」という3つの生産工程が存在し、主に女性が「織り」、男性が「絣括り」、高齢の女性が「下拵え」を担当しており、結城紬の生産維持にかかわる家族労働力構成は、年齢や性別など各家族構成員の多様な条件が柔軟に組み合わされ分業が成立していることにその特徴があること、②家族構成員数の周期的な律動や、農業・紬生産・その他の就業・家事や育児などを含めた労働力需要の変動によって、家族労働力構成は質、量ともに変化し、それが紬の生産効率を規定する一要因となっていることが明らかになった。

キーワード：家族内分業　家族労働力　ライフヒストリー

1 「語り」の中に凝縮されていたもの

　歴史書や地図、統計資料以外にも地域の歴史をひもとく鍵があると感じたのは、今から十数年前、埼玉県秩父地域のある集落で一人のおばあさんに出会ったことがきっかけだった。当時、大学生だった私は、歴史地理学教室で実施される秩父地域をフィールドとした調査実習に参加し、秩父織物を調査研究していた先輩に導かれて、生まれて初めての本格的な「聞き取り調査」を経験した。戦後生まれで、高度経済成長期の実体験もない、おまけに新興住宅地育ちだった私にとって、地域の文化や産業を担ってきた人々の生きてきた足跡をたどることは新鮮な体験であった。フィールドワークとして読図や景観観察、図書館・資料館での資料収集など、先輩のやることを"見よう見まね"でやっていく中で、私にとって一番難しく、印象的で、そして何より楽しかったのは「聞き取り調査」であった。秩父で織物を織ってきたおばあさんが語る昔語りに、私はたちまち引き込まれてしまった。

　手織り、機械織り、工場への勤務、寝具生産の内職など、彼女が経験してきた職業を聞きながら、私は彼女の人生はまるで秩父織物業変遷史の縮図のようだと感じた。さらに、その語りの中には私が事前に勉強してきた文献のどこにものっていないような生き生きとしたエピソードがたくさん散りばめられており、そのことに私は胸が高鳴る思いだったことを覚えている。いつしか私は、このきらめく宝石のようなエピソードをレポートに書いてみたいと思い始めていたが、当時はまだ、その具体的な方法を見つけることができなかった。

　この経験がきっかけとなり、私は卒業論文では織物業に従事する女性たち、そしてその家族の足跡を集めて地域を描いてみたいと思うようになった。できるだけ多くフィールドに足を運べるようにと、私は大学から無理なく通えるフィールドであるという単純な理由から結城紬(ゆうきつむぎ)生産地域を選んだ。結城紬生産地域が秩父織物生産地域とはまた異なる特徴を有していることや、地域像を描くために織り手やその家族への聞き取り調査がかなり重要な意味をもっている地域であることは、この頃の私はまだ気づいていなかった。しかし、結城紬生産地域についての調査を進める中で、喜怒哀楽を含めて語られるさまざま昔語りを、地域を描く素材の一つにしたいという気持ちはますます強くなっていった。

2 「表面ではなく」

　冒頭に挙げた論文は、私の修士論文の骨子をまとめたものであるが、調査の始まりは卒業論文にさかのぼる。そこで以下では、卒業論文と修士論文に取り組んだプロセスを紹介しながら、私がこの調査手法を選んだ理由や直面した問題について触れることにする。

　結城紬生産地域を調査し始めて間もない頃、私にとって忘れられない出来事があった。今でも私は、結城紬に関わる一連の調査の原点はこの出来事にあったと思っている。私はまず、基礎的データを収集しようと簡単な質問項目を用意して集落を回って聞き取り調査を進めていたが、ある一軒の機屋(はたや)の玄関先で質問を始めた時「表面ではなく、もっと深く理解してほしい」とその家のご主人に言われた。私

が用意していた質問は生産反数や労働力数、機の種類や生産品種のことなどであったが、それは表面に過ぎず、機屋の抱えている問題はもっと深いところにあるのだという……。

　私が結城を歩き始めた頃、すでに紬生産はピークを過ぎて縮小に向かっており、地域全体としても、かつての活気が失われつつあった。進んで話をして下さる方ばかりではないだろうという不安から、私は本質的な問題からは目を背けて、まずは当たり障りのない話を聞いて歩いていたような気がする。だから「表面ではなく……」と言われた時に、私は自分の心を見透かされたような気がしてドキリとしたし、また、地域の人々の懐に思い切って飛び込むことを躊躇していた自分を恥ずかしく思った。そしてその言葉は私にとって、地域の人々の懐に飛び込んでもいいんだ、というメッセージのようにも聞こえた。

　その後「玄関先ではなく座敷で」と勧められて聞いた話は、私の用意していた調査票の範囲を超えて展開し、私は調査票を忘れてその話に聞き入った。ご主人は「よくここ（生産現場）まで来てくれた」とも言った。今まで問屋の話を聞きに来る人は比較的多くても、実際に生産している現場の人々の話まではそれほど詳しく聞きに来た人はいないということであった。この貴重な体験により、私は表面をなぞるだけではない聞き取り調査をしなければならないと考えるようになり、その具体的な方法を模索し始めた。

3　研究手法としての聞き取り調査とライフヒストリー

　意気込みだけはあっても、さて実際に「表面をなぞるだけではない聞き取り調査」とは何なのか、どうすればそれができるのかを考えなければ調査は進まない。聞き取り調査にはどのようなスタイルがあるのか、利点と欠点は何かということを知るために、私は地理学だけではなく、歴史学や社会学、民俗学など隣接分野の文献を集めながら悶々とした。その結果、私は大事なポイントは次の2点にあるという結論に至った。それはすなわち、①アンケート形式の項目羅列型の調査票に頼りすぎないこと、②聞き取り調査が単なる個別事例に終始してしまわないように工夫することの2点である。

　①は大正から昭和初年の農村生活を描いた東（1989）の「生活も生産も、調査票のように、細かく区切られているわけではない。実際は全体がひとつになっている」という言葉によるところが大きい。私は漠然とさまざまな項目を聞いていくのではなく、一人の人生、あるいは一家族の足跡を一本の幹として、そこから枝葉を伸ばすように話を聞いていくことにした。個人の人生や家族の歴史を軸に話を聞いていくと、暮らしの営みの一環として紬生産が位置づけられていることや、一人の織り手は紬の生産者であると同時に娘であり、母であり、妻であり、嫁でもあるということが実感された。これはごく当たり前の事実とも言えるが、「紬生産」を軸に話を聞いていくだけでは見えてこない事実であった。後に、私は暮らし全体をトータルに捉えた時に見えてくる紬生産の位置づけこそが、結城紬生産における最大の特徴であり、紬生産維持のメカニズムであるという結論に至るが、その着想はこのような聞き取り調査の過程で得られたものであった。私は聞き取り調査で集めた暮らしのトータルな姿と結城紬生産の位置づけを、ライフヒストリーという言葉でまとめることにした。

東　敏雄（1989）『大正から昭和初年の農民像』〈叢書聞きがたり農村史Ⅰ〉御茶の水書房

②は聞き取り調査を主軸に据えたライフヒストリー研究の蓄積が比較的多い社会学において、個別事例を用いる欠点として議論されていたことである。私は個別事例の迫力やリアリティに頼るだけでは、地理学において地域像を描くことにはつながらないと思っていた。私はこの課題を考える際にしばしば「ライフヒストリーを書くのか」、「ライフヒストリーで書くのか」ということを考えた。つまり、ライフヒストリーは「目的」なのか「手段」なのか、ということである。結論から言えば、私にとってライフヒストリーは地域を描く手段であると考えることにした。聞き取り調査が単なる個別事例の紹介に終始してしまうのは、ライフヒストリーそのものを目的とした場合であり、そのような蓄積は比較的多い。しかし、個別事例を事例紹介にとどめない工夫については、隣接諸分野のいずれも模索中であり、これといった答えは見つからなかった。

　「灯台もと暗し」という言葉どおり、②の答えは意外にも地理学におけるオーソドックスな研究手法に立ち返ったところで見つかった。人々が生きた舞台として、集落という枠組みを重視して調査を進め、その中に生きた一人の人物、あるいは家族の「語り」を位置づけながら収集するというのがその答えである。後に詳しく触れるが、集落という枠組みなら地理学が伝統的に扱ってきたさまざまな史料を活用できると考えたからである。

　私は話者の昔語りを聞きつつ、時に視点を集落というスケールに戻し、時に結城紬生産地域全体というスケールに戻しながら、あるいは明治・大正期の近代化や高度経済成長期という時代の画期に目配りをしながら聞き取り調査を進めるように心がけた。市町村統計や組合統計から見えてくる紬生産の動向と、聞き取り調査から得られた事実は一致するのか否か。既往の研究によって指摘されてきたことに再解釈は加えられないだろうか。私は話者の語りやそこから紡ぎ出される人生を地域や時代の中でどのように意味づけることができるのかということを、常に頭の片隅に置きながら話を聞くようにした。地理学におけるスケールの考え方については浮田（1970）によるところが大きい。また、「地理学を人間の肉体に例えれば、地理学の本質は骨格であり、統計の収集やフィールドワークはそれに肉付けすることといえる。聞き取り調査はそれに血を通わせる仕事に例えられよう。したがって、骨太い骨格に、ちょうどよい肉付けができれば、美しい肉体ができあがる。聞き取り調査はそれに血を通わせ、躍動感を与える仕事であるといえる」という斎藤（1997）の言葉に多くを教えられた。

　このように私は、伝統的な手法と、自分自身で模索し始めた新しい手法を車の両輪として、まだ舗装されていないでこぼこ道を、かろうじてバランスをとりながら進んでいった。

浮田典良（1970）「地理学における地域のスケール—とくに農業地理学における」『人文地理』vol.22-4、33-47頁

斎藤　功（1997）「有意義な聞き取り調査」『地理』vol.42-4、38-43頁

4　集落調査とライフヒストリーの収集

　ここではもう少し具体的に、集落調査とライフヒストリーの収集方法について説明してみたい。フィールドに出掛ける交通手段はさまざまだが、当時の私は車ではなく、電車を利用し、駅から集落までは自転車を使った。自動車を持っていなかったという単純な理由もあったが、自転車で集落へ向かう道のりで、畑に植えられている作物を観察したり、季節ごとに変わる水田の風景を楽しんだり、集落周辺の地形を実感したりすることもまたフィールドワークだと思って張り切っていた。結城

にはレンタル自転車屋がなかったため、私は自転車屋のおじいさんに卒業論文の調査でこれから集落まで行かなければならないことなどを説明し、1日300円という好条件でようやく1台の自転車を借りることができた。これは余談だが、何度も何度も足を運んでいるうちに、貸してくれる自転車がだんだん良くなり、卒業論文が書き上がる頃には新品同様の自転車を貸してくれるようになっていた。

集落調査に入る前には事前に区長さんに挨拶しておくことが望ましいと思う。私はまず、結城市役所を通して調査対象集落の区長さんを紹介してもらった。区長さんは調査の主旨を理解してくれた上で、その旨を書いた回覧板を集落に回してくれた。時には雨に濡れながら、あるいは風に吹かれながら自転車でやって来ては集落を歩く見知らぬ大学生に集落の人々が親切だったのは、この回覧板のお陰であった。

調査効率は良いとは言えないが、私は1日に1軒、あるいは多くても午前と午後に1軒ずつしか聞き取り調査を入れないようにした。なぜなら、聞き取り調査は話が横道にそれることがしばしばであり、むしろその方が興味深い事実を得られたりするからである。時間が余れば公園のベンチに座って聞いたばかりの話をノートにまとめたり、他に何を調べるべきかを考えたりする時間に当てた。私の場合、実際にレポートを書く際には、1回の聞き取りの中で得た情報のうち2割〜3割の情報を掲載しているに過ぎないと思う。調査の効率を求めすぎると、相手にもそれが伝わってしまい、うまくいかないことが多い。このような調査の場合、特に家族内部のことを根掘り葉掘り聞くことになるので、できるだけゆったりとした時間の中で、相手にもリラックスしてもらえるように気をつけるようにした。

調査の効率を求めないとはいっても、自分の調査に必要だと思われる最低限の準備はしていくべきである。事前準備をしたからこそ、ゆったりとした聞き取り調査ができることも多い。私がこの調査に必ず持っていったものは、自作の「年表風聞き取り用紙」である（**図1**）。この用紙には横軸に年代、縦軸に家族構成員一人ひとりの名前を記入できるようになっている。横軸には結城紬生産業に関連する事項や、一般的な社会の出来事（例えば東京オリンピックの開催など）も事前に書き込んでおいた。この事前メモは話者の記憶の中で年代が曖昧であった場合や、話がとぎれた時に、話をスムーズに進めるために非常に役に立った。

この用紙を話者の前で広げながら、私は話者と一緒に家族史年表を作り上げていくという作業を繰り返した。既往の研究では結城紬生産は家族内分業で支えられていると言われてはいるものの、その実態がいまひとつ明らかにされていなかった。そのような研究状況に物足りなさを感じていた私は、話者だけではなく、その家族構成員一人ひとりのライフヒストリーを収集し、一軒の機屋の中で実際どのように紬が生産されてきたのかを調べることにした。後に、紬に関わる事項や農作業に関わる事項についての聞き取り用紙も追加し、一家族ごとにデータをまとめた。私はできるだけ話者と一緒にその場で聞き取った情報を用紙に描き込んでいくが、帰路の電車の中で録音テープを聞き返しながら、書き漏らした言葉などを赤ペンで補充するようにした。聞き取りで得た情報は「熱いうちに」文字にしておくことが重要である。

話者の人生や家族についての聞き取り調査をする上で、私が持っていく道具がもう一つある。それは「年齢・年代対照年表」である（**図2**）。これは私が聞き取り調査をする中で、あったら便利だな、と思って自分で作ってみたものである。年齢を書いた帯状の用紙（こちらには学齢期の目安を付記しておくとさらに便利）と年代を書いた帯状の用紙を用意する。話者の生年を確認した後、年齢年表の帯に書かれ

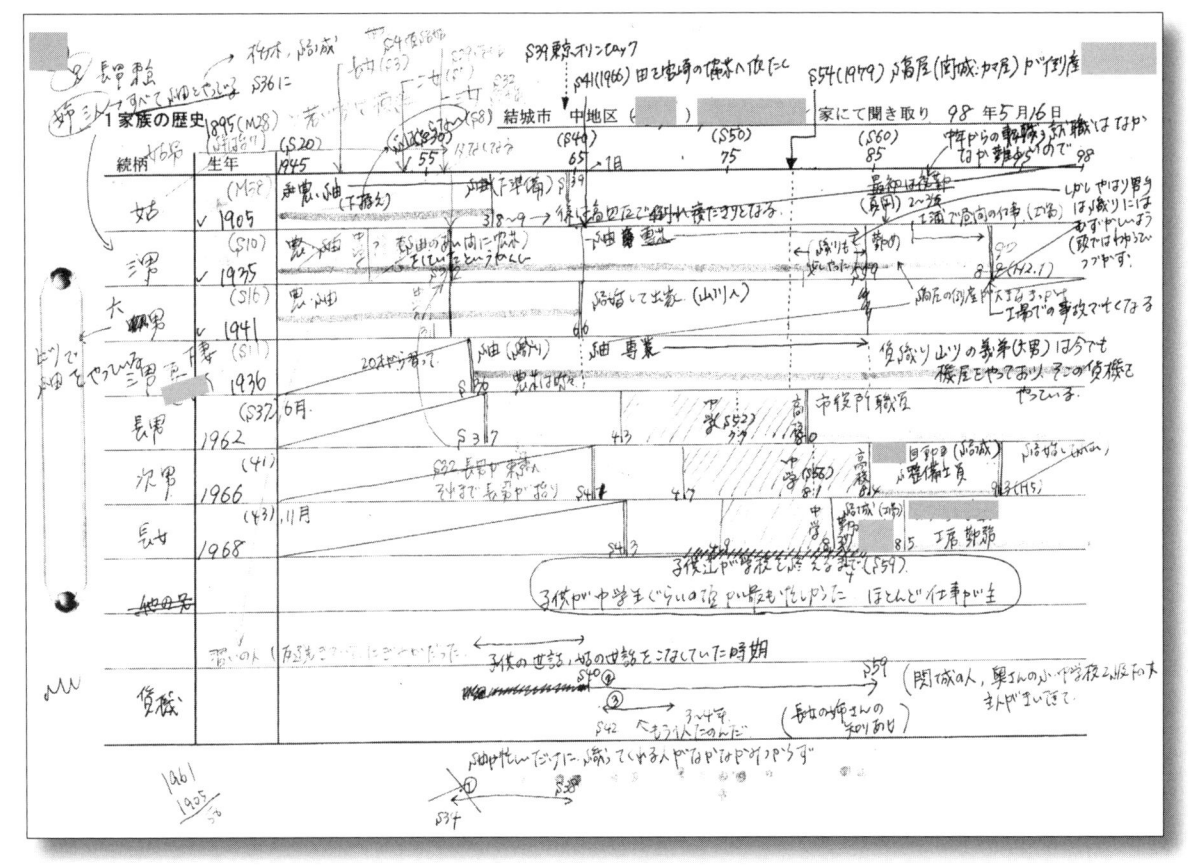

図1　年表風聞き取り用紙

た0歳の目盛りを年代年表の生年に合わせ、クリップで留める。こうしておけば、話者が「私が○○歳の時に……」「小学校3年生の時に……」と言っても、すぐにその年代がいつなのかを確認できるわけである。特に女性に聞き取りをする時には「長男が○○歳の時に……」というように、子供の年齢が引き合いに出される場合が多く、しかもそのように記憶された年代は正確なことが多い。そのような時にも長男の生年を確認してから「年齢・年代対照年表」を長男の年齢に合わせ、その場ですぐに「それなら○○年ごろでしょうか？」と確認することができる。論文では西暦を用いて記述する場合が多いが、日々の暮らしの中では西暦でさまざまな出来事を記憶している人は少ない。年代確認の際、「1968年でしょうか？」と聞くよりも「昭和43年でしょうか？」と聞くと話がスムーズに進むのである。したがって、「年齢・年代対照年表」には西暦と和暦の両方を書いておくとより便利である。このようにして「語り」とその年代を合わせて蓄積していくことは、「語り」の信憑性やデータとしての意義を高めるための重要な作業の一つである。

　ライフヒストリーを集めるというような調査をスムーズに進めていくためのポイントは、何よりも話者との信頼関係を築くことである。相手の目も見ずに、自分の聞きたいことだけ聞いてフィールドノートを作成することに没頭するのではなく、まずは話者と目を合わせ、話者の話に耳を澄ますことがその第一歩であると私は考えている。さりげなくメモする技術や話を暗記して後でメモする技術、あるいはレコーダーを併用するなどの工夫も必要である。ただし、聞き取り調査の際にレコーダーで録音する場合には、話者の許可をもらうことを忘れないようにしたい。

　また、個人的な史料を借りることもあるので、私はあらかじめ印刷した借用書を持参するようにしている。これはA4用紙に史料を調査研究のために借用すること

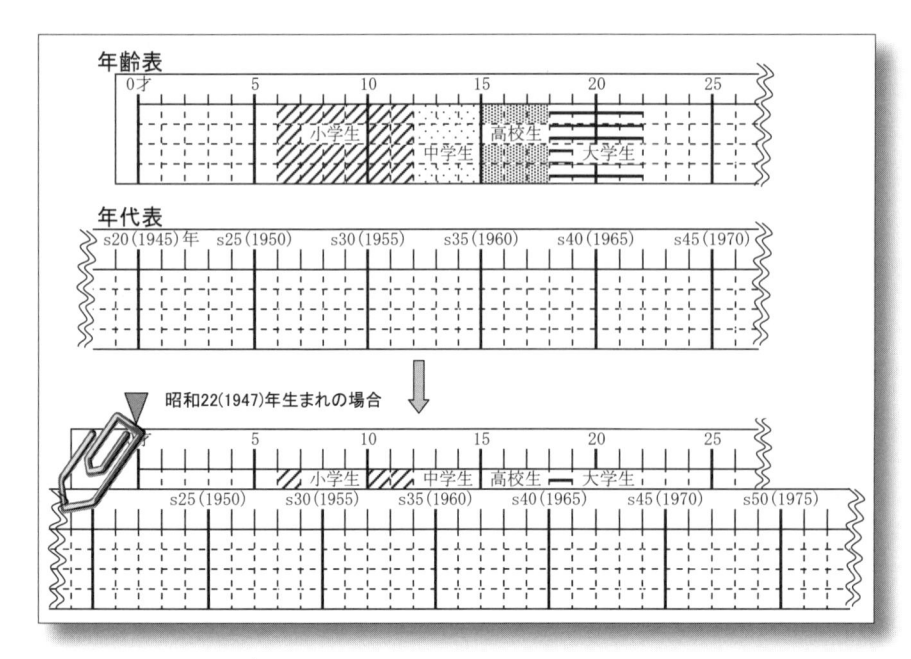

図2　年齢・年代対照年表

や、責任をもって返却することを明記し、自分の氏名と連絡先を記したものであり、史料を借用する際にはその用紙に史料名を記入したうえで相手に渡している。調査後にお礼状を送ることも、話者との継続的な信頼関係を築くための重要なプロセスであることは言うまでもない。

5　地域に生きた人の顔が見える論文とは
―論文執筆のプロセス1

　ライフヒストリーや史料がある程度集まると、次にそれを論文としてまとめる作業に入らなければならない。卒業論文は上記で紹介した家族史年表の分析を中心にまとめた。しかし、修士論文を執筆する段階においては、家族史年表だけでは不十分であり、卒業論文を発展的に展開させるためには、新しい目標が必要であった。私は卒業論文で課題として残した地域全体への目配りと、地域に生きた人の顔が見える論文をまとめるという2点を目標にした。

有吉佐和子(1975)『鬼怒川』新潮社

　私は本論文の冒頭に、有吉佐和子の小説『鬼怒川』から一節を引用している。この一節は私がフィールドで実感した現場の雰囲気を非常にリアルに描写したものであり、私は有吉のような感性と洞察力をもってすれば、地域に生きる人々の「息づかい」が聞こえるような論文が書けるのかもしれないと思ったりしていた。しかし、修士論文を書き始めようとする時点の私は、複数の家族史年表を作成してはみたものの、それを「人の顔がみえるような論文」に集約させるにはほど遠い場所におり、修士論文執筆の段階でも試行錯誤が続いていた。

　そろそろ論文執筆に取りかからなければ、という時期の構想発表では「ライフヒストリーを基礎資料としているにもかかわらず、織り手の顔が見えてこない」という指摘を受けて、落ち込んでいた。家族史年表だけでは、やはり何かが足りなかった。「織り手の顔、織り手の顔……」と自問自答しながら論文執筆前にもう一度フィールドワークに出掛けた。

　史料とは不思議なもので、それまで史料として見えてこなかったものでも、ある時突然、史料として見えてくるものがある。私の場合、本論文において不可欠な史

料となった「紬の切端」や「機織帳」がまさにそのような史料であった。紬の切端は何度か私の目に触れ、話者と一緒にそれを見ながら話を聞いていたにもかかわらず、史料として活用することにまで考えが及ばなかった（**写真1**）。しかし「織り手の顔が見えるような……」という問題に直面した時に初めて、紬の切端が史料になりうるのでは、ということに気づいたのである。「自分の織った紬の切端を見ると、当時の状況を鮮やかに思い出すことができる」という織り手の言葉も思い出された。実際、紬の切端に焦点を当ててあらためて調査してみると、紬の切端は話者の記憶を引き出すきっかけになるだけでなく、それぞれの色や柄などを指標とした時に見えてくる技能の高低が、当時の家族内分業の具体的状況と密接に関わっていることなどが明らかになってきた。紬の切端を話者の語りを裏付ける史料、家族内分業を説明する史料として提示するという研究は、管見の限り見あたらないということもあったが、「織り手の顔が見えてこない」という重大な問題に直面していた私は、史料として提示することに躊躇するよりもむしろ、その試みを思い切って形にすることにした。

写真1　紬の切端

「機織帳」もまた、思いがけないところから見つかった。「語り」に客観的史料を加えて、より信憑性のあるライフヒストリーを記述したいと考えていた私は、フィールドワークの時にはいつも日記を探していた。しかし織り手の方々は「日記なんて書いている暇があったら、紬を織っているよ」と笑いながら答えるだけであった。それはもっともなことだ、と納得しつつ悶々としていた私はある時、自分が日記にこだわりすぎていることに気がついた。それならば、と思い直して「作業記録などはありませんか」という質問に代えてみると「機織帳」が出てきたのである。この「機織帳」には織り手が織ってきた全ての紬についての色や柄、織り始めと終わりの日付、織り賃、日常の出来事の覚え書きなどが記録されていた。織り手の言葉で言えば、この帳面は「人生そのもの」の記録であり、彼女はこの大切な帳面を自分の子供たちにも見せたことがないと言っていた。そのような貴重な記録を見せてもらったことが、試行錯誤しながら調査を進めていた私にとって大きな励みとなったことは言うまでもなく、この帳面をなんとしても地域を描く一素材として提示しようと決心する原動力となった。このような経験を通して、私は史料を先入観で探さない方がよいと考えるようになった。思いがけないものが、思いがけない形で史料となりうることがあるのである。何を史料として提示しうるかは、調査を進める側の問題意識とも深く関わっているといえるだろう。

　紬の切端や「機織帳」に裏付けられた織り手のライフヒストリーからは、私が想像していた以上にさまざまなことを読みとることができた。私は早速、この2つの事例をそれぞれ小さなレポートにまとめて周囲に意見を求めた。その結果、この2つの事例を含めて修士論文をまとめることになった。「あの史料に出会わなければ、どうなっていただろう……」と、今でも時々考えることがある。私はあの史料に出会ったからこそ、修士論文をまとめることができ、その後の投稿論文を書くことが

できたと思っている。人や史料との縁があってこそ論文を書くことができるという気持ちは、今でも変わっていない。

6 紬を織るように——論文執筆のプロセス2

　さて、ここでは私の具体的な論文執筆のプロセスについて紹介してみたい。『地理学評論』に投稿するための論文は、修士論文の中でも特に、紬の切端や「機織帳」による分析を加えたライフヒストリーを中心に据えてまとめることになった。私がこの論文を書く時に苦労したのは、やはりライフヒストリーという個別事例をいかに提示するかということであった。

　私はいつも論文を書き始める時には、まず一枚のA4用紙を用意する。そこに横線を一本入れ、調査対象となった年代を描き込む。対象年代が長い場合はA4用紙を糊でつなげて、用紙を大きくしていく。年代を書いたら、収集した文献資料などから抽出した基礎的な事柄を書き込んでいく。既往の研究が指摘していることなども年代に合わせて書いておく。この時に引用文献名も付記しておくと、すぐに史料に立ち返ることができるという点で便利である。さらに統計数値やグラフ、聞き取り調査によって収集したデータなど、論文に含めたいと思う全ての情報をどんどん書き込んでいく。はみ出したら紙をつなげればよい。カードを並べるという方法もあるが、失い物が多い私には、一枚の紙にさまざまな情報を書き込んでいくスタイルが合っているようである。

　いつも大きなポスターのようになってしまうこのメモ用紙は、私にとって論文執筆の構想を練るために必要な「思考の地図」といえるかもしれない。このメモ用紙は特に次の2点において、私の論文執筆に欠かせないものとなっている。1点目は、書き込んださまざまな事柄の因果関係を考えるためのベースマップとして。一枚の紙に書かれたさまざまな情報から、既往の研究で指摘されていることが読みとれるか否か、何か新しい発見はないかということを考えることができる。2点目は、個別事例の位置づけを見失わないように、あるいは個別事例の意義を発見するための鳥瞰図として。ともすると見失いがちな個別事例の位置づけを確かめつつ、そして既往の研究が指摘してきた事実を個別事例に照らすとどのような再解釈ができるのかを検討する際には、このメモ用紙がとても役に立つ。

　フィールドワークのエッセンスが詰まったこのメモ用紙に基づいて、次に論文の構成を検討する。構成が決まると、私はすぐにパソコンに向かい、仮の論文タイトルと章タイトルを入力する。この後は、章の順番にこだわらず、書けるところから書き始める。一つの章を一つのレポートと考えると気負わず書き始められることが多い。論文を書く過程では常に手元にあのメモ用紙を置き、書き込んだ情報を一つずつ文章にしていく。

　私は論文を書くことは、織物を織ることに似ていると思うことがしばしばある。それは私が織物を織っている女性たちに話を聞いて歩いたことと無関係ではないだろう。彼女たちは日々の暮らしの中で、家事や育児、農作業などをこなしつつ、一日に織れた長さを張り合いにしながら自然体で紬を織っていた。そのことが私の頭の片隅にあって、私はいつも彼女たちを見習い、紬を織っているような気持ちで論文を書き進めているような気がする。

7 「語り」の可能性と限界性──残された課題

　「語り」の分析による地域調査の魅力は、話者が思わず「そうなんだよ」と納得顔で頷いてくれるような地域描写ができるところにある。それは地理学という枠組みでいえば、論文にリアリティあふれる事実を盛り込むことができ、地域を生き生きと描く可能性があるということもできるだろう。しかし欠点があることも否めない。「文章が冗長であり、感情的である」、「部分と全体の議論が不十分」など、この論文が受理されるまでの過程において実際に指摘をいただいた欠点も多い。

　これらの指摘により、あらためて気づかされることも多かった。前者の指摘は、「生き生きとした」地域描写と「感情的な」記述との違いについて考えるきっかけとなった。喜怒哀楽が伝わってくるような生き生きとした地域像を描くためには、地域に生きる人々の目線から地域的事象を分析する必要がある。しかし、話者との心理的な距離が近くなりすぎると、話者から得た情報を相対化して分析することが困難になる場合が多い。そのような状況に陥ると、「感情的」な印象を与えてしまうことが多い。フィールドワークを行ない、それを論文としてまとめるにあたっては、情熱と冷静さの両方が必要であるといわれるが、私自身もそのバランスの取り方が重要であることを、あらためて心に留めることにした。

　後者の指摘、つまり「部分と全体の議論」については、ミクロとマクロというスケールの問題、ケーススタディの意義、定量分析と定性分析、法則追求の是非など、地理学において議論されてきた重要な課題にも通じるところがあり、慎重に吟味する必要があると感じた。

　私自身が考えるこの論文における最大の課題は、「語り」そのものが持つ迫力に頼りすぎたために、個別事例から引き出された事実を新たな地域像として十分に昇華することができなかった点にある。この論文では、新たな地域像を描く可能性を示すにとどまっている。すでに述べたように、「語り」を分析することを中心に据えたスタイルの論文の作成においては、論理展開の中に個別事例をいかに位置づけられるかという点が最大の鍵になる。単なる事例紹介や定量分析などの補足にとどまるような位置づけでは「語り」を分析する魅力や意義を伝えることはできない。むしろ、個別事例から引き出された事実から、地域を分析する新たな指標が見いだされ、従来の見解を再検討する必要性を主張し、実際に再解釈した地域像を示すというような位置づけのほうが、「語り」を分析対象とする意義をより説得的に伝えることができるだろう。

　その後2002年に、私は雑誌『人文地理』に「結城紬生産にみる家族経営とその変化─機屋の女性三代のライフヒストリーからの考察」を発表し、結城紬生産地域を歩き始めてからちょうど10年余が過ぎた2005年「結城紬生産地域における家族の役割とその変化─ライフヒストリーからみた暮らしの論理と紬生産」というタイトルで博士論文をまとめた。論文を書くプロセスの中で私はいつも、上記のような「語り」の分析による地域調査の可能性と限界性を考え続けなければならなかった。

　限界性を乗り越えるために、私がそれぞれの論文において試みたのは、以下の3点である。1つ目はすでに述べたように「語り＋α」をライフヒストリーとし、分析に信憑性を付与するという方法であり、冒頭の論文で試みたものである。2つ目は「ライフヒストリーを関係性の中に位置づける」という方法であり、『人文地理』

湯澤規子（2002）「結城紬生産に見る家族経営とその変化─機屋の女性三代のライフヒストリーからの考察」『人文地理』vol.54-2、131-154頁

に掲載された論文で試みたものである。「三代」にわたるライフヒストリーを比較検討することで、話者の語りを歴史資料の断片ではなく、連続した歴史の営みとして捉えるという発想は、名生ほか（1998）、佐野（1998）によるところが大きい。3つ目は「鳥の目に対する虫の目としてライフヒストリーを意義づける」というものである。空を飛ぶ鳥の目から見える地域と、地面を這う虫の目から見える地域は、同じ地域でありながらその像は全く異なるものになる。博士論文では従来の地理学が描いてきた地域像を鳥の目からと位置づけ、「語り」の分析を通した地域像を虫の目からと位置づけた。鳥の目と虫の目を相互補完的に用いることで、より立体的でリアルな地域像を描くことができる、というのがその主張である。

　しかし、「語り」による地域調査の限界性を越えるための課題はまだ残されており、現在も4つ目、5つ目の試みを模索中である。答えに困った時の私はいつも、まずはフィールドに出向いて原点に戻ることにしている。今後も地理学の伝統的手法を見直したり、あるいは地理学以外の分野に目を向けてみたりしながら、新しい方法を模索し続けたいと思っている。

　近年、「語り」を集めること自体が困難な時代になりつつあるといわれることが多くなった。これはもしかしたら、「語り」の分析によって地域調査をしている、あるいはこれからしてみたいと考えている人の多くが直面する最も深刻な問題といえるかもしれない。しかし、だからこそ誠意をもって、あきらめずに地域に足を運び、話者との信頼関係を築くこと、そしてその対話の魅力を形にして残し伝えていくことが、今後ますます重要になるのだと私は考えている。

名生忠久・名生智樹・名生陽子（1998）『名生家三代、米作りの技と心』草思社
佐野眞一（1998）『渋沢家三代』文藝春秋社

おすすめ文献

香月洋一郎（2002）『記憶すること・記録すること　聞き書き論ノート』吉川弘文館
菊地利夫（1977）『歴史地理学方法論』大明堂
谷　富夫（1996）『ライフ・ヒストリーを学ぶ人のために』世界思想社
中野　卓（1995）『口述の生活史―或る女の愛と呪いの日本近代』御茶の水書房
中野　卓・桜井　厚（1995）『ライフヒストリーの社会学』弘文堂

2-6

山村亜希　YAMAMURA Aki

史料分析による地域調査
――過去の空間構造の復原のために

本章でとりあげる論文

山村亜希（2000）「南北朝期長門国府の構造とその認識」『人文地理』vol.52-3、217-237頁

　この論文では、長門国府（現下関市長府）を事例として、中世における国府の空間構造と、領主権力による空間認識を明らかにし、両者の相違や相互関係を検討した。南北朝期（14世紀）の長門国府においては、寺社、守護、在庁官人、職人集団といった複数の勢力が、相互に対立・協調・相互利用・一体化といった多様な関係を取り結びつつ、それぞれ独自の空間支配を行なっていた。そして、諸施設は自然地形に規制されつつ、分散して立地しており、全体として分散的・複合的な空間構造であった。その一方で、忌宮神社という在地領主が作成した『忌宮神社境内絵図』は、長門国府を全体としてまとまりのとれた、求心的で統一的な構図として描いており、そこには忌宮神社の空間認識が表現されているとみることができる。このような在地領主の空間認識は、現実の空間構造とは大きく乖離している。このような長門国府の空間構造と在地領主の空間認識とのずれは、他の中世国府にも見られるものであり、中世国府に一般的な現象であった可能性が高い。

キーワード：空間構造　空間認識　中世絵図　復原

山村亜希
1973年広島県生まれ。京都大学大学院文学研究科博士課程学位取得修了。現在、京都大学大学院人間・環境学研究科教員。専門は歴史地理学。論文に「中世前期都市の空間構造と都市像」『人文地理』vol.54-6、2002年、「南北朝期長門国府の構造とその認識」『人文地理』vol.52-3、2000年、「守護城下山口の形態と構造」『史林』vol.82-3、1999年、など。
aki@lit.aichi-pu.ac.jp

1　地域調査と歴史

　地域の政治、社会、経済、文化、空間構造を考えるとき、その地域がそれまで辿ってきた歴史についての知識は欠かせない。地域の歴史は、地域構造の成り立ち

を物語るものであるからだ。しかし、歴史の概説書を読んでみたものの、それが現代、もしくは自分が関心のある時代の地域構造にどのように関連しているのか、さっぱり分からなかったという話もしばしば聞く。歴史を地域構造と有機的に結びつけて理解するには、歴史を「読み替える」工夫をしなくてはならない。

　そのような工夫を行なって、地域と歴史とを結びつけて理解できた具体例を示してみよう。私が子供時代を過ごした町は十日市といい、古い商店街があって、そのすぐ裏は川の土手になっていた。商店街の周囲は、大雨になるとよく冠水し、商店街裏の土手が決壊したこともあった。古い商店街の家は、間口に比べて極端に奥行きが深い京都の町屋のような、「うなぎの寝床」の形をしており、近くには、「えびすさん」と呼ばれる小さな神社があった。このような町の風景は、私にとってごく当たり前の日常のもので、なぜこのような風景になったのかなどとは、当時全く疑問に思わなかった。

　しかし、十日市町が上記のような風景になったのには、理由がある。まず、十日市とは、過去に定期市が立ったことを示唆する地名である。市は一般的に交易の結節点に立つものなので、十日市の町も水運を利用できる川沿いに位置しているのだ。これは同時に、水害の危険性と隣り合わせの不安定な土地であるということでもある。しかし、十日市の古い商店街は、川の流れに平行して、ゆるやかにカーブする自然堤防という微高地上にあり、水害の被害をなるべく少なくおさえられるような地形が市の立地場所として選ばれたことを想像させる。歴史の概説書によると、十日市は戦国時代に戦国武将によって新しく立てられた市に由来するとされる。「うなぎの寝床」のような家の敷地も、戦国時代以降の町場に特有の市町の形であり、十日市が戦国期に立てられたとする由来があながち嘘ではないことを示している。一般的に中世の市には、商業の発展を祈念して、しばしば市神である胡社が勧請されるので、十日市の「えびすさん」も、戦国武将が市の建設と同時に意図的に勧請したものかもしれない。つまり、十日市町は、戦国武将が経済の発展のために、河川交通の結節点に自然地形を考慮した上で政策的に建設した市を原型としていると考えることができる。

　そこにあるのが当たり前だと思っていた地域の様々な諸要素は、歴史的な理由があって、その位置に存在しているのである。このように、地域と歴史とを結びつけると、それまでの地域に対する常識的な見方を覆す、論理的な地域構造の説明が可能になる。これは、私が専門としている歴史地理学の得意とする分析視角でもある。なじみ深い地域であればあるほど、目から鱗が落ちるような発見があることだろう。さらに一つ一つの発見が一本の線でつながったときには、まるで難解なパズルが解けたような面白さがある。

　地域構造を歴史的・論理的に理解するためには、歴史史料の分析が必要となるが、それは歴史の記述・説明を目的としたオーソドックスな史料分析とは、方法が異なることに留意しなくてはいけない。本章では、地域調査において歴史史料を分析する方法を、かつて私が大学院生の時に行なった調査を振り返りながら考えてみたい。この調査では、山口県下関市長府（以下、長府と略す）をフィールドとして、中世（鎌倉・室町期）の空間構造を復原することを目的に、史料分析を行なった。

2 位置情報の収集と分析 ―過去の「住所録」を作る

　史料というと、蛇がのたうった跡のような、くずし字で書かれた、素人には判読の難しい古文書を想像する人も多いだろう。しかし地域調査では、古文書や地誌・記録のような文献史料以外にも、古地図・地籍図のような地図史料、屏風絵や水墨画、絵巻物のような絵画史料、発掘調査によって検出された遺跡の遺物・遺構といった考古史料、古い建造物などの建築史料といった様々なモノとして残る歴史史料を扱う。これらの史料を収集するときは、最初から現物、つまり原本へのアクセスを目指すのではなく、くずし字を翻刻して活字化された史料集や、写真や複製図が掲載された図集といった刊本から利用するのが普通である。刊本のない史料や、研究の根幹に関わる重要史料については、原本調査を行なう。その他にも、古地名、土地にまつわる民俗行事・慣習や口頭伝承などのモノとしては残らない情報も、地域調査に役立つ史料である。

　史料は、研究対象とした時期と同じ時期に作成されたもののみを扱う訳ではない。これらは一般的に「一次史料」と呼ばれ、当然のことながら内容の信憑性は高いが、過去を遡れば遡るほど一次史料は少なくなり、古代や中世に関しては、地域によっては、数点しかないところもある。一次史料だけ使っていては、古代・中世の地域調査はできない。そこで、その後の時代、中世の場合だと近世・近現代に作成された史料も、分析の対象に加える。これらは「二次史料」と呼ばれ、数は膨大だが、一次史料より信憑性が劣る。

　地域調査における史料分析は、このように種類も時代も異なる多様な史料を対象とする。歴史地理学の研究によく利用される史料の特性と収集方法については、『歴史地理調査ハンドブック』（有薗ほか2001：18-58）に詳しい。それを参考にしながら、数ある史料の中から、自分の研究目的に適したものを選び、それぞれの史料の作成時期と特性、信憑性をふまえて、知りたい情報を抽出するという作業が、史料分析である。

　この調査の目的は、「中世の空間構造を復原する」というものであったので、第一に「中世には、寺院や神社、屋敷や城が、どこに存在していたのか」ということを知りたかった。このような位置情報を示す史料を探すとき、役立ったのが、平凡社の県別地名辞典である。ここには、主要な寺社、屋敷・城跡、河川、町、地名、街道の由来と、その根拠とされる史料名がまとめて記載されている。寺社や屋敷についての記事には、それらが現在地に至るまで、いつ、どのように移転してきたのかという情報が含まれていることが多い。地名辞典に記載された施設が、中世に存在したもの全てとは言えないし、地名辞典に紹介された史料の他にも、空間に関する情報が分かる史料はあるだろうが、まずはこれをもとにして、中世にどういった施設が、どこにあったのかという「住所録」のたたき台を作ることはできる。そこで、諸施設の由来の根拠とされる史料を網羅的に集め、一点一点の内容を確認し、そこに記載された位置情報をピックアップして、表形式で整理していった（**表1**）。地名辞典には史料の一部しか紹介されていないことが多いが、史料収集の際には、史料の全体、ないし前後の文脈が分かるように集めて、地名辞典の記載が妥当かどうかの検討も行なった。

　この「住所録」作成過程で大変困ったのが、根拠としている史料が何かによって、

有薗正一郎・遠藤匡俊・小野寺淳・古田悦造・溝口常俊・吉田敏弘編（2001）『歴史地理調査ハンドブック』古今書院

No	施設名	存在を確認または推定される時期／位置比定の根拠　〔　　〕内は備考
神社　★		
1	忌宮神社（二宮）	長：神亀5(728)年勧請／道・長・寺：豊浦宮旧地、現存、境内〜三：貞観15(873)12・15長門國従五位下忌宮神〜忌宮4-1：永万2(1166)2・5以降関係史料多数
2	若宮	忌宮4-31：永仁3(1295)11／絵図④、境内〔忌宮5-43：忌宮末社〕
3	御供所	忌宮2-40：天文2(1533)11・15／境内〔忌宮2-40：忌宮末社〕
4	大将軍社	忌宮5-42：文明13(1481)7／絵図④、境内〔寺：第一之末社〕
5	今宮	忌宮3-10：天文4(1535)3・6／境内〔忌宮3-10：忌宮末社〕
6	弁才天	忌宮3-10：天文4(1535)3・6／絵図②④、境内〔忌宮3-10：忌宮末社〕
7	浜大夫社	忌宮5-42：文明13(1481)7／絵図④、境内
8	南大夫社	忌宮5-42：文明13(1481)7／絵図②④、境内〔忌宮3-10：天文4(1535)3・6忌宮末社〕
9	惣社宮	忌宮5-41：文明13(1481)4／絵図①②③④、境内、小字：惣社町〔忌宮3-10：天文4(1535)3・6忌宮末社〕
10	厳島社	忌宮5-41：文明13(1481)4／絵図①②③④、境内〔忌宮3-10：天文4(1535)3・6忌宮末社〕
11	興津（満珠）	日：仲哀天皇2・7・5条／現存、境内〜源平盛衰記43：文治元(1182)年於井津〜道：建徳2(1371)11満珠〔忌宮3-11：天文4(1535)3・7忌宮末社〕
12	平津（干珠）	日：仲哀天皇2・7・5条／現存、境内〜源平盛衰記43：文治元(1182)年井部井津〜道：建徳2(1371)11干珠〔忌宮3-11：天文4(1535)3・7忌宮末社〕
13	祇園社	忌宮5-42：文明13(1481)7／絵図②④
14	夷殿	忌宮3-10：天文4(1535)3・6／絵図④〔忌宮3-10：忌宮末社〕
15	春日社	忌宮5-41：文明13(1481)4／民家から祠出土、絵図①②③④
16	守宮司社	忌宮5-41：文明13(1481)4／絵図①②③④〔忌宮3-10：天文4(1535)3・6忌宮末社〕
17	天神宮	忌宮5-41：文明13(1481)4／絵図①②③、小字：天神坊
18	小比叡社	長府：日頼寺の創建時前後に勧請／豊：日頼寺より西方山林の間、絵図②：山王〜長府古：応永9(1402)3・18小比叡社領長門國得善保
19	諏訪大明神	忌宮5-42：文明13(1481)7／絵図②③④〔忌宮5-42：忌宮末社〕
19	三嶋大明神	忌宮5-42：文明13(1481)7／風：諏訪神社と同所、絵図②③④、小字：三島〔忌宮5-42：忌宮末社〕
20	串崎若宮（八幡）	豊：雄山の谷〜鎌31262：元徳2(1330)10・28串崎村若宮／道：建徳2(1371)11串崎の岬の山〜慶長7(1602)合祀、現存豊功神社〔鎌31262：一宮住吉神社末社？〕
寺院　■		
A	国分寺	寺：天平9(737)3創建〜発掘：8世紀中葉から第三四半期に創建／同左：伽藍など検出、境内〜発掘：鎌倉後期に再興〜明治23(1890)南部町へ移転
B	神宮寺	豊：平氏貞平郡司の時より存在〜忌宮6-2：正和3(1314)3・24／絵図①②④、境内
C	極楽寺	南1985：観応2(1351)3・5／境内、現存日頼寺
D	四王寺（毘沙門堂）	三：貞観9(867)5・26四天王像安置、延：貞観15(873)11・7四王院〜長門：応永8(1401)12・26長浜毘沙門堂、毘沙門堂四天王／境内〜長府：元和2(1616)年井田来寺として移転、毘沙門像現存
E	観世音寺	寺：弘法大師建立勧学院毘沙門寺／同左：壇具川の辺〜寺：応安年間(1368-75)移転／絵図②〜忌宮2-48：元亀3(1572)8・28勧学院
F	修禅寺	寺・長府：元応2(1320)年本堂建立／絵図①②③〜南4301：永和2(1376)9・17律成寺と山境相論〔忌宮6-17：二宮供僧職を修禅寺下坊が勤仕。二宮と関係あり〕
G	霊厳院（律成寺）	南4301：永和2(1376)9・17修禅寺と山境相論／絵図①〜絵図②以降廃絶〔忌宮5-66：永禄5(1562)4・6二宮遷宮で安座の行法行う。忌宮5-3：天正16(1588)閏5・13二宮遷宮料を存知。二宮の社坊の存在か〕
H	長福寺	寺：嘉暦2(1327)年創建、仏殿内来迎柱の墨書：元応2(1320)4・5仏殿柱立〔金山：仏殿は長門探題北条時仲建立か〕／現存功山寺〜金山図版54：後醍醐天皇綸旨〜入明記：天文10(1542)7・28矢津有寺、日長福
I	法華寺（国分尼寺）	豊：光明皇后創建／同左：安養寺、発掘：下安養寺地区から奈良中期ごろの古瓦出土（尼寺との関係は不明）〜寺古：天文21(1553)6・12国分寺に法華寺の寺務が委任〜豊：元和年中(1615-24)現在地へ移転
J	潮音院	金山図版57：文明8(1476)6・27「長門国府潮音院在長福寺外」／寺：府中亀ノ甲、豊：近世山伏屋敷の地〜寺：元和4(1618)に笑山寺の地へ移転〔金山図版58：明応5(1496)4・5長福寺住持が潮音寺寺務を沙汰。長福寺の末寺か〕
城　▲		
あ	土肥山城	豊：文治元(1182)年土肥実平の居城〜長門：観応3(1352)年厚東武道土居山の城を居城に
い	四王寺城	長守、長門：正平14(1359)12・26四王寺城〜長守：応永8(1401)12・26当府毘沙門堂御合戦、長門：長浜毘沙門堂、毘沙門堂四天王〔長：守護厚東氏築城、応永8年落城〕
う	佐加利山城（下山城）	武久15・南110：建武2(1335)1・26下山城郭・下山合戦／地名：古城山、小字：古城〜花営：康暦2(1380)5・10栄山合戦〜長守：応永8(1401)12・29当府下山合戦
え	櫛崎城（雄山城）	長門：貞和5(1349)12・19厚東武直櫛崎の城襲撃〜長門：観応3(1352)8・3守護代杉重直の居城〜豊：大内時代内藤隆春在城〜豊：慶長7(1602)年毛利秀元入城

表1　中世における寺社・城の「住所録」暫定版

位置情報の信憑性が大きく異なるということであった。例えば、ある寺院は、いくつもの中世の古文書に登場し、確実に中世に存在したと言える。また地名もその寺院名を含んだ名前で、そこを実際に発掘調査したところ、確かに寺院跡の遺構が出てきたという場合は、かつて寺院がその位置にあった可能性は極めて高い。このように、位置情報の確かな施設がある一方で、近世の地誌に載せられた由緒でしか、中世に存在したことを示す史料がない寺院や、地誌によって旧跡の位置や移転したとされる時期が異なる寺院もある。その場合は、中世に本当に地誌の示す位置にあったと言い切ることは難しい。実際、後者のような事例の方が、圧倒的に多かった。このように確実度の異なる位置情報を、同列に扱うことはできない。そこで「住所録」には、やや煩雑にはなったが、情報の確実度を区分して記入していった。**表1**でそれぞれの施設名の項目に略称で示した名称が、根拠となる史料名である。

　この分析で利用した刊本だが、地域史関連の刊本は往々にして販売部数が少なく、かなりの確率で絶版や品切れになっている。そもそも市販されていない刊本も珍しくない。そのため刊本は、地元の図書館以外には所蔵されていない場合がほとんどである。一部の刊本については、インターネットの古本販売サイトを通じて購入できることもあるが、地域史の刊本は往々にして、学生だと二の足を踏んでしまうほど高価である。

　当時、私は京都に住んでいたが、フィールドから遠く離れた京都では、刊本の多くは入手できなかった。インターネットで、毎日のように古本検索をかけては、在庫が出ないかチェックし、入荷されれば、これを逃すと二度と手に入らないかもしれないとの思いから、速攻注文して購入した。それでも入手できなかった刊本については、現地の図書館にて閲覧・複写を繰り返して、網羅的に入手していった。なお図書館には、郷土史関連のコーナーがあり、そこを隅から隅までチェックすると、地元でしか情報が流通していない刊本や文献も続々と発見できた。このように刊本の入手には、予想以上の時間と手間とお金がかかった。

　さて、刊本をぱらぱらと眺めていると、地名辞典に紹介された史料以外にも、位置情報を記す史料がいくつもあることに気づいた。中世を対象とする地域研究では、同時代の文献史料は最初から数も種類も限られているので、地名辞典をはじめ、先行研究で既に手垢がつくほど取り上げられている場合が多いのだが、刊本を通覧すると、先行研究で全く触れられていない記述に遭遇することもある。ましてや近世地誌の場合は、膨大な地域情報のうち、先行研究で紹介されているのはほんの一部である。つまり刊本は、たくさんの「使える」史料が眠っている宝の山であり、これを見逃す手はない。中世の文献史料は、数が限られているので、通覧したところで大した時間はかからなかったが、近世の地誌については、内容量が多い上に、近世を通じてたびたび修正や変更が加えられて複数の地誌が成立していたので、全部を読み切るにはかなりの時間がかかった。しかし、位置情報も含めて、復原に役立ちそうな情報を次から次へと発見できたのは大きな成果であった。そして、発見した位置情報を、逐次「住所録」に加えていき、バージョンアップをはかっていった。

3　地図史料の収集と分析

　次に取りかかったのが、「住所録」をもとに、諸施設の位置をベースマップに落として、分布図を作るという作業であった。しかし、ここで問題になったのが、

「住所録」に抽出した中世・近世の古地名の多くは、それが現在のどこにあたるのか、分からないということであった。中世・近世の古地名は、小字以下の細かいスケールになると、現在の地名に引き継がれていない場合も多く、土地勘のない私には、その地名がどこなのか、さっぱり分からなかったのである。そのため、古地名が現在のどこにあたるのかを検索できる別の史料が必要になった。

さらに、首尾良く分布図を作ることができたと仮定しても、空間構造の復原のためには、まだデータが欠けている。道路、川、海岸線がどのように通っていて、街区はどこにどの程度広がっていたのかという、具体的な空間の「かたち」の情報が足りないのである。

この2つの分析の両方に有効な情報を提供してくれる史料が、地名とともに空間の「かたち」を描写する地図史料である。中世の地名と空間の「かたち」について、最も多くの情報を引き出すことができる地図は、同時代に作られた地図であることは言うまでもないだろう。中世の地図は、しばしば絵画的な描写がなされているので、絵図とも呼ばれている。中世絵図は、現在まで残るものは極めて少ないのだが、幸い長府には、その貴重な中世絵図、『忌宮神社境内絵図』（以下、『境内絵図』と略す）が伝存している。これは、中世長府を描いた都市地図であり、そのような中世の都市地図は全国的にみても他に例がない。実はこれが、長府を対象地に決めた大きな理由でもあった。

しかし、そもそも中世絵図があるなら、「住所録」や分布図作成など必要ないのではと思う人もいるかも知れない。中世絵図が、現代の地図のように、測量を行なって、正確に諸施設の位置と形を示してくれていれば、そうであろう。しかし中世絵図は、作成者が何らかの意図・目的を持って描いたものがほとんどであり、そこには作成者が、どのようにその場所を認識していたのか、どのようにその場所を見せたいのか、というイメージが強く投影される（葛川絵図研究会編 1988：11-20）。つまり、『境内絵図』には、作成者である忌宮神社の認識した長府の姿が描かれているのである。そうなると『境内絵図』に描かれていたからといって、それが描写通りの位置に確実に存在したとも言えないし、逆に描かれていないからといって、中世に存在しなかったことの証明にもならないのである。

とはいえ、その他の文献・考古・地名・伝承などの史料に、中世絵図に描かれた諸施設の存在を確認ないし推定できれば、復原の材料として使うことは十分可能である。さらに、中世絵図と現代の地図とを重ね合わせることができれば、絵図に描かれた寺社や屋敷、地名の位置、道路、川、海岸線のライン、街区の形が、実際にはどこにあたるのかが分かる。このような古地図と現代の地図との対照作業を、現地比定と呼ぶ。

そこで、『境内絵図』の複製図を利用し、その現地比定を行なった。まず、後述する現代の都市計画図に、絵図に描かれている寺社を記入し、次にこれらを目印として、道路・街区、川、海岸線が現在のどこにあたるのかを推定して記入した。前者の寺社の比定はスムーズにできたが、後者の道路・街区、川、海岸線の比定は、『境内絵図』の歪みが大きいために、予想以上に難航し、どうしても線の引けない箇所も残ってしまった。とはいえ、中世における地名と空間の「かたち」の一部を、現地比定を通じて把握することはできた。

中世絵図に比べて、歪みが少なく、現地比定が比較的容易なのは、近世絵図である。中世を直接語るものではないとはいえ、ここにも、現代まで残らなかった多くの古地名が記載されており、現地比定を経ることで、古地名の検索に使うことがで

葛川絵図研究会編（1988）『絵図のコスモロジー 上』地人書房

きる。また、近世絵図にみえる道路・川・海岸線といったラインや町の範囲は、中世にほど近い時期の「かたち」の情報として利用できる。

　長府はのちの江戸時代に城下町となるので、近世の城下町絵図がたくさん残っているだろうと予想していた。先行研究や刊本を収集する中で数点の複製図は見つけたが、それ以外に自力では絵図の複製図や写真を見つけることができなかった。そこで、地域史と史料に精通した地元の研究者に、史料情報を教えてもらうことにした。といっても、誰かに紹介してもらった訳ではない。地元の歴史に明るい研究者は、地元の博物館におられるだろうとの勝手な予想から、直接その博物館に電話を試みて、学芸員の方に自分の研究目的と近世城下町絵図を探している旨を伝え、情報を教えてくださるようお願いした。見ず知らずの大学院生からの突然の電話で、さぞかし迷惑であったと思うが、有り難いことに学芸員の方には快く対応していただいた。後日改めて博物館に行き、近世城下町絵図にはどのようなものがあるか、それらはどの刊本に複製図・写真が掲載されているかといった史料情報を教えてもらった。また、同館所蔵の複数の近世城下町図の閲覧と写真撮影も許可してもらうことができた。

　さて、古地図から空間情報を引き出すための前提の作業が現地比定であるが、このとき古地図と対照させる現代の地図として使用したのが、都市計画図である。都市計画図は、自治体によって発行されている地図のスケールは異なるが、しばしば2500分の1や3000分の1といった大縮尺で、等高線の入った大判の地図である。これを用いることで、寺社の立地点や町の詳細な広がり、道路の折れといった細かいレベルまで、現地比定が可能になる。また、等高線が入っているので地形も分かる。

　現行の都市計画図は役所の都市計画課などで市販されているので、容易に入手できるが、この調査では、なるべく古い時期の地形や道路を知りたかったので、大きな道路や埋め立て地、住宅地が盛んに開発される前、つまり高度成長期以前の古い都市計画図を入手したかった。そこで、下関市役所の都市計画課を訪れ、古い時期の都市計画図の有無について照会したところ、倉庫から昭和30年代の都市計画図を探し出していただいた。これらは市販されていないので、外部への一時持ち出しを許可してもらい、電話帳で急いで探した市内の大型コピー業者に一旦同図を委託して、短時間でコピーを終えるという荒業によって入手することができた。

　このように史料の収集では、現地の研究者や行政担当者に、たびたび「聞き取り」を行なうことで、多くの情報を提供してもらった。初対面の方に、多忙な業務の時間を割いてもらうのは恐縮するし、交渉には勇気もいるが、自力では到底辿り着けない史料の存在を知ることができる。しかし、教えてもらえるからといって何もしないのではなく、事前にできるだけ自力で史料収集を行なっておくことは最低限のマナーである。そうでなければ、必要な情報についての具体的な説明もできないだろう。また、聞き取り調査では、こちらの研究目的と内容、入手したい史料について、限られた時間で要領よく伝える能力も必要だということは何度も痛感した。最初は、熱意だけが先行し、肝心の研究や史料について筋道立てた説明ができず苦労したが、事前に聞きたい内容をメモし、会話の展開を予測しておくといった小さな工夫を繰り返すことで、徐々に伝える技術が向上したように思う。

　都市計画図を入手する前に行なった「聞き取り」では、市販の都市地図に寺社の旧地や現在地・遺跡地を書き入れただけの簡単な分布図を持参したが、この分布図作成を通じて身につけた土地勘のおかげで、地元の人との会話の中に、「小学校の角をまがったところの川」とか「バスの停留所の前のコンビニ」といった表現が出

てきても、すぐに対応できるようになっていた。歴史時代の地理を扱っていても、実際の現場では、今そこに暮らしている人が日常持っている地理感覚を共有しておくことが大事だと痛感した。

4　中世絵図の原本調査

　空間構造の復原のための分析とは話がそれるが、ここでは歴史史料の原本調査の方法について、少し述べておきたい。前節の分析で使用した『境内絵図』は、中世において忌宮神社が長府という空間をいかに認識していたかを表現する絵図であることは既に述べた。実はこの調査では、空間構造の復原と同時に、『境内絵図』をもとに空間認識のあり方を検討することも目的としていたので、『境内絵図』は最重要史料であった。そのため、この図に関しては原本調査をする必要があり、それを予定した上で、複製図の分析を念入りに行なった。原本調査は、所蔵者との交渉によって機会を設定するので、何度も行なうことはできない。一度の調査で見落としのないよう、事前の入念な分析が必要なのである。

　念入りに、見落としのないように、とは言っても、具体的にはどのようにすればよいのだろうか。当時、指導教官の先生から、『境内絵図』は原寸大でカラーの複製図が発刊されているのだから、この上にトレース用紙を敷いて、色鉛筆とペンで絵図を完全に模写する方法を薦められた。ぼんやり眺めているよりも、ずっと多くのことを発見するだろうというアドバイスであった。

　そこで、早速絵師になったようなつもりで、『境内絵図』を原寸大で、可能な限り色も忠実に、文字の筆跡もそのままに再現する模写を行なってみた。すると、その過程で、実に多くのことに気づいたのである。一例を挙げてみよう。絵図には海に停泊する船が描かれているのだが、模写の過程で、それらの船は朱で塗られたくいで繋ぎとめられていることに気づいた。くいは小さく、朱色も消えかけており、漫然と眺めているだけでは決して気づかなかっただろう。朱色は、忌宮神社に関連することを示すシンボルカラーなので、くいで複数の船を繋ぎとめている場所は、忌宮神社と密接な関連を持つ港なのだという解釈が成り立つ。他にも模写による発見は、挙げるときりがないほどあった。

　このような発見と解釈を箇条書きでメモをとっておき、いよいよ『境内絵図』の原本調査を行なう。『境内絵図』は忌宮神社に所蔵されているので、手紙と電話にて、宮司さんに研究の目的・内容を伝えて閲覧申請をし、許可をいただいて、アポイントメントを取った。原本調査には、指導教官の先生と歴史地理学を専攻している院生の先輩と後輩にも同行してもらった。そして原本を前に、まずはメモしておいた事項に間違いがないかを確認したが、その他、一人では気づかなかったことも、同行した先生や大学院生にいくつも発見して教えてもらった。古地図を前に、複数の研究者の目で、些細なことも含めて、自由に発見や考えを出し合うことは、時間を忘れるほど楽しく、なによりも考察が数段深まることを強く実感した。先生や研究室の先輩・後輩には、調査にわざわざ同行してもらったことに、大変感謝している。

　原本調査の前に、先生からは古地図を含めた歴史史料の閲覧における一般的な注意を受けた。それは、指についている油分が紙の劣化を促進させるので、閲覧前に必ず手を洗うこと、時計や指輪などの貴金属類は紙を傷める可能性があるので外し

ておくことといった、史料閲覧に際しての基本的マナーであったが、こういったことを遵守することは、所蔵者からの信用に直結する。忌宮神社の宮司さんには、後日、論文公表時に『境内絵図』の写真を掲載することを許可していただいたが、それも原本調査時に史料の扱いについての信用を失っていれば得られなかっただろう。貴重な史料を調査しているんだという緊張感と、史料を良好な保存状況で後世に伝えなくてはならないという意識を持って、原本史料に対峙することが、原本調査ではとても大事なのだと改めて感じた。

5 空間パターンの発見と仮説の構築

　前節までの史料収集を経て、ようやく諸施設の位置と、道路、川、海岸線、街区の「かたち」を、都市計画図上に落として、地図化するに至った（**図1**）。一つ一つの寺院や神社などの施設の位置をベースマップに落としていく作業の途中では、復原図が完成したらそこにはすごい発見があるはずと期待していたのだが、できあがった図からは、さほど顕著な特徴を見出すことができず、がっかりしてしまった。強いて言うならば、寺院も神社もばらばらに散らばっていて、規則性がなく、誰かが計画を持って配置したという感じではないという程度である。とはいえ、復原図を眺めていると、すぐにでも現地に行って、中世の風景を実感したくなるものである。何か得ることができる見込みを最初から持っていた訳ではないが、気づくこともあるかもしれないという淡い期待を持って、何度目かの現地調査に赴いた。

　現地調査では、極力歩くことにしている。車を運転できないという個人的事情もあるが、歩くスピードでないと、細かい土地の起伏や、小さな祠、溝などの中世の痕跡を見落としてしまうし、中世におけるその地域の広がりや距離感を実感できないからである。また、気づいたことがあれば、その場ですぐに立ち止まることもできるので、写真撮影やフィールドノート・都市計画図に書きそびれることもない。徒歩だと一度に広域の踏査はできないが、中世の都市のサイズであれば、数時間から一日あれば、端から端まで歩くこ

図1　諸施設の分布作業図（数字やアルファベット記号が中世の諸施設の立地点）

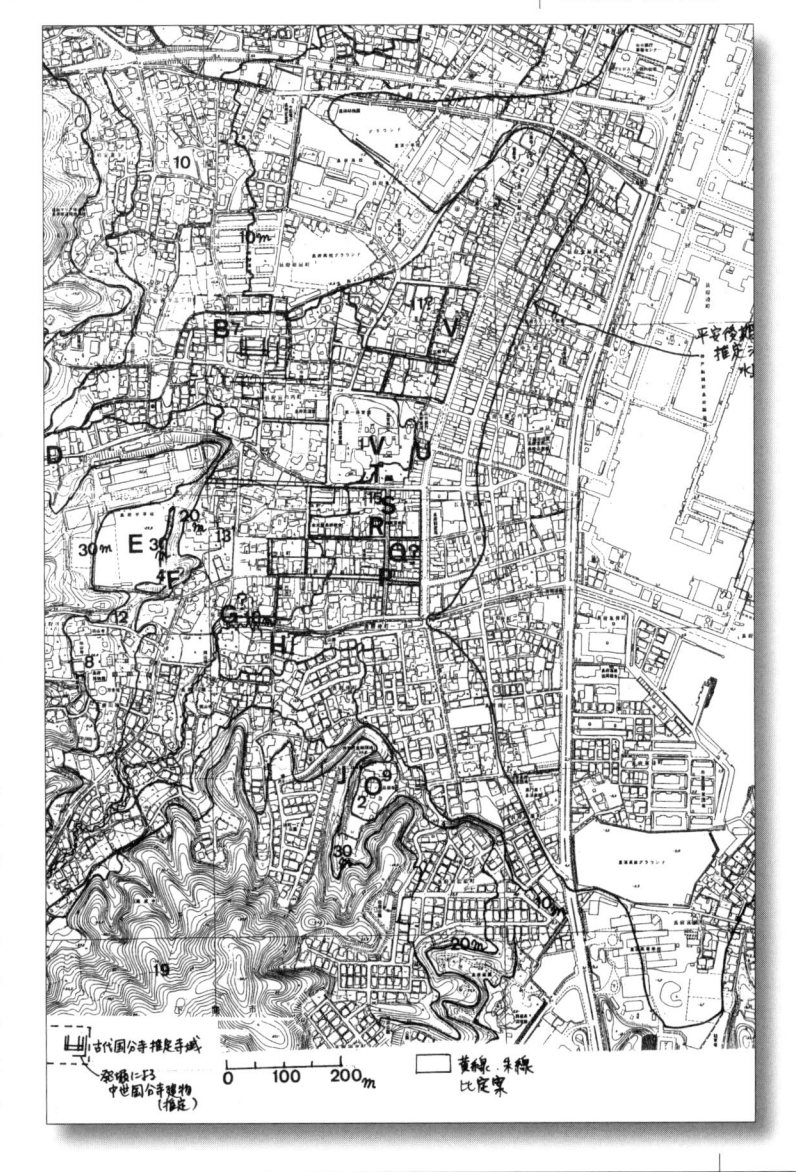

写真1 台地の高低差
(道路を境に右が台地、左が浜)

とができる。

とはいえ、普通の観光客は入り込まない路地に入り込んだり、誰も見向きもしない石造物の前で立ち止まっては写真を撮ったり、都市計画図を広げて何かを書き込んだりしている姿は、しばしば不審な目で見られる。仕方ないと言えばそれまでだが、逆の立場だと私も疑ってしまう光景だろう。実際、「何をしているの？」と聞かれることも多いので、そのときは、自分の身分と、あまり専門的になり過ぎないように工夫して調査内容を話す。話がのってくれば、こちらから地元の伝承について尋ねることもある。また、不審な目を向けられたときは、向こうから話しかけられなくても、しっかり顔を見せて笑顔で挨拶することを心がけている。長府でも、こちらから説明をすると、郷土愛の深い人は好意的に接してくれ、中には積極的に古地名や小さな祠の所在などを教えてくれる人もいた。

さて、自分の作成した復原図をもとに現地を歩くと、やはり発見も多かった。例えば、忌宮神社の境内に、浜側の鳥居から入ると、数メートルの崖に取りつけられた石段を登ることになる。しかし同じ境内に逆側の鳥居から入ると、階段も高低差もない。ということは、神社境内は、浜に向かって落ちる急崖の端にあって、逆の山側に向かっては、高台の平坦面が続いているのだ。それまで史料収集のため何度も境内には来ているはずなのに、この急崖の存在には全く気づかなかった。この急崖ラインを追いかけていくと、浜に平行して北にずっと延びていた（**写真1**）。このように現地を歩いて得た最大の収穫は、長府には予想以上にダイナミックで複雑な地形の起伏があることに気づいたことだ。

そうなると長府は全体としてどのような地形なのかが知りたくなる。そこで、都市計画図に引かれた2m刻みの等高線を色鉛筆で急いでなぞってみた。するとそこには、南西から北東に向かって、現在の長府の町を分断するかの如く、斜めに半島のように突き出す高台が、はっきりと現れた（**図2**）。この半島の隅に、確かに忌宮神社の境内が広がっている。また、かつて入江だったという由緒をもつ小字「古江小路」には、それを示すかのように入江状の窪地を確認できた。この地形図をもとに、さらに現地をくまなく踏査して、2m間隔の等高線では拾えない、より細かいレベルの微地形を書き加えていった。

このようにして抽出した地形と先ほどの復原図を比較してみると、面白いことが分かった。中世に存在した諸施設は、海岸に近い浜には一つもなく、特徴的な半島状の形をした高台（亀ノ甲台地）と山麓にしか、分布していないのである。中世の諸施設は、安定した地形を選んで立地する、「自然地形適合型」とでも言える分布パターンであったことが分かった。

地形に適した位置を選んでいるのは、寺社や屋敷だけなのだろうか。大まかにみて、台地上やその周囲の道路と街区は、概ね地形に沿って斜めに走っているようだ。そこで、さらに細かい路地や土地割もこのような台地に沿った方向にひかれている

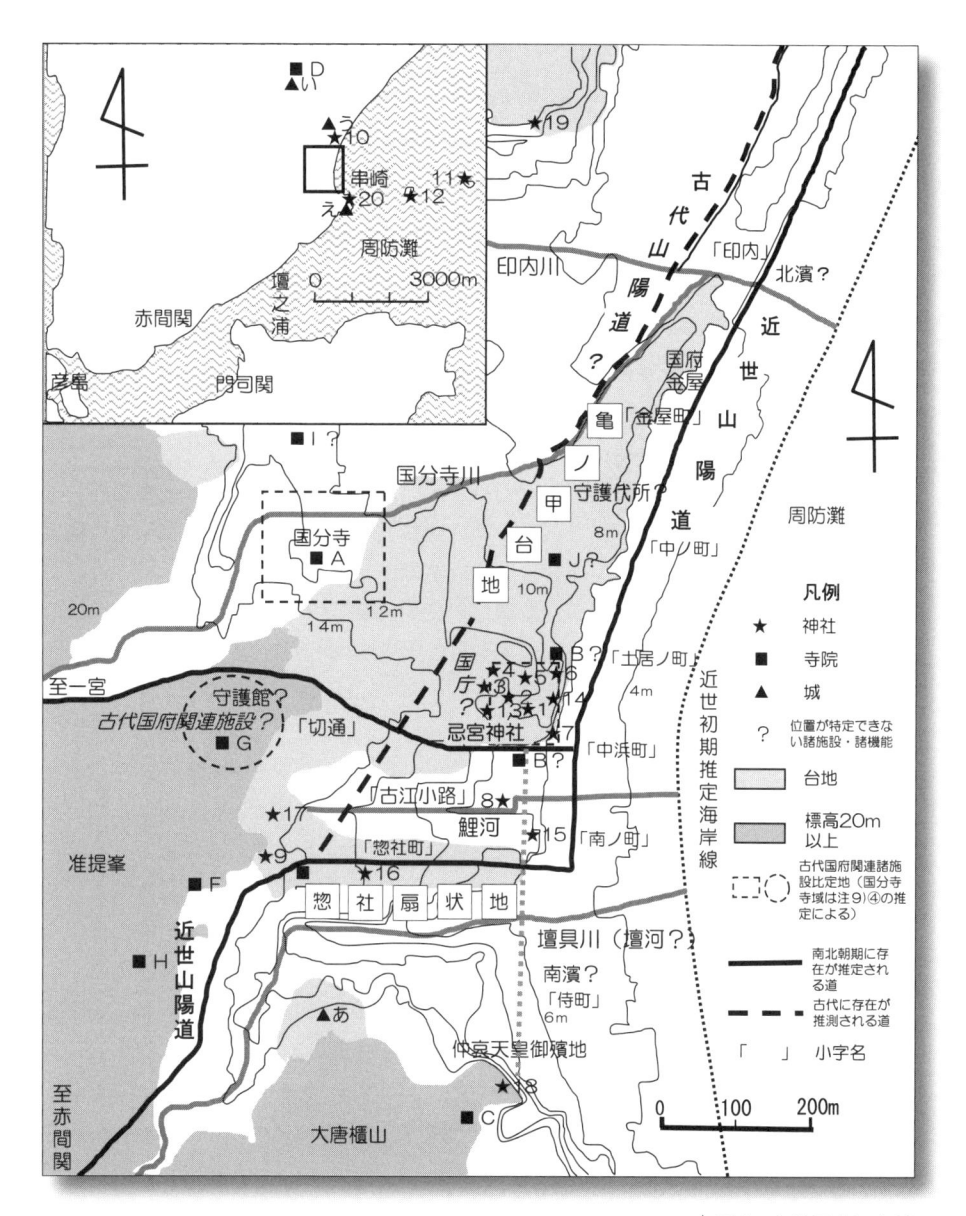

図2 中世長府における諸施設の分布 清書図（記号と番号は表1と対応）

のではないのではないかとの予想を立てた。つまり、中世長府は、全体として自然地形に規制された空間パターンであったという仮説である。この仮説を検証するために、なるべく古い時代の路地・土地割の形を、地形と比較することにした。

ここで用いたのが、近代初期に作られた地籍図である。地籍図とは、明治前半期における地租改正事業に伴って全国規模で土地登記台帳の付図として作成された大縮尺の地図のことを言う。歴史地理学の空間復原に頻繁に利用されてきた基本史料であり、最近は、歴史地理学に限らず、多くの分野で復原研究の史料として利用されるようになってきた（千田ほか1993：75-90）。

しかし現在のところ、地籍図を歴史史料として研究者の利用に供している地域はまだ少数派で、博物館・資料館・文書館に収蔵されていないのはもちろんのこと、地元の歴史研究者すら所在を知らない地域もままある。地籍図の収集は、そもそもどこにあるのかを探すところから始まるので、他の史料以上に手間がかかる。地籍図の所蔵先として可能性が高いのは、地方法務局、市町村役場の税務課や財務課、明治期に村役人を務めていた旧家や公民館である。しかし、所蔵先によって、保存

千田嘉博・小島道裕・前川要（1993）『城館調査ハンドブック』新人物往来社

状況や閲覧への対応がまちまちなので、地籍図の所在が分かっていても、閲覧、複写や筆写、撮影を許可してもらうまでに時間と労力がかかることは覚悟しておいた方がよい。

長府の地籍図についても、辿り着くまでに苦労することを覚悟しつつ、まず長府博物館の学芸員の方に所在について尋ねてみた。すると、自分は知らないが、行政資料ということで、市役所の支所長さんなら知っているかもと、支所長さんを紹介してもらった。次に支所長さんにお尋ねしたところ、最初はそのような地図は知らないということであった。しかし、行政内で地籍図は通常、旧公図、字図、字限図（あざかぎり）と呼ばれているので、この名称に変えて所在を尋ねると、字図ないし字限分間図（あざかぎりぶんけんず）と呼ばれる小字ごとの大縮尺の地図帳が長府支所に所蔵されているという嬉しい回答が得られた。これを実見させてもらったところ、まさに私の求めている地籍図であった。研究目的での閲覧と筆写についてもすんなりと許可してもらい、さらに支所長さんから図書館館長さんを紹介してもらって、図書館のスペースを一部お借りして、好きなだけ筆写させてもらえることになった。このようにトントン拍子で話が進み、地籍図の閲覧・筆写が可能になったのは、後にも先にもこのフィールドだけであり、予想外の幸運であった。図書館では、受験生の横で、都市計画図の上に敷いた大判のトレース紙に地籍図の地筆界・地番・地目を、延々と形を合わせながら写し取る作業が続いた。

現地における史料収集は、事前に所在を確認した上で、効率的かつ計画的に遂行することが理想的であるが、実際にはこのように予期せぬ事態がしばしば起き、それによって芋づる式に史料に到達することもある。あまりタイトにスケジュールを組むと、予想外のチャンスが舞い込んできたときに、つかみ損ねてしまうことになりかねない。とくに、最初の現地調査のときには、様々な不測の事態に備えて、余裕を持って調査日程を確保しておく方がベターであろう。

さて、このようにして入手した地籍図を見ると、忌宮神社北側に関しては、北東に斜めに延びる台地と同じ方向に、路地や土地割が延びていることが分かった。地籍図の示す明治初期では、この地区は「自然地形適合型」の道路・街区パターンであったといえる。しかも、この地区で行なわれた発掘調査の報告書によると、古代・中世の溝や遺構群も、同じように台地と同じ斜め方向を向く傾向があるという。ということは、忌宮神社北側に関しては、古代・中世という古い段階から、「自然地形適合型」の空間パターンであったと言えそうだ。

しかし、入江状の窪地が深く入り込む地形の忌宮神社南側については、仮説を修正しなくてはいけないことも分かった。ここでは、高台だけでなく、窪地にも寺社が立ち、道路や土地割も、地形を無視して正南北・正東西の方向に走る傾向にある。地形を完全に無視したとは言えないが、正方位で道路が直角に交わるというのは、きわめて人工的で計画的な印象を受ける。しかも、正方位というのは、忌宮神社の境内の方向でもあり、中世の忌宮神社が、聖跡として重視した仲哀天皇御殯地（ちゅうあいてんのうおんもがりのち）と自らを結ぶ方向でもある。ということは、この「正方位優先型」の空間パターンは、中世に忌宮神社が計画的に建設したことに由来するのではないだろうかと推定した。

以上のように、諸施設の分布図に、地形と道路・地割形態という、別の空間データを加えて解釈することで、中世長府における二つの異なる空間パターンを見出すことができた。中世長府では、全体として諸施設は不規則に分散しており、道路・街区については「自然地形適合型」パターンと「正方位優先型」パターンという二

つの異なる空間パターンが無理なく併存していたと考えた。これをふまえて、中世長府は分散・複合型の空間構造であったと結論づけたのである。

6 史料分析と現代の地域

　この調査では、個々の史料が作成された時期や文脈を検証し、それに応じて史料から抽出した情報の取り扱いを意識的に変えた。このように、史料そのものの成り立ちを検証する作業を「史料批判」と呼ぶが、史料批判は、歴史地理学に限らず、歴史に関わる史料分析全般に共通する手続きである。この調査では、史料から分かる情報の確実度を細かく区別しすぎて、やや分析が煩雑になってしまったきらいもあるが、学術調査として史料分析を行なう以上、史料批判は欠かせない。史料批判がなされていないと、根拠が曖昧で誰が言い出したかもよく分からないあやふやな歴史を、自信たっぷりに語ってしまうことになりかねない。

　このように、歴史研究の一環として、地域調査でも通常の歴史研究と同じように踏まなくてはならないステップはあるが、その一方で、オーソドックスな歴史研究とは異なる地域構造の解明というゴールを目指して、独自の方法論を模索する必要も生じる。この調査の場合、ゴールは「中世における空間構造の復原」であり、そのために、以下の4つのプロセスを踏みながら、史料分析を進めた。まず、①中世における諸施設の位置情報を集めて「住所録」を作成し、次に、②その「住所」が現在のどこにあたるのかという地点データを集めた。同時に、③道路・街区、川、海岸線といったものの「かたち」を現地比定し、④最終的にそれらを一枚に地図化していった。このように、目的に合わせて、常に史料を「空間データ」に転換した点に、この調査における史料分析の特徴がある。地域調査においては、「何が知りたいのか」をはっきりとさせ、意識的に史料分析を行なわないと、やみくもに手を広げるだけで力尽きてしまいかねない。

　とはいえ、最初に予定した史料分析では、満足のいく回答を出せなかったというのもよくあることである。この調査でも、復原図を作成した当初は、そこから空間構造を読み解くまでには至らなかった。そこで、現地踏査を通じて発想を得た、地形や路地・土地割といった別の空間データを加えることで、何とか仮説の構築に辿り着いた訳だが、このように予定した方法で行き詰まったときには、発想を変えて別のデータを補完したり、別の視点から異なる主題図を作ってみるという柔軟さを持った方が良いだろう。ここには紹介できなかったが、分析の途中では、他にもたくさんの主題図や表を作った。作ったけれどもそこから何も見いだせなかった図表はたくさんある。考えるヒントを与えてくれた図表も、そのほとんどは論文には掲載できず、今でもパソコンの中に眠っている。無駄になるかもしれないと思いながらも積み上げていくデータの山の上に、ようやく一筋の光を見いだしたときの喜びは、何物にも代え難い。

　史料分析による地域調査は、もはや誰も体験することのできない過去を対象とするものである。しかしその視線は、過去を経由して、常に現在の地域に向けられている。冒頭の例で示したように、過去の歴史そのものではなく、現在の地域のあり方に興味関心がある人にこそ、本章で述べたような史料分析をおすすめしたい。そして現在の地域構造を過去の視点から読む歴史地理学的な視角と方法は、現在の文化財行政や、歴史的地区に施工する都市計画といった、現在と過去とがクロスとき

に生じる地域の諸問題を、これまでとは違う別の角度から捉え直すことに大いに役立つことだろう。

おすすめ文献

有薗正一郎・遠藤匡俊・小野寺淳・古田悦造・溝口常俊・吉田敏弘編（2001）『歴史地理調査ハンドブック』古今書院

千田嘉博・小島道裕・前川要（1993）『城館調査ハンドブック』新人物往来社

須藤健一編（1996）『フィールドワークを歩く——文科系研究者の知識と経験』嵯峨野書院

2-7

梶田　真　KAJITA Shin

地域調査と
トライアンギュレーション
―― 押してダメなら引いてみる

本章でとりあげる論文
梶田　真（1998）「奥地山村における地元建設業者の存立基盤―島根県羽須美村を事例として」『経済地理学年報』vol.44-4、345-354頁

　この論文では奥地山村における建設業者の存立基盤を明らかにするため、公共事業の受注過程の実態を分析した。事例調査は島根県羽須美村で実施した。
　羽須美村の事例では、指名競争入札の過程を通じて、発注者による業者指名と指名業者間の話し合い、いわゆる談合の二段階の調整が行なわれる。この二段階の調整によって各町村ごとに受注圏が形成される。また、業者指名の基準として用いられる格付け制度が、新規参入業者の急速な成長を抑制するために用いられていることも明らかになった。
　これらの参入障壁の存在によって、公共事業の急増は直接、村内建設業者の成長につながった。しかし、その成長にも市町村の規模による上限が存在した。

キーワード：奥地山村　公共事業　指名競争入札

梶田　真
1971年千葉県生まれ。東京大学大学院総合文化研究科博士課程修了。現在、東京大学大学院総合文化研究科教員。専門は農村地理学、地方行財政の地理学。論文に「公共土木事業における入札の実態と土木業者の立地構造」『地理学評論』vol.73、2000年、「地方交付税の配分構造からみた戦後地方行財政の特質」『地理学評論』vol.76、2003年、「戦後の縁辺地域における土木業者の発展過程と労使関係の性格」『地理科学』vol.60、2005年、など。
kajita@humgeo.c.u-tokyo.ac.jp

1　トライアンギュレーションとは

　アンケート調査、インタビュー調査、文献調査、統計分析など、地域にアプローチするための調査手法には様々なものがある。けれども、それぞれの手法には長所と同時に短所も存在する。例えば、アンケート調査では全体の何パーセント、という形で現象を量的に把握することができるし、統計分析を行なうことで属性ごとに回答に有意な差があるのかどうかを検証することもできる。また、適切なサンプリングを行なった上で十分な数の回答を得ることができれば、分析対象の全体像を高

い精度で把握することができる。けれども、アンケート調査では質問項目以外の情報を得ることはできない。また、ある質問項目に同一の回答をしたからといって、その理由が同一であるとは限らない。また、アンケート調査の実施に先立って、調査者が適切な質問項目を設定できる保障もない。さらに、クロス集計を行ない、統計的な検証に耐えうるだけの回答数を得るためには、大規模な調査が必要であり莫大な費用がかかる。

　他方、質的な調査手法、例えば、インタビュー調査では、アンケート調査のような量的な調査では抜け落ちてしまう個人の行動・意識に対する踏み込んだ理解が可能になる。質問を積み重ねていく中で、疑問に思ったことをさらに問い返すこともできるし、発話が行なわれた状況や話しぶりを考察していくことにより、深部まで入り込んだ解釈も可能になる。発話の内容だけでなく、口調やしゃべり方をリアルに記した「聞き書き」と呼ばれる記述スタイルを駆使した優れた調査報告ではインフォーマント（インタビュー相手）があたかも目の前にいるかのような鮮やかな印象を与える。けれども、インタビュー調査では得られたインタビューの内容が調査対象全体の中でどのような位置づけを持つものなのか、換言すれば、どのような点が全体に共通した性格であり、どの部分がインフォーマント固有の特徴、あるいはパーソナリティによるものなのかを判断することは困難であり、アンケート調査のように現象の全体像を把握したり、程度を量的に測定することはできない。また、調査の性格上、一人の調査に対して多くの時間と労力が必要であり、あまり多くの人を対象に調査を実施することはできない。

　このように、それぞれの調査手法にはそれぞれ長所と短所がある（**表1**）。それゆえに、それぞれの調査方法の長所と短所を理解した上で、様々な手法を組み合わせながら自らの解釈の精度を高め、より説得力のある論証を目指していくことになる。このような論証法をトライアンギュレーション（三角測量）ないしはマルチメソッド（多元的方法）という（以下、トライアンギュレーションという表現の方を用いて話を進めていくことにしたい）。

　トライアンギュレーションは、どのような研究テーマ、調査スタイルを採用するかにかかわらず、調査者が常に心がけなければならない基本的な姿勢であるといえる。単独の調査手法だけでは仮説の構築自体が困難である場合も少なくない。

　今回紹介する私の調査の対象は、公共事業における業者間の受注調整、いわゆる談合である。違法行為である業者間調整の問題について、関係者は自ら進んで話そうとはしないし、論証材料となるような直接の資料を得ることも困難である。この調査では資料分析とインタビュー調査を組み合わせることによって仮説をつくり、その論証を試みたのであるが、最初から確固とした調査プランがあった訳ではなかった。本章では、特定の調査手法に依拠して分析を進めていくなかで直面した限界を、別の調査手法の導入によって克服しようとした一つの調査記録を材料として、トライアンギュレーションの問題を考えてみたいと思う。以下の文章では適宜、当時のフィールドノートの記録を紹介するが、字が汚い点についてはどうかご容赦いただきたい。

	質的調査	量的調査
事例の数	少ない	多い
事例あたりの情報量	多い	少ない
調査の柔軟性	柔軟的	固定的
結果の客観性	主観的	客観的

表1　一般的な質的調査と量的調査の長所と短所

2 地域における公共事業と地域経済

大川「それにしても、デカいサングラスですね（笑）。」
横田「潜入取材をするので顔を覚えられるのは避けたいんです。」
　　　　　　　　⋮
大川「こういう時は素顔で？」
横田「はい。でも、作業着で建設業者のフリをしています。」
大川「建設コスプレカメレオン？政治型イメクラ？」
横田「地方の選挙は露骨で、制服姿の業者が動員されてズラッと並ぶんです。」
(「族議員ストーカーは見た！！！！（大川興業総裁突撃体験報告：政治の現場すっとこどっこい）」『週刊プレイボーイ』2003年12月9日号、214頁)

　私はもともと過疎地域の地域経済の研究をしていて、過疎地域の地域経済・社会において公共事業に依存した土木業がどのような役割を果たし、それがどのように変化しているのかについて関心をもっていた。平たく言えば、土建国家ニッポンの末端である過疎地域という「現場」に興味があったのである。

　もっとも、1970年代以降の過疎地域における、巨額の財政支出に依存した地域経済の実態については、岡橋秀典の研究[1]をはじめ1980年代を中心に非常に多くの成果が出されていた。しかし、土木業の研究だけはほとんど手つかずで残っていた。より正確に言えば、1990年代に入るまで土木業の研究は業界説明程度のものにとどまり、学術研究レベルでの成果はほとんどなかったといっても過言でなかった。例えば、経済学者の金本は経済学者・経営学者にとって（土木業も含めた）建設業研究は「分析のメスが入れられていない暗黒大陸であった」と述べている（金本編1999：ⅲ）。

　土木業研究が手つかずであった大きな原因の一つに、談合をはじめとした不透明な慣行が多く、実態調査を行なうことが困難だったことがあるのは間違いない。例えば、もし土木業者に「入札における業者間の話し合い（恐ろしくて「談合」という言葉は持ち出せないでしょう……）の実態についてお話を伺いたいのですけれども」などと電話したらどうなるだろうか。断られるだけならまだしも、罵倒されるとか、怖い思いをするのではないか。正直なところ私はそんなことを考えていた。この節の冒頭で取り上げたのは、公共事業や族議員の問題について精力的に取材を続けているジャーナリスト・横田 一[2]が自らの取材活動について語ったものであるが、当時、私が抱いていた土木業調査のイメージはまさにあのような感じであった。もし調査できたら面白いのだろうけど、私のような小心者にはまあ無理だろうなあ、と考えていた。

　また、仮に調査を行なうことができたとしても、責任問題になりかねないので論文等の形で公表することは難しいと考えていた。実際のところ、違法行為である談合について、当事者が内部告発以外の形で直接の資料を提出することはまずありえない。雑誌などで談合問題を取り上げたレポートを見ても、談合そのものの証拠が示されていることはほとんどない。多くの場合には、それぞれの工事の予定価格に対する落札価格の割合で定義される落札率が指標として用いられていて、この落札率が95％を越えるような高い数字をとっていることを根拠として、談合が行なわ

[1] 岡橋の一連の研究の集大成として、岡橋秀典（1997）『周辺地域の存立構造―現代山村の形成と展開』大明堂がある。
金本良嗣編（1999）『日本の建設産業』日本経済新聞社

[2] 公共事業・建設業に関する横田の主な著作には久慈 力・横田 一（1996）『政治が歪める公共事業―小沢一郎ゼネコン政治の構造』緑風出版、横田 一（2003）『暴走を続ける公共事業』緑風出版がある。現在も横田は週刊誌等に精力的にレポートを寄稿している。

れている「可能性が高い」としているにすぎない。

3　資料収集と仮説づくり

　私がこの調査をはじめたのは、博士課程に入った直後の1997年のことである。当時は金丸信元自民党副総裁の汚職事件などもあって、公共事業をめぐる様々な問題が世間の大きな注目を集めていた。

　正確な時期は忘れてしまったが、確か5月か6月ごろに所属大学院OBの三浦真氏から修士論文の内容に関する質問をいただき、その時に建設業者に関する資料についてご教示いただいた。この時に、建設業は国からの許可を必要とする業種であるため、毎年、財務諸表をはじめとした様々な資料（建設業許可申請書類）の提出が義務づけられており、この資料が閲覧可能であることを知った。20年ほど前に書かれた三浦氏の修士論文は、建設業許可申請書類を体系的に収集・分析された優れた研究であった（三浦1977）。三浦氏とは研究関心に違いがあったものの、同様の作業を行なうことで、私もある程度、資料面から土木業の実態に迫ることが可能なのではないかと考えた。

　調査対象地域である島根県は、過疎問題に対する政策的な取り組みを最も早い時期から行なっていた県であり、既に地元の島根大学をはじめとして数多くの調査研究が行なわれていた。この島根県の中から人口が3000人にも満たない羽須美村（**図1**）を選んだのは、この調査を進めていくにあたってどの程度の労力・作業が必要になるのかが分からなかったので、まずは試験的に小さな村で調査を行ない、次の展開はこの調査が終わってから考えようと思ったことによる。

　羽須美村を管轄している島根県の川本土木建築事務所に行くと、確かにその一画にテーブル1つと数個の椅子が並んだ閲覧所が設けられていて、信用調査会社の人が各業者の建設業許可申請書類を転記していた。その中身は社史、財務諸表、受注工事の内容などなど。なんとまあ、ここまで……という詳細な資料であった。しかし、コピーは許されていなかった。しかも、当時の私は財務諸表等の読み方について十分な知識がなく、ただやみくもに膨大な時間を費やして転記を続けた（**図2**）。この頃、私は千葉県に住んでいたが、長野県のある行政機関の嘱託職員として、月の1/3ぐらいを長野県で過ごしており、仕事が終わってから名古屋に出て、夜行バスに乗って島根に通う日々だった。数週間かかって、ようやく川本土木建築事務所の管轄エリアである邑智郡内の全業者の転記が完了する。人口3万人足らずのこの郡だけでも100社以上の許可業者があったが、これでようやく立地分析などが可能になった。しかし、業者立地を地図化してはみたものの当初、立地パターンが何を意味しているのかを理解することはできなかった。

三浦　真（1977）『山村における建設業の展開』（東京大学修士論文）

（上）図1　島根県・羽須美村（当時）
（下）図2　建設業許可申請書類の内容（損益計算書の部分）
（当時のフィールドノートより）

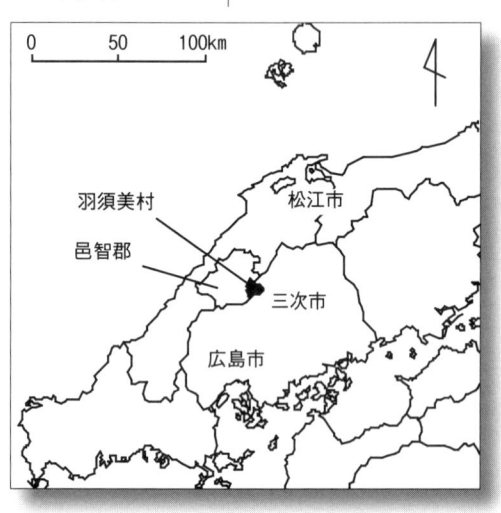

その後、個々の入札における指名業者と落札業者、予定価格、そして落札金額のリストなども公表されていることが分かった。これらの資料も閲覧所の一画にひっそりと置かれてあった。そこで、次にこの入札資料を転記し、先に作成した土木業者のリストとマッチング作業を行なっていった。許可業者のリストにない業者が出現した場合には、近隣市町村の業者から検索したり、場合によっては聞き取り調査で確認しながら作業を進めた（**図3**）。

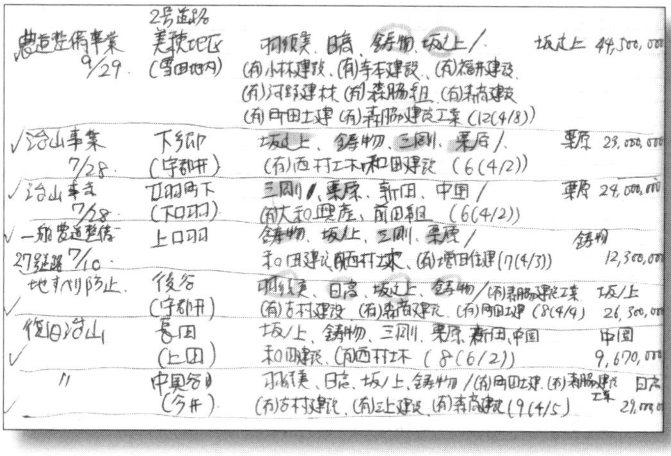

　分析を進めていくにつれて、発注機関は原則として工事が行なわれる町村ないしはその近隣の業者しか指名しないこと、そして、ほとんどの工事において、最終的に工事が行なわれる町村の土木業者が落札していることが明らかになっていった（**表2**）。この結果を受けて、発注者の指名行動と業者間の受注調整により、おおよそ市町村単位で受注圏のようなものが形成され、市町村の規模の違いに影響を受けるものの、一定規模の業者がどの市町村にも存在することになるのではないか、という仮説が頭に浮かんだ。改めて、市町村と完成工事高規模別業者数のクロス表を作成してみると、**表3**のように、おおよそこの仮説が妥当なのではないかと考えられる結果が得られたのである。

図3　入札情報の内容（当時のフィールドノートより）
左から工事の内容・入札日時・工事場所・指名業者・落札業者・落札金額を記している。（　）内の数字は左から順に指名業者数、工事箇所の市町村に本店を置く業者数、工事箇所の市町村以外に本店を置く業者数である。

4　資料分析の限界とインタビュー調査の試み

　「恒常的に自分の会社の施工能力を超えて受注し、下請けに回すブローカー的な業者もいる。請負額の10～15％が元請の利益となり、名義料のような名目で持っていく。」
　「協会内の話し合いは、発注者から指名が出た後、研究会というような名前で行なわれる。談合については、告発者が名前を明らかにしたときには調査に入る（匿名の場合には調査しない）が、最終的には談合の事実は認められない、ということでお流れになる。」
　（当時のフィールドノートより。（　）内は筆者の加筆部分）

　こうして一応の仮説ができ、ある程度の裏付けとなる資料を得ることができた。しかし、資料分析だけではどうしても「痒い所」に手が届かない。資料分析の結果、帰納的にある傾向を見出すことができたからといって、それが業者間の調整によるものであるとは断定できないし、そのような行動の背後にある発注者や業者の論理を具体的に理解することもできない。確かに、入札指名・落札結果の傾向や業者の立地パターンは明らかになったけれども、学術論文に仕上げていくためには、論証材料が不十分であることは明らかであった。

　正直なところ、怖かったけれども、やはり、なんとかして踏み込んだインタビュー調査をしないと十分な説明ができないのではないか、という思いが強くなっていった。ある程度、具体的な仮説が出来たことで、ようやく重い腰をあげる踏ん切りがついたのである。

　しかし、まず、どのように話を切り出せばいいのか悩むことになる。とりあえず、

a. 羽須美村内工事（川本土木建築事務所発注分）

工事番号	落札額	指名業者の内訳		落札業者
01	1,050	○7		○
02	4,740	○7	●4	○
03	4,100	○7		○
04	800	○7		○
05	8,500	●7		●
06	3,800	○7		○
07	23,000	○7		○
08	7,000	○7		○
09	10,000	●7		●
10	8,300	○7		○
11	9,200	○7		○
12	17,300	○7		○
13	6,200	○7		○
14	3,050	○7		○
15	2,900	○7		○
16	53,000	●11		●
17	3,000	○7		○
18	4,700	○7		○
19	530	○7		○
20	13,700	○2	●7	○
21	46,100	○7		○
22	1,950	○7		○
23	14,900	○7		○
24	698	○3	●2	○
25	33,600	○7		○
26	14,650	○7		○
	296,768			

b. 羽須美村内工事（川本農林振興センター発注分）

工事番号	落札額	指名業者の内訳		落札業者
01	44,500	○4	●8	○
02	23,000	○4	●2	○
03	24,000	○4	●2	○
04	12,300	○4	●3	○
05	26,300	○4	●4	○
06	9,670	○4	●2	○
07	29,000	○4	●5	○
08	28,300	●6		●
09	9,600	●7		●
10	9,000	●6		●
	215,670			

c. 羽須美村外工事で羽須美村の業者が指名された工事（川本土木建築事務所発注分）

工事番号	落札額	指名業者の内訳			落札業者	工事地区
01	56,444	○2	◎2	●6	◎	大和村
02	57,800	○2	◎2	●6	◎	大和村
03	57,200	○2	◎2	●6	◎	大和村
04	115,500	○2	◎2	●6	◎	大和村
05	98,300	○2	◎2	●6	◎	大和村
	385,244					

d. 羽須美村外工事で羽須美村の業者が指名された工事（川本農林振興センター発注分）

工事番号	落札額	指名業者の内訳				落札業者	工事地区
01	13,000	○2	◎6			◎	大和村
02	83,900	○2	◎2	●6		◎	大和村
03	31,500	○2	◎4	●3		◎	大和村
04	20,000	○2	◎4	●1	×1	◎	大和村
05	51,000	○2	◎2	●6		◎	大和村
06	66,300	○2	◎1	●7		◎	邑智町
07	130,000	○2	◎1	●7		◎	邑智町
08	75,200	○2	◎1	●9		◎	邑智町
09	50,000	○2	◎7	×1		◎	瑞穂町
10	40,200	○2	◎7	×1		◎	瑞穂町
11	89,500	○2	◎4	●5	×1	◎	瑞穂町
12	14,100	○2	◎4			◎	瑞穂町
13	84,000	○2	◎6	●4		◎	瑞穂町
14	136,800	○2	◎5	●7		◎	瑞穂町
	885,500						

○ 羽須美村の業者
● 羽須美村外の業者
◎ 工事が行われる町村の業者
× 所在地が特定できなかった業者
単位；千円
資料：各部署資料

表2　島根県川本土木建築事務所発注工事についての入札指名業者と落札業者（1995年度）
（梶田1998）

「過疎地域における建設業の実態を知りたい」という非常にあいまいな形で、羽須美村の商工会の指導員の方に何社かの土木業者を紹介してもらい、話を聞きにいくことにした。最初に話を伺った数社は飾り気の全くない、いかにも「ムラの土木業者」といった感じの業者だった。これらの業者では経営者の方が自ら現場仕事に出られるため、まとまったインタビュー時間が確保できない。インタビューでは、私が業界特有の言い回しを十分に理解できなかったこと、そして無理をして言葉を選び、まだるっこしい質問を繰り返していたことなどもあって「で、おたくさん、何が聞きたいの」「言っていることがよくわかんないんだけど」といったやりとりに終始し、「談合」の「だ」の字もだせないまま、インタビューが終わってしまうことの繰り返しだった。

しかし、何社かまわっているうち、幸運にして、感じのよさそうなインフォーマントに巡り会う機会があった。この業者は村で一番大きな業者で、経営者の方は基本的に事務専任のようであった。たまたま、インフォーマントの息子さんの大学時代の恩師が当時、私が在籍していた大学に異動されたとのことで、その話を中心に非常に和やかに会話は進んだ。その時に、それまで分析してきた入札における指名行動や落札結果の資料をお見せして、おそるおそる「あの……こういう結果が出ているんですけど、何か、その、業者間で調整みたいなことをしているのでしょうか？」と聞いてみた。当初は当惑したように見えたが、具体的な資料を示していること、そして公表に際しては業者名を隠し、内容のチェックをする場を設ける、と話を続けたこともあって、インフォーマントの方は、業者間の話し合いや一括丸投げの下請事業における「名義料」などの実態について、元請業者の受注価格と下請で受注したときの契約金額の資料などを交えながら丁寧に説明してくれた。

ランク付けの根拠となる経営事項審査の結果表もこの時はじめて目にした（**図4**）。このインタビューによって、舗装工事における上投げ（工事を施工する能力のない業者が受注し、名義料を取った上で舗装業者に一括丸投げすること）、後発業者の成長をおさえるためのランク制度や入札指名の運用、既存の土木業者に勤めていた従業員の独立開業の実態など、それまで通説程度にしか理解していなかったことについて、非常に具体的な説明をしていただき、疑問に思っていたことのかなりの部分が氷解した。また、このインフォーマントの方の話では「この程度の入札を告発していたらきりがなく、見せしめ的な効果がある大きな入札しか告発の対象とはならないので、別に（論文に）書いてもらっても構わない」とのことだった。その後、発注者側の方にインタビューをした際にこの話を振ったときも「まあ、おおよそ、そういう理解でよいのではないでしょうか」といった返事をしていた。もちろん、論文では業者名はすべて匿名にし、公表前にはインフォーマントに内容の確認をしてもらい、了承を受けている。公表に際して微妙な問題を含んでいるだけに、今でも学会誌などに投稿する時には、編集委員やレフェリーの方と議論になる部分である。

この時とりまとめた論文は、発注者の指名行動と土木業者の受注調整の実態、そして羽須美村における土木業者の発展過程と立地パターンをまとめただけのもので、文献リストや脚注をのぞくと実質7ページの非常に短い論文である。先に記したように、土木業に関する先行研究が非常に少なかったことは事実であるが、正直に言って、当時の私には関連する諸分野の研究を下敷きに議論を展開できるだけの能力がなかった。

	総数	桜江町	大和村	邑智町	瑞穂町	羽須美村	石見町	川本町
8億以上	1	1						
5億~8億	3		2	1				
3億~5億	7			1	2	1	3	
2億~3億	8	2		2	4			
1億~2億	17	1	1	4	2	2	3	4

表3　公共土木事業元請分についての完成工事高規模・町村別業者数
（梶田1998）

図4　インタビューの時にいただいた経営事項審査の結果表のコピー
（業者名はモザイクをかけている）公共事業・建設業に関する情報公開の進展によって、経営事項審査についても1998年7月申請分以降の結果について公開されるようになった。現在は（財）建設業情報管理センターのホームページ上でも公表されている（http://www.ciic.or.jp/keisin/kouhyou.html）。

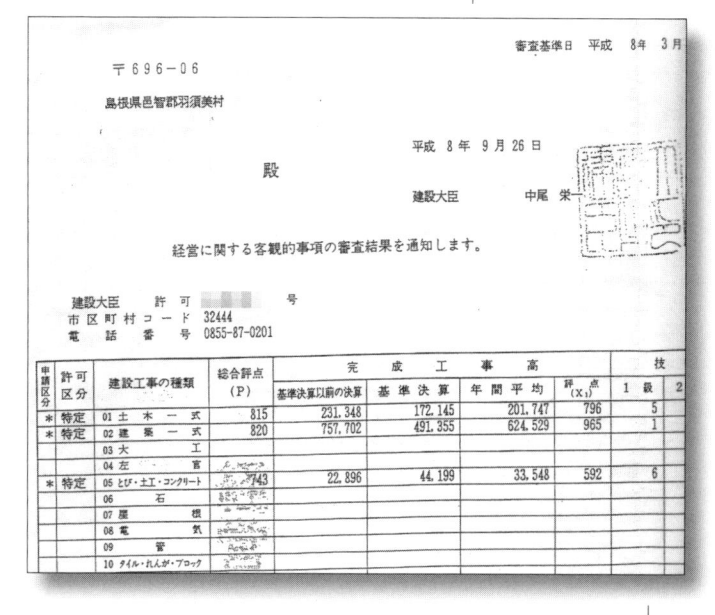

この調査以後、より広域的で規模の大きな公共事業の入札を分析するようになったが、インフォーマントの方に迷惑がかかることを恐れ、土木業者に対して直接、業者間調整の実態に関して質問することは控えるようにした。けれども、先のインタビュー調査で得られた知見により、資料分析からでもそれなりに具体的なことを論じることができるようになり、業者間調整以外の点についても、少しは踏み込んだインタビューができるようになったため、それほど大きな困難に直面することもなく別の論文を書き上げることができた（梶田2000a）。

梶田 真（2000a）「公共土木事業における入札の実態と土木業者の立地構造─島根県を事例として」『地理学評論』vol.73A、669-693頁

5 振り返って思うこと

この調査は、当時の私にとってかなりの額のお金と時間を費やした結果たどりついた、たった1本、わずか2時間ぐらいのインタビューに帰結した、と言えるかもしれない。何とかこのインタビューにたどりつけたのは、資料の所在を教えてくれたOBの方とよいインフォーマントに巡り会えた幸運による部分が大きいことは間違いない。けれども、このインフォーマントから貴重な話を引き出すことができたのは、やはり、それまでの資料収集と分析によって具体的な仮説を構築することができ、分析結果を交えつつポイントをついた質問をすることができたことが大きいのではないかと思う。具体的なデータ分析の結果と仮説を示すことができなければ、おそらく核心的な話を引き出すことはできなかっただろう。資料分析で行き詰まっていた時にインタビュー調査によって、より正確には、資料分析の結果で得られた知見・仮説を持ってインタビュー調査を行なうことによって、ようやく研究が収斂したのである。

その後の私の研究を振り返ってみると、インタビュー調査をはじめとした質的な調査だけでも、アンケート調査や統計分析のような量的な調査だけでも、そして一方の調査手法の補完作業として他方の調査手法を採用するだけでも不十分であった。様々な調査手法による試行錯誤とそこで得られた知見のフィードバックを繰り返しながら、調査を収斂させていくことこそが重要なのではないかと思う。私はこの調査の後も公共事業と土木業の問題についての研究を続けているが、本章の執筆のために、当時のフィールドノートを読み返すと、関連する法制度（例えば、建設業法や官公需確保法など）や専門用語の知識があれば聞くまでもなかった内容がかなりある。当時、まだ勉強が足りなかったことも否定できないが、資料の収集・分析、インタビュー調査などを積み重ねていくなかで、少しずつ資料が「読める」ように、インタビューが「聞き取れる」ようになっていったことは紛れもない事実である。

トライアンギュレーションの本来の目的は、複数の調査手法の長所を生かし、短所を補完しあうことによって、論証の精度を高めていくことにある。しかし、先験的に調査手法を確定させることが難しい地域調査の場合、それはそれぞれに長所と短所を持った複数の調査手法を駆使して研究を収斂させていくためのプロセス、あるいは戦略であると考えることができるのではないだろうか。例えば、暴走族や現代演劇の研究で知られる佐藤は、トライアンギュレーションについて、刑事裁判における弁護士の弁論に近いものかもしれない、と述べている（佐藤2002：296-298）。行き詰まっていた調査が別の手法を導入することによって一歩先に進むことができたとき、例えば、インタビュー調査で得られた知見によって手の付け所が分からなかった資料・統計の分析のポイント・読み方が見えてきたとき、あるいは、資料・統

佐藤郁哉（2002）『フィールドワークの技法─問いを育てる、仮説を鍛える』新曜社

計分析の結果を踏まえたインタビュー調査を行なうことで、インフォーマントから核心的な情報を引き出すことに成功したときの突き抜けた開放感みたいな感情は、なかなか言葉で表現しがたいものがある。

　日頃、私たちは地域という茫漠としていて、捉えようのないものを研究対象としている。それゆえにどのような調査手法を採用すればよいのか分からず、とりあえず研究を進めていったものの行き詰まることがしばしばある。そんな時には、それまで依拠していた調査手法とは異なった特徴を持つ手法を導入して、別の角度から問題を考え、分析してみることを試みてみてはどうだろうか。

「押してダメなら引いてみな」ってね。

おすすめ文献
佐藤郁哉（1984）『暴走族のエスノグラフィー──モードの叛乱と文化の呪縛』新曜社
佐藤郁哉（2002）『フィールドワークの技法──問いを育てる、仮説を鍛える』新曜社
苅谷剛彦（1991）『学校・職業・選抜の社会学──高校就職の日本的メカニズム』東京大学出版会

第3部

文化・社会の地域調査

1　村落社会をみてあるく ─────────────── 163
2　「伝統性」を考える ──────────────── 174
3　宗教の空間構造を知る ────────────── 188
4　都市の歴史空間をあるく ───────────── 199
5　ジェンダー化された空間を読み解く ─────── 207
6　工都に生きる出郷者から学ぶ ───────────── 216
7　フィールドとの「距離」と「つながり」 ────── 229
8　参与観察の実践 ──────────────── 241

　第3部「文化・社会の地域調査」では、主として文化・社会地理学における諸研究を通じて、地域のみならず、文化的事象や社会的なものをめぐる研究手法とその実践を概観する。ラインナップを見れば明らかなとおり、研究の対象となっているのは、ある特定の「場所」そのものから、（スケールを異にした場所を舞台として展開する）社会関係ないし社会過程にいたるまでの広範囲にわたっている。これは、特定の主題や方法論の一貫性をとりあえず措き、地理学の文化・社会研究から特色あるトピックを配することに重点を置いたためである。したがって、この部では、固有の調査法や相補的な手法というよりも、むしろ調査・研究に携わる者たちの「構え」──最初のアプローチにはじまる対象との関わり方──を、彼ら彼女らが調査時・論文執筆時に置かれていた状況にも注目しながら学んでほしい。

　どの章でも触れられているのが、単純な「テーマ設定」として片付けることのできない、フィールドや対象との、時には多分に戸惑いを含む、また時には大いなる関心・学究心を喚起された出会い、そして調査・研究を進めていく上でのさまざまな困難である。論文を読んだだけでは決して知ることのできない話題であるだけに興味は尽きないが、そうした喜びや苦労が現実感を帯びるのは調査という営為においてであり、まさにそれが調査の醍醐味でもあるのだろう。

　著者たちは、論を組み上げる際のこだわりや独創的工夫も率直に語っている。そこにはインフォーマントや対象との関係を築いていく著者たちの過去だけではなく、かつての自分を振り返る著者たちの今の姿がある。この点で、各章の執筆者たちは、2つの意味においてreflexive（再帰的・省察的）であると言えるかもしれない。ひとつは、まさに調査という実践を通じて、あるいは研究の過程で自らの認識や態度の変更を部分的であれ迫られたという意味において、もうひとつは、調査の結果として発表した論文（＝地域

調査の帰結）が自己に跳ね返ることで、省察・反省を通じて過去の自分と対峙し、場合によっては考え方や構えを変えてゆくこともあり得るという意味においてである。著者たちの語りはあくまで現在を起点としてなされたものであり、当時の著者自身の言葉ではないことに十分に留意しておく必要はあるが、そうした反省ないし省察の言葉が発せられているコンテクスト（現在の地理学における文化・社会研究の状況）を踏まえたうえで著者たち自身の最新の論考を併読してみることもお奨めしたい。

さて、簡単に各章を紹介しておこう。**第1章「村落社会をみてあるく」**は『農山漁村の〈空間分類〉—景観の秩序を読む』（京都大学学術出版会、2006年）を、**第2章「「伝統性」を考える」**は『民芸運動と地域文化—民陶産地の文化地理学』（思文閣出版、2006年）をそれぞれまとめた著者たちの、原風景とも言うべき現地調査を振り返る内容である。丹念なフィールドワークの手法のみならず、前者については村落空間の文化景観を、後者については語りの社会性を読み解く、鮮やかな手つきも学んでほしい。

第3章「宗教の空間構造を知る」では、信仰の空間構造に関する研究を『日本の宗教空間』（古今書院、2003年）にまとめた著者の出発点、なかんずくその舞台裏が赤裸々に語られる。教訓的な紆余曲折もさることながら、とりあげる論文以前に取り組んだ参与（参加）観察の臨場感あふれる記述が興味ぶかい。著者が軽妙に挿入する描写は（実際は紙面以上の苦労や困難に満ちていたと思われるが）、調査・研究する者が経験した一連の通過儀礼と読むこともできる。

第6章「工都に生きる出郷者から学ぶ」、**第7章「フィールドとの「距離」と「つながり」」**、そして**第8章「参与観察の実践」**でとりあげた論文は、それぞれ調査（主として聞き取り）を通じた「出郷者」、寄せ場の「労働者」、「若者」との関わり合いから紡がれた語りの省察である。シカゴ学派までさかのぼるモノグラフ——都市（民族）誌 urban geo-ethnography——の数々を想起しつつ、フィールド（現場／学問世界）における著者の位置どりを丁寧に跡付けてみてほしい。この作業を通じて、たとえば**第4章「都市の歴史空間をあるく」**という著者のお気楽なアプローチとの対照性も明確になるだろう。

第5章「ジェンダー化された空間を読み解く」でとりあげた論文は、後に『都市空間とジェンダー』（古今書院、2004年）としてまとまる著作の骨格の一部をなす論文であり、第6章などと同様、聞き取りを主とする調査に依拠している。ここで一点注意しておきたいのは、著者が意図的に「ライフヒストリー」ではなく「ライフストーリー」という術語を用いて特定の空間を生きた女性たちの物語を紡ごうとしていることである。文字通り lifehistory のカタカナ表記である「ライフヒストリー」は、ともすれば生産の空間や公の空間を生きる男性の物語（his-story）に限定されかねない。明確にジェンダーの視点を打ち出している原論文に立ち返り、彼女たちの「ライフストーリー」から浮き彫りにされる居住空間の構制を考えてみることも重要である。この論考もまた、権力作用を「読み解く」という手法を念頭に置いて読まれたい。

ところで、第3部のほとんどの章で、投稿にまつわる苦労話が挿入されている。注意してほしいのは、それらを単なる余話として捉えるべきではない、ということである。というのも、ここにとりあげた論文すべてが学会誌に掲載されたものである以上、掲載するためのやり取りのなかで論の組み立ての変更や、場合によっては再調査も必要となったはずだからである。まさにそれがゆえに、これらのエピソードを通じ、学知なるものが制度的に（再）生産される過程の一端を垣間見ることもできるのである。特に第3部では、すでに述べた各著者たちの構えと合わせ、こうした点にも注意しながら読み進めていただきたい。学知を生み出す研究の根っこには、いつも調査があるのだから。

（加藤政洋）

3-1 今里悟之 IMAZATO Satoshi

村落社会をみてあるく──第一村人発見！

本章でとりあげる論文

今里悟之（1995）「村落の宗教景観要素と社会構造──滋賀県朽木村麻生を事例として」『人文地理』vol.47-5、458-480頁

　この論文では、村落景観を構成する重要な要素の一つである、神社・寺院・墓地・地蔵・山の神などの宗教施設が、なぜその場所に置かれ、社会戦略上どのような働きをしてきたのかについて明らかにした。事例村落は、滋賀県湖西地方の山村、朽木村麻生であり、戦前まで麻生区に所属していた木地山集落も、分析に含めた。時代については、江戸期から現在までを対象とした。

　麻生では、区（いわゆるムラ）、双分組織（上流と下流）、組（近所の隣組）という3つのスケールの社会集団がそれぞれ、①社会統合、②自己主張、③意思疎通、④領域表示、⑤先祖供養、という働きを分担する宗教施設を保持してきた。この5つの機能を持つ宗教施設が、それぞれ具体的に何であるかということには、麻生内部の社会構造やその変動も影響を与えてきた。

キーワード：村落景観　宗教施設　社会構造

今里悟之
1970年大阪府生まれ。京都大学大学院文学研究科博士後期課程修了。現在、九州大学人文科学研究院教員。専門は文化・社会地理学。著書に『農山漁村の〈空間分類〉』京都大学学術出版会、2006年、論文に「村落社会秩序に対する家格の影響度の計量的測定」『村落社会研究』vol.11-2、2005年、など。

1　なぜ、このテーマに？

　今でもそうであるが、私は学生時代、地理学の何たるかを全くわかっていなかった。「地図を眺めて色塗りをして、世界中や日本中を旅して遊び回れるとは、なんと楽しそうな学問なのだ！」と思っていた。今から振り返れば、そのうちの半分くらいは間違いだったが、残りの半分くらいはその通りであった。

　当時、北陸の城下町の大学生であった私は、今ではその存在自体が日本の大学一

般においても絶滅寸前の山岳部に所属し、地元の白山や北アルプスなどの山々で、岩壁から転げ落ちたり雪まみれになったりしながら、仲間とともに過ごしていた。まだ見ぬ広い世界への憧れは、農山漁村を徒歩や自転車でめぐる一人旅にもつながっていった。簡易テントをかついで自炊をしながら、夜は神社の軒下などで寝るのである。道すがら、行商のおばさんから鰊の干物と夏みかんをいただいたこともあれば、駐在さんに職務質問を受けたこともある。

　大都市圏郊外の住宅団地で育った私には、村落の景観（風景）はとても新鮮であった。農村部出身の先生方が、しばしば都市地理などを専門にされるのとは、正反対の志向かもしれない。大学3年生の野外調査実習の授業では、信州の諏訪地方を訪れ、土蔵が建ち並んだ農山村の景観が強く印象に残った。あるいはまた、日本海の隠岐や舳倉などの「島」は、地図を眺めているだけで魅惑的であった。卒論（卒業論文）は絶対に「島」でやろうと心に決めていた。

　ところが、地理学の卒論では、土地鑑のある自分の出身地を対象にするのが、普通であることがわかってきた。学会誌に載る論文などでは、いかにもその対象地域に学問的な必然性があるかのように書かれてはいるが、本当は自分の地元で便利だからという理由であるのがほとんどだ、と研究室の先輩から教わった。なるほどそういうものかと思った。先生方からも、初めての研究なのだから卒論はやりやすい地元でやって、島はまた別の機会にでもやったら良い、との指導をいただいた。

　私の出身地は大阪という大都会であり、府県境付近の山間部などを除けば、村落自体があまり残っていなかった。ところが、運良くというべきか、いつの間にか家族が滋賀県に引越していたため、卒論は農村が溢れんばかりにある滋賀県で、ということに決めた。

　たしかに、ヒマラヤやアンデスなど、海外の山々や村落への憧れはあった。山岳部でお世話になっていたのは、ネパールを専門とする文化人類学の先生であった。「山へ登って好きな調べごとをして暮らしていけるとは、何と素晴らしい商売なのだ！」と密かに羨望していた罰が当たったのか、私は4年生の初めに大病を患って入院し、それ以降、登山らしい登山やハードな海外調査はできない身体になっていた。ついでに、ハードな勉強もできない身体になっていれば、もっとサボれたのだが。

2　調査の進め方

（1）景観を見て歩く

　そのまま大学5年生になった私は、滋賀県内の農山村集落を20数ヶ所、徒歩や自転車で下見を始めることにした。1993年5月のことであった。地形図を眺めて、面白そうだと直感した地域に出かけた。最寄り駅まで電車で行き、そこからバス、レンタサイクル、徒歩などを駆使して巡った。その中で、目の前の景観が私の心にぴったりときたのが、卒論の事例村落として選んだ、滋賀県朽木村（現高島市朽木）の麻生という山間の集落であった（**写真1**）。

　このように、地図や景観とのフィーリングによって調査集落を選ぶやり方は、結果的に最も良い方法であった。この卒論以降も、「これだ！」と直感した時には、まずまず満足できる論文が書けたし、「う～ん何かが違う……」と心に引っかかりがあった場合には、案の定、その後の調査や執筆に苦しむ羽目になった。修士論文以降、現地で家を借りて住み込み調査をするようになってからは、特にそのことを

写真1　朽木村麻生上野の遠景（1993年8月筆者撮影）
大字麻生にある7つの集落のうち、最も下流のもの。

強く実感するようになった。

　この点、フィールドとの出会いは、人との出会いにもよく似ているし、フィールドワークで最も大切なのは感性だと、私は今でも思っている。その事例を、いかにうまく学問的に意義づけることができるかどうかは、どれだけ多く関連資料を集め、そして、いかにたくさんの先行研究（本や論文）を広く深く読み込むかにかかっている。つまり、結局は直接使わないで終わる「捨て資料」や「捨て論文」がどれだけ出ても、使える資料や論文がなお十分に残るほど、引き出しを自分の中にたくさん作っておくのである。まず研究の意義をはっきり意識して明確な仮説を立て、それにしたがってフィールドを選び整然と調査を進める、という建前からいえば、私のやり方は間違いなく邪道である。

　この麻生では、まず、村じゅうをくまなく歩き、写真を撮りながら、どこにどんなものがあるかという細かい地図を、自分で作っていった（図1）。春の日差しを浴びた緑の水田や森は本当に眩しく、何も知らない子どものように歩き回るこの瞬間が、村落調査で最も楽しいひとときである。ただし、住民の方々は、こういった「怪しげな」人物の存在にはつねに気づいておられるし、駐在さんに通報されるような場所にまでは、入り込まないようにしておきたい。犬に吠えられるくらいは、しかたがない。私の場合も、山中の藪をかきわけ飛び出た所が民家の裏庭だった、ということは珍しくなかった。

　麻生の景観の中で、とりわけ私の心を捉えたのは、路傍の石仏や鎮守の森のたたずまいであった。山の中の一見それとはわからない巨樹が、山の神として厚く信仰されてきたことも後に知った。このような宗教施設は、誰が何のためにここに祭ってきたのか、とりあえずそれを調べてみようと思った。調査の際には、村落社会地理学の教科書（浜谷1988）のほか、民俗学の調査入門書（上野ほか1987）なども、とても役に立った。

浜谷正人（1988）『日本村落の社会地理』古今書院
上野和男・高桑守史・福田アジオ・宮田　登編（1987）『民俗調査ハンドブック（新版）』吉川弘文館

第1章　村落社会をみてあるく

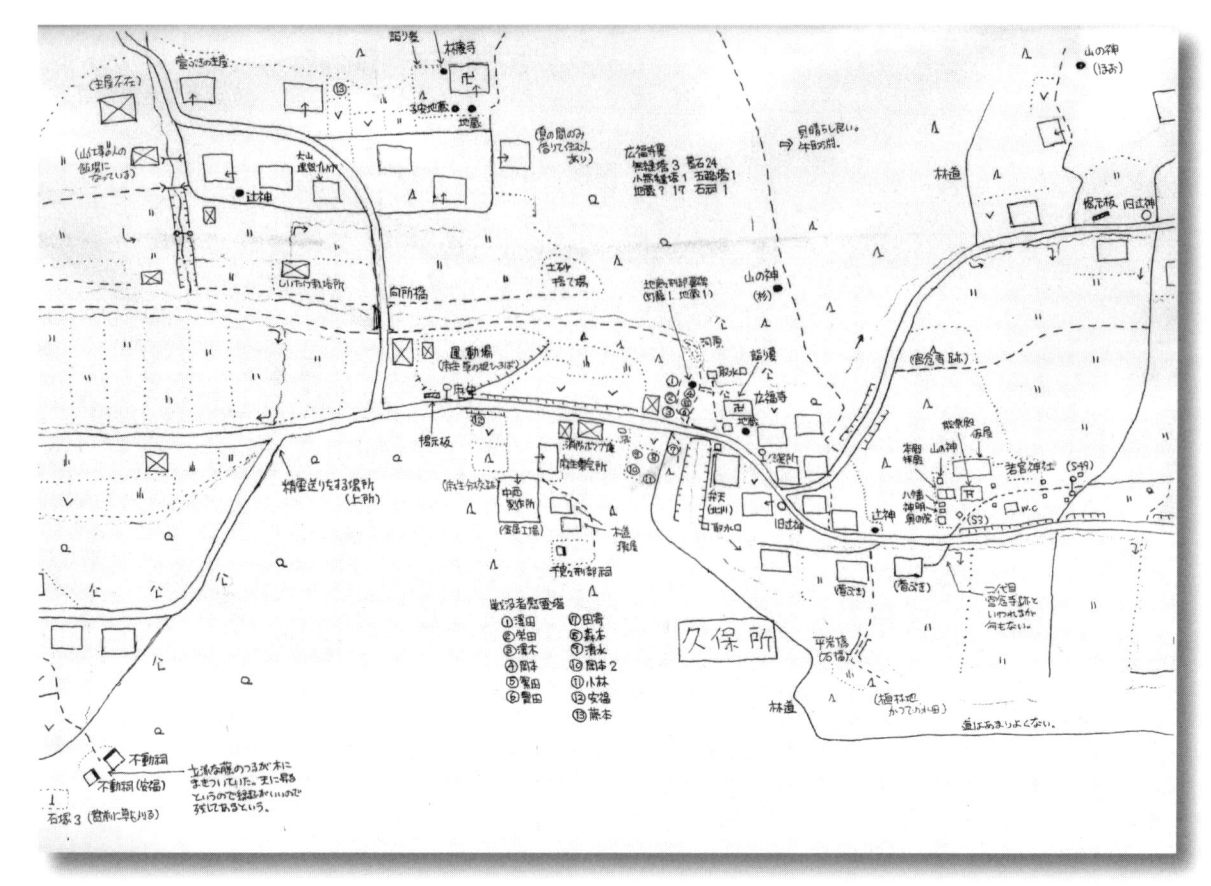

図1 景観の観察調査の清書図（筆者の卒論付図の一部をコピー）氏神や公民館などがある、麻生の中心部。

（2）インタビューをする

　村落の調査では、市町村役場の総務課もしくは教育委員会に協力依頼状を郵送して、区長（自治会長）に話を通していただき、さらに区長から、インタビュー（「聞き取り」ともいう）に応じて下さる古老を数人紹介していただく、というのが普通のやり方である。しかし、私はそれをよく知らなかった。集落のリーダーは区長、神社の役員は氏子総代、といった基礎知識さえ最初はなかった。麻生を歩く道すがら、たまたま畑仕事をしていた熟年女性（第一村人発見！）に「区長さんのお宅はどちらでしょうか？」と尋ねると、「区長？　村長やったらあそこの家や」と教えられたのが、最初に訪問したお宅であった。

　はじめは、「村長」の意味がよくわからなかったが、後になって、実は以前に朽木村の村長をされていた方のお宅であることがわかった。この時は不在であったため、いったん村役場のある中心集落に戻り、公衆電話から番号を調べて電話をかけ（当時は携帯電話という便利なものはなかった）、最大限に緊張しながら調査の趣旨を述べたところ、翌日会っていただけることになった。翌日再びお宅を訪問し、麻生の集落について基本的な事柄をお教えいただいた。帰りがけに、「今度はもう少し焦点を絞って話を聞きに来るように」と、やんわりとたしなめられたものの、快く応対していただけたのは幸運であった。この方のつてで、麻生の昔と今の暮らしをよく知る古老を、次々に紹介していただくこともできた。

　このように村落のお宅を訪問する際にも、名刺を作って行くのが礼儀である。「学生に名刺など生意気だろう」という変な思い込みのあった私はそれを怠ったが、名刺はやはりあるに越したことはない。服装は普段着で通っていたが、初回に役場と区長を訪問する場合には、スーツの方が良いかもしれない。また、依頼状を書く

場合には、『ビジネス手紙の書き方』といった類の本を買って、失礼のないように何度も推敲したい。

手土産は、訪問のたびに、300円から700円程度の和菓子（羊羹・かりんとう・蕎麦ぼうろなど）を持参した。コンビニやスーパーではなく、必ず和菓子専門店のものを用意した。金額がばれてしまったが、相場としては学生なのでこれで十分であろうし、持参するのにコンパクトで日持ちのするものが良い。訪問の際には、そのつど事前に電話でアポイント（予約）をとった。

写真2　朽木村麻生上所(かみじょ)の墓地（1993年8月筆者撮影）
上所の集落周囲にある、3つの墓地のうちの1つ。

1つのお宅には、たいてい2回程度は訪問した。インタビューは、1回あたり2時間程度であったが、横にご家族もおられて話がはずんだ時には、3時間や4時間になることもあった。「事前にこれとこれは聞く」というメモは用意したが、思わぬ話が出てきて、そこから新たな調査項目が見つかることもあった。例えば、この麻生の上流には、木地山(きじやま)という集落があり、かつてはここも同じ麻生区だった、ということが詳しく話を聞いて初めてわかり、卒論の調査地域にこの木地山を含めることにもつながった。また、インタビューの後で、外部の者にはまずわからない、山の神や墓地のある場所（**写真2**）に、実際に連れて行っていただいたこともあった。調査時のメモには、主にB5判の大学ノートを使用し（**図2**）、帰宅後すぐに、別のノートに当日得た情報を整理し直していった。ただし、現在では私は、よりコンパクトなA6判のノートを使用している。

インタビューでは、話し好きで郷土史が趣味、というような方のお宅には、結局3回もお邪魔し、今でも年賀状のやりとりが続いている。逆に、非常にシャイな方の場合、1回目はたまたま道端でお話を伺えたのに、こちらに特に礼儀上の落ち度がなくとも、2回目以降は会っていただけないこともあった。101歳まで長生きした祖父の膝の上で育った、という古老であっただけに、非常に惜しまれた。別の方の場合には、2回目の訪問も事前に連絡していたにもかかわらず、山仕事に出かけられて不在だったこともある。インタビューのチャンスは1回きりで、幸運ならば2回目以降も応対していただける、くらいの気持ちで臨んだ方が良いのかもしれない。

この麻生へは、毎回日帰りで、滋賀県内の親元からオートバイで何度も通った。片道約50kmの道のりであった。このために原付の免許を取り、50ccのオフロードタイプの中古オートバイを買った。これなら、石ころだらけの林道もまったく平気であった。インタビュー調査は7月・8月・10月にのべ2週間ほど行ない、晴れた日には良いツーリングにもなった。調査がうまくいった帰りの琵琶湖岸の道は、本当に気持ちが良かった。帰ってからは、インタビューに応じていただいた方々に、短い礼状を書いた。

（3）文献・地図・統計を集める

　このような景観観察とインタビューのかたわら、地元に関連した文献なども収集した。私がまず向かったのは、朽木村の郷土資料館と図書室であった。郷土資料館の職員は、たいてい地元出身の方であり、その地域の基本的な情報を得るには、貴重な存在である。ただし、ときに民俗学や郷土史の大家がおられるとしても、必ずしも学問の専門的訓練を受けた方ばかりとは限らず、その熱の込もった話をすべて鵜呑みにしてしまうのは、少々危険なこともある。

　この点は、インタビューのためのお宅訪問の際にも注意すべきことで、「事実」（例えば、何々祭りは何月何日にどの場所で何をするのか、といったこと）とその人の「解釈」（その祭りの宗教的な意味など）とは、厳密に区別して聞くべきであろう。郷土史などに関心のある方なら、その手の本はいろいろと読んでおられるし、テレビ番組などからの知識も無視できない。つまり、地元の方々が持っている民俗的な知識は、すべて集落内部での農業生活や祭礼などの経験に基づいたもの、とは言えない場合も少なくないのである。ただし、研究テーマによっては、その人の「解釈」こそが重要となる場合はある。

　いずれにせよ、たいていの郷土資料館では、市町村史誌をはじめとする図書類や、民具や古文書なども展示されており、とても勉強になる。また、朽木村の公民館の図書室では、教育委員会や地方出版社が発行する民俗学関係の図書や報告書、地元の方の自費出版の本などを閲覧し、必要な部分のコピーをとった。同様の作業は、大津市にある滋賀県立図書館でも行なった。県立図書館の郷土資料室には、朽木村関係の図書や統計、活字化または影写化された中近世文書、住宅地図などの、有用な資料が多数所蔵されていた。住宅地図や村役場で購入した1万分の1地形図はコピーを何枚も準備し、現地を歩き回りながら、そこに地名や土地利用などさまざまな情報を書き込んでいった。

　さらに、滋賀県内の農林水産省統計情報事務所では、農業集落カードのコピーを入手した。農業集落カードとは、農業生産やコミュニティ活動に関する詳細な基本統計が、個別集落単位で収められたものである。日本全国をカバーして、1970年から5年ごとに発行されている。この麻生と木地山については、通常目にすることはまずない、1960年のカードも保存されていた。そして、大阪市にある国土地理院近畿地方測量部では、明治期の2万分の1をはじめとする旧版地形図のコピーと、旧版の空中写真の購入を申し込んだ。以上のカード・地形図・空中写真といった資料のほとんどは、現在では、申込書をインターネットからダウンロードし、郵送かFAXすれば、有料で容易に入手できる。空からの写真といえば、飛行機を自らチャーターして上空から撮影するという、とてもエキサイティングな方法もあるよ

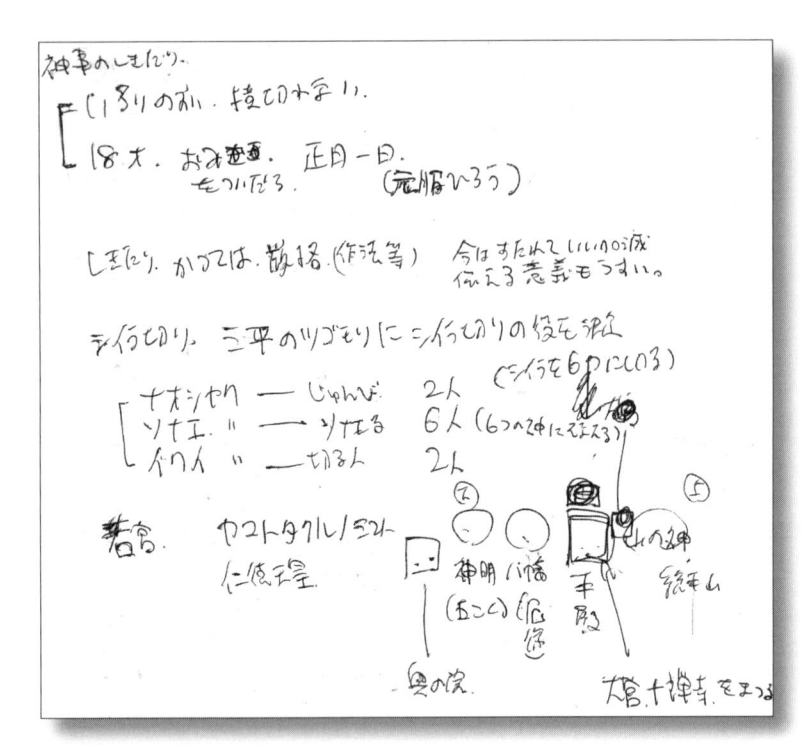

図2　インタビュー時のメモ（筆者の調査ノートの一部）
神事のしきたりと役回り、および社殿の配置についてのもの。

うだが（宮本2001；香月2000）、学生にとっては将来の憧れにとどまるだろう。

また、朽木村役場では、土地の番地の区画図である、地籍図（字限図（あざかぎりず）・字図（あざず）などともいう）を閲覧した。この時は、前もって依頼状を出す、といった常識すらなく突然訪れてしまったが、幸いにも快く応対していただいた。ただし、地籍図や土地台帳といった、これまでの地理学の村落研究では非常に重要であった資料は、まずもって税務資料であるために、近年はどこでも閲覧がかなり困難になってきている。研究のみでの利用と断った上で、指導教員からの依頼状などを持参しても、閲覧させていただければ幸運といえるかもしれない。

（4）古文書を探す

麻生では、寺院の住職にもインタビューに伺い、親切に応対していただいた。近世末期以降の古文書も、数点閲覧した。麻生の場合、集落の自治関係の古文書（一般に区有文書と呼ばれる）は、中世から現在までのものが連綿と保管されてきた。しかしながら、部外者がその閲覧を申し出た場合、自治会の会議（区会という）に諮られ、それが許可されてはじめて可能となるのであるが、閲覧の際には現在の区長と先代の区長が必ず同席する、という極めて厳しいしきたりがあった。もっとも、もし閲覧できていたとしても、無学な私には、黒いミミズが這った巻紙にしか見えなかったであろうが。

区有文書は、日本中のどの村落にも必ず残されているとは限らない。麻生のような、近畿地方の、しかも中世の惣村（そうそん）以来の長い歴史を持つような村落であれば、近現代のものも含め、豊富に残されている可能性が高い。逆に、九州地方のある島のように、最近の会計簿以外はほとんど何も残っていない、という場合もある。

村落社会の様子を知る貴重な資料でもある、この区有文書に出会えるかどうかは、特に初心者の場合は、運に左右される面も強い。仮に残されていたとしても、閲覧させていただけるかどうかは、こちらの誠意にかかっているといえる。「この学生なら、熱心だし、きちんと扱いそうだし、調査報告も送ると言っているし、まあ見せてあげてもいいか」と思っていただけるかどうかが、その鍵となるだろう。

3 調査中のなやみ

（1）人づきあいのしかた

村落調査の際に問題となるのは、まず、調査者自身が地元の方々にどれだけ受け入れていただけるか、良い人間関係をいかに作り上げていくかという、いわゆるラポール（信頼関係）の問題である。繊細な人になればなるほど（宮内2005）、その悩みは深まるようである。これをうまくこなすコツは、実のところ、私にはまだよくわからない。普通の人間関係のように、まずは礼儀正しく、というくらいであろうか。しかし、これだけでは、まるで校長先生の朝礼の挨拶のようで、あまり面白いアドバイスともいえない。

地理学のような、土地そのものを対象とするような学問においても、フィールドワークでの人づきあいの重要性はかなり大きい。この人づきあいが自分は苦手だと思い込み、村落研究や社会地理学の道に進むことを、つい避けてしまう学生もいるほどである。

しかし何も、漫才師や押し売りセールスマンのような、巧みな話術が要求される

宮本常一（2001）『空からの民俗学』岩波現代文庫

香月洋一郎（2000）『景観のなかの暮らし―生産領域の民俗（改訂新版）』未來社

宮内洋（2005）『体験と経験のフィールドワーク』北大路書房

わけではない。むしろ大切なのは、相手に対して自分の方を合わせていく、「聞き上手」であることなのかもしれない。かといって、新宿のナンバーワンホストや銀座の美人ママのような気配りを、などと思いつめる必要もない。私自身も、したたかな人間関係づくりはまったく苦手で、大阪弁でいう、ドンくさい人間である。それでも、何も気にすることはないのである。そもそも、人生経験では、地元の方々の方が何百枚分も上手なのだから。

たしかに、村落調査に関しては、人や情報の行き来が激しくなった近年の日本では、必ずしも容易ではない面も増えてきたのは事実であろう。これが海外の場合には、いくらテレビが普及したとはいえ、日本人という「外国人」が生で見られる物珍しさも手伝って、いろいろと相手にしてもらえる可能性は高い。また、宮本常一という著名な民俗学者が全国各地を歩き回った、高度経済成長期前の日本では（宮本1984）、時には電気すらない村も多く、とりたてて娯楽もない夜など、研究者という「旅人」の土産話はそれだけで歓迎されたであろう。あるいは、かつての農村共同調査では、「先生方さあどうぞどうぞ」と何でも資料を見せて下さるようなこともあっただろうが、大学の教員や学生の数が泡のように増え、世間でのその信用度も転がり落ちた現在では、そのようなこともおそらく望み薄だろう。

> 宮本常一（1984）『忘れられた日本人』岩波文庫

とはいえ、現在のこの日本においても、私たちの調査の大きな助けとなって下さるのが、話し好きの古老である。畑仕事や山仕事などに出られることも多いとはいえ、働き盛りの方々に比べれば、やはり時間をとって下さりやすい。先方にとっても、自分たちが営々と積み上げてきた暮らしの知恵や経験を、熱心に聞いてくれる若者ほど、嬉しい存在はない。先方と私たちのそれぞれが、女性であるか男性であるかということには関係なく、である。おまけにこの若者、雨の日だろうが、遠くから何度でもやって来るのである。

最近のフィールドワークの教科書や、ポストモダニズム系の文化人類学や地理学の評論には、「ある場所を調査することは、それだけで相手の生活を乱す迷惑きわまりない行為であり、社会的に優位に立つ者がそうでない者を一方的に調べ上げて、好き勝手に書き散らす言葉の暴力である」などといった反省文（それとも同業者に対する脅迫文？）が、しばしば書かれている。

このような反省を心に留めておくことは、たしかに重要ではある。しかし、いったん現場に入ったら、このような悩みは忘れておく方が、結果的にはうまくいく。悩みをたっぷり抱えた陰鬱な見知らぬ他人と、わざわざ話をしたがる人など、誰もいないだろう。感性に合ったその土地を好きになり、相手と楽しく会話をしつつ教えを乞う、まずはそれで良いと思う。

（2）どこまで書けるのか

こうして、村の人々にまずは受け入れていただくと、今度はまた別の問題が生じてくる。むしろ知りすぎたからこそ出てくる、プライバシー保護の問題である。これは、新聞や雑誌の記者のいう、オフレコ情報の処理についての問題に似ている。土地利用や祭礼などの調査の場合には、このような悩みは比較的生じにくいが、村落社会の話が直接関わるようになると、難しい問題がたくさん出てくる。

そのなかでも最も大きな問題は、格差や紛争といった、村落内部の社会構造に関わる問題である。麻生でも、ずっと昔から住んできた家と後になって住み着いた家との間、土地をたくさん持っていた家とそうではなかった家との間、神社や寺院などのメンバーの内部などで、そのような問題がときに生じてきた。これらは、場合

によっては、差別の問題にも結びつけられやすい話題である。

　このような村落社会内部の問題は、この卒論以来、私がこれまでお世話になった村落のすべてで、大なり小なり存在してきた。これは何も、日本の村落が閉鎖的な「ムラ社会」だから、などといった理由からでは決してない。私たちの身の回りから世界各地に至るまで、人の住む所では似たような問題が必ずあり、誰もが扱いに苦慮する事柄であろう。

　インタビュー中に、争いごとに関わるような話を偶然耳にした時には、相手の目の前でメモを取ることは意識的にやめた。この手の話を論文に書けるのは、「完成した論文を現地の方々に見せても、その後の人間関係が気まずくならないこと」、「それを書いたことで立場がまずくなる人が出ないこと」といった基準を、何とかクリアできる場合に限られるだろう。この麻生の場合には、論文のストーリー展開上から触れざるを得なかった事柄もあったが、30年以上前あるいは明治時代など、ほとんど過去の事柄であったため、さほど気は遣わないで済んだ面もある。とはいえ、文章にする時には、やわらかく婉曲（えんきょく）な言葉をできるだけ用いるよう心がけた。また、麻生の社会の概要を把握するために、全戸の一覧表も作ったが、公表の際には、姓名はそのまま載せず、すべてアルファベットや番号を用いて仮名にした。

　また、この卒論の時には採用しなかった方法ではあるが、個人の発話（話し言葉）を、資料としてそのまま引用する場合にも、匿名はもちろんのこと、個人が特定できないように、その人の属性（住所・年齢・性別・職業など）も、資料の信頼性を完全に損なわない範囲で、わざと曖昧にする配慮も必要だろう。例えば、「大字（おおあざ）桜山字桃谷130番地・88歳・女性・薬草栽培」といった表記では、「誰だか丸わかりだろう！」と批判を受けそうであるが、「S集落・80歳代・農業」という程度であれば、まずは大丈夫であろう。

4　論文のまとめ方

（1）文章の練り直し

　論文を書く際には、特に地理学の場合、地図や表の作成が大きな部分を占める。この麻生の卒論では、対象地域の位置、小集落の位置と地形、行政区域の変遷、小字（あざ）の区域、社会組織とその役職、全戸の系譜関係と所属集団、一年間の祭礼、小集落ごとの墓制（ぼせい）、自治会費の金額、寺院と付属墓地の平面図、神社の祭神一覧と平面図、各時期の宗教施設の位置、祭礼の経路、農業水路と肥料用の草山、小地名の分布、などを次々に手書きで図表化していった。これらの図表は、何度も下書きをして練り直していった。現地で撮った写真も、30枚近く載せた。

　文章については、当時ようやく学生の間にも普及しつつあったパソコンで、何度も何度も書き直した。私が使っていたのは、「松」というワープロソフトであった。画面の背景が黒色で、本文の文字は黄色、注の肩文字は緑色という、現在のソフトでは考えられない配色である。しかし、私は卒論といえば、この三色を思い出す。大学5年生で他に出るべき授業もなく、山登りもできなくなっていたため、この卒論には熱中した。自分でものを調べ、じっくり考えて文章にまとめるということが、本当に楽しいものであることを知った。

　この卒論を学会誌『人文地理』に投稿したのは、一浪後、別の大学の大学院に入学してからである。浪人中は、入試勉強のかたわら、卒論を何度も何度も書き直し

た。大学院入学後に投稿した際にも、再び何度も何度も書き直した。投稿後も、レフェリー（査読者）の先生方のコメントにしたがって、さらに何度も何度も修正した。この『人文地理』に掲載された段階では、卒論に書かれた内容は、図表や引用文献も含めて、数分の一の量に削減・圧縮され、ほとんど跡形もなく変わっていた。この論文の別刷は、礼状を添えて、お世話になった地元の方々にも送付した。

　しかし、これほど精一杯書き直し続けたつもりの論文も、今改めて読み直してみると、「なんだ、この下手な文章は！」と叫びたくなる。図表も、さほど必要のなさそうなものも含まれているし、簡潔さや美しさにも欠ける。こんなものが、私が死んでも残り続けるのかと思うと、死んだ後でも死にたくなる。さらに言えば、数年をかけてさらに勉強していくにつれて、その論文の内容に対する自分自身の発想や見解自体が少しずつ変わっていくことも、しばしばあり得る。

今里悟之（2006）『農山漁村の〈空間分類〉―景観の秩序を読む』京都大学学術出版会

　この論文は実際に後日、全面的に改稿し、別の本の一章として再録した（今里 2006）。同じデータを使っても、まとめ方はすいぶんと変わるのだな、という下手な見本として、参照いただければ幸いである。とはいえ、この改稿された再録論文もまた、少し後になって読み返せば、まずい部分がどんどん目についてくるのはわかっている。論文には、本当の意味での「完成」などはなく、締め切りに追われながらその時のベストを尽くせば、それで良いのではないだろうか。

（2）まわりの条件の変化

　論文を書くためのツールや条件は、現在のみなさんと、私がこの卒論を書いた時とでも、かなり変化している。最近の手軽な描画ソフトや多変量解析ソフトはもちろんのこと、Excelなどの表作成・計算ソフトも当時はほとんどなく、電子メールやインターネットが学生に普及したのも、私が大学院入学後のことである。シニア世代の先生方が、「コピー機などはなく、重要な論文は一字一句を筆写した」「カードを一枚一枚パンチし、統計データを計算処理した」などと回想された文章を読むと、現在とそのあまりの落差に感嘆するほかない。

　しかし、情報の収集や処理のための膨大な手間が省けた分、論文を書くことが昔と比べて楽になったかといえば、必ずしもそうではないだろう。人文地理学のような人文社会科学においても、学問分野や国どうしの間のボーダレス化が進み、目を通すべき文献は幾何級数的に増加した。大学院生以上になると、競争の激化によって、より短期間で一定のレベル以上の成果を、確実に出さねばならなくなってきた。学問の素養を広げ、ものごとを深く思索するゆとりもない。村落調査の現場でも、情報のプライバシー保護が厳しく言われるようになり、研究に利用できる資料は必ずしも多くはない。伝統文化を知る古老も、次第に減りつつある。

　このように、いつの時代でも、何かが良くなった分、別の何かがそうでなくなるようである。そのなかにあって、自分の進む道への迷いが出たり、研究や調査が少し辛くなったりした時、私は原点を思い出すようにしている。その原点こそ、大学時代の山登りや一人旅であり、そして、この朽木村麻生での卒論なのである。

おすすめ文献

井上　真編（2006）『躍動するフィールドワーク―研究と実践をつなぐ』世界思想社
岩波書店編集部編（2004）『フィールドワークは楽しい』岩波ジュニア新書
大島暁雄・佐藤良博・松崎憲三・宮内正勝・宮田　登編（1983）『図説・民俗探訪事典』山川出版社
大島襄二（1980）『森と海の文化』地人書房
菅原和孝編（2006）『フィールドワークへの挑戦―〈実践〉人類学入門』世界思想社
杉本尚次（1996）『地理学とフィールドワーク』晃洋書房
千葉徳爾（2006）『新考 山の人生―柳田國男からの宿題』古今書院
八木　透編（2000）『フィールドから学ぶ民俗学―関西の地域と伝承』昭和堂

3-2

濱田琢司　HAMADA Takuji

「伝統性」を考える
―― 産地変化のダイナミズムを捉えるために

濱田琢司
1972年栃木県生まれ。関西学院大学大学院文学研究科博士課程後期課程修了。現在、関西学院大学文学部教員。専門は文化地理学。著書に『民芸運動と地域文化』思文閣出版、2006年、『柳宗悦と民芸運動』［共著］思文閣出版、2005年、『アーツ・アンド・クラフツと日本』［共著］思文閣出版、2004年、など。

本章でとりあげる論文

濱田琢司（1998）「産地変容と「伝統」の自覚―福岡県小石原陶業と民芸運動との接触を事例に」『人文地理』vol.50-6、606-621頁

　福岡県の小石原（現東峰村）は、1960年ころから様々な変容を経た陶業地である。例えば、窯元数の増加、電気ロクロ、ガス窯、土練機ほかの機械の導入などである。既存の地場産業研究としての産地研究では、こうした変容を機械化・近代化と捉えてきたが、本論では、この変容をより文化的側面から見ていこうと試みている。

　ほとんど注目されることのなかった小石原が陶業地として一般に認知される契機は、民芸運動による発見であった。また戦後には、民芸ブームという社会現象を受けて、生産を拡大させた。つまり、小石原には1930年ころより一貫して民芸運動によるまなざしが注がれ、同時に伝統的民陶産地というイメージが形成されていったのである。実は小石原では、上述した変容の一方で、現地の窯元らがこうしたまなざしやイメージを自己のものとして客体化し、新たな伝統として自覚していくプロセスがあった。本論はその過程を、窯元の新規独立の動きや村内での徒弟的教育の確立などを追いながら明らかにし、産地変容における文化的側面のダイナミズムを捉えようとしたものである。

キーワード：民芸運動　文化の流用　技術修得　伝統と近代化　小石原焼

1　「伝統性」への疑問

　ここで取り上げる論文は陶磁器産地を扱った論文である。地理学で陶磁器業とい

うと地場産業研究として行なわれる場合が多かったのだが、私ははじめから地場産業という対象に関心があったわけではなかった。もともとは民芸運動という文化運動に関心があり、その運動と地域との関係を探ろうと考えていたのである。つまり私にとって陶磁器を生産する産地というのは、たまたま出会った対象でもあった。そもそも、問題関心と実際に調査する対象とがストレートに結びつくような研究の方が少ないのではないかと思うが、私の場合は、自分の問題関心に沿った事例として民芸運動という文化運動があって、さらにそれをフィールドで考える際に、陶磁器業というもう一つの対象ができたわけである。研究を具体化していく過程でこんなふうに新しい事例と出会うことは、めずらしいことではない。むろんその度に、それについて新しい知識を得ねばならないし、場合によっては不得手な分野であることもあろう。けれども自分の関心事を追うなかで、偶然に巡りあったそうした対象について調べることもまた、研究のおもしろさであると思う。

　だから私の場合は、産地の伝統を調べるといっても、例えば伝統工芸産業の中に連綿と受け継がれてきた技術やしきたりを丹念に調べようとしたわけではない。むしろ民芸運動という運動体が、産地に対してどのような価値付け（意味づけ）を行なってきたか、そしてそれが実際の産地へどのような影響をもたらしたか、に関心があった。本論で扱った福岡県の小石原という産地にとって、民芸運動の影響は少ないものではなかった。私の関心は、民芸運動が産地の何を伝統と感じ、何を非伝統としたのか、そして地元の窯元らが、それをどのように受け取ったか、という点にあった。ところが、そこでの「伝統性」というのは、非常に主観的で、つかみ取ることの難しいものでもある。そこで結局は、フィールドワークによって、実際の産地の状況や変容のプロセスを調べていくことで、「伝統性」というものをめぐる周辺の事象を固めていくことになる。ここで行なったのは、そのような調査であった。

2　都市と農村と

　とりあえず民芸運動から産地へと向かう私の対象との出会いについて述べておこう。そもそもの始まりは、卒業論文である。私は卒論で、「農村アメニティ・コンクール」というまちづくりコンクールを取り上げた。これは、国土庁（当時）と（財）農村開発企画委員会の主催で1986年に始まったもので、まちづくりのコンクールとしては、日本では先駆けの一つのはずである。2004年度（第19回）をもって終了し、農村開発企画委員会は現在、「美の里づくりコンクール」という顕彰事業を行なっている。「農村アメニティ・コンクール」は、地方の農山漁村で行なわれているまちづくりを主な対象としていたのだが（同コンクールについては、勝原（1999）参照。また地理学では、岡橋（1993）に若干の記述がある）、このコンクールに関して私が興味を持ったのは、それが都市と農村とのちょっとした交渉の場であったという点だった。コンクールの審査項目の一つとして「開かれた地域づくり」という項があり、そこで都市との交流が比較的重要な要素して取り上げられていた（国土庁地方振興局1988：4）。実際に、審査対象となる団体（多くは市町村単位だった）のいくつかは、「都市人にどのように見られるか？」という点を強く意識していた。卒業論文で私は、「都市のまなざし」と「農村のまなざし」という言葉を使いながら、この点について検討を試みた。この卒業論文は結局、その後学術論

勝原文夫（1999）『環境の美学—ムラの風景とアメニティ』論創社
岡橋秀典（1993）「ルーラル・デザインの展開と農村景観論」『地理科学』vol.48-4、225-268頁
国土庁地方振興局（1988）『第2回農村アメニティ・コンクール優良事例集』国土庁地方振興局

文としてまとめるには至らなかったのだが、そこで考えた都市と農村との（特に文化的な）関わり合いというポイントは、その後の私の中心的な関心事項となったのである。

そんな関心を抱きながら大学院に進学した私は、そうした問題を考えることのできる事例を探していた。そしてその事例として選んだのが民芸運動だったのである。民芸運動というのは、大正末に始まった工芸に関する文化運動で、それまでは単なる消耗品だった日用使いの手工芸に文化的かつ美的な価値を付与して、それらを「民芸」と呼び、工芸品の新たな一ジャンルを作り出した運動だった。当時の手工芸は、機械産業品に圧され、都市部を中心に消えつつあったので、結果としてこの運動は、都市部の知識人が、地方で細々と使われ（作られ）つづけている諸雑器を発見するという形として現れた。つまりは中央と地方、あるいは都市と農村という関係性が重要な意味を持った運動でもあったわけで、その点で私の関心に合致したのである。

ところで、卒業論文で、「都市のまなざし」などといって「まなざし」という言葉を使用したのには、ちょうどその頃に翻訳が出版された社会学者ジョン・アーリの『観光のまなざし』（アーリ1995）の影響があった。観光地の実際の形成に観光者のまなざしが大きな影響をもたらしていることを示した本書は、私にとってとても魅力的な内容だった。また他にもこの時期には、観光者を含む外部者が特定地域にむけたまなざしやそれによって形成されたある場所へのイメージといったものが、当該の地域の文化にどんな影響を与えるのかを、アーリと類似の視点から考察した事例研究も着々と蓄積されていっていた（太田1993；福田1996；山下1992など）。そんな研究の一つに文化人類学者の太田好信の論文（1992）があった。これは、民芸運動のリーダーだった柳宗悦(やなぎむねよし)が、戦前に沖縄で起こした「沖縄方言論争」にまつわる事柄を、地域文化の他者表象と自己表象をめぐる問題として扱った論文であった。これを読む以前にも、民芸運動についてはある程度知っていたし、興味を持ってはいた。というのも、実は私の祖父は、この民芸運動に創始から深く関わっていた。だから私は物心ついた頃から民芸運動を知っていたのである。そして、都市と農村との関係に関心を持ちだした時にも、漠然と自分の研究対象とすることも考えてはいた。しかしそれが地理学のテーマとなるとは思っておらず、サブテーマのような形でちまちまと調べてみようかなという程度の存在だった。それがこの論文を読んでみて、民芸運動が文化人類学や地理学などのフィールドスタディにおいても、十分にその対象となることを知ったのである。

3 ｜ 2つの産地と問題の設定

（1）小石原と小鹿田

こうして民芸運動を修士論文の事例としたものの、しばらくはそれを自分の関心に沿う形でどのように具体化してよいかは定まらぬままだった。観光現象との関わりや地方工芸の価値付けのプロセスなどについて雑誌メディアをながめてみたりしていたのだが、フィールドが定まっていなかったためにポイントをしぼることができず散漫な調査となってしまっていた。例えば、民芸運動の機関誌の『民芸』という雑誌を見てみたり、旅行雑誌の『旅』などから、民芸にまつわる記事を探そうと思ってみたりして、ページをめくってみるものの、今ひとつ何を見てよいのか分か

アーリ、ジョン（1995）『観光のまなざし―現代社会におけるレジャーと旅行』法政大学出版局

太田好信（1993）「文化の客体化―観光を通した文化とアイデンティティの創造」『民族学研究』vol.57-4、383-410頁

福田珠己（1996）「赤瓦は何を語るか―沖縄県八重山諸島竹富島における町並み保存運動」『地理学評論』vol.69A-9、727-743頁

山下晋司（1992）「「劇場国家」から「旅行者の楽園」へ―20世紀パリにおける「芸術－文化システム」としての観光」『国立民族学博物館研究報告』vol.17-1、1-33頁

太田好信（1992）「文化の流用（Appropriation）、あるいは発生の物語へむけて―柳宗悦と論争の＜場＞としての言語」『北海道東海大学紀要人文科学系』vol.5、77-98頁

らないような状態だった。

　そんな折りに、ある民芸協会（民芸運動の母体となる団体）の会員の方に、地理学で民芸運動について研究したいといったことを相談したことがあった。その知人は、ぼんやりながらも地理学についてのイメージを持っており、あるフィールドについて示唆をくれた。いわく、「九州に小鹿田と小石原という近接した2つのやきものの産地がある。2つの産地は規模も製品もとても似通っていたのだけど、小鹿田がある程度の質と伝統を維持しているのに対して、小石原の製品の質は低下してしまった。その違いは、福岡（や他の都市部）との距離に関係があって、都市により近い小石原の方が変わってしまったんだ。都市との距離が、製品の質に関わるというのは、地理学的な課題じゃないかい」と。その後に知ったことだが、小鹿田と小石原という2つの産地についてのこうした言い方は、民芸運動の内部ではよく聞かれる語りだったのである。とはいえその時の私にとっては初めての情報であったし、興味深い話にも思えた。そこでとにかくこの2つのやきもの産地を調べることにしたのである。

　まずは比較的簡単にみることのできるメディアにあたった。とりあえず、先にふれた機関誌『民芸』をみてみた。散漫な調査となった前回に比べて、対象地が決まっていると雑誌の通覧調査というものはかなり効率がよくなる（一方で、特定の対象・テーマのみに注視してしまうと、だらだらと通覧している際に漠然と確認できるような全体的傾向を見逃してしまうこともある。常に、ある程度大きな視野を持っていることが理想なのだろう）。ただ、2つの産地についてともに知りたいと思っていたのにもかかわらず、見つかる記事はほとんどが小鹿田についてであった。小石原の方は、記事自体も少ない上に、小鹿田とともに記述される場合には、あまりよく評されていないことが多かった。つまりは、先の民芸協会員の知人のコメントを記事が裏付けていたわけである。こうした評価について興味を覚えつつ、この段階では、これらの記事は、小石原や小鹿田の概況を与えてくれる程度のものであった。しかしこれらは、小石原の伝統性を考える上で、重要な語りの一つであった。そのことに気がついたのは、もう少し調査が進んでからのことだった。

（2）フィールドの視察から感じたこと

　こうして、ごくごく簡単な下調べをした後で視察のつもりでほとんど観光のような形で2つの産地に足を運んでみた。大分県日田市の小鹿田と福岡県の小石原村（現東峰村）とは、大分県と福岡県との県境を挟んで本当にすぐのところに位置していた。車での移動ならば、峠を越えて、20分か30分といったところだろうか（ただし公共の交通機関を使っての移動はそれなりの時間がかかる）。先に小鹿田へ向かった。小鹿田にはたまたま兄の知人がおり、日田駅まで車で向かえにきてもらった。小鹿田で1泊した後、翌日は、持参したマウンテンバイクで日田市街に降り、小石原に向かった。小鹿田では、山間部の谷間に10軒の窯元が集まった小さな集落が形成されていた。唐臼という、粘土用の原土を砕くシーソーのような水車がゴットンゴットンと四六時中音を出していたその集落の風景は確かに美しく、一見してトラディショナルな形態が維持されているらしいことが感じ取れた。

　一方小石原の方は、もっとずっと開けていた。窯元の数も多く、村を貫く国道沿いには、個人あるいは共同の販売店舗がいくつも建っていた。小石原民芸村なる大きな観光施設が印象に残ったのを覚えている。小石原も、もともとは小鹿田と同じく10軒のみの窯元が、やはり小鹿田と同じように唐臼を用いた生産を行なってい

たのだと聞いていたが、旧来の窯元が集まっている皿山集落からその名残をかろうじて感じ取れる程度であった。現役の唐臼などももちろんなく、集落を流れる川の谷底に、朽ち果てた唐臼用の小屋を1つ2つ確認できるだけだった。また集落の片隅には、観光用の見せ物として復元した唐臼が1基のみ設置してあったが、それがかえって、産地の変容を物語っていた。先に知人から聞いたように、その対比は確かに印象的ものだった。ただし一方で、小石原にもいわゆる「牧歌的」といわれるような雰囲気を感じもした。それに現代の工芸（やきもの）諸産地は、ある程度変容しているのがふつうではないかとも思えた。

　そんな思いを持ちつつこの予備調査を終えた。そして改めて考え直してみると、やはり小石原の変容は、そんなに珍しいことではないと強く思うようになってきた。多くのやきものの産地は戦後大きくその形態を変え、大規模な販売施設をいくつも建てたりしているのである。私は、栃木県の益子という陶業地の出身であるが、何よりも益子がまさにそうした状況にあった。であるならば、小鹿田と小石原について一つの疑問が生じてくる。つまり、他の産地と同じような変化をしている（むしろ変化の度合いは少ないくらいなのである）小石原が、なぜこれほど「質が低下した」とシビアな評価が下されてされてしまうのか？という疑問である。容易に想像できたのは、隣接する小鹿田との関係である。伝統的な形態を維持している小鹿田と比較されることで、小石原の「変容」が強調されてきたのではないかと。そしてそのような評価の中で、小石原の窯元たちはどんな対応をしてきたのかが気になってきた。そこで私は、この2つの産地、特に小石原を本格的に調べることにした。同時に陶磁器業（産地）という調査対象ができたわけである。

4 ｜ フィールドに入る

（1）文化的アプローチの有効性

　小石原焼の協同組合長と村の役場（企画課および教育委員会）の方とに連絡をとって、調査めいたことを始めたのは大学院1年目の終盤（1月）になってからであった。最初に会ったのは役場の企画課の方だった。お会いして簡単な自己紹介をした後、まず「小石原焼の何について知りたいの？」と問われた。当然と言えば当然なのだが、最初に調査に行くとどこでもこの手の質問をされる。それにきちんと答えるのが、最低限の対応なのだと思うが、この時の私は質問にきちんと答えることができなかった。というのも、特定の事項を尋ねて質問が矮小化してしまうよりも、漠然と全体的な話を聞きたいと思っていたためである。いまでもそれはそうだろうと思っているが、実際は、いくつか分かりやすい質問を用意して、そこから徐々に話をふくらませていくという方がスムーズである。しかしこの時は具体的な質問を用意することもできず、しどろもどろしつつ、とりあえず民芸運動と関わるようになってからの歴史的な展開が知りたいといった旨を伝えた。

　すると歴史的なことを知りたいならば企画課よりも教育委員会の方が適当だからと比較的すぐに教育委員会の方に会うことになった。こちらでもむろん同じように「何が知りたいの」と聞かれたが、今度は2度目である。「戦前・戦後くらいからの比較的新しい歴史的な展開を……」という説明を、民芸運動のことなども加えつつ説明した。先方はすぐに理解してくれたようであった。何事も予習は大事である。そして、（窯跡調査などで）古い時代は調べていることも多いんだけど、この100

年くらいのことはわからないことが多い。がんばって調べて教えてくれるとうれしいというようなことをいっていただいた。HさんというこのPanel委員会の方には、この後の調査で本当に多くのことを助けていただくことになる。

ところで、陶磁器に関する研究は、地理学などでは、立地や流通形態、また最近では技術革新やマーケティングなどいわば現状の経済的側面の研究が多い。この調査の際に、小石原についても、経済的な状態・変容の把握を主眼とした調査が1970年代になされていることを知った。また一方で、考古学的な調査は、各自治体を中心に進められている。けれども近代期から高度成長期くらいまでを扱った近現代史的な研究は決して多くはなかった。Hさんも考古学を専門としていた。私が調査を開始する数年前より、窯跡の発掘調査が数か所で行なわれ、考古学的な視点からの小石原焼史の研究は進みつつある状態だった。それらの複数の調査報告・先行研究やこの教育委員会の方とのやりとりのなかから、ちょうど自分の関心、つまり民芸運動との接触によって形成されたイメージやその評価との関わりといったような、近代以降の文化的な側面からのアプローチには、考察する隙間が残されていることなどがわかってきた。

（2）村の人々との出会い

さて、この時の調査では、協同組合の組合長さんともお会いすることになっていた。その旨をHさんに伝えると、よく知っているので連れて行ってあげるよ、という。小石原村は、当時で人口1300人ほどのとても小さな村である。多くの住民同士が互いに顔見知りなのは当然なのである。Hさんと組合長さんもそうだった。また窯元が村行政に関わっている場合も少なくなく、当時は小石原村長も窯元の一人であったし、村議にも数名の窯元が加わっていた。村を代表する産品でもある小石原焼の協同組合長となるとだから、役場との関わりも密であったようである。もっともHさんと組合長さんとは、私的にも懇意であったようである。

小石原は福岡県の中では代表的な伝統的陶器産地であることもあり、地理学や隣接分野の学生が卒業論文で取り上げることもしばしばある。組合長さんは、そうした学生に対する対応になれていたのだろうか、私が最初にお会いした時にも、小石原焼の簡単な歴史、現状などを簡潔にまとめて話をしてくれた。

その話の中で、（なかば当然であったのだろうが）民芸運動との関係についても話が及んだ。先に私の祖父が民芸運動に関わっていたと書いた。民芸運動のことが特に話題にならなかったならば名乗るつもりはなかったのだが、組合長の口から祖父の名前まででてきた。そうなるといつまでも黙っているわけにもいかず、自分の出自を打ち明けることになった。祖父は陶芸家であったのだが、陶芸家の孫が（陶芸家としての視察・訪問ではなく）地理学の論文を書くために来るとは思わなかったのだろう、組合長さんは、とても驚いていた。それでも（たぶん）喜んでくれて、祖父やほかの民芸運動のメンバーらが小石原を訪問した時の思い出を話してくれた。そして少ししたときには、たっぷりのビールを飲むはめになっていた。その日私は、日田の駅前にホテルを予約していた。「小鹿田と比べて都市部に近い」はずの小石原であったが、公共の交通機関を使うと、小鹿田よりもずっと不便だった。小鹿田は、日田駅より直通のバスがあり、30分弱で到着することができるが、小石原は、日田駅からバスを一度乗り継がねばならない。乗り継ぎをあわせると日田の駅から1時間から1時間半はかかる。むろん本数も少ない。最終バスの時間も不安であったので、少し早めにその旨を伝え、失礼しようとすると、今日は小石原に泊まって

いけ、ホテルはキャンセルしなさいという。断る理由もなく、またとても断れるような状況ではなかったので、とりあえずホテルをキャンセルした。ただ「泊まっていけ」といった組合長さんは、自分の家は泊めることができるような状態ではないので、「こっちの家に泊まっていけ」という。「こっちの家」とは、もちろんHさんの家のことである。それから、Hさん宅が、私の小石原の常宿となってしまった。

　この後、組合長さんからは、複数の窯元の方を紹介してもらうことになるが、組合長さんをはじめ、その関係で知り合った窯元の方々とは、民芸運動と関わりのあった陶芸家の孫として関係を結ぶことになっていく。だから比較的容易に存在と名前を認識してもらったし、一定の信頼を得ることもできた。その意味では、私と調査地との関係は、多少特殊な結びつきとなるのかもしれない。もっとも信頼関係という意味では、やはりHさんの存在が大きかった。多くの方を紹介してもらったし、小石原村についての様々な情報も話してくれた。そうした情報は人と会うときにも、資料を見るときにもとても有益だった。ちなみに、Hさんとの関係から参加することになった村の行事もあった。村の小学生が村内の合宿所に寝泊まりしながら、学校に通う「通学合宿」である。私の大学院2年目の年に教育委員会が中心となり立ち上げられた企画であった。およそ1週間続く合宿のうち5日ほどに参加した。夕方早々に調査を切り上げ、合宿所に向かい、子供たちと食事、ちょっとしたイベントなどをし、夜は村の役員の方々と飲むというスケジュールだった。朝には、ラジオ体操もあった。何年ぶりかも分からないほど久しぶりのラジオ体操が思いのほか気持ちよかったことを覚えている。「通学合宿」への参加は、調査時間を取られる面もあったが、それでもこれを通して、村の色々な方（陶業関係者だけでなく）と話をすることができ、調査を進める上では有益なことの方が多かった。

5 ｜「とりあえず」の産地調査

(1) 進まぬ調査

　私が調査を始めたころ、小石原村にはおよそ50軒の窯元があった。大半が零細経営の窯元であり、産地としての規模は決して大きいとはいえない。とはいえ、同一業者の一定の集積のある産地でもあるので、経済的な側面を中心とした把握（すなわち、地場産業としての把握）も可能な産地であった（そして一応は、生産・流通構造の把握を試みたり、統計類を調べたり、などなどの調査も実施してみた）。

　一方、窯元が50軒にもなったのは、1950年代半ば以降のことであり、それまでは皿山と呼ばれる集落（九州北部では陶磁器を生産する集落のことを、しばしば皿山と称する。それゆえ小鹿田の集落も同じく皿山と呼ばれる）にあった10軒のみの窯元によって共同体的な陶業が行なわれていた。そして「変化した」小石原という民芸運動同人らによる言説は、まさにこの旧来の陶業形態からの変化を受けての発言であるわけである。そこで私が調べなければならなかったことは、①現状、②旧来の陶業形態、③旧態がどのように変化したのか、④その変容に外部からの、あるいは内部での言説や実践がどのように関わったか、という4点であった。

　それぞれについて丹念に調べることになるわけだが、調査を開始してまもなくの私には、いったい何をすれば、それぞれの内容を証明していくことができるのか明確なビジョンは思い浮かばなかった。先にも書いたようにある程度の現状を把握するために統計を調べたり、電気ロクロやガス窯の導入過程などをいくつかの資料か

ら調べてみたりはした。また組合長さんをはじめ、旧10軒の窯元さんを主な対象として聞き取り調査も行なった。聞き取りから得られる内容はむろん有益なものが多く、論文の構成にも大きな影響があった。とはいえ、「○○について」と質問内容を限定して聞いていた訳ではないので、一覧の表となるような統一的なデータとはなっていなかった。聞き取りとちょっとした統計類だけでは論文になるはずもなく、図書館で得られる文献資料もさして多くなかったので、調査の成果がなかなか上がらずに焦っていたことを思い出す。

小石原アンケート（1997.5.26-29）

氏名　（男・女；　年　月　日生　才）

出身地　家族の職業　続柄

他の兄弟は

最終学歴（旧小・中，旧中・高，大，その他　）

現在の家族構成

山林，田畑の所有（有・無；どれくらい　）

後継者（有・無；続柄　，名前　，　才）

後継者以外の兄弟は

創業年　歴代
（現在の場所での創業年　歴代　以前は　）

焼き物開始年　経験年数

陶業へのきっかけ
（以前は　）

この場所への創業理由（土地はどうしたか）

誰を頼ったか（窯元の親類等がいるか；有・無，名前　）

修行の経験（有・無；どこで　，誰に　）

他の職業経験（有・無；　）

販売店舗の有無（有・無；設置年　）

店舗の建物はどうしたか（新築・移築；いつ　，どこから　）

図1　悉皆調査の質問票

（2）「とりあえず」のアンケート調査

とはいえ修士論文の締め切りは間違いなくやってくるわけで、なんとかわかりやすい調査成果が得たかった私は、とりあえず事業者全体を把握しようと、質問票により悉皆調査を行なってみた。**図1**のような質問票を準備して、ほぼ全部の窯元を回った。「とりあえずアンケート」的な調査は、その対象者に不必要な迷惑をかけることにもなりかねないので、本来ならばなるべく避けるべきであると思うが、ゆとりのなかったこの時の私の調査は、ほとんど「とりあえずアンケート」的なものだった（ちなみに、その後別の産地でも「とりあえずアンケート」をしてしまったことがある。まったく進歩がない。反省することしきりである）。教育委員会のHさんにはこの時にも大変お世話になった。50軒のうち30軒弱ほどの窯元を車で回ってくれたのである。悉皆調査はしばしば不審がられたりするものであるが、この時はHさんのおかげでかなりスムーズに調査が進んだ。おかげで、私が一人で回ったところも含めて3日ほどで調査を終えることができた。

この調査、先に述べたように「とりあえず」のものであったので、こちらの調べたい事柄が明確であったわけではなかった。けれども知りたいと思っていた内容もあって、それは一つには、新規の開窯（かいよう）（新たに独立して窯を築くこと）の時期であった。これまで窯元数の増加については報告書等で年代別のデータが掲載されていたが、誰がいつどこに新たな工房を設置したのかは不明だったので、まずそれを知りたかった。もう一つには、修行先を含めた人的なネットワークを知りたいということがあった。それは聞き取りにおいて、かつては（基本的に）長男のみが跡取りとして窯元を受け継いでいたのが、次男三男が次々と独立するようになって、小石原の窯元は増えたのだ、という話を再三聞いたので、それを確認したかったのである。それゆえ、親戚関係や修業先、陶業を始める前は何をしていたのかなどにつ

いては、比較的詳しく聞いてみた。調査の段階では、これらは未だぼんやりとしたプランにすぎなかったのだが、最終的にはこの調査結果が論文の主要なデータとなった。「とりあえず○○」な調査は望ましいものではないが、なんとなくしてみた調査で得たデータが、ほかの調査が進み論文の方向性が固まってくるころに急にとても有益なものとなることもあるのである。

（3）地籍図を見る

　小石原の調査では、もう一つそういったことがあった。小石原の（特に旧10軒の）窯元は、1960年代、つまり新規の開窯が頻繁になる時期に、大きく売り上げを伸ばしたという話が、これまた聞き取りの最中によく出てくる。小石原陶業の変化を知る上では重要なポイントに思えた。しかし数十年前の各窯元の収入（生産額）などはデータもなく、本当に大雑把な生産額の平均（の推察）が記録されているくらいであった。そこで指導教員から、土地所有の変遷を調べてみてはどうかとの提案を受けた。陶業者はそれほど土地に執着はなさそうなので、調べたいことはわからないかもしれないが、なにか見えてくることもあるかもしれないので、とりあえずやってみてはどうかと。事実、この調査では、（私の作業が中途半端であったこともあり）指導教員の予測どおり、収入の増大を裏付けることはできなかったが、それ以外でとても有益な情報をいくつか得ることができたのである。

　土地所有の変遷の調査とは、土地台帳と地籍図とを用いた調査である。集落調査では基本的な調査の一つであるが、当時はまったくなにも知らなかった。それを見かねてか、指導教員が、自分が実施した調査の際の土地台帳と地籍図のコピーとを見せてくれ、丁寧に解説してくれた。また、たまたま同様の調査をしたばかりの大学院の先輩がおり、その先輩からも多くの教示を受けた。土地台帳と地籍図は、いまでは電子化されているが、かつては絵図のような地籍図と手書きで記入された土地台帳とで管理されていた。そうした古い土地台帳・地籍図は、ちゃんと管理・保管されているところもあれば、そうではないところもある。先輩の場合は、廃校となった小学校を役場が管理していてその一室の段ボール箱に詰め込まれてあり、比較的自由に閲覧できたとか。実は小石原村もこの状態に近かった。役場の倉庫の中に同じように段ボールに詰め込まれてあった。地籍図の方はまた別室に保管されていて、ともに比較的自由に閲覧させてもらうことができた。

　地籍図をトレーシングペーパーにトレースしたあと、関連する部分について土地台帳で一筆（住所の番号一つ）ずつデータをチェックしていくという作業である。土地台帳には、筆ごとに、その地目、面積と所有者（および所有者の変遷）が記載されており、それを一筆ごとにパソコンのデータベースに入力していった。皿山集落の旧字は中野といったが、この字を中心にチェックした。全部で700筆くらいであっただろうか。慣れていなかったこともあり、私にとっては大変な作業だったのだが、資料を大学に持ち帰った折に指導教員から、「まあ大した数じゃないな……」といった内容のコメントをされたのを覚えている。実際に、窯元の収入の拡大を土地の所有からみようとするのであれば、皿山の周辺を調べるだけでは不十分なのである（離れた土地を購入する場合もあるのであるから）。それはわかっていたのだが、結局私は皿山周辺のみで作業を中断してしまった。修士論文のための調査ということで時間的な制約があったし、窯元の収入と土地所有との関わりも薄いように思われたためである（もちろん、それは単なるいいわけにすぎないのだが）。

　こんな中途半端なものであったが、この調査からは当初の目的とは違ったいくつ

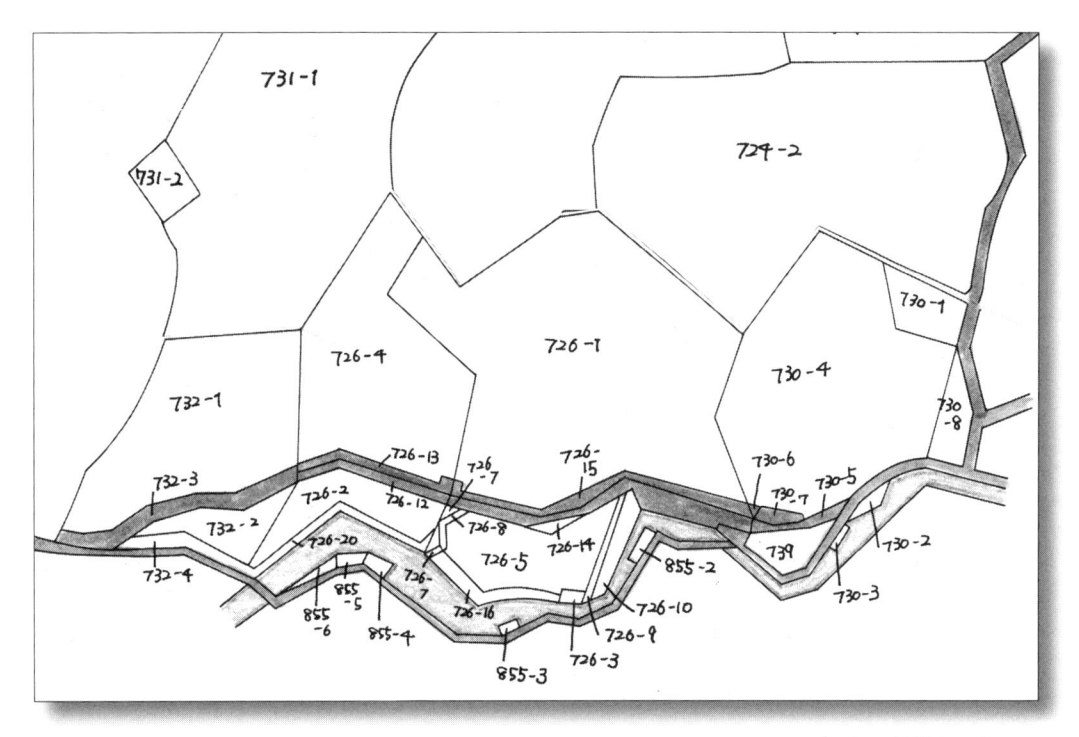

図2 地籍図のトレースをつなぎ合わせた仮図
下部の薄く色を付けた部分が河川。濃色の方は道路。

かの収穫を得ることができた。まず一つは、皿山の窯元の累代や土地のやりとりを通した関わりがわかったことである。皿山では、同一姓の窯元が多いため、聞き取りの時にもファーストネームが多く出てくる。その度に「○○の叔父」だの「○○の祖父」だの聞くのだが、次々に出てくると把握が難しい。土地台帳から所有者の推移を確認することで、その人間関係が把握できた。そこから聞き取り内容もずいぶん明確になってきたように思う。

　もう一つは、窯元による共同所有地や唐臼の設置場所の確定ができたことであった。皿山にはかつて、共同窯といって数軒の窯元が共同で使用する登り窯が二つあった。聞き取りやいくつかの先行研究（二神1959など）から、それらがどの辺に位置し、どのような使用形態であったのかはおよそ把握していたのだが、土地台帳を確認したことで、それを明確に知ることができた。また旧10軒の窯元はかつて、共同の原土採掘場を持っていたが、この採掘場についても、その場所や誰から誰がいつその土地を得たのかを把握することができた。また、トレースした地籍図を現在の住宅地図などを参照しつつつなぎ合わせていく中で、河川沿いに小さく分筆されている土地が複数あることに気がついた（図2）。よくよくみてみるとそれが唐臼のかつての設置場所であったのである。小石原の唐臼は、使用されなくなって久しいので、2基ほどが朽ち果てた状態で残っていたのみであった。そのため、その設置場所は聞き取りによって、およその場所を推定する程度であったのが、地籍図をみることである程度確定できた。

二神　弘（1959）「本邦伝統工芸の地理学的研究（第一報）―九州、小石原陶業の生産構造」『福岡学芸（教育）大学紀要（第二部）』vol.9、57-66頁

　かつて使われていた施設などの場所を特定する場合に、地籍図や土地台帳を用いるというのは、基本的な方法の一つであろうと思う。しかし、当時の私は、共同窯や唐臼の場所を確認することだけが目的であったならば、地籍図などを用いて調べることはなかったと思う。だから、先の質問票による悉皆調査も含めて、そこから得られたものは、調査の副産物でもあった。決して積極的に薦められるようなことではないが、「とりあえず」と思って実施した調査から、こんなふうに、ふいに必要な情報が見つかったりするものだ。そしてまたこうして意図しない形で有益な情

報に出会うのは、思いのほか、嬉しかったりするものである。

6 「語り」を考える

(1)「決定論的語り」とその問題点

　これらの調査によって、旧来の陶業形態の様子や、その変容の過程などについては、それなりに跡づけることができるようになった。しかし「伝統性」という主体的で漠然とした要素を考えるには、もう少し調査と考察を続けなければならない。例えば、唐臼や共同窯の使用停止という物理的な指標だけでもって、「伝統性」を語ることはできないからである。こうした点を考えるのには、やはり聞き取りを中心とする様々な「語り」が重要なものとなる。

　そこでは多様な語りを得ることができるが、そうした語りの中で、産地の変容を考察する際に一番に採用されがちなのが、「決定論的語り」とでも呼べるような語り口である。つまり、「○○が枯渇したから、△△に変えた」というような形で、変化の原因を、なにか物質的な要因で明確に説明しようとするものである。例えば小石原では、こんなことが言われている。

①共同窯を使用しなくなった原因について：共同窯の使用を停止し、各窯元が各自の窯を持つ個人窯に移行したのは、県の助成によって共同窯の修復をした際に耐火煉瓦を使用し、そのために窯の温度が従来よりも上がりすぎるようになってしまったためである。

②窯元が10軒から増加した理由について：旧10軒の窯元が有していた共同の原土採掘場の原土が枯渇したため、原土を公有地から払い下げることになり、採掘場の所有権が無効化したためである（例えば、赤松（1991）はこの理由を採用している）。

赤松直美（1991）「小石原焼窯元の共同性の変化」『大分地理』vol. 5、35-42頁

　これらはいずれも事実であるし、変化の理由の一つであったのも確かである。それに一見すると、因果関係も明確であるので、主要な理由として採用してしまいがちである。ただし一方で、そうした「決定論的語り」を採用することで見えなくなってしまうことがあるということも、同時に考えないとならないのではないかと思う。なんらかの変化が起こる時には、多くの場合、その変化の方向性を決定付ける文化的な、あるいは社会的な要素が関係していて、その点を見逃してしまうと、産地変化のダイナミズムを捉えられなくなってしまう。

　実際に小石原でも、①の共同窯から個人窯へという変化の背景には、1960〜70年代に起こったやきものブームという地方の陶器産地の消費ブームによって需要が拡大したことで、窯元らが、制約の多い共同窯から個人窯へ移行したいという思いを持つようになったことがある。耐火煉瓦による逸話は、それを正当化する一つの語りという面も持っているのである。

　②で取り上げた窯元の増加に関しても、いくつかの要因が複雑に絡まっている。もちろんこちらも第一にはやきものブームにともなう消費の拡大（とその前兆）がある。独立しても食べていけるだけの見通しがあるからこそ、新規の独立が行なわれるのであるから。

（2）もう一つの「語り」を考える

　同時に窯元の増加に関しては、小鹿田との微妙な関係も関わっていた。小鹿田とかつての小石原の陶業形態はとてもよく似ていたのだけれども、一つ大きく異なっていたことがあった。それは、成形から焼成までを窯元の主人本人が担う小鹿田に対して、小石原では成形を担う職人と、陶土作り・焼成・販売を行なう窯元の主人とは一致していなかったという点である。

　私が注目したのは、こうした状況と関連して出てきた、先の②とはまた別の語りである。それは、旧窯元以外で最初に独立を果たした太田熊雄という陶工をめぐる語りである。実は、小石原の窯元らは、民芸運動同人の小石原に対する評価が芳しくないことを十分に自覚していた。私が最初に組合長さんに聞き取りをした時も、そうした旨の発言をされていた。太田熊雄ももちろんそうであった。彼は、小石原の評価が低い理由は、窯元の主人と成形を担う職人とが分離していることにあると考えていた。そして太田は、もしも職人である自分が独立したならば、職人と窯元の主人とを一致させることができ、小石原の評価も変わっていくはずであるとし、実際に自分の窯を新たに興した。これはいわば彼が新規に独立することを正当化しようとする語りであり、またそのベースには民芸運動の職人礼賛の思想があった。

　太田の独立後には、この語りに乗るような形で、技術を持った職人らがまず独立していく。また同時に旧来の窯元も技術を習得するようになる。さらにその後は、旧10軒の窯元や太田ら他の先行する窯元のもとで、一定期間の修行を積み、技術を習得したものが独立する形となった。そして小石原では、結果的に、太田の主張する窯元と職人の一致が達成された形となった。

　調査では、こうしたプロセスを言説の検討と小石原の状況をすりあわせながら再検討してみた。その際のポイントの一つは、太田の独立の動機の一つでもある、小石原についての民芸運動関係者からの評価である。調査の初期段階で蒐集したいくつかの文章を中心に小石原に対しての評価が芳しくないことを再確認した。もう一つには、太田熊雄に関するものである。太田は、1950年代半ばからの変容期以降、小石原においてつねに重要な役割を担ってきた人物であったので、文献からも聞き取りからも、比較的多くの情報を得ることができた。そこから民芸運動の理論をどのように解釈し、活用（「流用」★1）したかを検討してみた。同時にまた、太田が小石原にあって民芸運動同人と最も親密な関係にあった人物であることもわかり、そのことは彼が民芸運動の理論を用いて自身を正当化していったことの事実を跡づけてもくれた。一方で、産地の状況との絡みである。先にも少し触れたように太田が独立した時期は、小石原の伝統的形態が崩壊しつつあった時期である。共同の原土採掘や共同窯の使用停止は、まさに同時期の現象だった。太田は、古くからの窯元が有していたいくつかの権利を持っていなかった。だから彼は、こうした状況に相前後しながら独自の形態を導入し独立していったのである。太田に続く窯元、職人らの動きについては、前項で紹介した「とりあえず」のアンケート調査が役に立った。太田に続き窯元の二・三男らが独立をすること、その後の新規開窯者の多くが村内で一定の修行を経ていること――すなわち窯元と職人の一致の達成――など、先述の状況が確認できたからである。そして旧来の形態が崩壊していく一方で起こった、窯元と職人の一致への過程のなかから、この産地において、逆説的な形で「小石原の伝統性」が共有されていったことが見えてきたのである。

　先の「決定論的語り」による説明もむろん重要な事実であろうが、同時に、そうした時期に並行してみられる太田のような人物の諸実践を見逃すことはできないだ

★1　ここでの「流用」とは、外部者によって一方的に付与されたイメージや価値観を、現地の人びとが再解釈し、自己表現として積極的に利用・活用することを示す。

ろう。産地の変動期には、このように、複数の、かつ一見関係のないような理由付け≒語りが得られることがある。そうした語りの中で、最も分かりやすいもののみを簡単に採用して、決定論的な関係を導いてしまうよりも、さまざまな語りを、少し広い視野で検討することが大切であるように思う。

7 曖昧だからおもしろい──「決定論的語り」の先へ

　さて、このようにして私は、どうにかこうにか行なった悉皆調査、聞き取りや資料調査などを通して、小石原の伝統性について検討してみたのである。度々指摘したように、伝統性というものは、とても相対的なものである。陶磁器業を含む工芸生産であれば、どういった生産工程が伝統的であるのかなどが明確に決まっているわけではない。時代によって、あるいは、まなざす人（主体）によって、異なってくる。小石原と小鹿田に対する評価も、実際は都市との距離という絶対的なものではなく、きわめて相対的なものだった。ほとんど変わらずに「伝統」的な形態を維持していた小鹿田の方が特別であり、小石原の特殊性とはむしろ、小鹿田と隣接しているということにあったといえる（小鹿田、および民芸運動と陶器産地全般については、小石原についての本論も含めて、濱田（2006）にまとめたので参照のこと）。小石原の窯元らは、そうした状況と、その状況ゆえに産地にむけられるまなざしに対応しながら、産地を形成してきていた。本論で探ったのはこんなことだった。

> 濱田琢司（2006）『民芸運動と地域文化─民陶産地の文化地理学』思文閣出版

　これらは、表象の問題ということになるのだろうか。かつて大学院の講義の際に、表象について論じようと思うならば、それにまつわる周辺事象を徹底的に調べ上げなければならないと言われたことがある。産地の伝統性も同様で、そこで得られる様々な語りとともに、内部の様々な変化、そして外部との関わりなどの調査を丹念に積み重ねないとならない。とりわけ、前節でみたような「決定論的語り」に簡単に陥らないようにしないといけないと思っている。

　ただ「決定論的語り」に陥らずに産地の変化を考察することはなかなか難しくもある。先述したように、小石原ではどうにかそれを実践することができたが、新しい産地にでると、ついつい「決定論的語り」に寄りそって知った風なことを語ってしまうことがある。やはり説明も容易だし、分かりやすいからである。でもそこから逃れて次のステップへと進まねばならないという意識は常に持っているつもりである。「決定論的な」視点と比すときわめて曖昧な場合が多いのだが、その曖昧さがまた、産地の伝統性を探るおもしろさでもあると感じている。

おすすめ文献

太田好信（1998）『トランスポジションの思想─文化人類学の再想像』世界思想社
　　本章で言及した太田（1992：1993）を含む書。1980年代後半以降、文化や伝統が創られたものであるという認識が一般化したが、そのような時代にあって、それらをどのように捉えたら良いのかを考える一歩として、勉強になる一冊。

山下晋司編（1996）『観光人類学』新曜社
　　観光という外部者のまなざしが、民族／民俗文化の形成にどのような影響を与えているのかを多くの事例から概説的に紹介している。とくに川森博行「ノスタルジアと伝統文化の再構成」、橋本裕之「保存と観光のはざまで」などは、本章と視点を同じくする部分もあるので、参照してほしい。

羽田　新編（2003）『焼き物の変化と窯元・作家―伝統工芸の現代化』御茶の水書房
> 日本のやきもの産地の現状についての広範な調査をまとめたもの。アンケートへの偏重が感じられたり、「決定論的語り」からの分析がしばしば見られたりもするが、担い手の意識や伝統性、作家性といった問題にも言及しており、参考になる面も多い。

濱田琢司（2006）『民芸運動と地域文化―民陶産地の文化地理学』思文閣出版
> 本章でとりあげた論文も含まれている。民陶と称される伝統的な陶器産地と、民芸運動という文化運動の関係から、産地における「伝統性」の問題を考察したもの。新たな文化的価値が発生したときに、産地にとってそうした価値がどのような意味を持つのかを事例を通して探っている。

3-3 宗教の空間構造を知る
——信仰者はどこにいるのか

松井圭介　MATSUI Keisuke

松井圭介
1963年神奈川県生まれ。筑波大学大学院博士課程地球科学研究科単位取得退学。現在、筑波大学大学院生命環境科学研究科教員。専門は宗教地理学、文化地理学。著書に『日本の宗教空間』古今書院、2003年、『風景の世界』［共著］二宮書店、2004年、『現代地理学入門』［共著］古今書院、2005年、など。
jiji@sakura.cc.tsukuba.ac.jp

本章でとりあげる論文

松井圭介（1995）「信仰者の分布パターンからみた笠間稲荷信仰圏の地域区分」『地理学評論』vol.68A-6、345-366頁

　この論文では、笠間稲荷神社（茨城県笠間市）の信仰者の分布から、信仰圏の範囲を画定し、信仰圏の地域区分を行なった。分布の指標には、昇殿祈願者（講社および崇敬祈願者）、産物献納者、分霊勧請者の3つを用いた。
　その結果、笠間稲荷からの距離に応じて、笠間稲荷信仰圏は①産物献納者の分布が卓越し、農耕に恵みを与える生産神としての信仰を集める第1次信仰圏（0〜50km圏）、②各指標とも分布が密であり、とくに講社の成立と分霊勧請者の分布の中心域で、笠間稲荷信仰の核心地域といえる第2次信仰圏（50〜150km圏）、③講社、分霊勧請者とも分布が分散的となり、笠間稲荷信仰の外縁地域となる第3次信仰圏（150〜800km圏）の3つに地域区分できることが明らかとなった。
　また笠間稲荷信仰圏の場合、信仰の広がりには、神社の西部から南東部にかけてのセクター性もみられ、笠間稲荷信仰圏が信仰拠点を中心とする圏構造ではなく、第2次信仰圏に信仰者の分布の中核のあるドーナツ型を呈していることがわかった。

キーワード：信仰圏　信仰者　同心円構造

1　異分野への進学

　この論文は私の修士論文での調査をもとに執筆したものである。論文が掲載（受

理）されたときの喜びや安堵感は10年以上を経た今でもよく憶えている。修士論文を提出したのは1994年の1月。このとき私はすでに31歳になっていた。経済的にも精神的にも本当に苦しい毎日であった。

今改めて論文を読み返してみると、フィールドで得られた貴重な体験とともに数々のほろ苦い思い出がまざまざと甦ってくる。本稿は宗教の地域調査に関する経験譚であるが、一方で人文地理学を志す若い学生・院生の皆さんに、自分の院生時代の試行錯誤の日々を紹介することを通して、大いに自信をつけていただきたいと願っている。

（1）甘くはない大学院生活

大学時代、宗教社会学に興味をもっていた私は、主としてアメリカの現象学的社会学に関する文献研究で卒業論文を執筆した後、社会学と宗教学で迷った末、宗教学の大学院に進学した。これが最初の大学院進学であった。進学動機は至って単純。就職活動が面倒であったことと親しい友人が進学したからである。

しかしながらこのような不純な大学院生がメシを食べていけるほど学問の世界は甘くない。大学等の研究機関に就職できる人は限られており、博士号の取得も定職の確保もままならないまま、40歳を過ぎてもなお研究室を徘徊している牢名主のような人がゴロゴロしていた。進学時に指導教員から頂いた唯一のアドバイスは「最低10年は食えないから、覚悟せよ」。休学・留学等で大学院の在籍年限をフルに延長し、できる限り学生としての身分を長く保ちながら、非常勤講師のあてを探すのが大学院生の基本的なスタイルであった。アルバイトに奔走する苦学生もいたが、医者や実業家等の子息で経済的に余裕のある院生もおり、こうした院生仲間に誘われるまま夏は高原で避暑、冬は別荘でスキーとセレブな世界の一端を垣間見たのもこの時期である。

当時の文学や思想系の大学院では、研究とは個人でするものであり、指導教員があれこれと指導はしないことを美徳とする風習が生きていた。現在でも一流とされる大学院ではそうかもしれない。京大出身であった私の先生は「京都では、連休前は講義なんてやらんのや」というのが口癖で、二言目には「筑波は忙しすぎて学問ができんのや」。無論これはレトリックで（と信じたいが）、大学院生になったというだけの漫然とした日々を過ごしていた。

（2）学会発表で恥をかく

こうした意識の低さはすぐさま自分に跳ね返ってきた。2年次に初めて学会発表（日本宗教学会）を行なったが、事前に申し込んだテーマで発表することができず、その場で黒板に発表題目を板書した。宗教学会には予稿集はなく、申込はタイトルだけで可能なため、このような悲（喜）劇が生じてしまうのである。エントリーしていた第一部会は宗教学理論の部会で学会の精鋭が発表する部会であった。第一部会で発表すること自体が誉れであり、同時にプレッシャーも大きいのであるが、そんな学会のロジックも知らない私の暴挙は聴衆の大先生方を唖然とさせた。質問1つでないまま発表は黙殺。後で諸先輩方から激しく叱責されたのは言うまでもない。当日夜の懇親会で、ある親しい先輩は「オレならここ（ホテルの窓）から飛び降りるね……」。学会発表はその後も毎年続けていたが、so what? といった反応ばかりで、いかに鈍感な私でもこのままではいけないと思い始めていた。当然のことのように、大学院の2年次に修士論文を提出することができず、ようやく3年目に提出した修

論のテーマが天理教系教団の分派成立過程に関する宗教社会学的な研究であった。

（3）何に関心を抱いたのか

　この修士論文は幕末維新期に成立した民衆宗教にみられる救済観に焦点をあわせた研究である。私が天理教に関心を抱いたのは、大学3年のときのゼミ旅行で天理市を訪れたときの強烈なインパクトにあった。教祖百年祭を見学することが目的であったが、このとき初めてみた天理の風景、人々と町並みが醸し出す独特な宗教都市の景観に私は圧倒された。何よりも「天理教」と白く染め抜かれた黒い法被を着て行き交う老若男女の姿に私は言葉を失った。24時間開放された聖地「おぢば」でみる参拝者の熱心な「ておどり」と「みかぐらうた」の唱和に太鼓のリズム。天理教の世界観が体現された宗教都市との出会いは、私が宗教研究に関心を抱くようになった原体験ともいうべき鮮烈な空間経験であった（松井 2003）。

　当時の私にとって最大の関心は、なぜ人は信仰をもつのかということにあった。特定の信心を持たない私には、天理において若者たちがファッションではなく自己の信仰を発露する姿に驚くとともに、宗教に対する興味をそそられた。オウム事件などで宗教が世間の耳目を集める以前のことであったが、いわゆる霊感商法といった社会問題や癒しブーム、ヒーリング現象などと結び付けて新新宗教と呼ばれるニューエイジの宗教が勃興する時代であった。自分自身でも心のよりどころを求めていたのかもしれない。

　しかしながら、私がいかにも素人であったのは、「人はなぜ信仰をもつのか」などという根源的かつ規範的な問いをたてていたことからもわかる。こうした本質的なテーマは学問上の関心を保つ上で重要なことではあるが、少なくとも修士論文で取り組むようなテーマではない。当時の私は何かにすがろうと、手当たりしだいの書物を読んでいた。いや読もうとしていたというのが正しいだろう。ティリッヒやバルトといった神学者から、バーガー、ルックマンの知識社会学、レーウやエリアーデらの宗教現象学。濫読といえば聞こえはよいが、当てずっぽうにただひたすらノートをとり続けていた。ちなみに原書を読む能力も気力もなく、開いていたのは翻訳書。

　こうしたおよそアカデミックな行為とはいえない作業を続ける一方で、さらに恥ずかしいことに私は学術論文に全く目を通してはいなかった。否、その調べ方すら知らなかったのである、学術論文とは何であるかを全く理解していなかった。こうした研究のイロハを知ることなく、無勝手流に研究に取り組もうとしていた私は膨大な時間を無駄に費やした。目的のない読書など時間の浪費以外の何物でもない。

> 松井圭介（2003）『日本の宗教空間』古今書院

2　宗教調査の難しさ

（1）怒鳴られながらのインタビュー

　理論的なバックボーンをもたない私はとりあえず、天理教の本部に足を運んだ。つくば市内にある分教会に紹介いただき、一般の信者と同じく信徒会館に宿泊し、別席（信仰修養の場）に参加して信徒体験を行なった。フィールドに出る楽しさを知った私はそれからしばらく、天理教に限らず複数の新宗教教団において信徒体験を繰り返した。こうした教団のなかには信徒の資格を与えてくれたところもあった。身分と目的を明らかにした上での参与観察であったが、ごく一部の教団を除けば、

いずれも快く受け入れてくれた。もっともそれが研究上で役に立ったかは微妙であるが、度胸だけはついたように思う。一緒に参加していた信徒や教団関係者にインタビューをし、各教団で刊行している出版物や雑誌の類いを可能な限り渉猟したものの、それらはあくまでも現代における教団側の資料に過ぎず、歴史がある教団ほど以前の資料は入手が困難であり、開教当時の状況を伝える資料を教団からみつけだすことは難しい。天理教や大本（おおもと）などのように、戦時中に国家による大規模な弾圧を受けた教団はなおさらであった。教祖の教えや聖地といった教理の根幹も時代に応じて変化するのであり、教団の真理と歴史的な真実は必ずしも合致しないのである。

　私は、教祖・中山みきの死後に誕生した2つの分派教団を事例に進めていくことにした。調査方法は参与観察法である。文化人類学などで用いられるスタンダードな手法で、調査者も一人の教団信徒と同じ生活をし、宗教実践に参加することを通して、信仰のリアリティーを探る手法である。時間はかかるが、当該教団について十分な知識をもたなかった私には自分が一番知りたいこと、信者の人たちが何を求めてなぜこの教団に入信したのかを体験的に理解するためにはもっとも有効であると考えたからである。

　ところが信者への聞きとりには困難が待ち受けていた。教団本部で信者に話を伺うと、身内や自分自身の不幸や災難を契機に入信し、教団の秘蹟により艱難辛苦（かんなんしんく）を救われたという紋切り型の霊験譚（れいげんたん）を聞かされる。教団の外で話を聞こうと信者の自宅を訪ねると、多くの場合インタビューを拒否された。信仰は政治信条と同様に高度なプライバシーの問題にかかわる。家族に秘密にしている場合もあれば、入信経験はあっても現在は完全に無関係の人もいる。夏休み中の炎天下、関東地方の信者宅を回りながら、何度も怒鳴られて追い返されて、激しい徒労感と虚脱感にさいなまれたことは生涯忘れ得ない経験である。試行錯誤ながら、最終的には10以上の教団を巡り、50人以上の信者にインタビューすることができ、ささやかな自信をつけることはできた。自分が研究者になりたいと思った原点になった。

（2）宗教学との決別、そして地理学へ

　3年目でようやく修論を提出したものの、次の課題である投稿論文を作ることができずにいた。小心者の私はただ漫然と日々を過ごしていた訳ではなかった。タームペーパーを書きながら、論文を再構成していたのであるが、どうにもまとめることができなかった。分派教団成立期の文書資料が入手できなかったため、二次資料と推論に依拠せざるを得ず、唯一自信のあった現在の信者の信仰動態と分派の成立とをリンクさせて論じることができなかったのである。私の迷いの原因は性格的なものにも起因していた。

　若い院生の方は心して聞いていただきたい。それは指導教員のいうことを絶対であると考え、従順になることである。1人の専任教員が教育・指導にあたるシステムで育った学生は時に、その教員を相対視することができず、教員の発言・意向を金科玉条の如く受け止めてしまうことがある。学部時代から懇切丁寧に指導を受けていると、いつしか指導教員の考え方が自分に入り込み、ステレオタイプな思考回路が沈潜してしまう。もちろん学問における基本的な「型」とか「技」は師匠から盗むことは大事であり、ある初期の段階に師匠のスタイルを真似することは意味あることである。しかしながら、まるで金太郎飴のように指導教員のミニチュア版になってしまってはおしまいである。今後大学院への進学を考えている方はできれば学部と大学院で研究室（大学）を変えた方がいいと断言してもいいが、自分が教員

になると自分の学生にはそのまま大学院に来てくれることを期待してしまう。大いなる自己矛盾であるが、学生の側はよくよく考えた方がいい。

私の関心は研究室の問題意識とは合わず、さらには上記のような論文自体に欠陥を抱えていたため、八方塞がりの状況であった。ここまで紀要を含めて論文はゼロ、わずかに学会発表が3回というのが4年次を終えたときの全業績である。

投稿論文が作成できないまま、苦悶の日々を送っていた私であったが、次第にすべてが面倒くさくなり無気力になっていた。当世風にいえば鬱である。場当たり的に研究テーマを変更したものの、研究が深化するはずもなく、ついには一文字も書けない状況に立ち至ってしまった。ワープロに向かうと途端に気分が悪くなるのである。このままでは本当に精神を病んでしまうと考え、休学することした。

ところが人間とは現金なもので、休学するとすべての束縛から解放された気分になり、ウソのように元気がでてきた。1週間ほどの小旅行ですっかり元気を回復した私は、もう宗教学の研究室を退学する決意を固めていた。指導教員と喧嘩する実力も度量もなかった私は本能的に元の研究室で研究を継続していくことが困難であることを悟ったのである。

3　ゼロからの再出発

(1) 28の手習い

人文地理学の大学院への進学を決めたのは、学生時代からの友人であった須山聡君の存在が大きかった。地理学には元から関心をもっていたこともあるが、学類（学部）レベルの講義ですら満足に受講していなかった私が果たして大学院でやっていけるのか心配は尽きなかった。しかしながら失うものなどない私にとって、新しい学問に踏み込む喜びの方が勝っていた。最初に大学院に入学した時点で10年は覚悟せよといわれていたのである。6年目の再出発も留学したと思えばなんでもなかった。

大学院に再入学したのは1992年の4月のことである。年齢は28歳。人文地理関係の同級生は3人。1人は本書の都市地理の執筆者でもある堤純君、あとの2人は故郷の県庁やシンクタンクで活躍されている。大学院生の部屋は学年別になっており、自然地理や地質学の大学院生と同居していたが、もちろん日本人では最長老。クラスメートからは敬愛の念をもって（？）「じじ」と呼ばれていた。余程煙たかったに違いない。

(2) テーマを決める

2度目の大学院に失敗は許されない。奨学金も仕送りもない私は経済的にもギリギリだった。生活費に授業料、巡検代など一切を自分で稼ぐ必要がある。アルバイトは週5日、風呂・トイレ共同の安アパートに転居し、支出は最小限に切り詰めた。効率よく酔えるようにビールは焼酎に、車も軽自動車に乗り換えた。年齢的にも研究者以外の就職は険しく、退路を断っての進学であった。今でこそ文系でも博士課程に進学する学生は珍しくないが、2度も繰り返す酔狂な人は滅多にいない。逆に言えば、1度目の失敗を取り返すチャンスを与えられたのである。何とも楽観的な性格であった。

最初に考えたことはテーマの設定である。「研究テーマは研究者にとってレゾン

デートルであり、実用性や功利性で決めるものではない」とそれまで考えていたが、背に腹はかえられぬ。せっかく地理学に入ったのだから新しいテーマをと考えなくもなかったが、弱者は自分の強みを徹底的に活かすに限る。地理学広しといえども、宗教学の博士課程で5年も過ごした人間はいないだろうと高を括り、宗教現象を対象とすることだけは決めていた。もしこの時私が農村地理や都市地理といった領域に踏み込んでいたら、恐らくそのまま埋没していたところだろう。

　地理学を体系的に勉強したことのなかった私は、大学院試験に合格してから入学するまでの半年間、ただひたすらに地理学界で出版された宗教にかかわる内外の文献を読むことに専念した。何せ一度捨てたも同然の人生なのだ、好き勝手にやってやろう。図書館と研究室を往復し、手首が腱鞘炎になるほど膨大なコピーをとり、1編ずつ読んでは内容とコメントをカードに整理していくという作業を入学後の夏までほぼ1年間続けた。検索方法もプリミティブであった。邦文は『地理学文献目録』と「学界展望」を手がかりに、残りは入手した論文ほかの参考文献リストをたどっていくのみ。欧文は図書館の床に座り込み、1冊ずつ目次に目を通していくという、到底今ではできない体力勝負の方法である。*Progress in Human Geography*誌すら偶然手にとって知った次第であった。筑波大学の図書館は幸い集中管理の全面開架式であり、地理学関係の雑誌類も比較的揃っていたので、このような方法でも少なからず対応することができた。検索ツールが発達した現在、このような方法は推奨されるものではないが、地理学の世界に早く溶け込みたかった私にとって、雑誌の顔やにおいを知ることができた貴重な体験であった。

（3）研究史を俯瞰する

　こうして少しずつ蓄積した宗教地理の文献メモを基に、1年次の秋頃から『人文地理』誌に投稿する展望論文を書き始めた。当初は投稿など念頭になく、修士論文や博士論文の序論になればいいとの思いで書き始めたのであるが、せっかくならば論文（業績）にしたい。1編の論文もない院生が『人文地理』の「展望」に投稿するなどとは、学部で地理学を専攻しストレートに大学院へ進学していたら思いも寄らなかったに違いない。まさに知らぬが仏である。この論文は2年次の秋に掲載された（松井1993）。30歳にして最初の査読論文であった。この論文のおかげで大学院の4年次から学振の特別研究員に採用されることになった。遅ればせながらようやく研究者としての自覚が生まれたのがこの頃である。

　この論文の最大の収穫は、レフリーとのやり取りを通して、自分のやりたいことが次第に明確化されてきたことである。日本は「宗教の博物館」と称され、その歴史上、幾多の外来宗教を受容してきたが、仏教を含めてその根付き方は非常に「日本的」であり、まさに遠藤周作の『沈黙』に描かれる土壌が日本にはある。「人はなぜ信仰をもつのか」に始まった自分の関心は「地域社会はいかに信仰を受容するのか」に転じていった。信仰圏研究に修士論文で取り組むことになった。

松井圭介（1993）「日本における宗教地理学の展開」『人文地理』vol.45、515-533頁

（4）フィールドの決定と調査の開始

　流行神（はやりがみ）的な民衆宗教を扱いたい。しかも祈願内容は多様に富んでいるほうがいい。研究対象を稲荷信仰にすることに迷いはなかった。稲荷神は本来農耕神でありながら、家内安全は無論のこと、集落安全や商売繁盛や転じて航行安全といったマルチな御利益神として受容されており、信仰の担い手もそれに応じて多様である。既往の研究で蓄積されてきた山岳信仰研究との差異化を図ることもできる。あとは対象

写真1　笠間稲荷神社

をどこにするかであった。稲荷信仰といえば誰もが知る京都・伏見稲荷がまず思い浮かぶ。他にも豊川稲荷（愛知県）や竹駒稲荷（宮城県）、祐徳稲荷（佐賀県）などが広域の信仰圏を有する稲荷神として挙げられるが、私は笠間稲荷（茨城県）を選択した。

笠間稲荷は関東では著名な稲荷神社として知られており、準広域の信仰圏を有している。そして何より居住地から近く、日帰りで調査可能であったことに尽きる。投稿論文でフィールド選択の理由をもっともらしくつけ（させられ？）るが、現住地か実家の近くで探す場合が多いはずだ。経済的なメリットもあるが、地理学を志して日の浅い私には、思いたったらいつでもフィールドに赴ける近場にあることが重要であった。とはいえ宗教調査の場合も、相手教団（この場合は神社）の協力が得られなければ調査は難しい。神社から正式に調査許可をいただいてようやくフィールドが決定した。2年次に入る直前の2月のことである。

調査協力の許可をいただくと、さっそく翌日から笠間稲荷に通いだした。自動車で片道1時間強。行きは毎度のことながら気が重く「今日はうまくいくだろうか」と思い悩み、帰りは成果の多少にかかわらず意気軒昂とした気分で引き上げてきた。研究の遅滞を実験室であれこれ悩むより、フィールドで昼寝でもしていた方が精神衛生上もはるかによい。現場百回、百聞は一見に如かず、田舎の学問より京で昼寝の精神である。初めての調査で効率を期待するのも酷である。そもそも何を聞いたらよいのか、どんな資料があるのか、初めから見当がついている場合の方が少ないであろう。稲荷信仰の研究は直井広治をはじめ民俗学には膨大な蓄積があるし、信仰圏研究にも宮田登を嚆矢として30年以上の歴史がある。先人たちの業績をみれば、研究のノウハウも道標もある程度まで示されているが、自分の研究対象で先人たちの経験がどこまで有効であるかはわからない。そもそも既往の研究に示された道筋をたどるだけでよいならば、その研究は恐らく大した価値はないだろう。場所と時代が違うに過ぎない。

4　試行錯誤の連続

（1）神社へ通う

私の研究では笠間稲荷の信仰圏を定量的に把握する必要があった。そもそも何を指標にして信仰を把握したらいいのか。一番確実なのは神社への参拝者を把握することであるが、社頭で拝礼している一般の参詣者や偶発的に訪問した観光客などを信仰者のカテゴリーで語ることは適切だとは言い難い。神社の記録簿にある個人崇敬者に関する資料（もちろん個人名・企業名、電話番号等、個人情報に関する情報はすべて除いた上で）を閲覧・筆写させていただき、これらの定期的に昇殿してご祈禱を受けている人たちを「篤信崇敬者」と名づけた。個人単位での信仰者とは別に、笠間稲荷では集団で参拝している講のグループが数多く組織されている。講の

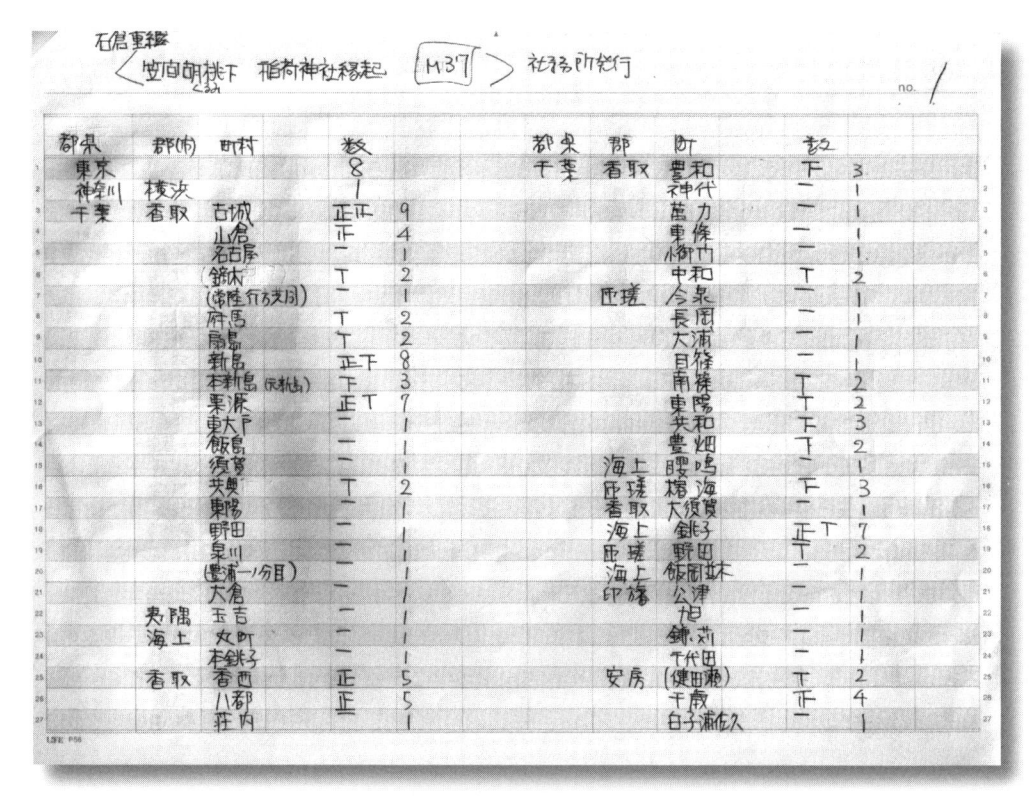

図1 筆写した講に関する資料
1904（明治37）年に発行された笠間胡桃下稲荷神社縁起を筆写したものである。パソコンに直接入力することはできず、集計用紙を利用して筆写していった。

名称、所在地、人数、参拝月日などについてのデータも閲覧・筆写を進めた。私の研究では信仰圏の歴史的な形成過程よりも現代的な様相と空間モデルに関心があったため、最新のデータから筆写を進めていった。信仰者については高度なプライバシーにかかわることであり、個人情報の取り扱いには細心の注意が必要であることはいうまでもないが、同時に神社にとっても経営資源の根幹にかかわるデータであり、調査者との信頼関係がなければ調査を進めることはできない。反対に過去のデータに関しては、神社所蔵の資料を十分に活用することができなかった。明治時代と昭和戦前期の2時点における資料を入手するにとどまり、残りは神社境内に残された奉納額や絵馬、石碑・石塔などに記載された個人名、講名、所在地などを手がかりに空白を埋めていった（**図1**）。それでも明治時代中期に流行神的に信仰が流布していく様子がわかってきた。

　こうした個人・集団を問わず神社に定期的に参拝する人たちを先に篤信崇敬者と名づけたが、笠間稲荷の信仰者はこのカテゴリーだけで把握するには不十分であることも事実であった。笠間稲荷では年間を通して、さまざまな祭礼が営まれているが、歳旦祭（さいたんさい）や大祓（おおはらえ）など全国の神社で共通する祭礼もあれば、講社大祭（こうしゃたいさい）や献穀献繭祭（けんこくけんけんさい）、御分霊祭（ごぶんれいさい）などといった独自のものもある。献穀献繭祭は笠間稲荷に繭や穀物を献納する農家による祭礼であり、この農家を「産物献納者」と名づけた。御分霊祭は笠間稲荷の御霊（みたま）を分霊（ぶんれい）として勧請（かんじょう）した人たちによる祭礼であり、この人たちを「分霊勧請者」と命名した。こうして最終的には、信仰者を大きく3つに分類することになったが、これは資料の筆写と後日の入力作業が終わってからの作業仮説から生まれてきたものである。ちなみにすべての祭礼の担い手を教えていただき、リストアップしていったが、結果的に重複があったり、一過性のもので信仰の分布を把握する上で不必要と判断したものが相当数あった。まさに試行錯誤の作業の連続であった。

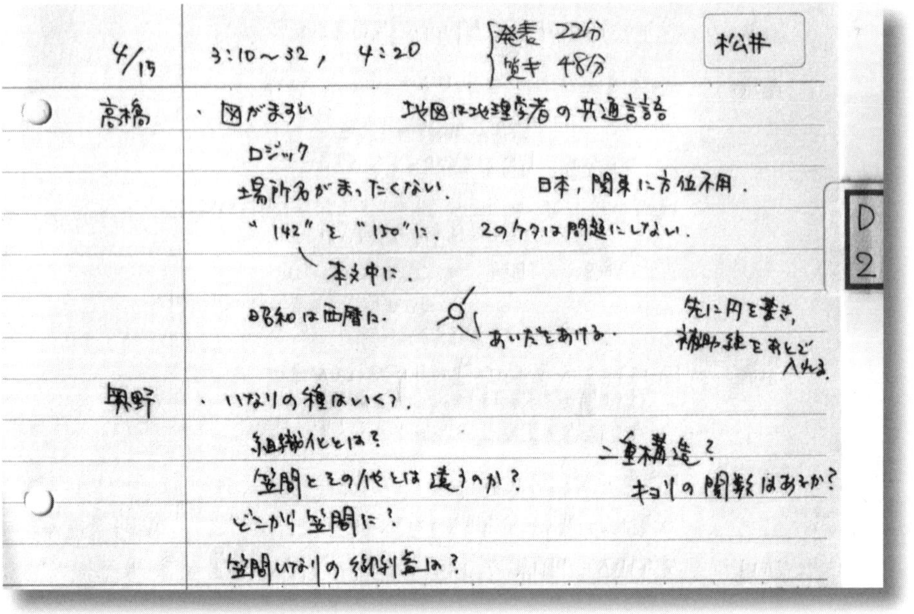

図2 「ゼミ格言集」の中身

修士論文1回目の報告時のもの（1994年4月15日）。自分の発表のときは同級生の友人に記録を依頼した。高橋伸夫先生と奥野隆史先生（故人）の発言部分の一部である。

（2）ゼミで叩かれる

　資料の筆写に1ヶ月、関係者への聞きとりや神社行事の参加に半月ほど通ったであろうか。徐々に笠間稲荷信仰の形態と信仰者の分布に関する資料は集まりつつあったものの、ゼミの発表は芳しいものではなかった。当時大学院では、修論生は学期（年間3学期制）に2～3回の頻度で人文・地誌関係の全教員・院生が参加する合同ゼミでの発表が義務付けられていた。慣れないロットリングペンを握り、悪戦苦闘しながら分布図を作成するも、その分布パターンが何を意味しているのか、なぜそのような分布パターンになるのかが、解釈できずに苦しんでいた。

　学類（学部）時代に地理を専攻していなかった私は人文地理に関する基礎の素養が完全に欠落していた。短期間でこの欠落を補うにはどうしたらいいか。窮余の一策で私が試みたのが、「ゼミ格言集」作成である（図2）。格言集とはアイロニーだが、ゼミでの先生方の発言を逐一メモしたものである。修論・博論の中間報告は無論のこと、論文紹介にいたるまで10名余りの先生方がどのような質問・コメントをしたかを大学院入学以来メモし続けていた。先生方は人文地理の専門家なのだから、コメントには学問観が凝縮されているはず。そのエッセンスを素早く吸収するにはよい方法だと考えたのである。当時の筑波のゼミは厳しく、今、学界で活躍されている若手の先生（先輩）方もこっぴどくやられていた。人間サンドバッグといおうか、「同じ釜の飯を食った仲間」意識が醸成されるセレモニーであった。無論当時はそんな余裕もなく、発表の都度戦々恐々としていた。当初はゼミで少しでも怒られないようにとつけ始めた格言集であったが、次第に先生方の指摘にはパターンがあることがわかってくる。研究対象をどのように選び、分析するのか。観察、聞きとりで得られた事象をどのようにデータ化し、図表として表現していくか。研究の強み（オリジナリティー）をどこに求めるのか。テーマの設定から論文の完成まで、うるさいほど同じことを言われ続けると、どんな凡庸な人間でも研究のイロハだけはわかってくる。週1回の全体ゼミと年間2回1週間ずつかけて行なわれる野外巡検に参加していると、否応なしに一つの地理のスタイルが確立されるのだ。「優秀な大学院生が自分の能力を各人で発揮して学界に貢献していく」のでなく、「普通の能力の院生に地理力を植え付けて世の中に送り出す」ことが筑波の伝統であった。

（3）フィールドに助けてもらう

　神社に通っていくうちに、最初はみせていただけないような資料もご厚意でみせていただけるようになる。フィールドでは臆せず何でも尋ねてみることだ。わかったふりをすることが一番よくない。とはいうものの、ロクに下調べもせずにパンフレットやHPに公開されている情報を尋ねるのは失礼だ。こちらの信頼まで失いかねない。一見の客ならそれでよいが、修士論文から投稿論文、ひいては一生のフィールドになるかもしれない。フィールドへ出たら、細心の注意を払い最大限に緊張することもまた必要なのである。

　信仰者のカテゴリー別に地図を作成してみると、産物献納者は神社近隣の茨城県内の農家が卓越しているし、篤信崇敬者は千葉県や東京都の商工業者が顕著に多く見られた。一方、分霊勧請者は神社から遠方に広く分布しており、こうした分布域の差異は、稲荷神に対する祈願内容の差異でもあれば、信仰伝播の時期、参拝形式や頻度、笠間稲荷との距離関係などが影響して形成されているものと推測された。こうした推測は既存の研究成果とも矛盾するものではなく、しかも流行神というこれまでに対象とされてこなかった民衆宗教の地理的側面に照射する意味でも興味深く思えてきた。研究対象（地域）がいとおしく思えてくるようになれば、研究の進みも早い。次の作業は実際に信仰者の人たちに、何の目的でなぜ笠間稲荷に参拝するのか直接に話を伺うことであった。

5　失敗に学ぶ

　しかしながら聞き取り調査は順調にはいかなかった。否、調査そのものはむしろ順調で、私が話を求めたほぼ皆さんから親切にお応えをいただけた。信仰圏の既往の研究成果と接合する形で私は笠間稲荷信仰圏を3つに分類することが可能であると考え、それぞれの圏域のもつ空間的性格を明らかにしたいというのが研究目的であった。各圏域から代表的な人物（講社）を複数選び、その人（講社）の祈願内容、成立過程、参拝形式と頻度、奉納品、勧請神の有無などに関してデータ化を進めていくと同時に、話者の語りそのものを再現したいと考えていた。ところが話者の分布域は広く、思うようにサンプルを収集することができなかった。第1次信仰圏で10人、第2次信仰圏からは8つの講社、第3次信仰圏では5つの講社と3人の分霊勧請者から聞き取りを行なったが網羅的とはいえず、事例としての代表性にも疑問があった。聞き取りの成果は信仰圏の圏域区分に関する自分の仮説を補強するものであったし、納得もできるものであったが、論文として考えたとき、単発的な聞き取りをデータとして組み込んでいくのは危険に思えた。一方で網羅的に信仰者のみなさんに聞き取り（アンケート）をする時間的な余裕もなかった。

　そこで私は比較的まとまっていた第3次信仰圏における聞き取りの成果を別稿（松井1995）にまとめ、修士論文（投稿論文）からはずすことにした。分析の枠組みには信仰圏の同心円理論を援用し、他の（山岳）宗教との比較から笠間稲荷信仰圏の特性を描くことにした。他の宗教とは何が共通していてどこが違うのか、その理由は何か、笠間に通っているうちに思いついたメモが最終的な結論になった。

　思えば調査の過程では遠回りの連続であった。笠間稲荷周辺の土地利用調査もやっている。稲荷にかかわる宗教景観を抽出することが目的であったが、論文には全く反映されることがなかった。門前町の空洞化がすすみ、宿泊施設や物販店が減

松井圭介（1995）「長野市における笠間稲荷信仰の地域的展開」『地域調査報告』vol. 17、109-120頁

少して駐車場や空き地が増加しているなど、今思えば興味深い現象もあるのだが、当時の私にはそれを活かす余裕がなかった。何も考えず、とりあえず土地利用調査をしていたのである。実は講元を対象にしたアンケート調査も行なっている。修論提出を2ヶ月後に控えた時期に行なったものであり、無残な結果に終わった。回答いただいた方にご負担とご迷惑をおかけしただけで終わってしまい、成果を還元できていないのが大いに心残りである。

　末筆になるが若い皆さんにアドバイスしたいのは、研究とは持続性の賜物であるということだ。すべて論文には締め切りがある。締め切りがあるからこそ論文ができるのだが、当然のことながら論文には穴がある。小さい穴には目をつぶって、自分のやりたいことをやってみよう。人文地理で博士課程まで進んだ方は大なり小なり人生を達観（諦念）しているはずである。心身の健康に留意し、自分を信じてしぶとく生き抜こう。人生の要諦はこれに尽きる。

おすすめ文献

岩鼻通明（1992）『出羽三山信仰の歴史地理学的研究』名著出版
須藤健一編（1996）『フィールドワークを歩く―文科系研究者の知識と経験』嵯峨野書院
圭室文雄・平野栄次・宮家　準・宮田　登（1987）『民間信仰調査整理ハンドブック上・理論編、下・実際編』雄山閣出版
千葉徳爾（1976）『民俗と地域形成』風間書房
久武哲也（2000）『文化地理学の系譜』地人書房

3-4

加藤政洋　KATO Masahiro

都市の歴史空間をあるく
—— 「場所」の系譜を読み解くために

本章でとりあげる論文
加藤政洋（1997）「盛り場「千日前」の系譜」『地理科学』vol.52-2、71-87頁

　この論文は、歴史的に変容してきた場所と人びとがとり結ぶ関係のあり方を、その時々に書かれた記述をもとに人的・空間的な諸関係を再構成することで、ひとつの場所の系譜として記述する。盛り場としての「千日前」の系譜を整理し要約すると、以下のようになる。①近世都市・大阪に散在していた江戸時代的な見世物小屋の系譜が、明治初年の悪所整理という都市空間をめぐる政治の介入によって墓地の場所性に節合された結果、「千日前」は盛り場として成立する。②「千日前」という地名はひとつの記号として、墓地のイメージと初期の見世物興行の雰囲気を織り交ぜながら「恐怖」を喚起しつつ、独特の場所イメージを生み出す。③内国勧業博覧会以降に映画街へと変容した千日前の景観は、1920年代に登場してくる都市大衆の遊歩の足どりや場所の感覚を措定し、同時に人びとはその遊歩という空間的な実践をとおして新たな意味を千日前に付与していく。このように、「千日前」は多様な諸関係が絡み合う文脈のなかでその都度構築された、つまり異なる位相の系のなかに見出された場所である。ここでの記述すべてが恣意的に設定された局面に関するものであるが、歴史的な景観の層を重ね書きすることで、場所の系譜が明らかになるだろう。

キーワード：場所　盛り場　大阪・千日前　都市空間

加藤政洋
1972年長野県生まれ。大阪市立大学大学院文学研究科後期博士課程修了。現在、立命館大学大学院文学研究科教員。専門は歴史地理学。著書に『花街』朝日選書、2005年、『大阪のスラムと盛り場』創元社、2002年、E.ソジャ『第三空間』［翻訳］青土社、2005年。
mkt23078@lt.ritsumei.ac.jp

1　都市の周縁へ

標高1000メートルの「田舎」に生まれ育った私にとって、都市とは、自分の経

験や知識から語ることなどおよそ不可能な、複雑きわまりない巨大な空間であった。都市にまつわる私の原体験は、今から10年以上も前のこと、1993年6月にまでさかのぼる。

当時、富山大学人文学部（人文地理学教室）の3回生であった私は、教室の仲間とともに水内俊雄先生の指導のもと、恒例の行事となっていた調査実習で、神戸・大阪を巡検した。関西とはなんの所縁もなかった私たちが、街歩きに少しの聞き取り調査をくわえて巡検したのは、いずれも都市の周縁、都市社会地理学でいうところのインナーシティである（水内2005）。

2年後の阪神・淡路大地震によって甚大な被害を受けることになる神戸市長田区の商店街と同和地区、大阪市に移動しては、「釜ヶ崎」（本書の3-7を参照されたい）、遊廓の残照というよりはまったき売春街である飛田新地、コリアタウンとして知られる生野区の商店街、そしてやや外縁の阪急沿線の郊外住宅地、住之江区の邸宅長屋街、門真市の木賃アパートの密集地区など、この時の巡検で訪れたのは、いずれも強力な磁場を有するエリアばかりである。

最初の巡検を皮切りに、翌1994年にかけて数回にわたり大阪を探訪するなかで、各自がテーマを絞り込み、結果として11人中5人までもが大阪をフィールドとする卒論を作成した。関心のありかはばらばらであったとはいえ、それぞれインナーシティを巡検するという都市的体験が強く影響したのだろう。私自身もまた、この一連の巡検を通じて、後に「盛り場「千日前」の系譜」として学術誌に発表することになるレポートの主題を構想したのである。

水内俊雄（2005）「都市インナーリングをめぐる社会地理」同編『空間の社会地理』朝倉書店、23-58頁

2 調査のきっかけ

大阪の旧市街地の南部には、北部の梅田を中心とする「キタ」に対置される、「ミナミ」と呼ばれる繁華な地域がある。最近では、カフェやセレクトショップなど、路面店が集積して新たな消費の風景を生み出している堀江や南船場を含めたやや広い範囲を指すことがあるけれども、基本的にはかつて作家の織田作之助が「南というのは、大阪の人がよく「南へ行く」というその南のことで、心斎橋筋、戎橋筋、道頓堀、千日前界隈をひっくるめていう」（織田1976）と指摘した「南」とその周辺をイメージしておけばよい。

この南＝ミナミにあって、特に私の関心を惹いた場所があった。それは「千日前」と呼ばれる界隈で、現在では吉本興業の芸能活動の本拠地ともいうべき「なんばグランド花月（通称NGK）」が立地していることでも知られている。では、とりどりの繁華な街区が隣接するこの地域のなかで、なぜ「千日前」に注目したのかと言えば、通りすがりにたまたま目にした立て札に（当時の私にとっては）意外な事実が書かれていたからであった。すなわち、「千日前はもと墓所であった」と（残念ながらその立て札は看板に取り替えられ、その看板も今では取り外されている）。

墓地から歓楽街へ。当時、野辺にある墓地しかイメージできなかった私には、機能を異にする土地への変化がとても興味ぶかく思えた。墓地が賑わいの巷に変じることなどあり得るのか。実際にそうであったとしても、なぜそのように転じたのか？ この素朴きわまりない単純な問いから、私の調査がはじまることになる。

ちなみに、このようにちょっとしたきっかけで「千日前」を研究対象とした背景には、盛り場を通じて都市社会の変容を鮮やかに論じてみせた吉見俊哉『都市のド

織田作之助（1976）「神経」『定本 織田作之助全集 第五巻』文泉堂出版株式会社、319-333頁

ラマトゥルギー』(吉見1987)の影響があったことは否定しようもない事実である。同書は、当時、文化・社会地理学的な研究を志す院生・学部生の間でひろく読まれていたテクストのひとつであった。

　もう一点つけくわえておくと、当時の私は幕末から明治初期の農村地帯を研究していたのだが、とあることから挫折し、いたしかたなく大阪巡検のレポートを肉付けして、卒業論文として提出することになる。それゆえ、結果としてこの調査が論文に結実したものの、何か明確な意図があって主題を選定したわけではない。恥を忍んで言えば、まさに苦肉の策であった。こうした問題意識の欠如が、調査のみならず、論の構成や文章のスタイルにも影響したことは言うまでもない。

吉見俊哉（1987）『都市のドラマトゥルギー—東京・盛り場の社会史』弘文堂

3 基本文献・資料の収集

　前節で簡単にふれたように、「千日前」は近世大阪を代表する大規模な墓地であった（**図1**）。その墓地が、近代期には巨大な娯楽施設の立地する盛り場となり（**写真1**）、現代につづく商業地の基礎を固めるのである。このように数奇な変貌をとげる「千日前」を考察するにあたり、それが約170年前の歴史的な事態である以上、まずは基本的な資料の収集に努めた。

　有力な情報や資料の発見ではなく、フィールドの種別性からはじまる研究の場合、やはり最初に問題となるのは先行研究の有無である。先行研究があれば、使用された資料、提示された仮説、構築された論点を検討し、特に資料については最低限、同じものに目を通さなければならない。既存の研究が見当たらなければ、自ら資料を探し、情報を得ることが出発点となる。個人的な感想であるが、特定のフィールドにおける先行研究の有無は、研究の優劣に直接つながることはないと思う（多少の有利／不利はもちろんあろうが）。

　このときの調査では、先行する研究が複数存在し、しかもそのほとんどが戦前に発行されていた『上方』（復刻版もある）という雑誌の特集「千日前特集号」（1932年）を参照していることがわかった。文献の大半は、大阪市立図書館の開架コーナーで入手でき、あとは芋づる式に参照された文献をひたすら集めたことを思い出す。

　また、当時は後に論文としてまとめるなど夢想だにしなかったことと、個人的な興味から、学術論文ではあまり使用されない資料も収集した。特に注意を払ったのが、戦前に出版されていたガイド

（上）図1　墓地としての千日前（『上方』第10号（1931年）の口絵図に番号・凡例を加筆した上で修正を施し転載）
（下）写真1　千日前楽天地（当時の絵はがきより）

①竹林寺墓地　②黒門　③休足所　④刑場　⑤自安寺　⑥松林庵墓地　⑦非人小屋　⑧休憩所　⑨西墓地　⑩地蔵堂　⑪東墓地　⑫東墓番小屋　⑬迎仏　⑭無常橋　⑮六坊　⑯溝の側　⑰堀の内　⑱祭場　⑲焼場　⑳灰山

第4章　都市の歴史空間をあるく　201

ブックで、その他、考現学の記録、文学作品、回顧的な随想、そして写真などにも手を伸ばしている。文学作品や随想は、「千日前」と称される場所の感覚をまがりなりにも理解する手がかりをあたえてくれたし、「千日前」に集う人たちが見たであろう風景を知ることも、私の想像力を大いにかきたててくれたのだった。

さて、必要最低限の文献・資料が出揃ったところで最初に問題となるのは、当然のことながら、明治初年に盛り場としての「千日前」が誕生する、その文脈である。実のところ、その経緯に関しては、先行研究の多くがほぼ一致した見解を示している（詳細は原論文を参照されたい）。つまり、墓地（実際にはその跡地）に盛り場が成立したきっかけについては、すでに議論の余地がない、というのが一見しての感想であった。

とはいえ、集めた資料を整理する過程で、共通する見解（定説）に対し、胡散臭さとは言わないまでも、違和感を覚え、別様の解釈の可能性を感じないではなかった。そこで、この歴史にまつわる定説——特定の言説空間——に穿つ余地など、そう簡単に見つかるはずもないのだが、兎にも角にも、すでに手垢のついた資料をいま一度吟味しなおしてみることにした。しかし、新たな資料の発見もないなかでの歴史（的アプローチ）では勝負にならないので、とりあえず都市空間の全体をめぐる政治や制度的実践という、いくぶんひろい文脈に「千日前」の成立を定位しようとしたことが、私なりの少しの工夫であったかもしれない。言わば、地理的な文脈に重点を移して、成立の契機を問い直したのである。（1990年代の文化・経済地理学は、特定の「場所」をめぐる制度・施策やイメージ創出など、結果としてその場所を一定のコードで対象化し差異化する実践を文化政治として問うてきたが、原論文では表面的なイメージに注目するあまり、そうした視点は見事に欠落している）。

また、これは後発者の利ということになるのだろうが、各文献・史料をつき合わせることで、議論の細部を検討することも可能であった。そうすることで、一見一枚岩にみえる各論者の主張なり記述なりに孕まれる差異が少しずつ明確になる。それらの差異は、依拠する資料の違い、あるいは同一の資料だと解釈の違いということになるだろう。繰り返しになるが、新資料がない以上、新事実を提示することなどできないわけで、これまで出された解釈の妥当性を検討し、場合によっては異なる解釈をするほかはない。原論文の言葉をそのまま引用するならば、当時の私はかなり強引に「新しい解釈を提示」したのである（結果として、この解釈が先走りすぎていたことは後述する）。この「はじまりの物語」は、ある意味で謎解きでもあるので、原論文ならびに拙著（加藤2002）に収録した同タイトルの章を参照していただきたい。

加藤政洋（2002）『大阪のスラムと盛り場——近代都市と場所の系譜学』創元社

4 ｜ 場所の系譜をたどる

墓地から盛り場へという変転の契機を踏まえて留意したのは、景観上の変容において画期となるような出来事を確定すること、同じく資料として扱うさまざまな記事から「千日前」という場所の経験のされ方を捉えることであった。最初の点は、ある事象（心性、言説、出来事………）が「断絶・消滅・忘却・交差・再出現という、非連続的な行程を経てようやく、われわれのもとに到達」するという事態に着目していた、フランスの哲学者ミシェル・フーコーの素敵なエッセーに導かれてのことである——それは「系譜学」ではない、とする向きもあるだろうが。

フーコー、ミシェル（1987）「汚名に塗れた人びとの生活」田中寛一訳『現代思想』vol.15-3、原文は1977年

『上方』の「千日前特集号」を中心に、収集した資料から、この「非連続的な行程」に介在する「出来事」として措定したのが、1880年前後に幾度となく千日前を襲った火災、1903年の内国勧業博覧会を端緒とする活動写真の流行、そして1912年の大火を前後する時期に千日前の景観を一変させた映画街への変貌であった。書かれた（語られた）言葉から「千日前」に対するイメージの変化を読み取り、その（時にはドラスティックな）変転を跡付けようとしたのである。その際、「千日前」があたかも自律的に変わるというのではなく、社会・空間的な関係のなかで、言わば諸関係の結節点として他者や他所、そして政治や制度との関わりによって変化が引き起こされるという見取り図を描いていた。

　後知恵をもってすれば、原論文で引用した場所論とは裏腹に、現在の私が考えている場所概念の始源をそこに見て取ることもできるのだが、ここには大きな問題もあった。というのも、出来事にばかり注目するあまり、資料の収集がまるである地域の「事件史」をたどるためだけのものになりかねないこと。さらに、論文としてまとめる時にはなおさらで、時間的な経過はそのまま文章のまとまり（章や節）に分節化されてしまうので、ことさら「断絶」が強調されるきらいがある。「千日前」という場所の系譜をたどった原論文の大きな欠点というほかはない。したがって、系譜というよりも「履歴」と呼ぶほうが、言葉の上では正確である。

　そしてもうひとつの特徴であるが、戦後への連続性を視野に入れつつ、「千日前」に集った人たちの経験や感覚を明らかにするため、この場所の語られ方、歩かれ方に注目した。つまり、諸資料から語りや歩行のスタイルを再現するのである（この時に役立つのが在阪作家の作品であり、考現学者たちの漫歩録であった）。次いで、この再現をもとに、現場に赴いて足取りを再演してみることも、私にとっては貴重な経験となったように思う。それは、街区の形状や風景がすっかり変わってしまったことを実感するだけでなく、時には残照を感じ取ることもできたからである。関心のある読者は、たとえば織田作之助の作品を読んだ上で、現在のミナミを遊歩してほしい（この点については、次の文献も参照：加藤2005）。

　そうしたフィールドウォークの際につねに想起されたのが、1951年に大阪に赴き「千日前」の風景をつぎのように描写した坂口安吾であった。下に引用する文章に限らず、巷談師・安吾のまなざしは、今なお私を刺激しつづけている。

> 千日前という賑やかな盛り場がある。劇場だのウマイ物屋が並んでいて、浅草と同じようなところである。道幅は五六間。人の賑いでゴッタ返し、乗り物は通行を許されていない。日曜ともなれば、その賑いは、また格別だ。……千日前は、自動車どころか、自転車も通りやしないナ。ここは人間の通行という用のみに便じる道ではなくて、道を歩くこと自体が遊びであり、あッちの店をのぞき、こッちの店へ色目をつかい、ノンビリ行楽するところである（坂口1988）。

　「千日前」と呼ばれる場所が、安吾が経験したような「盛り」の「場」となり、「歩くこと自体」が愉しみとなる過程こそ、まさに千日前の系譜のなかに刻まれていたのである。

　結果として、近世都市の墓地から近代都市の盛り場へと変容する明治の初年から、都市的なものが凝集して大衆的な諸現象が現出する1920年代までの「千日前」の変遷を、イメージや場所感覚、そしてその転機をなすような出来事から記述したのが「盛り場「千日前」の系譜」ということになる。

加藤政洋（2005）「都市・放浪・故郷──近代大阪と織田作之助のノスタルジア」『流通科学大学論集 人間・社会・自然編』vol.17-3、127-141頁

坂口安吾（1988）『安吾　新日本地理』河出文庫

5 都市空間と「場所」

　卒業論文として無理やりまとめた「盛り場「千日前」の系譜」は、提出から2年後、『地理科学』誌に「研究ノート」として発表することになる。
　発表するまでの2年間（それはちょうど修士課程に重なる）、私は千日前の成り立ちを単に場所の履歴として記録するのではなく、周辺との関係、ひいては都市空間全体における位置どりを見定めるべく資料を漁り、自分なりの解釈を重ねていた。というのも、盛り場としての千日前の来し方、あるいは成り立ちを探究する、これだけの問題設定では地理学の論文としては弱いと思われたからである。その弱さを何とか埋め合わせようと考えたとき、やはり他所との関係のなかで千日前の成立・存立する基盤を明らかにすることがポイントとなるように思われた。
　大阪の「ミナミ」に目をやれば、まるで千日前・道頓堀を囲繞するかのように、独特の景観を有する個性の強い場所が展開している。中心商店街である心斎橋筋、その心斎橋筋（御堂筋）を挟む東西にはヨーロッパ村とアメリカ村、ホストクラブやキャバクラが集積するかつての高級花街・宗右衛門町、歴史的商業景観として数度の危機を乗り越え保持された法善寺横丁、何の変哲もない商業地に変容したかつての遊廓・難波新地。東側に目を転じれば、最近「萌えロード」なるものが登場した「日本橋でんでんタウン」、そして老舗の魚屋が建ち並ぶ黒門市場。少し南に下れば大阪の象徴のひとつである通天閣がそびえる新世界、そして環状線を超えれば西側にはかつての釜ヶ崎を中心とする「あいりん地域」、東側の上町台地のがけ下には飛田新地がある。
　これら都市的な土地利用において幾何学的に連接するさまざまな「場所」は、まさにその用途と（来街者を含む）景観とによって相互に差異化されている。ところが、千日前の系譜にはじまる一連の調査・研究を通じて明らかになったのは、「千日前」がこれらの個性豊かな諸々の場所との間に（またそれらの場所間でも）、密接な関係を有しているということであった。
　概略的に説明すれば、「でんでんタウン」のある日本橋（堺）筋はかつて「名護町」と呼ばれた大阪最大の「貧民街」が存在した場所であり、明治中期には、この「貧民街」の取り払いが実行された。それは大阪最初のスラムクリアランスと位置づけることができる。そしてその跡地に、「千日前」の盛り場を移転する計画があったのだ。このことは、「千日前」それ自体もクリアランスの対象になっていたことを意味している。さらに、簡易宿所が建ち並ぶ釜ヶ崎についてみると、いったいなぜこの場所に宿所があるのかと言えば、この労働者街の系譜の始点もまた「名護町」にあった。間接的ではあるにしろ、「千日前」とのつながりがあったのである（**図2**）。
　ところで、「盛り場「千日前」の系譜」は、原稿の

図2　論文の主題となった場所の布置（飯塚隆藤作成）

「大阪南部」昭和4年修正測図

種別としては「研究ノート」として投稿したものである。「研究ノート」とは、「論説の内容となりうる研究の中間報告をまとめたもの」であるという。種別の選択にあたっては（投稿先も含め）指導教官の助言があったことは言うまでもないが、たとえ中間報告であるにせよ、何とかして自分の主張は保持したかった。繰り返すならば、それは単に千日前の来し方をたどり直すのではなく、他所との関係のなかで、あるいは都市空間をめぐる政治のなかでこの場所を位置づけることである。それゆえ必然、大阪最大のスラムであった近傍の「名護町」との関係は、行論のなかでもひとつのヤマとなるはずであった。

ところが、査読者からは、議論が散漫になる印象を免れないこと、種別が研究ノートであるゆえ分量も少ないことから、名護町との関係は他日を期すようにとのコメントが寄せられたのである。このコメントによっていくぶん自らの主張を曲げつつも千日前の盛り場としての系譜をひとつの論考としてまとめあげるとともに、「場所の系譜」にこだわる調査を続行することともなったのである。その結果、①千日前との関連から発展して「名護町」のスラムクリアランスを、②「名護町」のスラムクリアランスから発展して「釜ヶ崎」の成立を、③「釜ヶ崎」成立の裏話として「黒門市場」の成立を、④1912年の大火によって千日前とともに焼け落ちた「難波新地」の移転先となった「飛田遊廓」の開発を論じることにつながった（加藤 2002）。

盛り場の系譜を問うことからはじまった大阪旧市街地南部の地域調査は、場所間の思わぬ連関を発見するとともに、地域の成り立ちの一面を歴史・社会地理学的な視点から浮き彫りにできたと思う。ある意味で、都市とはこうした多様な「場所」間の連環を獲得する空間として存立しているのかもしれない。このことは、ある特定の場所ないし地域（それが行政域ならばなおさらである）を調査する場合、閉曲線で囲まれた対象地（とそこで営まれている社会生活）を他所ないし他者との関係で、あるいはより広い文脈で捉える必要があることも示している。

近年の文化地理学においては、場所は、つねに社会的・文化的・経済的・政治的に構成されると同時に、その表象のされかたを通じて想像の上でも構成されるのだという論点がある。建造環境が構築される場所の物質性、そして表象のされかたが場所の経験のされかたとして現実的な効果を持つこと（その逆もまたしかり）とがあいまって、場所の意味を考察したり、可視的な景観を読み解くことも可能となる。都市を周縁から眺めることの意味は、こうした点を踏まえて都市空間を構制する諸力のありかたを周縁化の過程から明らかにすることにあると思うのだが、これは事後の弁明である。

6 論文執筆のあとで

実は論文の発表をもって、「千日前」という場所の系譜をたどる調査が完結したわけではない。論文の掲載後も、前述した他所との関わりを掘り下げて探究するために、情報の収集を進めた。そのなかでも特に熱心に取り組んだのが、『大阪朝日新聞』（1881年〜1916年）の閲覧である。今では近代以降の都市研究において、新聞記事の使用はすっかり定着した感がある。閲覧にあたっては（マイクロフィルムに限定されるなど）苦労がともなうものの、さまざまな記事のなかから必要な情報を収集することで、時代背景を把握し、自身が追究する現象を文化社会ないし政治経

写真2 奥田弁次郎の記念碑

済的な文脈に定位しやすくなるという利点もある。こうした一般論はさて措き、この閲覧は私に思わぬ結果をもたらした。

というのも、「盛り場「千日前」の系譜」で私が出した成立の契機に関する結論を覆す記事に出くわしてしまったのである。それは、従来の定説と私の説を折衷する方向へと導く内容を含むものであった。オリジナルな史料の探索を後回しにしたツケがまわったというほかはないが、歴史的な地域研究であっても、新たな資料の発掘、そして情報を求める努力を怠ってはいけないということを、あらためて思い知らされる出来事であった。

同じくこの過程で、「千日前」が盛り場として再開発されるに際して尽力した香具師のひとりである、横井勘市という人物の存在を知るにいたった。彼は1892年に「千日前」で最大級の劇場「横井座」を建設したものの、柿落としの直後に事件に巻き込まれ惨殺されるという悲劇の主人公でもある。実はこの横井座、もともとは墓所の焼き場から出た灰をうず高く積んだ山の跡地に建てられ、横井亡き後も墓地としての「千日前」をことあるごとに想起させる奇妙な区画として存在しつづける。この横井を新たな狂言回しにすれば、また違った「千日前」の系譜をたどることもできるだろう。

さらに論文発表から8年後の2005年、「千日前」建設の草創期に活躍した奥田弁次郎という人物の記念碑が、「千日前」の墓地の移転先となった阿倍野墓地に現存すること（**写真2**）、同じく奥田とともに活躍した横井勘市の墓が一心寺にあること、また墓地時代の「千日前」を象徴する「六地蔵」――拙著（加藤2002）に写真を掲載してある――が、実はとある墓地に引き移されていたことなど（現地調査では確認できず）、直接本文とは関係がないものの、調査の過程では知りえなかった情報がもたらされた。

こうした事後の展開を見れば明らかなとおり、何かを明らかにし得たと思っても、その時にはつねにすでに何らかの見落としが起こっている、あるいは意識するとしないとにかかわらず何かを切り捨てている、というのが調査・研究と言えるだろうか。原論文にかぎって言えば、私のフィールドウォークのあり方にやはり問題があったと言えよう。というわけで、論文として掲載されても、南＝ミナミに関する私の調査・研究は、未完のままなのである。

おすすめ文献

井上明彦・曙団編（2003）『湊川新開地ガイドブック』新開地アートストリート実行委員会
 なお、この文献については、以下の書評も参照されたい。都築響一（2004）「〈視線〉湊川新開地ガイドブック」（『朝日新聞』1月18日付）、山崎孝史（2004）「〈書評〉湊川新開地ガイドブック」『地理』vol.49-7
鈴木博之（1999）『〈日本の近代10〉都市へ』中央公論社
種村季弘（2003）『東京《奇想》徘徊記』朝日新聞社

3-5

影山穂波　KAGEYAMA Honami

ジェンダー化された空間を読み解く
―― 権力関係を見る視点

本章でとりあげる論文
影山穂波（2000）「1930年代におけるジェンダー化された空間―同潤会大塚女子アパート」『人文地理』vol.52-4、321-341頁

　1930年に同潤会によって建設された大塚女子アパートを事例に、「職業婦人」のために建設された場所がどのように構築されたのかをジェンダーの視点から明らかにした。「職業婦人」は、二元論的イデオロギーに支えられてきた近代国家においては、その枠組みに当てはまらない存在であった。しかし新しい労働力として見過ごすことができない存在となった状況で、彼女たちの抱える居住問題に応えるべく、「職業婦人」のためのモデル的住宅として大塚女子アパートは建設された。

　同潤会はこのアパートの入居者を高収入の女性たちとすることで、プライバシーを守る快適な居住環境を提供した。居住者は独自の生活スタイルを持ち、アパートを自分たちの生活する場所として構築していった。しかし彼女たちはあくまでも管理されるべき存在であった。

　都市空間が形成される過程では、ジェンダーという権力が組み込まれているが、都市空間における二元論的構造を行為主体が組み替えることによってその空間は再構築されている。大塚女子アパートをめぐる主体間の関係とそのジェンダー意識を通して、ジェンダー化の過程とそれをもたらす社会体制について検討した。

キーワード：ジェンダー　居住空間　ライフストーリー調査

影山穂波
1968年生まれ。お茶の水女子大学大学院人間文化研究科博士課程単位取得退学。社会科学博士。現在、椙山女学園大学国際コミュニケーション学部教員。専門はフェミニスト地理学、社会地理学。著書に『都市空間とジェンダー』古今書院、2004年、論文に「1930年代におけるジェンダー化された空間」『人文地理』2000年、「ジェンダーの視点から見た港北ニュータウンにおける居住空間の形成」『地理学評論』1998年、など。
honami@sugiyama-u.ac.jp

1 ジェンダーの視点と地理学

ジェンダー研究とは従来の研究では明らかにできなかった視点の変化を強調する学問のひとつであり、男性の経験からしか語られてこなかった事象を、女性の視点から見つめ直すことで見えてくる問題に注目するものである。

私のジェンダー問題への関心は、日常生活のなかで疑問を感じることからはじまり、そして深まっていった。学生時代合宿に行った折、女子学生が炊事を始めたその横で、まるで当然のように男子学生がビールを飲み始めくつろいでいる光景に非常に違和感を覚えた。そのとき性別役割分業ということを改めて認識した気がする。また初めて地理学会に出席した折、同じ大学の女性5～6人での行動が多くの男性研究者の注目をひいたようで違和感を覚えた。ささいな経験がジェンダーの問題と関連していることに気がついたのである。

そして、フェミニスト地理学の勉強に着手したのは修士課程1年の頃であった。以来ジェンダー化された地理的空間とはどのような空間であるのだろうかという問いと格闘している。当時日本の地理学界においては、ジェンダーの視点から進められた論文はみられず、女性労働に注目した吉田（1990；1993；1994）論文が発表されているだけであった。一方、欧米では1980年代には女性の地理学から一歩進んだジェンダー視点をもつ研究が登場しており、こうした欧米の論文を読むことでフェミニスト地理学を理解しようと努めていた。

またフェミニズムの勉強を始め、ジェンダー概念を学んだ。フェミニズム、女性学などのテクストでは、最初に「セックスとは生物学的性差であり、ジェンダーとは文化的社会的性差である」という説明から始められることが多い。性差別の問題は、長い間、男女の性別が存在する以上当然生じることであると捉えられていた。しかしジェンダーという概念が登場したことにより、性にも文化的・社会的な差があり、性差別を引き起こす原因は生物学的性差だけではないと説明することができるようになった。さらにジェンダーという言葉はいろいろな場面で、多様な意味に使われていることがわかってきた。

スコット（1992）は『ジェンダーの歴史学』で、ジェンダーとは「性差に関する知」であり、「性差の社会的組織」であり、「肉体的性差に意味を付与する知」であると定義づける。また「こうした知は（中略）つねに相対的なもの」であり、「権力関係を構築するための手段」になり得る、と説明している。「知」は「権力」として作用する、つまりジェンダーとは権力関係にかかわる概念なのだ、というそれだけのことを理解するのにかなりの時間を要した。それが理解できるようになると、ジェンダー化とは性という差異が権力によって階層化され、さまざまな事象に性が組み込まれていく過程を意味するということは容易に説明がついた。しかしgendered（社会制度が性別によって固定化・秩序化されている様態）やgendering（ジェンダー概念による知の組み換え）という言葉を自分のものにする過程ではまた苦労した。genderedとは、女性と男性の間に文化的社会的に差のあることがあたりまえとなっている状態を示す。例えば、女性向き・男性向き、女性職・男性職、女性らしさ・男性らしさなど性差が固定されていることである。一方、genderingとは、こうした固定的な男女の役割についての観念を問題化し、是正していくことである。例えば施策として男女共同参画法が成立したり、男女雇用機会均等法などが

吉田容子（1990）「山村における経済基盤と就業状況の変容―愛知県稲武町の事例」『経済地理学年報』vol.36-1、40-60頁

吉田容子（1993）「女性就業に関する地理学的考察―英語圏諸国の研究動向とわが国における研究課題」『人文地理』vol.45-1、44-67頁

吉田容子（1994）「繊維工業における労働力供給地と性別職種分業の変化」『人文地理』vol.46-4、1-22頁

スコット、J.（1992）『ジェンダーの歴史学』荻野美穂訳、平凡社

舘かおる（1998）「ジェンダー概念の検討」『ジェンダー研究』vol.1、81-96頁

改正されたりするのもgenderingである。従来の考え方に異議を申し立てる動きといえよう。後にジェンダー概念を整理した舘（1998）論文により、自分の中でのジェンダー概念が改めて理解できるようになる。舘（1998）は、ジェンダーという用語を整理し、(1)「性別は社会構築されたもの」とする視点や概念として用いる、(2)「社会構築された性別の権力関係」の様態を明らかにし、問題化するために用いる、(3)「社会構築された性別認識／意識」を自覚化して、自らの意識の解放と認識変革を志向する、という3つの立場がみられると指摘している。

　自分の研究を進めるにあたり、ジェンダーが権力関係であるということをどのように地理学と結びつけていくのか、フェミニスト地理学の蓄積をもとに考えていった。ジェンダー関係は権力として作用し、空間形成にまで影響を与える結果、社会問題となってきた。このことは、フェミニズムの蓄積を受け発展してきたフェミニスト地理学研究の中で主張されている。そのフェミニスト地理学における中心課題のひとつが、男／女、都市／郊外、公的空間／私的空間、職場／家庭といった二元論的構造に見られるイデオロギーの脱構築である。二元論的構造では、相互の要素が関連付けられる際に優劣がつけられてきた。この差別的な価値付けの基盤となるのが権力関係である。

　修士論文では港北ニュータウンを事例に、郊外居住の女性たちのネットワークに関しての調査・分析を行なった。どのような場所にもジェンダー関係が非対称に作用している限り、そこはジェンダー化された空間として分析していくことが可能なはずである。性によって明確に分離された空間だけでなく、ジェンダー関係の投影された空間はジェンダー化された空間なのだということを、この論文を通して主張した。

　博士課程に入ってからも居住の問題に関心を持ち研究を進めた。欧米のフェミニスト地理学研究において、住宅の問題は都市の空間構造の中でのジェンダーの問題として検討されることが多い。居住空間の生産過程においてジェンダーと階級がともに見過ごしてはならない視点であることは、住宅が「権力の源であり、開発者にとっての利益の源であり、さらに消費者には階級の競合する源である」（McDowell 1986）ことからも指摘できよう。住宅の建設は供給する対象の社会的経済的状況によって決定される。そして「空間を統御し生産する力を持つ人々は、彼ら自身の力を再生産し、強化するためにきわめて重要な道具性を所有する」（ハーヴェイ1997）という指摘を受けて、多様な主体の関連性を検討していくことで、ジェンダーの問題、また都市における居住空間の問題に着手していこうと考えたのである。

2　研究対象の設定と資料の収集

　大学に入学して以来、毎日通学に利用していた営団丸ノ内線茗荷谷駅の近くに立地するアパートが、1930年に「職業婦人」のために建設された住宅であり、日本の女性の軌跡をたどる上で重要な建物のひとつであると知ったのは、博士課程入学を控えた春休みのことであった。大塚女子アパートは、基本的に男性の立ち入ることのできない、女性のための住宅であり、象徴的なジェンダー化された空間のひとつである。このアパートに非常に興味を持ち、アパートをめぐりどのようなジェンダー関係が投影されてきたのかを明らかにすることでフェミニスト地理学研究を深めようと、大塚女子アパートを研究対象に定め、調査に着手した。

McDowell, L.(1986) Housing studies, In Johnston, R.J., Gregory, D. and Smith, D.M. (eds.): *The Dictionary of Human Geography*, 2nd ed., 201-202, Blackwell.

ハーヴェイ、D.（1997）「都市空間形成を通じてのフレキシブルな蓄積―アメリカ都市における「ポスト・モダニズム」に関する省察」加藤政洋・水内俊雄訳『空間・社会・地理思想』vol.2、19-35頁

★1　同潤会（1924-1941年）
関東大震災の罹災者に住宅を供給することを主な目的として、義捐金を資本に1924年に設立された財団法人である。仮設住宅から始まり、多様な住宅が建設されたが、鉄筋コンクリート造りの先進的な住宅を提供したアパートメント事業は特に注目された。

(上)写真1　同潤会大塚女子アパート外観
(下)写真2　玄関部分
(写真1、2ともに1995年10月筆者撮影)

村上信彦（1983）『大正期の職業婦人』ドメス出版

　まず大塚女子アパートの成立過程、歴史に関して調べるために、調査当時大塚女子アパートを管理していた東京都住宅局を訪ねた。アパートの管理体制、アパートの歴史、入居者数、家賃、その他経費などについて質問をした。同潤会[★1]が建設した大塚女子アパートは、戦後、都に移管されたため都営住宅として機能してきた。都営住宅は築35年で解体することが可能であるため、調査時点ですでに建て替え計画が出ており、そのための調査も進められていた。建て替え計画は試案であり、実行されなかったため資料を見せてはもらえなかったが、居住者調査の内容だけ教えてもらうことができた。東京都が調査した内容の分析を進めると同時に、参考文献の収集を開始した。

　資料の収集に当たり、大塚女子アパートを建設した同潤会関連の資料を探すことから着手した。資料の多くは東京都公文書館で見ることができた。これは建築学者であり、初代同潤会の理事の1人であった内田祥三が所蔵していた資料が内田文庫として収蔵されていたためである。東京都公文書館にない資料は国立国会図書館で閲覧・複写し、各年の事業報告書を集め、それらの分析にあたった。大塚女子アパートに関する記述はあまり多くはなかったが、関連記事のみ抽出すると、大塚女子アパート建設の企画が同潤会発足当初からあったものではないことが明らかになってきた。このアパートは二代目の同潤会理事長である長岡が発案したものであった。当時急増していた「職業婦人」のための住宅という発想は斬新であった。現在にいたるまで女性の住宅の問題は非常に大きな課題でありながら、それに正面から言及している記述はほとんど見られない。公的住宅に関して、戦後公団が女性のためのマンションを建てた例が見られるものの、大塚女子アパートのような注目を浴びることはなく、また歴史的意味を持つこともなかった。

　大正末期から昭和初期に急増した「職業婦人」についてその実態を探ることが次の課題となった。「職業婦人」に関する資料として村上（1983）の『大正期の職業婦人』をとりあげ、主にこの分類にもとづき、分析した。また1925年に東京市社会局が「職業婦人」の調査を実施しており、当時の状況を裏付けるためにこの調査報告書を参照した。東京市社会局の調査に注目すると、当時の東京市が抱えていた課題が明らかになった。第一次世界大戦後、東京を中心にサラリーマンと呼ばれるホワイトカラー層が登場し、女性を含む多くの労働者が上京した。東京への人口集中が顕著になり、貧困層も急増した。東京は急激に成長を進めるが、同時に多くの課題が生じていた。その問題に取り組む中心となったのが社会局であった。社会局の調査報告書は、東京において大正末期から昭和初期にかけて生じた課題に対して、いかに取り組むべきであるかという指針を与えるものであったと考えられる。社会局が行なっていた調査の目的をさぐることは、報告書を分析する面白みのひとつであった。「職業婦人」の調査

を社会局が行なっているという事実は、社会局が「職業婦人」を課題のひとつととらえていたことを意味する。「国家サイドからの視線そのものが、調査という技術によって自らの行政課題としてしまう」という水内（1994）の指摘は、社会局調査の分析に指針を与えてくれた。

　社会局は「女性が働く」ということを課題視していた。従来、女性は家族労働者として重要な役割を担っており、働くことは当然のことであった。しかし、女性がサラリーマンとして働くことは、家族形態から離れた個人として社会に参加することであり、家族労働者としての位置づけとはまったく異なってくる。個人としての女性を認めていない時代にサラリーマンとして働く女性をどのように位置づけるかが課題となっていたのだろう。労働力が必要であったため女性の労働は推奨される。しかし一方で、女性は家族とともに住むことが必要とされ、一人暮らしは基本的に認められない。調査報告書の記述は当時の社会のまなざしを投影するものとして分析することができた。

水内俊雄（1994）「近代都市史研究と地理学」『経済地理学年報』vol.40、1-19頁

3　ライフストーリー調査の開始

　大塚女子アパートに関する調査を具体的に進めるために、居住者へのライフストーリー調査を行ない、本論文の中心に据えた。調査を始めるにあたり、中心となって協力してくれたのは、修士課程の指導教官であった熊谷圭知先生が紹介してくださった人であった。彼女は大塚女子アパートに長年居住しており、アパート居住者に対して研究の調査協力者を募ってくれた。その結果、12人の参加をお願いすることができた。最初の調査時には、熊谷先生、当時助手を務めていた葉さんとともに大塚女子アパートを訪れた。建物に入るのは初めてでワクワクしたことを覚えている。一歩足を踏み入れるとひんやりとしており、「空気が違う」というのが第一印象であった。建物の中は、いたるところで昭和初期らしい趣向が感じられた。玄関にある装飾の入った柱は目を引き、中に入るとすぐ右手にアーチ状になった受付の窓口がある。エレベータは随分前から止まっているようだったが趣のあるモダンな装飾がなされている。重厚な手すりのついた階段があり、古びてはいるものの建設当時は最先端の設備だったであろうことは想像できた。この調査で出会った人たちは年齢こそ重ねているものの、矍鑠（かくしゃく）とした態度で私たちと接してくれた。丁寧な言葉使いの上、すっと伸びた姿勢のよさにこちらも身の引き締まる思いがしたものである。

　最初の調査は座談会形式で行なった。調査に際し、聞きたいことをすぐにまとめられるようにメモ書きした質問項目を手元に用意した。彼女たちからは、昭和初期の東京の様子が次々に語られ、とても興味深かった。当時の女性のおかれた地位や身だしなみ、どのように周りから見られていたのかといった点を中心に話がはずんだ。1930年代大塚女子アパートへ入居できたことは、とてもうれしいことであったという。女性が一人暮らしを始めることなど基本的には許されない時代において、このアパートならば許されたという話は、個人の問題としてとらえることではなく、「個人的なことは政治的なことである」とラディカルフェミニストたちがスローガンに掲げていたように、当時の社会状況と同潤会の背景をあわせて検討することが必要であった。2時間ほどの聞き取り調査の後、彼女たちに大塚女子アパートの中を案内してもらった。座談会形式で複数の人から話を聞くにあたり、一人の人に話

が集中しないよう注意した。当時の状況をよく憶えている人の話が中心になるが、居住者が共有する事象に関する感情は、なるべく多くの人に語ってもらうように心がけたつもりである。

多人数での聞き取り調査の後、参加してくださった人たちから個別にライフストーリーを語ってもらうことにした。この調査は基本的に私と居住者の1対1で進めた。個別に聞き取りを行なうのに半年近くかかってしまった。この論文では戦前に入居した人に限っているので3人の調査を結果として分析しているが、実際には最初の座談会形式の調査に加わった12人のうち8人の協力を得ている。また大塚に居住したことのある3名にも調査を実施した。

大塚女子アパートは時代に翻弄された建造物である。アパートが建設された1930年当時は最先端のアパートとして脚光を浴びたが、戦争を経てアパートの管理が東京都に移ると、大塚女子アパートの価値はまったく異なるものとなってしまった。そのため、時代を限定して論文を執筆した。

ライフストーリー調査の際にまずテープを録らせてもらうことに対して許可をもらい、①生まれた年や場所から、あるいは②大塚女子アパートに入居した時代から話を始めた。いずれの場合も、いつどこで生まれて家族は何人であったか、学歴はどうであったのかを年を追って進めていった。東京出身の人もいたが、地方出身者が多く、当時の状況とあわせて話してもらった。働くことに関する意識、女性の地位が家族でどのように考えられていたのか、戦争との関わり、戦後の状況と大塚女子アパートの変化、現在の状況まで広く語ってもらった。

基本的には話の口火を切るだけで、私自身はほとんど相槌を打つ程度にし、なるべくインフォーマントに語ってもらうようにした。話のテーマを変えるときやあまりにも話がそれたときには修正していったが、どのような発言にも意味があると考えたため、なるべくインフォーマントの話を切らないようにした。また例えば自分がすでに知っている内容についても、相手に話をしてもらうようにした。聞き手として当時の歴史や背景を学んでおくことは必要条件だが、それをインフォーマントがどのように体験したのか、どのように認識したのかを聞くことが重要である。その内容をインフォーマントがどのような言葉で語ったのかを分析することも課題のひとつである。話を進めるために自分の経験を話すこともあるが、自分の経験を話すことで、相手の話を誘導する結果になることも多いことから、それを避けるために細心の注意を払った。

ライフストーリー調査では相手との信頼関係が非常に重要である。聞き取り調査として時間を設定したのは1回であったが、その後もできるだけ大塚女子アパートを訪れ、追加の質問や確認をするようにした。学部学生に手伝ってもらい、テープ起こしをしたあとの原稿を整理し、それを持って再度インフォーマントを訪れ、原稿内容のチェックをお願いした。公開に関しては、氏名や場所の特定できる学校名・会社名は伏せ、本人たちが明らかにしてほしくない内容は削除した。プライバシーにかかわる内容も多いが、一人ひとりの女性の経験が、そのまま時代における女性のおかれた状況に重なっているため、彼女たちの言葉遣いを生かしながら論文にまとめていくことにした。ちなみにライフストーリーを聞いたインフォーマントとは、時に手作りの料理を持っていったりして絆を深めた。近年まで年賀状のやり取りもしていたが、相手が高齢であるためか、年々数が減少してしまった。行方が分からなくなってしまった人も多かった。

4 資料収集の追加

　ライフストーリー調査の結果、大塚女子アパート建設当時入居した人たちには、入居条件があったことが明らかになった。月収50円以上で保証人が2人必要であった。「職業婦人」に関する東京市社会局の調査から想定すると、女性にとって平均月収が50円以上ある職業は教員しか考えられず、非常に限られた層を対象としていることが分かった。そこで東京市の統計から教員の居住地区を、指数の分配の不平等度を測る尺度であるジニ係数で算出し、それを地図に落とした。その結果、文京区が男女ともに教員居住者が多い地域であることが分かった。文京区には東京女子高等師範学校をはじめ、多くの女学校が立地していた。居住者から東京女子高等師範学校の教員が住んでいたことを聞いていたため、同窓会名簿を見せてもらうこととした。かつての名簿をもとに大塚女子アパートに居住していた人を探し、現住所に調査協力の依頼をした。その結果2人に会うことができ、また別の1人とは電話で話ができた。

　大塚女子アパートに対する見方は多様であるが、他者からのまなざしはまた異なる見方をあらわすと考えられる。そのために行政、居住者の語りとは異なる媒体からみた大塚女子アパート像があるのではないかと考えた。そこでメディアがこのアパートをいかに報じているのかに着目した。図書館に所蔵されている大宅壮一文庫の目録から検索するとともに、当時発刊されていた新聞・雑誌記事で大塚女子アパートの入居開始前後の文献を端からあたってみたところ、数誌に大塚女子アパートの記事がとりあげられていた。居住者の感想は概してアパートの先端性と、そこでの生活の楽しさを強調するものであったが、記事では女性の社会進出を認め、このアパートの先進性を謳ったうえで、奇異なまなざしを向けている。新しいものに対する偏見も含め、好意的とはいいがたい文面が並んでいた。この両者のまなざしの差こそがジェンダー化されたまなざしであった。居住者にとっては自由の獲得であっても、社会全体から見た女性の自由の獲得は、新しいがゆえに好奇のまなざしで見られるものだったのである。

大宅壮一文庫『大宅壮一文庫雑誌記事索引総目録』紀伊國屋書店

5 枠組みの設定

　この論文をいかにまとめるのか。大塚女子アパートをめぐって作用していた権力関係とはどのようなものであったのか。論文の枠組みをどのようにすればいいのか。非常に頭を悩ませた。大塚女子アパートという研究対象としての面白さ、新規さは自覚していたものの、それをつなぐ枠組みを見出せずにいた。

　大塚女子アパートの概要、「職業婦人」とはどのような存在であったのか、彼女たちがどのような場所に住んでいたのか、その結果として建設されたと思われる大塚女子アパートとはどのような形態のもので、どのような生活がそこで営まれたのか、周りからどのように見られたのか、主張したいことは明確であるにもかかわらず、インフォーマントの少なさや、アパートというミクロなスケールでの調査に対する位置づけをできずに思案していた。

　その結果、権力関係、とくに性にもとづいて築かれた権力を示す家父長制が、い

ルフェーヴル、H.（1968）『日常生活批判序説』田中仁彦訳、現代思潮社
ルフェーヴル、H.（1969）『都市への権利』森本和夫訳、筑摩書房
ルフェーヴル、H.（1975）『空間と政治』今井成美訳、晶文社
ルフェーヴル、H.（2000）『空間の生産』斎藤日出治訳、青木書店
Gregory, D. (1994) *Geographical Imaginations*, Blackwell.

かに内面化されていたのかという視点にたどり着いた。フェミニズム理論を用いながら、地理的事象を説明できる枠組みを考えていたのである。そして「居住空間」という概念を検討することとした。この論文では「居住空間」を「建物である住宅を基盤にして生活行動が展開される空間であり、また家族だけではなく居住により作られる人間関係が支える近隣コミュニティまで含んだ空間」と定義づけた。後に、「生産空間」と「再生産空間」が接合された空間であり、そこに住まう主体によって創造される空間として改めて定義づけているが、この「居住空間」の考えで住宅をめぐる空間を検討すると、地域問題とジェンダーの問題を問うことができる。これには、当時読み始めていたアンリ・ルフェーヴルの著作（1968；1969；1975；2000）やそれを応用したGregory（1994）の「権力の目」の考え方がヒントになった。空間のスケールが問題なのではなく、そこにいかに人間が関わりつつ空間が形成されるのかが問題であることに思いいたったことが、その背景にある。そこでルフェーヴルの理論を参考にしながら、大塚女子アパートをひとつの空間として分析していった。空間を作り出すのはその空間に関わる行為主体であり、権力作用において弱者に置かれる主体、ここでは居住者の行動が、空間の生産過程を決定づけることを枠組みとして設定し、研究を進めていった。「居住空間」という概念を導くために多様な空間論を学んだが、自分の考えに対して最も有効であったのが「空間の生産」という考え方であった。研究対象とする空間に対して、どのような主体がどのようにかかわり空間を作り出しているのか、行為主体である居住者にとくに注目すると、どのようなスケールであろうと空間を生産する様態を描き出すことができる。

6 権力関係を見る新たな視点

　大塚女子アパートをめぐる調査は、時にまったくことなる関心につながりながらも、幅広い興味と刺激を与えてくれた。なかなか具体的な調査内容が深まらず、また結局この論文で用いることになったライフストーリーは、聞き取り調査をしたインフォーマントのうちのほんの一部でしかなかった。しかしこの論文を通して、ジェンダーの視点の一断面を提示することができたと考えている。

　仮説を立てることから論文を書き始めることは重要なことである。しかし一方で、仮説を立てることで目の前に提示された調査内容を仮説に当てはめてしまう危険性があることも事実である。ジェンダー研究は従来の研究に異議を申し立ててきた。これまで目の前に提示されながらも見落とされてきたものこそがジェンダー研究の鍵となる。色眼鏡をかけていない目でしっかりと研究対象を見ていくことがジェンダー研究を進める上で何よりも重要なのではないだろうか。

　2003年に大塚女子アパートが取り壊されるに先立ち、建築家、女性史家をはじめ多くの人が反対運動を展開した。大塚女子アパートがどのような意味を持っていたのかという議論が多くの人の間で交わされたが、その議論から最も遠いところに置かれていたのが居住者であった。建物そのものの価値、歴史的な意義といったものが重要であるとともに忘れてはならないことは、そこに住む人たちの意識ではないだろうか。ともに手を取り合うことができなかった事実が、大塚女子アパートの保存運動における最大の問題点であったと私は感じている。そこに生活する人がいてこその空間であることを考えながら、生きられた空間とは何であるのか、人文主義地理学が問うた課題にいま一度思いをはせている。

大塚女子アパートとは何であったのか。振り返って考えれば、女性の地位の投影であり、働く女性たちが発信しようとしたメッセージが充分に社会に伝わらないままに、企業や資本の論理に巻き込まれてきた女性たちの歴史そのものなのである。

　スケールの問題、事例の特異性の問題、さまざまな課題を抱えての大塚女子アパートの調査研究であったが、その結果見えてきたものは、特異な事例でも少数の事例でもなかった。女性たちがいかに低い位置に置かれており、そこからの解放が目指されていたのか、しかしその行為もむなしく、戦争という大きな波に巻き込まれ、その後流され続けていったのかが、このアパートに居住する女性たちの声から明らかになっていったのである。

　ジェンダー研究が示すもの、それは、これまで明らかにできなかったことを従来とは異なる視点で提示していくことである。目に見える形で地図を作り、説得力のある表を作り、論を展開することはもちろん重要な側面である。しかしそこにとどまらず、むしろ個人の声の重要性を問うことがこの論文の目的であり、結果であったと考えている。明らかになっていったものを順にたどり、次から次へと調査を重ねることで、まとまりをもたせることが非常に難しい論文となった上、結果的にも不十分な分析が散見されたが、それでも集めてきた資料の一つ一つにいかにジェンダーの視点を加え、そこから何が明らかになるのかを検討し、分析を加えたという意味で独創的な論文になったと考えている。既成概念にとらわれないスタイルでの研究の推進が権力関係を見直す視点として重要であり、新しい概念を見出す力となるのではないだろうか。

おすすめ文献
ローズ、ジリアン（2001）『フェミニズムと地理学』吉田容子ほか訳、地人書房
神谷浩夫編監訳（2002）『ジェンダーの地理学』古今書院
影山穂波（2004）『都市空間とジェンダー』古今書院

3-6

山口　覚　YAMAGUCHI Satoshi

工都に生きる出郷者から学ぶ
―― 故郷をともに想いながら多様化する人々

山口　覚
1971年愛知県生まれ。関西学院大学大学院文学研究科博士課程単位取得修了。現在、関西学院大学文学部教員。専門は都市社会地理学、労働力移動。論文に「複雑化する「結びあい」」『地理科学』2002年、「都市における県人会の設立と活動」『地理科学』1999年、「人身売買から集団就職へ」『関西学院史学』2004年、など。
yamasa@kwansei.ac.jp

本章でとりあげる論文

山口　覚（1998）「高度成長期における出郷者の都市生活と同郷団体―尼崎市の鹿児島県江石会を事例として」『人文地理』vol.50-5、449-469頁

　鹿児島県・甑島（こしきじま）出身者の同郷団体の一つである「鹿児島江石（えいし）会」を対象に、同会が活動拠点とする兵庫県尼崎市における高度成長期の都市生活や人間関係について明らかにした。特に江石会がいかなる地理的・社会的要因によって設立されたのかという設立過程の描出を内容の中心に据えた。同会役員・会員への聞き取り調査やアンケート調査、内部資料の収集をおこない、労働条件や政治動向など、各人を取り巻く都市社会のコンテクストを多面的に見つつ論を進めた。

　同郷団体に関する先行研究では、一般に、「擬制村」や「アーバン・ビレッジ」といった「村」という語を含む概念によってその設立理由が説明される。農村と都市の間には生活様式に隔絶があるため、出郷者（しゅっきょう）は「擬制村」としての同郷団体を都市で設立するというのである。しかしながら本稿では、都市生活における個々人の生活状況の多様化や地方政治家との関係などに着目し、そうした説明の限界性も提起した。

キーワード：同郷団体　出郷者　都市生活　高度成長期

1　出郷者の都市的世界を知るために

　都市社会は多くの人々によって構成されている。では、そうした人々は、いったいどのような出自を持っているのだろうか。少し調べてみるとすぐに分かることで

はあるが、かなり多くの人々は生まれ故郷の農山漁村を離れて都市にやって来た「出郷者」であり、その子供や孫である。第二次世界大戦が終了してから約10年後の1950年代半ばに始まり、1970年代初頭まで続いた高度（経済）成長期には、特に大規模な出郷者の都市移住が確認された。ここでは、高度成長期における出郷者の都市生活、特に都市における人間関係を調べるための方法を述べてみたい。調査の手がかりとなったのは、後述する「同郷団体」である。

もっとも、調査の方法を事細かに確認するというよりは、私がこうしたテーマに行き着き、何らかの理解を得るまでにたどってきた、ちょっとした道のりと重ね合わせて触れてみたいと思う。それは決して直線的な道のりではなかったのである。むしろ偶然の出会いと寄り道の連続とでも言うべきものであった。最終的な研究成果は、地理学徒として歩み出した初期段階の目的から大きく異なっていたのである。

2 ｜ 工都尼崎市への近くて遠い道のり

のっけからで恐縮だが、私はかつて地理にも地理学にも関心がなかった。多くの地理学者や地理学徒は大学に入る以前からすでに「地理屋」であることが少なくないようである。だが、私は決してそうではなかった。今でこそゼミ生とともにしばしば巡検に出かけ、町歩きを楽しんではいるものの、1991年の大学入学に際して地理学専修を選択したのは、1つの大きな勘違いからであった。もともとは美術にもっとも強い関心があり、同時に1990年前後のエコロジー・ブームの影響も受けていた。文学部に設置された地理学専修に所属すれば「環境問題の美学的解決」というようなテーマを考えられるのではないか、そう思い込んでいたのである。ところが、入学するや否や地理屋だらけの環境に辟易してしまい、地理学への関心は長らく芽生えないままであった。今では忘れかかっているものの、その当時はアートや哲学、現代思想に惹かれていたのである。

1990年代初頭にそのような苦悩（？）の日々を送っていた私の唯一の救いの神は「人文主義地理学」のちょっとしたブームであった。人文主義地理学とは、「人間主体から見た場所のイメージ」などのテーマを扱う、1970年代以降に登場した比較的新しい分野である。私が学部生であったまさにその時期に『トポフィリア』（トゥアン1992）や『場所の現象学』（レルフ1991）といった、この分野の中心となる文献の翻訳書が揃いつつあった。人文主義地理学で使われる「生きられる空間」や「美学」などのキーワードは魅力的だった。地図や表の作成がムダな行為にしか感じられず、「実証的」という言葉が「悪」にしか思えなかった当時の私にとって、ようやく、地理学の世界でも何とか卒業論文が書けそうな気がしたのである。

そして、この分野の論客のひとり、デイヴィッド・レイという地理学者の論文「リベラル・イデオロギーと脱工業化都市」（Ley 1980）などを手がかりに、「ポスト工業時代における都市政策」という卒論テーマを設定した。このとき研究対象地として選んだのが兵庫県尼崎市であった。おそらく尼崎市は、高度成長期以降では衰退気味の、あまりイメージの芳しくない工業都市、工都として広く知られていよう。都市再活性化の定番でもある都市イメージ政策の変遷を、行政機関の様々な活動や言説から見てみようと思ったのである。尼崎市は、私の住んでいた西宮市の隣町でもあった。工都尼崎市を相手にその後10年以上も調査を続けることになるとは、この時点では考えもしなかった。自分が「実証的」な、あるいは「素朴経験主義

トゥアン、イーフー（1992）『トポフィリア―人間と環境』小野有五・阿部　一訳、せりか書房

レルフ、エドワード（1991）『場所の現象学―没場所性を越えて』高野岳彦・阿部隆・石山美也子訳、筑摩書房

Ley, D. (1980) Liberal ideology and the postindustrial city, *Annals of Association of American Geographers*, vol.70-2, pp.238-258.

的」な「地理学者」と呼ばれるようになるとも思っていなかった。人は変わるのである。

3 　与えられた対象—鹿児島県江石会(えいし)との出会い

　卒業論文を作成するための調査では、主に尼崎市役所などで行政資料の収集をおこなっていた。しかし、卒論作成にただちに役立てるか否かは別にして、尼崎市に実際に住んでいる人々からいろいろな話を聞いてみたくなった。その時は、「住民が自らの住まう町にどのようなイメージを抱いているのか」というような、誰でも思いつきそうな、つまらない聞き取り調査をぼんやりと想像していたのである。適当な聞き取りの相手（＝「インフォーマント」＝情報提供者）を探していたとき、私の恩師のひとりである故浮田典良(うきたつねよし)先生が教えて下さったのが「鹿児島県江石会」（以下「江石会」）であった。鹿児島県の離島である甑島(こしきじま)を故郷とし、尼崎市などに移り住んだ人々が組織した「同郷者集団」の一つである。

　同郷者集団とは、故郷をともにする人々が移住先で同郷者とともに組織する社会集団の総称である。同じ県の出身者が組織する「県人会」はよく知られていよう。もっと小さな範囲、たとえば出身市町村、さらには出身集落や出身学区を「同郷」の単位として組織される集団もある。研究者の間では、後者のような集団は「同郷団体」と呼ばれることが多い。県人会は「県」という広域を同郷の単位とするため、出郷以前には知り合いでなかった人々が会員であることが珍しくない。県人会会員になってはじめて、同県出身者として交友関係を築くのである。しかし同郷団体では、かなり多くの会員が出郷前からの知人・友人であった可能性が高くなる。

　鹿児島県の旧上甑村、現薩摩川内市の江石（写真1）は甑島の一つの集落であり、江石会は江石出身者によって組織された同郷団体である。この江石会を手がかりに、尼崎市内に居住する江石出身者への聞き取り調査らしきものを開始した。

　まずは江石出身者の持つ都市イメージや政治意識などを知ろうと試みたが、実際には容易に把握できなかった。多くの人々にとって、明確に「意識を意識して説明すること」は困難である。そもそも都市イメージを日常的に熟考している人など、実際にはほとんどいない。突然の奇妙な質問に対して一般論で応じるのが関の山であろう。また、たとえ明確な意識があったとしても、話す相手によって意識的・無意識的にその内容を変化させ、時に隠蔽してしまう。聞き取り調査をする意味は、インフォーマントが自らの人生において経験してきた様々な、具体的なエピソードを教えてもらうことにこそあるように思われる。いつ江石を出郷したのか、尼崎市にやって来て、いかに、どのような職に就いたのか、生活上で困ったことは何であったか、誰を友人としてきたか、こうしたライフヒストリーを集めるような調査内容に切り替えるのに時間はかからなかった。卒論は卒論として仕上げることにして、江石会についてはさらに継続調査することにした。実を言えば、大学卒業後は実家のある名古屋市に戻ることも考えていた。しかし修士論文で取り上げるべき興味深いテーマにめぐり合えた以上、関西の地を離れるのは愚かしいこととなった。

　大学院に進学してからは「聞き取り」が調査の中心となったが、聞き取り調査が心底好きになったわけでは決してなかった。いつの間にか、そうすることが日常化してしまっていたのである。勇気を振り絞って知らない人の家に電話をし、アポイントを取る。地図を片手にその家を探し歩き、挨拶をし、調査目的を説明する。

写真1 故郷の江石
（1996年8月筆者撮影）

「君の専門とやらの地理学ってのは一体何や？」と尋ねられて返答に窮することは少なくなかった。時に食事やアルコールを頂戴し、しばしばアルコール漬けになり、何とかお礼を言って帰宅し、フラフラの状態で調査ノートをその日の晩に整理する。こうした一連の作業をひたすら続けていた。大学院時代には、ノートやテープレコーダーで記録した聞き取り調査結果を文章化し、図表化することが日課になっていたのである。

もちろんヒリヒリするような緊張感が心地よく思われる時もあったし、人の親切に触れる時の感激もあった。学ぶべきことも多かった。論文で使える知識だけでなく、この世界で生きる知恵を学んでいるのだという気も少しばかりしていた。そして、昨今の焼酎ブームとは無関係に「芋焼酎のお湯割り」を飲むようになった。いつ、どのように創られた伝統であるかは知らないが、それが「鹿児島流」だということで、いかなる会合でも芋焼酎のお湯割りがサッと出てくるからである。

つまるところ、江石会にめぐり合うことができたのも自分自身の強い意志によるものではなく、恩師のアドバイスによるものであった。しかし江石会やその他多数の同郷者集団、つまり関西甑島連合会、関西内川内麦の芽会、尼崎高知系県人会、沖縄県人会兵庫県本部等々の役員・会員である多くの方々が好意的に迎え入れて下さったからこそ、頭でっかちであった私も都市社会の研究者へと何とか変身できたのであろう。

さて、そろそろ江石会の研究に話を進めねばならない。まずは江石会の概略を少しだけ説明しておきたい。

4 尼崎市の鹿児島県江石会について

江石会は1967年に設立され、約100世帯の尼崎市居住会員を中心とした合計約500世帯から組織される。「江石会会則第3条」によれば、同会では「会員相互の親睦を図り、郷土愛の高揚を増進することを目的と」し、主な年間行事は運動会、敬老の集い、会報『江石会新聞』の発行である。1997年の第30回記念運動会には約1300人が参加した（**写真2、3**）。1967年に設立されたこと、メイン行事が運動会で

写真2　江石会第30回運動会
（1996年11月筆者撮影）

写真3　運動会の様子
（1996年11月筆者撮影）

あることは重要である。それについては後述することにしよう。

ところで、江石出身者が尼崎市に集住しているのはなぜであろうか。故郷の江石はもともと漁業集落であったが、1950年代初頭にはブリが、次いでイワシが不漁となった。さらには同時期に、甑島島民を排除するかたちで鹿児島・熊本両県の漁区が再設定されている（『南日本新聞』1951年3月24日付）。漁業の継続が困難になった人々は、すでに関西方面に出稼ぎに出ていた同郷者を「つて」として出郷し、住む場所や仕事を探すようになる。一般に「つて」を頼って次々と同郷者が移住する現象は「連鎖移住」と呼ばれる。他方で尼崎市は1950年代から1970年代初頭の高度成長期にかけて工業都市としてさらに発展を続けており、数多くの労働者を必要としていた。労働力の需要と供給が一致したのである。

連鎖移住によって江石出身者が尼崎市に集中したことは、江石会が当地で設立された前提条件となる。では、同郷者が多ければ、つねに、ただちに、同郷者集団が設立されるのであろうか。決してそうでなかったからこそ研究テーマとして興味深く思われたのである。なぜ江石会が設立されたのか、なぜ1967年であったのかを解明し、戦後日本の都市社会に生きてきた出郷者の姿の一端をとらえることが当面の研究課題となった。

都市社会に生きる、あるいは都市生活を送るということの意味がここで改めて重要となる。確かに尼崎市は一般的に見て「都市」として認識される場所であろう。だが、「一般的に見て「都市」として認識される場所」を研究対象にするというだけで、「都市」に生きる人々の生活が理解できたことになるのであろうか。農山漁村を出郷して相対的に都市的な場に移住するという時、多くの場合には「都市にやって来た田舎者」がイメージされるであろう。また、連鎖移住で出郷した場合には、出郷後も同郷者との密接な関係が維持されるものと想定されるであろう。確かにそうした現象はしばしば確認されるものでもある。しかしながら、私が知りたかったのは、その場にあっては誰もが「都市人」として生きざるを得ないような場としての「都市」の経験であり、生活であった。少なくとも、出郷者が移住後に変化する可能性を考えるか否かによって、いかなる人間関係の中で都市生活が送られてきたのか、なぜ同郷団体が設立されたのかという説明原理が多少なりとも異なることになる。「同郷者」同士が密接な関係を

そのまま維持できるのであれば、明確に制度化された同郷者集団が設立される必要などなかったのではないか。これが私の疑問点だったのである。

5　都市人が都市で形成した社会集団

　いかなる研究を始める場合でも、それに関連する先行研究を確認する作業が必要である。同じような内容の先行研究があるならば、それを繰り返しても意味がない。その場合は研究対象を完全に変更するか、あるいは同じ対象を扱ったとしても、見る視点を変えたり、資料をより多く揃えて異なる結論を導き出すような努力が必要となる。江石会に関しては、実際に、すでに先行研究があったのである。

　そもそも浮田先生ご自身がすでに江石会に言及されていた（浮田1993）。論文のタイトルは「鹿児島県甑島における過疎化の進行と近年の変化」である。浮田は1960年代に実施された甑島の過疎化をめぐる共同調査に参加し、その成果は『離島の人文地理』（藤岡編1964）に収められている。そして、甑島の過疎化、人口流出の調査の中で、出郷した人々が移住先で江石会などの同郷団体を作り出していたことを後に見出したのであった。

　浮田（1993）はあくまでも故郷・江石側での知見から江石会の形成理由を説明する。江石には山林や田畑に対する強固な共有地制度があり、それは「共同体的紐帯」をともなっている。そして、その紐帯が都市で再現されたものが同郷団体だというのである。私はこの意見に真っ向から勝負することになる。なぜなら浮田説においては、都市生活という側面がすっぽりと抜け落ちてしまっているからである。また、現在の研究水準からすれば、農村社会を「共同体」という語だけで議論すること自体がいささかナイーブでもある。

　さて、浮田がこのように書いたのと同じ頃、社会学者のある研究グループも甑島出身者の同郷団体を調査していた。地域社会学者の松本通晴・丸木恵祐両先生を中心としたグループである。『離島出身者の都市生活に関する実証的研究』（丸木編1986）という報告書が1986年に提示され、さらには『都市移住の社会学』（松本・丸木編1994）においてもその調査結果を見ることができる。

　同グループは、やはり甑島の集落の一つである瀬々野浦（＝西山、旧下甑村）出身者の同郷団体「西山郷愛員会」、のちの「西山郷友会」を調査対象の中心に据えている。甑島出身者の集落単位での同郷団体は、1990年代には江石会や西山郷友会を含め11団体を数えた。このうち、戦前に設立され、その後も活動を継続してきたのは西山郷友会のみであった。大半の団体は戦後、特に「昭和30年代に多く結成されている」（松本・丸木編1994：130）のである。ということは、西山郷友会を中心に据えた調査だけでは、甑島出身者の多くの同郷団体がなぜ戦後に数多く設立されたのかは理解できないはずである。『都市移住の社会学』はすぐれた研究書であるが、同時に、甑島出身者のそれを含む同郷団体全体を語る上で大きな問題を抱えているのである。

　さらに、浮田論文と同じく、同書においてもタイトルにある「都市移住」という側面への注目がやや弱い印象を受ける。同郷団体が設立される理由について、松本（1985）は次のように説明していた。すなわち、都市と農村の生活様式には隔絶があり、その隔絶の大きさゆえに出郷者は「擬制村」としての同郷団体を必要とするのである、と。都市生活のためではなく、都市移住後も農村生活を保持するための社

浮田典良（1993）「鹿児島県甑島における過疎化の進行と近年の変化」『人文論究』vol.43-3、59-71頁

藤岡謙二郎編（1964）『離島の人文地理—鹿児島県甑島学術調査報告』大明堂

丸木恵祐編(1986)『離島出身者の都市生活に関する実証的研究』（昭和58・59年度科学研究費補助金（総合研究A）研究成果報告書）金城学院大学

松本通晴・丸木恵祐編（1994）『都市移住の社会学』世界思想社

松本通晴（1985）「都市の同郷団体」『社会学評論』vol.36-1、35-47頁

会的装置というわけである。

　似たような研究がすでに存在していた以上、本来であれば研究を続けることに大きな意味はなかったはずである。だが、同じ対象を見るとしても、見方によっては大きく異なって見えることもある。私のこだわりは「都市移住」、「都市生活」にあり、先行研究とは必ずしも一致しない知見が得られることを期待しつつ研究を続けることにしたのであった。そして、この点に関しては、またもや偶然にも阪神大震災が影響することになる。

6　阪神大震災による「寄り道」

　忘れもしない1995年1月17日、学部4年生の最後の日々を迎えていた私は、兵庫県南部地震、つまり阪神大震災を経験することになる。当時下宿していた木造・築数十年の学生アパートは幸いにも半壊で済んだ。だが、その日から、飲み水にも食事にも不自由する日々が続いた。全壊したアパートに住んでいた友人の家財道具を掘り起こし、少しだけボランティアもした。数週間後にはひどいインフルエンザで倒れた。震災を身をもって経験した人間にとって、同じように被災していたはずの江石出身者を「調査」することなど想像もできなかった。1995年4月に大学院に入学してから半年間、調査らしい調査はまったくできなかったのである。

　この期間には、工都尼崎市の都市政策とも同郷者集団とも直接には関係しないテーマを学んでいた。地方政治家の選挙戦略についてである。卒業論文を作成する際に尼崎市議会議員選挙の『選挙結果調』（尼崎市選挙管理委員会）の大半をコピーしていた。それを眺めているうちに、公明党や日本共産党といった組織政党の選挙戦略が見えてきたのであった。ちなみに組織政党では、自党の複数の選挙候補者を確実に当選させるために、支持者の票を空間的に分割して配分するという「地域割り当て制度」を持っている。何だかこうした地方政治に関する地理的現象が面白く感じられたのであった。

　地理学界には「選挙地理学」を研究テーマにしている研究者もいるが、私の場合はここでも偶然のテーマ設定でしかなかった（たとえば山口1998）。しかし地方政治への関心は、その後の研究全般に影響することになる。私の所属する関西学院大学の図書館は震災の影響で1995年10月まで使えなかったので、大阪府吹田市にある関西大学の図書館を利用させてもらい、そこにあった地方政治関連の文献を読みあさった。

　もともと選挙に対する関心などほとんど皆無であったものの、知らない知識を得るのは楽しかった。国際政治のようなハデな世界とは異なり、地方政治の地味さが魅力的に感じられた。人文主義地理学の影響か、いつの間にかミクロな世界に関心が移りつつあったのである。また、都市移住した出郷者は公明党や日本共産党の支持基盤となってきたとされており（加瀬1997；大嶽1999）、その知見は江石会を考える際に役立った。江石出身者も含め、出郷者には特定政党の支持者が相当数いるのである。

　いま一つ気づいたことがあった。先述した1967年という江石会の設立年についてである。1967年とは、選挙との関連で言えば第6回統一地方選挙の年である。江石会について言及した最初期の研究（奥村1974）では、同会が尼崎市議会議員N氏と強い結びつきがあると指摘されていた。この論文ではそれ以上の情報は記されて

山口　覚（1998）「市民派および組織政党の候補者と「地元」——1997年尼崎市議会選挙を事例として」『地理科学』vol.53-1、44-60頁

加瀬和俊（1997）『集団就職の時代——高度成長のにない手たち』青木書店

大嶽秀夫（1999）『高度成長期の政治学』東京大学出版会

奥村芳和（1974）「大都市地域における擬制村の社会的基底——阪神地域における一同郷集団を事例として」『関西大学大学院　人間科学——社会学・心理学研究』vol.3、27-41頁

いないものの、1967年という設立年が選挙年と重なっていることに着目する手がかりとなった。

　もちろん選挙は出郷者の都市生活を考える際の一側面に過ぎない。しかし、震災によって聞き取り調査を進められなかった代わりに、一つの切り口を手に入れることができたのであった。もし同郷者集団が選挙における政治組織としての機能を持つならば、明らかにそれは「擬制村」というだけではない、移住先での、都市生活上での政治的機能を有する社会集団となるはずである。

7　聞き取り調査と資料収集

　阪神大震災から10ヶ月が経過していた1995年11月29日、江石会第4代会長のK・N氏宅に久しぶりにお邪魔した。この日を契機に江石会の様々な会合への参加機会が増えていく。江石会だけでなく、同会も加盟している関西甑島連合会（**写真4**）の会長K・N氏（江石会第4代会長とは別人）や、同氏と関係の深い関西内川内麦の芽会の関係者などにも話を伺っていった。**表1**は1995年から1997年末までに実施した甑島出身者関連の調査一覧である。これ以外にも尼崎高知系県人会や沖縄県人会兵庫県本部の調査、さらに1997年4月から6月にかけては尼崎市議会選挙関連の調査も並行して実施していたため、ある時期には毎週最低1度以上、時には毎日のように尼崎市に出向いていた。とにかく「尼崎漬け」であった。修士論文は1997年1月に提出したが、震災の影響で調査の再スタートが1年近く遅れてしまったこともあって、甑島出身者関連の調査は1998年まで続けていた。

　江石会での調査では主に4つの方法でデータを収集した。①個人宅での個別の聞き取り、②役員会（**写真5**）や総会などにおける個々人ないし複数人への聞き取り、③1997年9月から10月にかけて実施した役員85名へのアンケート調査、④会報『江石会新聞』や『鹿児島県江石会々員名簿』などの内部資料の収集。フィールドワークに関するテキストを読むと「恥知らずの折衷主義」という言葉が散見されるが、使えそうな方法や情報はそれが何であれ、確かに何でも使用したように思われる。調査ではまた、個々人の在り方を重視した（＝方法論的個人主義）。

　同郷団体は公的な機関ではないため、行政資料などには一切登場しない。フォーマルなデータがない場合には聞き取り調査が役に立つ。「生活」という様々な現象を含み持つテーマであればなおさらである。尼崎市や周辺地域の居住者だけでなく、第3代会長のM・O氏のような江石への帰郷者からも話を聞きたかったので、甑島にも2度訪れた。運動会などに積極的に参加したことも役員や会員の方々との関係を深める良いチャンスであった。綱引きや徒競走に出場したこともある。機会を見つけては、可能な限り多くのメンバーから話を聞いた。江石出身者をめぐる状況が詳細に理解できただけでなく、個々

写真4　関西甑島連合会定期総会
（1998年2月筆者撮影）

年	月	日	調査内容
1995	11	29	K.N.氏（江石会第4代会長）への聞き取り
	12	2	江石会役員会（K.T.事務局長宅、14名）
		8	K.N.氏（関西甑島連合会会長）への聞き取り
		20	K.N.氏（関西甑島連合会会長）への聞き取り
1996	2	6	T.M.氏（元尼崎市議会議員）への聞き取り
			K.N.氏（関西甑島連合会会長）への聞き取り
		25	関西甑島連合会第23回定期総会
	4	12	K.N.氏（関西甑島連合会会長）への聞き取り
	6	5	江石会役員会（K.T.事務局長宅、14名）
		14	A.M.氏（関西内川内麦の芽会会長）への聞き取り
	7	14	Y.O.下甑村長を囲む会（主催：関西下甑村新興協議会）
	8	5〜7	鹿児島県上甑村江石訪問
		5	M.O.氏（江石会第3代会長）への聞き取り
		6	H.N.氏（江石会元事務局長）への聞き取り
		8〜10	鹿児島県下甑村内川内訪問
	10	13	関西青潮会大運動会（第25回）
		27	関西長浜会大運動会（第25回）
	11	3	江石会定期総会・大運動会（第30回）
		10	関西手打会大運動会（第25回）
		24	H.M.氏（江石会第5代会長）への聞き取り
	12	8	江石会平成8年第3回幹事会（20名）
1997	1	7	K.N.氏（関西甑島連合会会長）ご逝去
	3	2	関西甑島連合会第24回定期総会
	9	13	江石会役員会（K.T.事務局長宅、14名）
	9〜10		江石会役員へのアンケート調査（郵送法＋調査者記入型）
	10	22	M.H.氏（江石会副会長）への聞き取り
		26	関西長浜会大運動会（第26回）
		30	T.O.氏（江石会顧問）への聞き取り
	11	2	江石会定期総会・大運動会（第31回）
		10	関西手打会大運動会（第26回）
		12	T.O.氏（江石会顧問）への聞き取り
		14	M.T.氏（江石会相談役）への聞き取り
	12	4	Y.N.氏（江石会顧問）への聞き取り

出典：調査記録により作成。

表1　甑島出身者関連同郷団体への調査（1995〜1997年）

人の状況が各々かなり異なっていたことも分かるようになっていった。「多様性」や「複雑性」といったキーワードが実感されたのである。

　もっとも、どれほど記憶力の良い人であっても、記憶を頼りにした聞き取り調査のデータにはやはり曖昧な部分がある。曖昧であるだけならまだしも、何もきっかけがない状態では記憶を喚起すること自体が困難となる。この点に関しては、④の『江石会新聞』や『鹿児島県江石会々員名簿』といった内部資料を収集できたことが重要な意味を持った。

　同会が設立された翌年の1968年から毎年1号ずつ発行されてきた機関誌『江石会新聞』には、その時々の活動状況や様々な回想録が記されていた。偶然にもある役員の方がすべてのバックナンバーを所持しておられたため、それを借用できた。役員会の場で現物を初めて拝見した際には涙が出そうなほど嬉しかったことを覚えている。役員の大半が保存しておらず、松本・丸木先生のグループにもその存在が知

られていなかったという非常に貴重な資料であった。「これで論文の良いネタができた」という打算がまったく働かなかったと言えばウソになるが、確かにそれは「秘宝」そのものだったのである。全ページのコピーを2部作成し、原本を返却した際にコピーの一揃いを同会に寄贈した。

『会員名簿』については、もっとも古いものでも1979年版が入手できた最初期のものであったが、これと1982年、1986年、1991年、1996年の5回分を得ることができた。個人情報の記された『名簿』については、その扱いに必ず責任を持つ旨を役員会の場で明言して初めて、その入手と利用が許された。もっとも、この当時ではまだ、研究目的の利用を許されたのである。21世紀の現在では名簿の入手や利用はより困難だと思われる。なお、**表2**はその使用例である。もともと会員世帯数の多かった尼崎、大阪、神戸市の世帯数が減少し、居住地が拡散していく様子が見て取れる。

さて、都市生活という曖昧で多面的な現象を再現する上でも、それを裏付ける「量的」な、つまり**表2**のように数値化されたデータが少しでもあれば説得力を高めることができよう。そのため、論文作成時に量的に提示できるようなデータを収集するためにアンケート調査もおこなった。遠隔地に居住する方には郵送法によって調査票を送付し、返信していただいた。尼崎市内や周辺地域に居住しており、調査に協力してもらえた方には調査者記入型、つまり「構造化」された調査表を利用した一種の聞き取り調査をおこなった。もちろん、そこから長時間の聞き取りに発展することも多かった。このアンケート調査もまた、1997年9月13日の江石会役員会で全役員の承認を得てから実施した。

江石出身者個々人にとっての生活の「現実」は、こうして、多少なりとも把握できるようになった。特に出郷後の同郷者関係については、『江石会新聞』（第21号、1988年）に記された次の一文に要約される。「会が発足する以前は出郷者の大半が極く限られた方以外はただ風の便りに噂を聞くしかありませんでした」。つまり同郷者同士はかなりバラバラに生活しており、互いに連絡を取ることもなく暮らしていたのである。

連鎖移住の結果としての集住地区や、同郷者がある程度集中した企業もいくらか確認できたが、江石出身者全体が近隣に集住していたわけではないし、同じ職場にいたわけでもなかった。しかも同郷者間での「分散居住」は時とともに強まっていったことが分かった。さらに、高度成長期

写真5　江石会役員会
（1996年6月筆者撮影）

表2　鹿児島県江石会会員の居住地

年		1979	1982	1986	1991	1996
尼崎市		127	121	110	117	115
	立花	48	45	47	46	40
	本庁	32	22	21	19	21
	大庄	19	18	12	15	14
	小田	17	19	16	18	18
	園田	8	10	10	12	11
	武庫	3	4	4	7	7
	不明	—	3	—	—	4
神戸市		74	72	64	64	53
大阪市		59	57	52	53	48
伊丹市		19	22	21	23	23
西宮市		4	4	8	12	10
芦屋市		4	5	7	7	6
川西市		4	3	3	5	7
宝塚市		1	4	5	4	4
三田市		—	—	—	—	2
上記以外の近畿		123	131	139	148	163
中　部		8	11	10	12	11
関　東		14	16	17	19	24
中　国		8	6	3	5	6
四　国		—	—	1	1	1
九　州		2	4	4	8	11
江　石		12	20	22	27	28
計		459	476	466	505	512

注：表中の値は会員世帯数を表す。「上記以外の近畿」は「尼崎市」以下「三田市」までの会員数を除いた近畿地方在住の会員数合計を、九州は江石の世帯数を除いた値を示す。
資料：『鹿児島県江石会々員名簿』、各年分。

における生活上でのキーワードは交替制勤務に代表される「多忙」であり、それによる生活時間の不一致によって、近隣居住者でさえ余暇をともにできないことがしばしばであった。余暇そのものがなかった人さえいた。当時は家庭用電話も完全には普及しておらず、アンケート調査結果では、江石会が設立された1967年当時で59.4％の家庭にしか電話がなかったのである。

江石会は故郷での生活様式を維持するためではなく、すでに新たな生活をそれぞれ送っており、互いに会うことなく過ごしていた人々が、改めて出会うために設立されたのである。では、バラバラであった人々が改めて出会うための集団を作り出すきっかけは何であったのか。いま一度、選挙の話に戻ることになる。

8　尼崎市における「県人会政治」

表2でも明らかなように、尼崎市には多くの江石出身者が住んでいる。しかし、たとえば「阪神工業地帯の大中心地尼崎に住む江石会」(『江石会新聞』第6号、1973年)という表現はいささか大げさなようにも思われる。それでも、江石会最大の行事である大運動会が同市内の公立学校の運動場を借りて実施されるなど、江石会の活動は尼崎市と密接に関連する。それは甑島との関係を有する尼崎市議会議員の存在によるものであった。

民俗学者の柳田國男が戦前に記したように、出郷者は移住先に「腰掛け気分で、平然として悪党原の市政を利用するのを坐視している」(柳田1991)ような存在だと見なされることがあった。新たな土地の政治状況には関心を持たないというのである。移住当初ではそこでどのような政治がおこなわれているのか、どのような政治家がいるのかを理解するのは確かに難しいであろう。また、出郷者の中から政治家になりたいと思う者が現れたとしても、選挙地盤の確保という点で地元出身者よりも明らかに不利である。ところが、近隣に同郷者が多数居住しているのであれば、同郷者を組織して後援会にするという手段があることに気づく者も出てくる。実は尼崎市で確認できる相当数の同郷者集団は、選挙に立候補しようとした出郷者が直接組織したり、組織化に関与したりしているのである。私はこれを「県人会政治」(山口2003)と呼んでいる。江石会もまた、1967年の尼崎市議会選挙に立候補しようとしていた、甑島出身者を父に持つN議員の働きかけによって組織されたという側面を持っている。統一地方選挙の年に江石会が設立されたのは偶然ではなかったのである。

先に見たようなバラバラの生活状況にあった江石出身者は、知人や友人と会うための機会を欲していた。実際に級友同士の同窓会はしばしば開催されていた。このような素地があればこそN議員の呼びかけも有効なものとなったのである。しかし江石出身者全体が集まるとなると、かなり大規模な集会を企画する必要が出てくる。故郷・江石で毎年11月3日に実施されていた運動会を移住先でも同様に開催することが集会の方法として提案された。この時に公立学校を借りる手配をしたのがN議員だったのである。個々の江石出身者の力だけでは公立学校の借用は困難である。甑島出身者の多くの同郷団体は江石会の成功に刺激されて設立されたのであり、その背後にはN議員、あるいは旧下甑村内川内出身のM議員の存在があった。いずれの会も運動会をメイン行事としているが、これもまた、決して偶然ではないのである。

柳田國男（1991）「都市と農村」『柳田國男全集29』筑摩書房、333-541頁（初出1929）

山口　覚（2003）「都市人と郷友会―高度成長期における出郷者の都市生活」「郷土」研究会編『郷土―表象と実践』嵯峨野書院、178-199頁

もっとも、『江石会新聞』を読むと、「私達の江石会も政治、宗教、思想を超越し、ただ一途に同郷人の親和を基に結集」（第3号、1970年）されたという文言を見ることもできる。言い換えれば、「政治、宗教、思想」が多様化していたのである。故郷・江石の人々は政治的には基本的に保守系であり、宗教的には浄土真宗門徒が大多数である。それと比較すれば、出郷者の変化は明らかである。こうした多様化は、同郷者関係が薄れていた時期に、個々人が政治や宗教などと結びついた新たな社会的ネットワークに参与していった結果である。江石会はN議員の助力を得ながらも、N議員の後援会を名乗ることは慎重に避けながら活動を続けることになる。

　懐かしい故郷を想いながら古い友人や知人と会うのは楽しいものである。しかしそこでの友人関係は、もはや、故郷でのそれと完全に同じものではなかったのである。

　このように江石会は「擬制村」ではなく、「共同体的紐帯」が故郷から都市へそのまま移植されたものでもなかった。それは高度成長期の多忙な都市生活の中で再編成された、微妙な人間関係においてこそ理解されるべきものである。江石会の設立過程を江石出身者の都市的体験と重ねて描くことに多少なりとも成功しているとすれば、高度成長期の尼崎市における、ひいては近現代都市における生活や人間関係の一端もそこに垣間見えているはずである。少なくとも私は、このような方法で都市生活を、そして「都市」を垣間見ようとしたのであった。「都市」の定義は容易ではないとしても、ここでは、相対的に多くの人々が居住するとともに移動し、それによって新たなネットワークが生成する可能性が相対的に高い場であると、ひとまずは考えたのである。

9　江石会調査を終えて思うこと

　都市社会の調査に限らず、いかなる調査をおこなう場合でも、偶然であれ何であれ自らにとって熱心に取り組める興味深い研究対象にめぐり合う必要がある。幸運にもそうした相手とめぐり合えたのであれば、せっかくの機会を無にしないためにも、「恥知らずの折衷主義」によって手を変え品を変え様々な方法で情報を手に入れるように努めると良いであろう。特に聞き取り調査に関しては、それをより良いものにしたいのであれば、インフォーマントの「その人となり」までも理解しようとするような姿勢が必要である。仲良くなると、「ここだけの話だけど」というような、非常に個人的な情報を教えてもらえる。確かにそれは論文作成上では決して使えないネタではあるが、当該現象を考える上での強力なヒントになる。調査しようとする者とインフォーマントがそれぞれ個人レベルでの話題にまで突っ込んで話ができるようになれば、それだけで調査としてはある程度成功したと言える。そして、その時には、研究上で使える知識より以上の何かを手にしているはずである。私にとって、その最初の相手が江石出身者であり、江石会であった。近年では、調査上のマナーや調査結果の社会的有効性など、フィールドワークをめぐる様々な問題点が議論されている。だが、それもまずは第一歩を踏み出してからのものであろう。

　皮肉にも、また、おそらくは皮肉を込めて、その後の私は「実証的」な「地理学者」と呼ばれることがあるように思われる。私自身もまた、もといた場所からはるか遠くに来てしまっていたのである。人文主義地理学という自らのオリジンを忘れ

たわけではないものの、人文主義者にしばしば見受けられる優雅な語り口とは少し異なった、出郷者の生きてきた厳しくも変化に富んだ現実にこそ関心がある。偶然の連続によるものではあれ、江石会という興味深い研究対象を得ることができ、素晴らしい人々に出会えたことは幸いであった。その後も出郷者の生活史（山口2006など）や、高度成長期に国家プロジェクトとして実施された「集団就職」という労働力移動現象の調査（山口2004など）を続けている。江石会との出会いがなければまったく別の研究をおこなっていたことであろう。江石出身者を含む甑島出身者の方々には感謝に堪えない。

さて、最後に改めて付け加えるが、私がこの論文で描きたかったのは江石会という社会集団の設立過程だけでなく、江石出身者個々人の多様性や人間関係の複雑性であった。このような観点から見れば、「特定社会集団の調査結果をいかに当該集団に役立てるか」などといった議論は、簡単にはできないことになる。しかも、調査者自らの関心に従って人々を描くという行為は、そうした人々に対するある種の暴力に相違ない。つまりこのような研究は、まったく役に立たないただの暴力かもしれないのである。どれほどインフォーマントと仲良くなっても消えない暴力。あるいは、研究者の関心に引き戻して調査結果をまとめるという行為は、仲良くなればなるほど背信の色合いを強めるものかもしれない。どのようなフィールドワーカーでも、こうした疑問を解消することは困難である。もっとも、調査者も研究テーマもフィールドワークを通じて変化するものであり、戻るべきポイントは調査以前とは多少なりとも異なっている。また世界に多様性や複雑性があり、それらがなおも重要なものとして考えられるのであれば、人々の中に、そして世界に分け入ってそれらを描き出す行為を完全に捨て去ることもできない。地道な調査や詳細な記述は、世界や他者を単純化して理解しがちな状況においてこそ意味を持つ。自らを顧みて、また一般的に見て、「単純な世界認識や他者認識など誰も持っていない」と自信を持って言える者が果たしてどれほどいようか？

楽しくも悩ましい、悩ましくも楽しい世界が私を、あなたを待っている。

山口　覚（2006）「ひとつの場所／いくつものシーサー―宝塚市における沖縄出身者と「沖縄」」三浦耕吉郎編『構造的差別のソシオグラフィ―社会を書く／差別を解く』世界思想社、238-273頁

山口　覚（2004）「海外移住としての「本土」就職―沖縄からの集団就職」『人文地理』vol.56-1、21-42頁

おすすめ文献
町村敬志・西澤晃彦（2000）『都市の社会学―社会がかたちをあらわすとき』有斐閣
松田素二（1996）『都市を飼い慣らす―アフリカの都市人類学』河出書房新社
パーク、ロバート（1986）『実験室としての都市―パーク社会学論文選』町村敬志・好井裕明編訳、御茶の水書房
ホワイト、ウィリアム（2000）『ストリート・コーナー・ソサエティ』奥田道大・有里典三訳、有斐閣
若林幹夫（1999）『都市のアレゴリー』INAX出版

3-7 原口　剛　HARAGUCHI Takeshi

フィールドとの「距離」と「つながり」
—— 寄せ場・野宿生活者のフィールドワーク

本章でとりあげる論文
原口　剛（2003）「「寄せ場」の生産過程における場所の構築と制度的実践」『人文地理』vol.55-2、121-143頁

　大阪市西成区に位置する釜ヶ崎は、日雇労働者の集住地域であり、そこには貧困と差別が集中している。日雇労働力の供給地（寄せ場）は、1961年8月におこった「第一次暴動」から続く一連の日雇労働者の異議申し立てに対処するため、1960年代から1970年代初頭にかけて展開された政策のなかで「生産」された。本稿では、場所の構築と制度的実践という概念にもとづく言説分析を採用し、釜ヶ崎が寄せ場として「生産」される過程のなかで、日雇労働者を排他的に囲い込む境界がどのように構築されたのかを検証した。1966年に釜ヶ崎に対して付与された「あいりん地区」という境界は、マス・メディアの領域における言説編成によって創出された、釜ヶ崎の表象を反映していた。同時にそれは、日雇労働力の供給地として政策的に定義されることによって、過酷な搾取と貧困を制度化し、再生産する境界として制度化されるようになった。また、この空間的な境界の構築は、日雇労働者と近隣住民の境界を社会的に再生産するものでもあった。

キーワード：あいりん地区　言説分析　釜ヶ崎　社会的排除　寄せ場

原口　剛
1976年千葉県生まれ。現在、神戸大学大学院人文学研究科教員。専門は都市社会地理学。著書に『都市空間の地理学』［共著］ミネルヴァ書房、2006年、論文に「「寄せ場」の生産過程における場所の構築と制度的実践」『人文地理』vol. 55-2、2003年、「公共空間の変容」『現代思想』vol.33-5、2005年、など。
haraguch0508@yahoo.co.jp

1　地理学との出会い

　私は学部のときには哲学を専攻しており、卒論ではメルロ＝ポンティの『知覚の現象学』を取り上げていた。大学院に進もうと考えていたけれども、かといって哲

学を続けるつもりはなかった。理由は、「僕は青春時代のすべてをヘーゲルの『論理学』に費やしたんだ」という当時の指導教官の言葉を聞いて、自分はとてもやっていけない、と思っていたからだった。学部時代に机にかじりつく学問を専攻していた反動だったのだろう、大学院ではフィールドワークのできる学問を専攻したい、と漠然と考えていた。周りの人間もあらかた就職先が決まった4年生の夏、私はまだ社会学や文化人類学、宗教学など進む先を検討しながら、さてどうしたものかと迷っている状態だった。

そんな折、大学生協の書籍部で『10＋1』誌の「新しい地理学」特集号をたまたま手にし、水内俊雄・大城直樹・吉見俊哉・多木浩二による座談会「「新しい地理学」をめぐって」を読む（水内ほか1997：64-84）。当時の私には、「ヒューマニスティック・ジオグラフィ」や「ラディカル・ジオグラフィ」、「スペース」や「プレイス」「ロケーション」といった用語が何を意味しているのか、ちんぷんかんぷんだったのだが、なにかおもしろそうだぞ、という予感を感じたのを鮮明に覚えている。その後、『空間から場所へ』を読み、地理学という出会ったばかりの学問領域にますます興味をひかれ、ギャンブルに打って出るような気持ちで大阪市立大学の地理学教室へと進学した。しかし、なんの計画性ももたないまま手ぶらで「入院」し、フィールドワークの技術もまったく知らなかったため、研究はほんとうに手探りだった。

水内俊雄・大城直樹・多木浩二・吉見俊哉（1997）「「新しい地理学」をめぐって」『10＋1』vol.11、64-84頁
荒山正彦ほか（1998）『空間から場所へ―地理学的想像力の探求』古今書院

2　はじめてのフィールドワーク

釜ヶ崎と出会ったのは、修士1年の6月頃のことである。水内俊雄先生から、釜ヶ崎を含めた西成区北部の路地を歩いて看板や落書きの写真を撮ってくるように、というお達しをいただいたのがきっかけだ。そこにどのような意図があったのか、いまだにまったくわからないのだが、とにもかくにもカメラを手に携えて、新今宮駅（釜ヶ崎の最寄駅）に降り立った。いま考えると当たり前なのだが、カメラを手に携えて、釜ヶ崎の路上で写真を撮るなんてことは、よくよく考えてやらないといけないことである。なぜなら、後に書くことになる論文で明らかにするように、釜ヶ崎の住人たちは、新聞、テレビ、雑誌などのマスメディアで勝手なイメージを撒き散らされつづけた、という歴史的な経験があるからだ。無知とはおそろしいもので、そんなことにまったく鈍感だった私は、なんとカメラを首にぶらさげたまま、釜ヶ崎のまちを歩きはじめてしまった。当然、歩きはじめるとさっそく、「にいちゃん、カメラはしまって歩かなあかんで！」と労働者に怒られることになる。また、別の場所では、龍とサイコロの落書きを撮影しようとした矢先に、シケ張り★1で立っていた暴力団員に怒鳴られて冷や汗をかいた（龍とサイコロの落書きは、おそらく暴力団のテリトリーを示すものだった）。ひととおり写真を撮り終えて電車に乗ったときは、恥ずかしい話だけれども、内心ほっとしたことを覚えている。

このように、私のフィールドワーク初日は最低最悪の失敗だった。知りもしない、調べてもいない土地に、土足でずかずかと足を踏み入れたのだから。けれども、このとき釜ヶ崎界隈を歩きまわった経験は、強烈な印象をもってそのあとも残り続けた。そして、この地域がどのような経緯で形成されたのだろうという疑問が、ぼんやりとではあるが、頭のなかに浮かびあがっていた。このような疑問を、研究の問いとして設定し、論文としてかたちにするには、その後数年の時間と、フィールドで

★1　釜ヶ崎では暴力団がおおっぴらに賭博を開催する様子が日常的な風景となっている。その見張り役を「シケ張り」という。もちろん、こうした賭場は違法行為なのだけれども、近隣に存在する西成警察署はこれを放置し、黙認している。

のさまざまな経験を要することになる。

　修士1年のあいだは、研究テーマも決まらず、ふらふらした毎日を過ごしていたというのが正直なところだった。ただ、当時『西成差別実態調査報告書』の執筆にかかわっており、そこで戦後の釜ヶ崎を含む西成区関係の新聞記事の分析を行なっていた（福原ほか2002）。これが、後に論文の第3章（「場所の構築」）の分析になっていく。この報告書執筆の作業のなかでは、資料の収集や分析の醍醐味や、その方法論について多くのことを学ぶことができた。

　本格的に釜ヶ崎をフィールドとして研究をしようと思い至ったのは、修士2年になる直前の頃だったと思う。しかし、研究テーマとして取り上げようとは思ったものの、研究の視点を見出すまでに、さらに時間を要した。むずかしさのひとつは、釜ヶ崎に関しては社会学や労働経済学からの研究が相当あったということだ。考えたこと、疑問に思ったことが、すでに既存の研究で明らかになっていた、ということの繰返しで、自分の勉強不足を思い知らされた。

　もうひとつは、こちらのほうが重要なのだが、研究する意味にかかわることだ。釜ヶ崎に関して、考えたこと、書いたことが、いったい誰にとってどんな意味があるのか、そんなことを釜ヶ崎というフィールドでは何度も考えさせられた。

　当時の私にとって、自分なりの視点と問いの立て方を練り上げるためには、とにかくもっと深くフィールドにかかわることが必要だった。

福原宏幸・水内俊雄・花野孝史・若松　司・原口　剛（2002）『西成差別実態調査報告書』ヒューマンライツ教育財団

3　かかわりのなかで考える

　フィールドに深くかかわるためにどうするか。いちばん手っ取り早いのは、そこに住んでしまうことだ。当時住んでいたのは釜ヶ崎からそう遠くないところだったのだが、それでもいわゆる「フィールドワーク」をした後、帰宅してしまえば釜ヶ崎のことは頭から離れてしまう。フィールドに出向くたびにそれを取り戻すことからはじめなければならない。このようななかで研究の視点を得ることはなかなかできなかった。フィールドに住んでしまうことで、たとえばちょっと買い物に行くだけでも地域の表情を全身で知覚することができ、いわば日常生活がそっくりそのままフィールドワークになった。性根がずぼらな私には、これは格好のフィールドワークの手法だった。

　また、フィールドにかかわるいくつかの活動や勉強会に参加した。ひとつは、「釜ヶ崎のまち再生フォーラム★2」というまちづくり運動で、地域通貨委員会のメンバーとして参加した。この活動のなかでは、簡易宿所★3やサポーティヴハウス★4のオーナーさん、社会福祉施設や地域の託児所の職員さんなど、さまざまな立場のひとびとのお話をおうかがいすることができた。なかでもとくに貴重な経験となったのは、釜ヶ崎で日雇労働者として長年労働し、現在は生活保護を受給しながら生活するおじさんたちと共同作業をすることができた、ということだ。釜ヶ崎では毎年8月13日から15日にかけて夏祭りが開かれる。この祭りに、おじさんたちとソーメン屋台を出店した。成り行き上私が「仕切り役」となったのだが、自慢ではないが私は、こういった仕事に関しては人一倍手際が悪い。おじさんたちに冗談半分で怒られながら、数百食分のソーメンづくりをこなしていった。

　私が行なった聞き取り調査の多くは、こうした活動を通じて「なじみ」になった関係でお話を聞かせてもらっている。そのような関係性を築くことには、ボイス・

★2　http://www.kamagasaki-forum.com/
★3　労働者が生活の拠点として起居する安宿のこと。通称「ドヤ」とも言われる。
★4　釜ヶ崎では労働者が高齢化し生活保護を受給する人口が増大するのに伴い、簡易宿所を「福祉アパート」へと転換する動きが加速化しつつある。同時に、福祉アパートで孤立する労働者の生活をどのように支えるのかが重大な問題として浮上している。そのなかで、労働者の生活を支えるために、共同リビングを設置し、スタッフを常駐させる等の生活支援を整備しているアパートを、「サポーティヴ・ハウス」と呼んでいる。

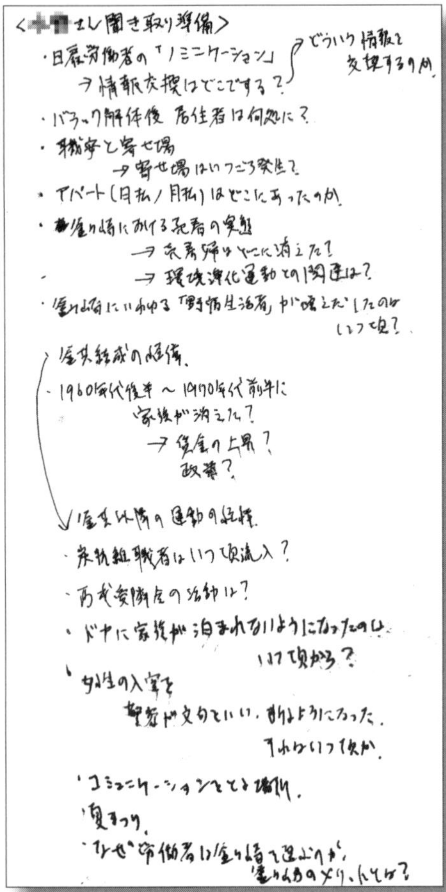

レコーダーを傍らに置いてもリラックスした雰囲気で会話ができたり、突っ込んだお話をうかがえたりするというメリットがあった。おじさんたちの語りは、私にとってどれも歴史的資料として貴重なものであるように思われただけでなく、いきいきとした表情（それがたとえつらい経験の話であっても）で語られるひとつひとつの個人史には、ぐいぐいと引き込まれていくような物語としての魅力があった。

　もうひとつは、寄せ場学会関西支部が開催する研究会に参加したことである。寄せ場学会とは、研究者と現場の活動家が共同して運営している稀有な学会だ。この研究会で私が発表したときには、的確かつ手厳しいコメントをふんだんに受け、さすがに一時的に落ち込みはしたが自分の課題を認識するうえで重要な機会となった。なかでも、研究会に参加しておられる小柳伸顕（のぶあき）さんと水野阿修羅（あしゅら）さんからは、研究を重ねるうえでとても大きな影響を受けた。おふたりとも、長年釜ヶ崎で活動を続けてこられ、釜ヶ崎を取り巻くありとあらゆる事柄に精通されているのに加えて、釜ヶ崎の過去と現在を定点観測の手法で明らかにするなど（定点観測「釜ヶ崎」刊行会1999）、いわば現場サイドですでに地理学を実践してこられた方々である。研究会でのコメントや、そのあとの喫茶店や飲み屋での会話は、私にとってみれば重要な情報や知識を聞くことのできる場であった（そういうわけで私は、この研究会に参加するときはいまでもボイス・レコーダーを持参している）。

　最後に、「長居公園ききとりの会」がある。ききとりの会は、野宿者問題に関心のある有志の団体で、長居公園で野宿生活者を対象とした一時避難所（シェルター）建設計画（2000年12月開所）の問題が起こった際、当事者である野宿生活者の声を聞かせてもらい、それを当事者や支援グループに返すことを目的として、学生や社会人の有志によって結成された。さまざまな人に聞かせていただいたお話は、『改訂ながいことはじめ―長居公園聞き取り報告集2001』としてまとめられている。この報告集の特徴は、ホームレス対策に対する当事者の多様な声をそのままに反映し、また、私たちききとりメンバーの問題意識や、報告書作成までの議論、作成者自身の考え方の変化など、報告書として完成するまでの過程を忠実に掲載した点にある。この作業のなかでは、終電ぎりぎりの時間まで、研究者、活動家、学生、社会人などさまざまなひとびとのあいだで議論を交し、それは寄せ場や野宿生活者に対する視点をかたちづくるうえでとても貴重な経験だった。

図1　労働者に聞き取りする際、事前に聞きたいポイントを整理するために書いたもの。ノートを書きながら頭のなかでポイントを叩き込んでおいたうえで、聞き取りの最中には聞き落としている点はないか、このノートで確認した。

定点観測「釜ヶ崎」刊行会（1999）『定点観測「釜ヶ崎」―定点観測が明らかにする街の変貌』葉文館出版
長居公園聞き取りの会（2001）『改訂ながいことはじめ―長居公園聞き取り報告集2001』

4　釜ヶ崎で戸惑う

　さて、このようにフィールドに深くかかわることを志向してさまざまな活動にかかわっていったのだが、そのことによって自分なりの視点がすぐ見出されるようになったわけではなかった。むしろ、私は深くかかわればかかわるほど、どのように考えていけばいいのか、混乱を深めていっていた。

「ホームレス問題」と一口に言っても、その捉え方、問題に対する向き合い方は、一様ではない。さまざまな捉え方、向き合い方の、もっとも激しい争点となっていたのは、2002年に成立した「ホームレスの自立の支援等に関する特別措置法」（自立支援法）をめぐる評価であった。この政策は、日本政府としてはじめてホームレス問題に対する責任を認め、その「解決」に向けて就労支援等の自立支援事業を行なう、というものである。

　野宿生活者のために政策が展開するのだから、みんな歓迎するのではないか、と思われるかもしれない。もちろん、政策の決定を受けてそれを活用すべくさまざまなアクションやプログラムを展開し行動する集団や団体は多い。けれども一方では、自立支援法は要するにシェルターのような施設に野宿生活者を押し込め、公園や路上から見えなくさせるだけの隠蔽の政策だ、という意見もある。また、自立支援法には反対だが、法律として制定された以上、これを野宿者の人権を守るために現場サイドで積極的に解釈し、活用するべきだ、という声もある。

　なかでももっとも問題となった争点は、第11条にある公園の「適切な利用」に関する項目をめぐってであった。釜ヶ崎というフィールドに関しては、野宿者運動の側からみれば、この条項は公園適正化のために強制退去を容易にするとんでもない条項である。しかし、視点を変えると、たとえば釜ヶ崎近隣に住む住民のなかには、自立支援プログラムによって地域が野宿生活者の受け皿として位置づけられてしまうことに、危惧を抱く声もある。彼らにとってみれば、きっちりとした対策の実施を求めるのはもちろんであるが、一方で第11条がしっかりと実施されなければ、自分たちが住む近隣の公園や道路が野宿者で埋めつくされる事態が「放置」されることが危惧されるのだ。

　「ポジショナリティ」という言葉がある。研究を積み重ねるうえで、誰の、どのような立場にたって物を書き、発言しているのかを問う言葉だ。私が痛感させられていたのは、「野宿生活者の視点にたつ」と言ってしまえば研究が正当化される、というわけではないということだった。

　たとえば、「野宿生活者の視点にたつ＝第11条は差別」と捉え、それを糾弾することに満足してしまったとしよう。となれば、上で述べた地域住民の危惧は、野宿生活者の排除をもたらす「差別」的な心性であると指摘しなければならないのだろうか。けれども、まず研究の質を問題にするなら、そのように考えたところでなにか新しい論点が生まれ、そこから問題の捉え方が変わってくるということがありうるだろうか。あるいは、フィールドワークの倫理の問題として考えたとき、このようなかたちの地域住民の問題化は、それこそ私がフィールドワーク初日に失敗したように、外部の者が地域に内在する問題にずかずかと土足で足を踏み入れるようなものではないだろうか。そもそも、野宿生活者の視点にたつ、といっても、当の「野宿生活者」自体さまざまなひとがいるのだから、単一の、固定した視点にたつことなどありえないのではないだろうか。

　野宿生活者を取り巻くさまざまな意見が錯綜するなかで、私はかろうじて次のことだけは確信していた。誰かの立場が正しく、誰の立場が間違っている、ということを審判することは、研究者に求められる役割ではないし、どれかの立場を選び取り、その視点を自分の内に固定させることが、研究に求められているわけでもない。私がかかわったさまざまな意見は、それぞれが緊迫した要求であり、この意味では「間違った」意見など存在しないのだ。

　論文を書くということは、フィールドに介入するということである。思い返せば

このとき私は、研究者という「外部者」の立場にたつ者として、フィールドに住まうひとびとのリアリティを目の前にして怯えつつ、それでもなんとかそれらのリアリティを損なわないかたちで「介入」することのできる方途を模索していたのだと思う。

　私が研究の論点のとっかかりを見出すことができたのは、さまざまな立場に対して少し違った角度から問いかけを発することができるようになったときだった。それは、対立する立場や意見が出される状況を当たり前のものとして捉えるのではなく、なぜこのような状況が生まれるのか、そのような相対立する立場が生まれる文脈とは何だろうか、と問うことだった。

5　論点を立てる

　このような問題意識のもとで、まず私は、1950-60年代の釜ヶ崎の形成史を明らかにすることを、研究課題として設定した。この時代を対象として設定した理由は、ひとつには先に述べた『西成差別実態調査報告』で、釜ヶ崎に関する新聞記事資料を幅広く収集していた、ということがある。この当時、新聞記事は釜ヶ崎に対する全国ネガティヴキャンペーンとでもいうべき報道の数々を繰りひろげていたが、それは「こわいところ」という言説に代表されるような、現代でも連綿と続く地域イメージを固定化させるのに重大な役割を担っていた。このような言説の介入や、地域イメージの形成は、フィールドワークで私が目にしてきたさまざまな意見や立場が形成され、それが相対立する状況と無関係ではないように思われたのだ。

　それを端的に示すのが、地名に関する意見の相違である。この地域には、「釜ヶ崎」「あいりん★5」「西成」という、少なくとも三つの呼称がある。これらの地名は、決して中立的なものではない。地域住民が主に「釜ヶ崎」という地名を忌避し、「あいりん」と呼び慣らすのを常とするのに対し、運動サイドは「あいりん」は行政によって上から押し付けられた地名であるとし、「釜ヶ崎」という地名を用いている。労働者は「あいりん」という地名はまず用いず、「釜ヶ崎」や「西成」として名指す。けれども同時に、「西成」という地名でこの地域を名指す行為は、「西成差別」形成の大きな要因となっていることも確かである。

　「地名」という事象ひとつをとってもこれだけ政治的な意味合いが多様化されていることは、地理学としても非常に重要であると感じていた。そして論文で明らかにしたように、地名がこのように多様な意味合いを持つ背景には、マスメディアが地名とともに当地域のネガティヴなイメージを形成し、流布させたという事情があったのだ。

　もうひとつ、重要なことは、1960年代は「あいりん対策」と呼ばれる行政施策が展開した時期である、ということだ。「あいりん」という地名はこの政策のなかで付与されたものにほかならない。この対策によって釜ヶ崎は日雇労働力の供給地として位置づけられ、整備されていく。地域としての性格は、この時期に決定づけられたのであり、地域をめぐるさまざまな状況は基本的にこの政策のなかで形成された舞台のうえで繰りひろげられることになる。物的環境は、それが建造される過程にあってはさまざまな論議のなかで改変の可能性に満ちているが、いったん出来上がり固定化されてしまえば、それらは自明の環境となる。

　私の試みは、いわば固定化された環境をもういちど政治的な過程の帰結として把

★5　1966年に行政によって作為的に付与された地名。マスメディアの報道によって、「釜ヶ崎」や「西成」といった地名があまりにネガティヴな印象を伴う地名として流布されたため、この新しい地名をつくりだし、以後行政文書などではこの地を指し示す呼称として「あいりん」が用いられるようになった。「釜ヶ崎」「西成」という呼称が明確な輪郭を持たず、漠然と簡易宿所が立地する地域を指し示す地名であるのに対し、「あいりん地域」は行政対策地域として指定されたものであり、くっきりとした輪郭を有している。

握することを目的とするものだった。対立する意見や立場が生み出され繰りひろげられる足元の舞台を問題視することが、私が選択した「介入」の方法だったわけである。

　さて、新聞記事に関しては、すでにあらかた出揃っている。残された作業は、ひとつは聞き取り調査、もうひとつは行政関係の資料収集であった。聞き取り調査は、前に述べたように、なじみになった元労働者にかつての釜ヶ崎の様子や労働経験などを話していただき、またサポーティヴハウスのオーナーさんの協力を得て、居住者の方にお話を聞かせていただいた。さらに、地域の商店主や住民など、つながりのなかで聞き取りの機会があれば、さまざまな方々にお話をおうかがいすることができた。これらのお話は、結局論文の紙面に直接反映されることはなかったが、当時の釜ヶ崎のまちの様子を具体的にイメージすることができるようになり、資料収集するうえでの原動力となった。

　聞き取り調査をするうえで、いちばんの「武器」となったのはかつての住宅地図や写真だった。住宅地図や写真を目の前にして話をおうかがいすることで、いろいろなことを思い出しながら話していただける。そこでおうかがいした話を、また別の方に確認を兼ねておうかがいするなかで、情報はどんどん広がっていった。

　資料収集は、大阪市立中央図書館に所蔵されている行政や研究者による調査報告書や議会議事録を複写し、そのほか地域の消防署や簡易宿所組合にも資料収集にうかがわせていただいた。簡易宿所組合には、ロフトのようなかたちでダンボールが山積みになっている一画があった。そこに貴重な資料が眠っているのでは！と予感した私は、組合の方に「あそこを掃除させてください」と頼み、資料整理させていただいたのだった。なにせ、数十年にわたって放置されてきた一画である。乾いたゴキブリの糞に出くわしたり、埃にまみれたりしながらも、さて何が出てくるか、わくわくしながら整理を続けていたのだが、正直なところ論文に使える資料はひとつも出てこなかった。けれども、大正時代の簡易宿所料金一覧が発掘され、これは私の論文にはまったく関係がなかったものの、釜ヶ崎の歴史的資料としてはきわめて貴重なものだった。

　かくして、まず修士論文として地理学研究室に提出したものの、このときはまだ視点を探り続ける最中であったこともあり、論点を絞りきれない膨大な資料集に終わってしまった。後期博士課程に入り、いよいよ尻に火がついた段階になってようやく論旨がすっきりとしだした。修士のあいだにゼミなどで意味もわからずにひたすら翻訳していた文献も、自分の視点が明確になり始めた頃から重要性や意味を汲み取ることができるようになり、なんとか自分の研究を地理学的に位置づけることもできた。ここにおいてようやく、論文として掲載されることになったのである。

6 ｜ その後の展開

　論文を書き、学術雑誌に掲載された後、研究テーマは大阪港湾へと広がることになるのだが、そのような広がりもその後の対話によって得られたものだった。私が自分の研究視点を見出すためにさまざまな活動に参加しているなかで出会った当事者から、次のような言葉をいただいたことがある。

　「自分たちは立ち止まるわけにはいかず、常に目の前のことで手一杯。だから、

学者の人にはがんばって整理してもらって、自分たちがいまどのへんにいるのかを教えてほしい。」

　この言葉は、研究者としての自分の役割を考えるうえでとても示唆的だった。研究者である以上、フィールドからある程度距離をとらざるを得ない。けれども、その距離を逆手にとってフルに活かすことで、ひょっとしたらフィールドになにかを返すことができるかもしれない。この言葉を聞いて、そんなことを考えた。付け加えておくと、それはフィールドがかかえている困難に対して即効的な回答を与える、ということでは必ずしもない。さまざまな立場の人から意見をうかがい、それらをひとつの「問い」として組み立てる。大事なのは、そうしてできた研究成果をそれまで声の届かなかった場所まで届け、考える機会をさまざまに増やしていく、そういうことだと考えている。

　というわけで、研究したことをフィールドに返したり、あるいは広く伝えたりすることは私にとって大切なフィールドワークの作業の一環だし、そうすることは自分の研究を広げていくうえでもメリットがある。

　論文を書いた後、釜ヶ崎にある全港湾建設支部西成分会という労働組合が主催する、日雇労働者定例学習会で講演する機会をいただいた。それまでにいちど、この学習会では当時携わっていた地域通貨の解説ということでお話しさせていただいたことがあったのだが、その際に自分がどのような研究をしているのかを組合の方にお話ししたところ、公表の機会として設けていただいたのである。

　参加者は、釜ヶ崎の日雇労働者の方々で、私の拙い講演に熱心に耳を傾けていただき、質疑応答ではいくつも真摯な意見をいただいた。「釜ヶ崎はこれからどうなっていくんでしょうか、どうしていくべきだと思いますか？」という問いかけには、思わず何も言えなくなってしまった。

　この研究会が終わった後、組合の方に私の論文の限界を明確に指摘していただいた。私の論文は、「釜ヶ崎」あるいは「あいりん地域（地区）」という特定の地域を対象として設定している。けれども、日雇労働者の日常のなかで当該地域は限定的な意味しかもたない。なぜなら、日雇労働者が実際に労働しているのは釜ヶ崎ではなく、建設現場や飯場★6といった外部の地域であり、釜ヶ崎という地域はさまざまな労働現場との関係のなかではじめて機能しているのだから。つまり、釜ヶ崎のみを研究対象として区切ること自体、他の空間との構造的な連関を見失わせる危険がある、という指摘だ。

　これは実に的確な指摘だった。私の論文では、とくに第3章のなかで、新聞報道や研究者の認識が釜ヶ崎という一画をどのように区切り、対象化していたのかを批判的に分析している。けれども、このような営みに批判的な立場をとりつつも、一方で私の研究自体が釜ヶ崎を対象として設定しており、この意味では既存の地域認識の枠組みを踏襲していることにかわりはなかったのである。組合の方の指摘は、この限界を私に痛感させた。私には、既存の地域認識の枠組みを相対化するだけでなく、別の空間的な拡がりを設定し、いまいちど釜ヶ崎を位置づけるという作業が必要であるように思われた。

　この問題意識は、私の目を大阪港へと向かわせた。大阪港における港湾荷役労働★7は、1970年代までは釜ヶ崎の日雇労働者が就労する主要な仕事のひとつだったのだ。日雇労働者の労働過程を少しでも追えば、港湾運送業という産業の構造のなかに日雇労働市場としての釜ヶ崎が分かちがたく組み入れられていたことは、き

★6　労働現場の近くで、労働者を一定期間囲い込むために業者によって運営される宿舎のこと。この飯場において、労働者は食費や宿泊費が天引きされる。とくに港湾労働関連の飯場を「部屋」と呼ぶが、これは相撲で「〇〇部屋」というのと語源は同じである。

★7　港湾で貨物を運搬する仕事で、この労働に従事する労働者を通称「仲仕」と呼んだ。仲仕は、港に停泊した本船で荷物を船倉から引き揚げる「沖仲仕」と、陸揚げして倉庫まで運ぶ「陸仲仕」に大別される。なかでも「沖仲仕」はもっとも労働がきつく、なおかつ海上での作業なので途中で逃げ出すわけにもできない。この「沖仲仕」労働を釜ヶ崎の日雇労働者が担っていた。しかし、1970年代にはコンテナ化によって労働力省力化が劇的に進展し、この労働は過去のものとなっていった。

★8　港湾労働は親方-子分関係に支配された「組制度」と呼ばれる労働管理を通常としていた。この「組制度」のなかで、「手配師」と呼ばれる労働者供給業が暗躍し、労働者は過酷な労働を強いられていた。戦後の港湾労働運動はこれを打破するために大きな盛り上がりをみせ、その成果として1965年には労使関係の近代化を企図する港湾労働法が制定された。

原口　剛（2006）「1950-60年代の港湾運送業における寄せ場・釜ヶ崎の機能」『都市文化研究』vol.7、34-49頁

わめて明確だ。さらに、港湾運送業は政府や行政がなす諸々の規制や管理のもとで運営される産業なので、調査資料や報告書も多数存在していた。

大阪港を対象とする研究は現在でも継続中であるが、さしあたっての中間研究としては、原口（2006）にまとめている。これからは、港湾労働運動★8の進展と釜ヶ崎の日雇労働運動との関係を明らかにすることを目標としている。

余談になるが、大阪港調査は、地域研究の有効な手法を学ぶことができたという意味でも実りの多いものだ。それは、地域のことを知りたければ、まず立ち呑み屋に入るのがよい、ということだ。研究会でご一緒している水野阿修羅さんが、自分は見知らぬ地域に足を踏み入れたときにはまず立ち呑み屋さんに入るのだとおっしゃっていたことを覚えていたのだが、これは想像していた以上に効果的だった。

大阪港に築港（ちっこう）と呼ばれる地域がある。かつてその形状から「ダイヤモンド地区」と呼ばれた埋立地で、北側は水族館「海遊館」やサントリーミュージアムなどが建ち並び、南側は対照的に職安や労働組合など、かつての港湾労働と地続きの景観が立ち居並ぶ。立ち呑み屋が並んでいるのは、この南側地域の一角である。飯場の跡地を探し歩いていた私は、ある飯場の跡地が立ち呑み屋の向かいだったため、暖簾（のれん）をくぐることになった。

時間は夕方である。決して広くはない店舗は、近隣住民や仕事を終えた港湾関係職員でぎゅうぎゅうになっている。話の流れのなかでかつての写真や住宅地図を見せると、「これあんたの家ちがう？」という具合に写真は次々とお客さんの手にわたっていく。十人以上のインフォーマントにまとめて聞き取り調査をしているような状態である。さらに、立ち呑み屋さんの会話のなかから、現在進行中の調査が終わったあとにやるべき調査の構想も、輪郭をみせはじめた。

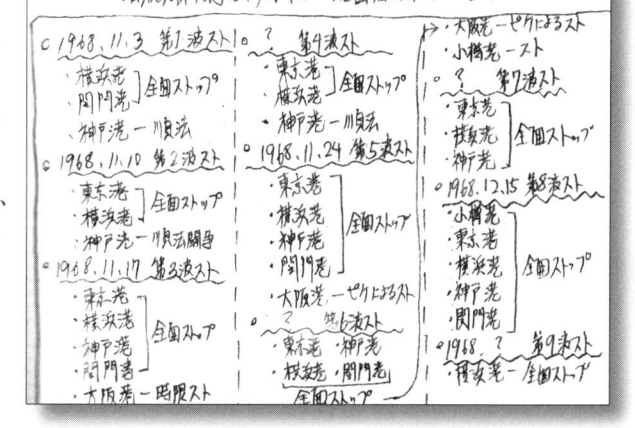

図2　かつての港湾労働運動の展開について聞き取りする際に、事前に準備したノート。港湾労働運動はさまざまな団体が合同したり離散したりと、実に複雑な軌跡を歩んでいる。あらかじめ港湾労働運動史を読んで、このようにノートにまとめることで自分なりに整理した。そうすると、どうしても運動史だけからは分からない点が出てくるので、その点を中心に聞き取りをした。

7 フィールドとの「距離」と「つながり」

振り返れば、私の研究はフィールドと深くかかわることを志向しては、そこから身を引き離す、ということの繰返しであったように思う。研究課題や視点を見出すうえで、現場のさまざまな方々と会話し、経験を共にし、議論をすることは、私にとってはいまもかわらずフィールドワークという作業の根幹である。かつて卒業論文を執筆していたときに出会ったメルロ＝ポンティの対話についての次の一文は、いまでもフィールドワークに対する私の基本的な姿勢として影響している。

> 対話の経験においては、他者と私とのあいだに共通の地盤が構成され、私の考えと他者の考えとがただ一つの同じ織物を織り上げるのだし、私の言葉も相手の言葉も討議の状態によって引き出されるのであって、それらの言葉は、われわれのどちらが創始者だというわけでもない共同作業のうちに組みこまれてゆくのである。そこにあるのは二人がかりでつくっている一つの存在であり、……われわれはたがいに完全な相互性のうちにある協力者なのであり、われわれの視角は相互に移行し合い、われあれは同じ一つの世界をとおして共存しているのである。（メルロー＝ポンティ 1974：219）

メルロー＝ポンティ、モーリス（1974）『知覚の現象学2』竹内芳郎・木田　元・宮本忠雄訳、みすず書房

「フィールドワーク」というとき、探索するべきもっとも重要な「フィールド」とは、メルロ＝ポンティのいう、この「共通の地盤」なのではないだろうか。対話において私は、「この人はこういうものの見方をしているんだな」という具合に相手の視角を学ぶというより、相手の視角へと私の視角が移行し、また相手の視角が私の視角のなかへと流れ込むような場に投げ出されるのである。研究課題や問いを設定する際、既存の研究などからそれらを組み立てるのは当然だが、その前提となる問題意識がどこから生まれてくるのかというと、フィールドワークのなかで出会った他者が私にそれを考えさせ、引き出させるものではないだろうか。

ところで、ひとつの問題であっても、それをめぐる立場や意見はさまざまだ。フィールドワークを続けていくうちに、ついこのあいだ身につけた視点とは真っ向から対立するような意見、視点に出くわすことは、頻繁におきる。そしてそのような視点もまた、否応なしに私の内へと流れ込んでくるのだ。そうすると、私のなかには、ときに互いに対立しあうような視点が入り込み、ある種の緊張状態のなかで住みこむことになってしまう。

肝心なのは、そのようにして内側に抱え込んだ矛盾に対し、強引に和解させようとしたり、どれかの視点を選択してどれかを投げ捨てたりしないことではないかと思う。このとき重要になるのは、いわばフィールドから「距離をとる」ことで、複数の立場を同時に眺めることなのだろう。フィールドから着かず離れずの、実に中途半端なこの距離は、研究の問いをたてるうえではおそらく必要不可欠な状態なのだと思う。

さらにおおげさにいえば、そのようなかたちで矛盾を抱え込み、緊張した状況にあってこそ、研究者という立場がもつ独自の意味や、その立場のなかで果たすべき役割といったものに敏感になり、それについて考え続けることも可能になるのではないだろうか。そう思ったのも、アンディ・メリフィールドの論文をつうじてダナ・ハラウェイの「状況に置かれた知」という議論を知ったからだった。ハラウェイが求めているのは「部分性——普遍性ではなく部分性——が、合理的な知の主張を形づくる際に聴きとってもらううえでの条件となる」ような、「位置を確定する作業、位置を選ぶ作業、そして状況のもとに置く作業をめぐるポリティクスと認識論」である（ハラウェイ 2005：375）。

ハラウェイ（2000）『猿と女とサイボーグ—自然の再発明』高橋さきの訳、青土社

> このような状況の下では、知は常に特定の時間と場所に埋め込まれている。それはどこでもない場所からすべてを眺めるのではなく、どこかから何かを眺めるのである。……いつも世界を知る様々な、対照的な方法があり、それらは等しく部分的で、等しく争われるのだ。
>
> しかし、それはどんな視点でも事足りるということを意味するわけではない。

ここでもハラウェイが助けになる。「位置を選ぶうえでの「等質性」とは、責任を否定し、批判的探究作業を拒むことに他ならない。相対主義は、客観性イデオロギーの内部において、全体化指向と完璧な鏡像関係をなす」。相対主義と全体化指向とは、両者とも定位、埋め込み、部分的な視角に関わることを拒絶し、また両者とも「よく見ることを不可能とする」ものであるから、それ自体が釣り合いを持った、「神のトリック」と化すのである（Haraway 1991: 191）。この点において、関わりに埋め込まれ、状況に置かれた知は、実証主義とある種のポストモダニズムに対する矯正策を提供する。つまり、現実を理解するということは、政治的実践を可能にするための説明と責任であるということを、状況に置かれているということは意味しているのである。（Merrifield 1995: 51）

全体化指向に陥らないこと、つまり世界を知るさまざまに対照的な方法があるということを否定しないこと。同時にそのような諸々の視点・方法を相対主義的に扱うことを避けるということ、つまり本棚に本を並べるように、さまざまな視点を並び立てるだけで満足してしまわないこと。それが現実を理解することにつながるのだとハラウェイは述べる。頭ではわかるのだが、具体的にどうすればそれが実践できるのか、残念ながらここに記されているわけではない。結局のところそれは、私たちひとりひとりがフィールドワークのなかで考え実践していくしかない。私の実感としては、それはフィールドにかかわり近づくほどに生まれる「距離」のなかに留まりつづけることを意味しているように思われるのだ。

もちろん（この点はぜひとも誤解しないでいただきたいのだが）、ハラウェイを引用したからといって別に私が「状況に置かれた知」を実践できているわけではない。むしろ私のフィールドワークは、思い出すのも恥ずかしい、穴があれば入りたい、自分と相手の記憶から消し去ってしまいたい、そう思うような失敗の経験の連続なのである。それでもなおフィールドワークをやり続けたいと思うのは、後悔して落ち込むのがしんどいという以上に、出会いと対話から自分の考え方や視点がかわっていくことの喜びがおおきいからだ。「ポジショナリティ」などというと、いかにも倫理的で精神的に疲労するようなイメージが先行してしまうが、まずなによりフィールドワークは刺激的で喜びに満ちた経験であるということを強調しておいて、本稿を終えておきたい。

Haraway, Donna J. (1991) *Simians, Cyborgs and Women: the Reinvention of Nature*, New York: Routledge.＝ハラウェイ (2000)

Merrifield, Andy (1995) Situated Knowledge through Exploration: Reflections on Bunge's Geographical Expeditions, *Antipode*, vol. 27, pp.29-70.

おすすめ文献

鷲田清一（1999）『「聴く」ことの力―臨床哲学試論』TBSブリタニカ
　　哲学の知の限界を「聴く」という方法によって乗り越えようとする筆者の試みは、学問分野を超えた意義がありますし、またフィールドとの関わりを考えるヒントになると思います。

ハラウェイ（2000）『猿と女とサイボーグ』高橋さきの訳、青土社
　　第9章「状況に置かれた知」のなかで、本稿で触れた知のあり方が提起されています。少々難しい文章ですが、フィールドとの関係性を念頭に置いて何度も読み直すと、とても示唆的な文章であることに気づくことができます。

Bunge, William (1971) *Fitzgerald: geography of a revolution*, Cambridge, (Mass.): Schenkman Pub. Co.
　　ウィリアム・バンギによって執筆された、デトロイトにあるフィッツジェラルドと呼ばれる黒人集住地域についての地誌学の書。Merrifield (1995) は、ハラウェイの「状況に置かれた知」の具体的な実践例をバンギのこの本のなかに見出しています。この本は

定点観測「釜ヶ崎」刊行会（1999）『定点観測釜ヶ崎—定点観測が明らかにする街の変貌』葉文館出版

>多数の図版で構成されており、見るだけでも地理学的想像力をかき立てられます。

>過去の写真と現在の写真を並置し、変わりゆく釜ヶ崎の景観を明らかにした写真集。巻末の解説や年表も充実しています。上記のバンギによる『フィッツジェラルド』を想起させる、きわめて洗練された地理学の書です。

水野阿修羅（1997）『その日ぐらしはパラダイス』ビレッジプレス

>筆者の体験にもとづいた珠玉のエッセイ集。釜ヶ崎の日雇労働の労働や生活が、わかりやすく魅力的な文章で描写されています。主題は釜ヶ崎ですが、そのテーマはジェンダー、外国人労働者など多岐にわたっています。私は阿修羅さんからこの本にサインを頂いたのですが、そこに「釜ヶ崎より愛をこめて」という一筆をいただきました。実際、この本全体にさまざまな生き方を肯定する優しさが満ち溢れています。

3-8

杉山和明　SUGIYAMA Kazuaki

参与観察の実践
―― 「若者の地理」へのアプローチ

本章でとりあげる論文

杉山和明（1999）「社会空間としての夜の盛り場―富山市「駅前」地区を事例として」『人文地理』vol.51-4、396-409頁

　本研究の目的は、JR富山駅前の再開発地区を事例として、15～29歳の若者の空間経験を考察し、現代の盛り場が「生きられた空間」として再生産される過程を明らかにすることである。具体的には、参与観察に基づいて、週末の夜間に蝟集する若者の空間行動・認知に影響を与える要素に言及しながら、どのように空間を使用し夜の盛り場で行動するのかを社会空間の概念を適用して説明した。ここでの社会空間とは、彼らによって描かれたメンタルマップとして表現される。彼らが演技者として特定の空間に参加する時、その空間は高度消費社会のなかで劇場的な場所として機能する。また、互いに出会う場所は、自身のアイデンティティを保持するために重要な役割を果たす主観的社会空間と一致し、部分的に自分たちが認知した領域をホームとして感じるような傾向を持つのである。

キーワード：夜の盛り場　主観的社会空間　場所　出会い

杉山和明
1973年静岡県生まれ。名古屋大学大学院文学研究科博士後期課程修了、博士（地理学）。現在、流通経済大学経済学部教員。専門は社会文化地理学、メディア研究、若者論。論文に「公共空間の終焉とメディア・空間統制への布石？」『URC都市科学』vol.57、2003年、「社会問題のレトリックからみた「有害」環境の構築と地理的スケール」『地理学評論』vol.75-11、2002年、「「有害」環境に関する新聞報道と浄化活動の編成」『地理科学』vol.57-2、2002年、など。
sugiyamakazuaki@ybb.ne.jp

1　研究のきっかけ

　最近になって、日本の人文地理学においても若者を対象とした研究成果が続々と発表されるようになってきた。私が地理学を学び始めた1990年代前半には、青年層を取り上げた研究がほとんど存在しなかったことからすれば、隔世の感がある。ただし、それらの研究はいずれも若年者を扱っているとはいえ、テーマや研究方法

が多様であるためか、一塊の研究群として評価されるまでには至っていないようだ。そのため、特定の調査を「若者の地理」へのアプローチの代表と決めつけるわけにもいかないのだが、本章ではとくに、若者文化の研究においても重要な手法である参与観察について扱うことにしたい。

参考例として取り上げる論文は、私の卒論を下敷きにしているせいもあり、今読み返すと未熟なところが散見される。当時とは考え方も変わっているし、改めて回顧するのがためらわれる部分もあるが、本書の意義はその辺りをさらけ出すことにあると思われるので、学部以降の個人史を交えて、論文の着想から雑誌掲載に至るまでの過程を述べてみたい。論文をまとめるまでの苦労話が、今後、関連するテーマで卒論・修論を書く読者にとって少しでも役立てば幸いである。

そもそも、当時の人文地理学の傾向から見ると異色の調査を行なうことになったきっかけは、私が富山大学人文学部人文地理学教室の3年生だった1994年の6月に、溝口常俊先生、水内俊雄先生の指導のもとで行なわれた広島巡検にある。

両者ともフィールドワークを非常に重視している研究者で、「とにかく地域に入り込め」という指導のもと、学生たちはそれぞれ設定したテーマに従ってフィールドワークを行なうことになっていた。その頃の私は、地理学の文献を申し訳程度に読んでいただけだったのだが、それでも、人々が自分たちの住む都市のイメージをどのように捉えているのかについて興味を抱いていた。加えて、夜の盛り場をめぐる人間模様にも関心があったので、夜間に盛り場で聞き取りを行なえば双方の関心を満たすことができるのではないかと考えた。当時からある程度アルコール類に強かったし、酒場でのコミュニケーションが好きだったこともあって、訪れたことのない地域の見知らぬ盛り場で飲むだけでも楽しそうに思えた。それに、飲んでいい気分になっている人なら、広島の街について大いに語ってくれるに違いない。今考えると実に安易な発想なのだが、当時はとても良いアイデアのような気がした。変則的な調査プランだったにもかかわらず、先生方は、「面白そうな調査だ」と喜んで後押ししてくださった。

実際の調査は、賛同してくれた同学年のパートナーとタッグを組んで、夕暮れ時になってから盛り場に調査に出発し、他の学生が朝出かけるのと入れ違いに帰ってくるという昼夜逆転の調査となった。老若男女、客、店員を問わず体当たりでインタビューをしていったから、店から追い出されたり、広島弁で怒鳴られたり、ビデオカメラを取り上げられたりしてなかなか大変な目にあったのだが、得られるものも大きかった。巡検参加者のなかでも圧倒的に多くの現地の人たちと出会うことができたのは、なにより大きな自信につながった。この時の経験が、表題に掲げた論文のもとになる卒業論文作成において生きていくことになる。

2 | テーマと対象の選定

（1）なぜ若者のたまり場を取り上げたのか

広島巡検の翌年、私が学部4年生になった1995年4月に、水内俊雄先生が大阪市立大学に移られ、5月から同大学院生だった丹羽弘一先生が着任された。ちょうど前年度に浜谷正人先生の演習で、私が要約を担当して丹羽（1992）を読んだばかりだったので、論文の筆者との出会いは、ヒッピー風の風貌も相まってとても印象的であった。

丹羽弘一（1992）「「寄せ場」釜ヶ崎と「野宿者」─都市社会地理学的研究」『人文地理』vol.44-5、545-564頁

私も4年生となっていたから、卒論構想を練らなければならない時期だった。広島巡検での調査を契機に、いかなる人たちが、いかなる場所を、いかに捉えているのだろうかという漠然とした問いを抱くようになっていたので、卒論ではそうした問いを、自分自身が関わっている身近な空間や人々を対象として明らかにできればいいなと思っていた。卒論生にありがちな「対象地域が近いと調査が楽に行なえる」という打算がなかったといえば嘘になるが、自分を取り巻く空間と自身の関係を見つめてみたかったのも事実である。

　具体的には、富山市の盛り場での体験をもとに、若者の都市的体験と遊行空間の解明をテーマにできるのではないかと考えていた。富山市の盛り場は大きく3つに分けることができる。中心商店街である総曲輪、歓楽街である桜木町、そしてJR富山駅前に位置する再開発地区「駅前」である。当時、「駅前」は若者のたまり場になっており、夜間になると改造車に乗って周辺を回遊する行為や、路上や店内での「ナンパ行為」がしばしば見受けられた。友人の一部はまさにその当事者だったし、私もときどき誘われてついていくことがあった。こうした体験から、大まかな方向として、富山市の夜の盛り場において、彼らがどのように空間を使用し、いかに行動しているのか、またそれらにどういった意味を付与しているのかを参与観察に基づいて明らかにすることに照準を絞っていった。

　しかし、それまでの蓄積が足りなかったせいもあって、結局その年は卒論の構想を上手くまとめることができず、おまけに単位不足ということもあって留年することになってしまった。

　5回生の前期は休学してアルバイトで学費を貯めつつ、フィールドワークを重ねていった。その間、さまざまな文献を読み込むことができ、結果的にはそれまでの遅れを取り戻す良い充電期間になった。また、先生方と語り合ううちに、いつの間にか研究することが面白いと感じられるようになっていて、それまでは思いもしなかった大学院への進学も考えるようになっていたのだから、不思議なものである。

（2）研究枠組みの考察

　進学のためには是非とも完成度の高い卒論を仕上げなければならない。単なる事例報告で終わらないよう、理論的な枠組みについてもしっかり押さえておくべきだと考えて文献研究を続けていった。最大の問題は、これらの現象をどのように記述すれば地理学の論文として認められるのかということであった。日本の人文地理学では、若者文化を取り上げた研究自体が少なく、まして参与観察から明らかにする研究は、学術誌に掲載される論文に限っていえば皆無といってよい状況だったからである。

　もちろん、若干ではあるが若者文化を扱った先駆的な研究は存在した。ロックグループのビデオクリップの描写分析から、盛り場で活動する若者と場所の関係を考察した山田（1990）や、メディアの言説によって代官山が若者の街として改変されていく過程を検討した成瀬（1993）などである。これらの事例研究や、文化研究の理論展開を示した成瀬（1994）、そして、バージェス/ゴールド（1992）は、自分に身近なメディアや大衆文化を地理学のなかでも扱うことが可能だということを教えてくれた。

　これらの研究で展開されたメディア・テキスト分析に大いに影響されつつも、佐藤（1984）や宮台（1994）、あるいは森栗（1995）のような、若者の逸脱行為や性行動のサブカルチャーを対象とした社会学的、人類学的な研究からも刺激を受けていた

山田晴通（1990）「ビデオクリップが描く盛り場の若者たち—BOØWY『季節が君だけを変える』を読む」『松商短大論叢』vol.38、69-98頁

成瀬　厚（1993）「商品としての街、代官山」『人文地理』vol.45-6、618-633頁

成瀬　厚（1994）「わが国の地理学における文化研究に向けて」『地理科学』vol.49-2、95-108頁

バージェス/ゴールド編（1992）『メディア空間文化論』竹内啓一監訳、古今書院

佐藤郁哉（1984）『暴走族のエスノグラフィー—モードの叛乱と文化の呪縛』新曜社

宮台真司（1994）『制服少女たちの選択』講談社

森栗茂一（1995）『夜這いと近代買春』明石書店

私は、参与観察に基づいた若者研究の枠組みを模索する必要を感じていた。そんななか、1993年から1994年にかけて『地理』に掲載された「社会地理学とその周辺」シリーズの諸論考を事後的に読むことで、社会関係と空間関係を総合して記述するという考え方に惹かれるようになっていった。とりわけ、社会空間概念を用いた事例研究の可能性について丁寧に説明した島津（1993）からは決定的な影響を受け、この概念を適用すれば社会、空間、そして主体の関係をうまく説明できると確信を持った。このなかで紹介されていたLey and Cybriwsky（1974）による特定のサブカルチャー集団の落書きを指標に用いた縄張り行動についての研究も、私にとって示唆に富むものであった。

同時に、中村・岡本（1993）を読むことで、主体が独自に認識する頭の中の地図を具体的に描き出すという発想にも魅力を感じた。私が念頭においている若者の行動領域は、まさしく手描き地図に具体的に描かれる認知空間とみなすことができるはずだと。

この間にも、文献の読み込みと参与観察を交互に行なうことによって、次第に研究枠組みも固まっていった。そして、1996年の秋になって、ようやく「駅前」地区とそこで活動する若者という主体を絡めて空間を描き出す枠組みが明確になった。一方は、10〜20代の若者によって独自に描かれたメンタルマップとして表現される主観的社会空間、他方は公共空間を取り締まる主体である富山警察署によって制限される空間を客観的社会空間と定義した。後者の空間は、大衆を監視しコントロールするためにパトロールを行なう警察によって描かれるエリアである。2つの空間はともに正式に定義される行政地区ではないが、それぞれ異なる主体が主観的に認知する社会空間と捉えられる。これらを踏まえて、主観的社会空間と客観的社会空間の間にある差異、週末の夜における大衆行動、認知のメカニズムに影響を与える要素に言及しながら、現代の盛り場が「生きられた空間」として再生産される過程を明らかにできるのではないかと考えた。

こうした枠組みを作ることによって、私のなかでは、この研究が、都市社会学、都市人類学、文化研究などの課題であるとともに、極めて都市社会地理学的な課題だと主張できるようになっていった。

3 調査のなかで学んだこと

（1）調査の過程と工夫

文献を読み込んで枠組みを固め、具体的なリサーチ・デザインが完成しても、実際に行動しなければ何も始まらない。日頃から、友人たちと「駅前」に訪れるたびに、周囲をくまなく歩き回ったり、行き交う人々を観察したりする作業は重ねていたが、調査目的のインタビューにこぎつけるまでには時間がかり、実際に着手したのは秋も終わる頃であった。

まずは、先の広島巡検の要領で、通行人に近場の良い店を尋ねることから徐々に感触をつかんでいったのだが、初めはなかなか上手くいかなかった。私の選択した方法は、盛り場で夜間に路上を歩いている人たちにいきなり話しかけアンケートに答えてもらい、その際に手書き地図（**図1**、**図2**）も描いてもらうというものだったから、当然だがそう易々と信頼されるわけがない。都会の盛り場で行なったらキャッチセールスか何かの勧誘に間違われてしまい、なかなかうまくいかないかも

島津俊之（1993）「社会空間研究の方法」『地理』vol.38-5、52-57頁

Ley, D and Cybriwsky, R (1974), Urban graffiti as territorial markers, *Annals of the Association of American Geographers*, vol.64-1, pp.491-505.

中村　豊・岡本耕平（1993）『メンタルマップ入門』古今書院

しれない。けれども、地方都市ということもあり、慣れてくるにつれてそこまで警戒されることなく調査が行なえるようになった。その後は、なるべく数多くの多様な若者に声をかけ、仲良くなって話を聞き出していった。基本的には路上インタビューを行なったが、そのまま飲食店に場所を移して続きを行なうこともあった。

調査対象が特殊だったこともあり固有の問題もあった。卒論指導の際には、浜谷先生から、「酒場で聞き取りなんぞしとったら、酔っぱらいにぶん殴られるぞ」と大変心配されてしまった。留年から休学を経た後でいきなり突飛な卒論構想を聞かされた先生にとっては、本当に卒論を完成できるのかどうか気が気でなかったのだろう。実際、調査中には警官から職務質問を受けたり、喧嘩に巻き込まれたりして何度か大変な目にもあった。同性同士では反発が出てしまうこともあり、男性への聞き取りは若干難しく感じられた。そのため、男性の場合には個人的ネットワークを利用してインタビューも行ない、本調査に追加のアンケートも必要となった。

このように、人的ネットワークから知人の知人を次々と芋づる式に紹介してもらう、いわゆる「雪だるま式サンプリング」の場合は、あらかじめ知人から調査目的などの情報を得て、協力してもらうことを了解してもらっているわけだから、インタビューも容易になる。その場合、調査対象者というよりも、情報提供者と表現したほうが適切だと思われる。

工夫したことといえば、やりやすさと自分たちの安全を考慮して知人と一緒に最低2人以上でインタビューを行なったことと、会話の収録には一部ビデオカメラを使用した

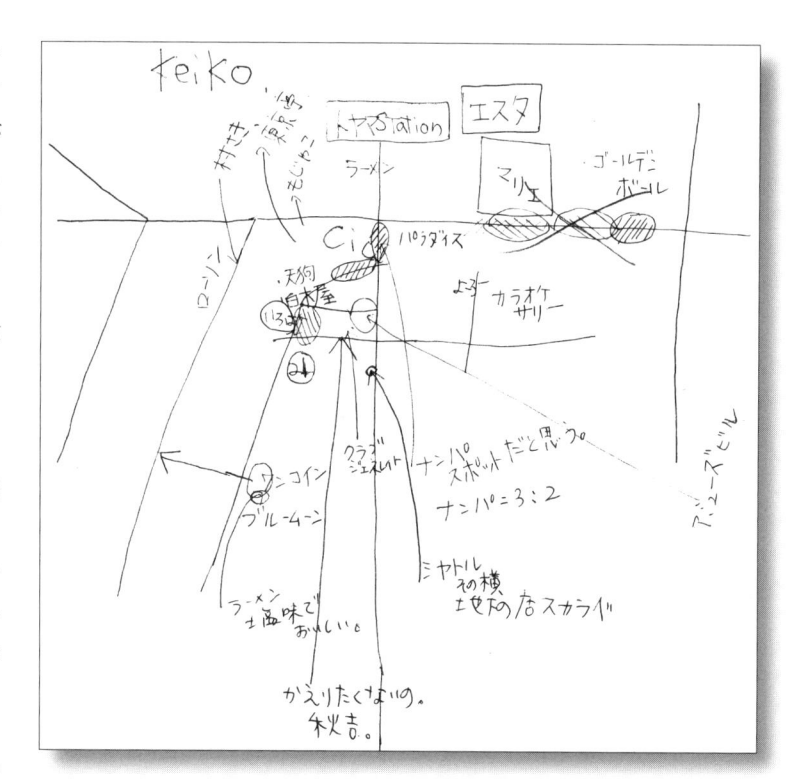

図1　手書き地図（20歳女性、学生）

図2　手書き地図（22歳男性、学生）

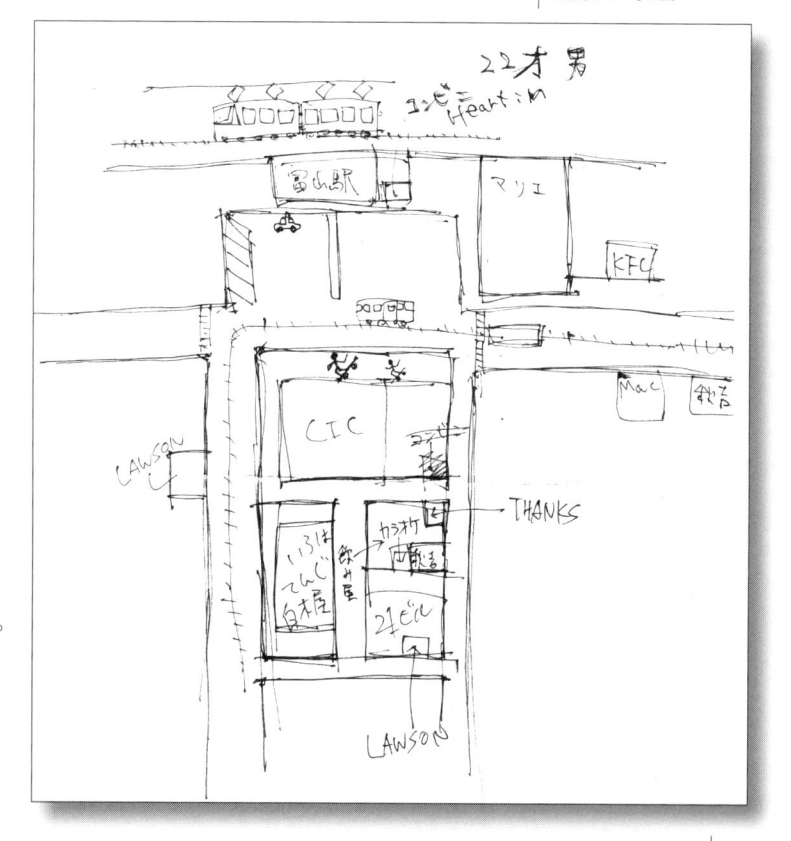

ことであろうか。プライバシーの問題を充分考慮した上で、できる限り多くの情報を記しておくのがよい。日時や場所もしっかり記録することはいうまでもない。

しかし、こうした機材を使用する場合は、調査の目的を相手に明確に伝えることは極めて重要だ。写真撮影、録画、録音に際しては相手の了解を得る必要がある。もし差し障りがあるようなら素直に諦め、筆記のみ、それも憚られるようなら会話のみにすべきだろう。また、時と場所と状況においては聞くまでもなく避けるべきこともある。何にせよ、インタビューの技術は、マニュアル的な知識を得ただけでは限界があり、実際にある程度の人数に当たってみなければ身に付かない部分もあるので、量から質への過程は一定程度経ないといけないだろう。

何名を対象とした調査なのかも気になるものだが、参与観察では、企業による市場調査のようにサンプリングの数や精度にこだわり過ぎるのは本末転倒だ。私が行なったような来街者を対象とした調査では、調査者が無作為に依頼したとしても調査者の対応如何によって回答してくれる人が変化してくるものなので、一般性を主張しようとすれば入念な下準備とサンプリング、そして謝礼のための資金が必要となるだろう。むしろ、こちらの期待する答えを引き出すことができそうな相手、あるいは聞き取りをしやすそうな相手を意識的に選んでいることを認めたうえで、そこから語ることのできる内容を吟味したほうがいい場合もある。もちろん量的調査と質的調査を組み合わせることも可能なのだが、学生が行なう若者文化を対象とした調査の場合、特定の主体や集団に限定し、そのなかで特定の人物と親しい関係を築いていってそのなかから見えてくるものを重視したほうがオリジナリティを強調できるように思う。

私の場合、以上に述べてきたような方法を組み合わせて使っていったわけだが、調査の対象や特性に応じて重点をどこに置くのか決めていくしかない。

（2）方法論の反省

すでに少し触れてはいるが、方法論の反省を以下にまとめておきたい。まず第1に、上で述べたような調査手続きについて論文中に詳しく述べておらず、開示性について不備があったことである。作業手順については論文のなかで詳しく書くべきだった。

第2に、そのままの「語り」をうまく扱うことができなかったことだ。せっかく会話を収録できるインタビューが行なえたのだから、アンケートを表にまとめただけで終わりにせず、談話分析のように会話を丹念に検討したほうがよかった。

第3に、物的な場所の記述が足りなかったことである。県庁、市役所、警察署には何度も通って担当者から聞き取った内容について詳しく分析すべきだった。場所の記憶についてのエピソードや、空間を舞台とした日本のサブカルチャー史についてももっと検討すべきだったと思う。ちなみに、1972年に富山駅前で「サーキット族」とその取り巻きによる大規模な暴動が発生し、その後同様の現象が全国の地方都市に飛び火することによって、いわゆる「暴走族」の呼び名が定着していったという逸話が残されている。こうした知識を得ていたにもかかわらず、論文では触れることができなかった。

第4に、男女の差異についての検討も慎重であるべきだった。男女の行動領域の違いから単に男女間の空間認知の差異を捉えるだけではなく、サブカルチャーがジェンダー関係を規定する作用にも自覚的であるべきだった。特定の空間での文化的な実践がジェンダーを生産する過程にも配慮する必要があった。

第5に、若者という言葉で一括できるようなアイデンティティがそもそも存在しない、つまり若者といっても千差万別であるから、その差異を浮き彫りにするような調べ方をする必要があった。今の私にとっても課題なのだが、若者たち自身とその他の人々によって若者という括りで共有されているものがなんなのか、そして特定の空間がそれらを創出させる過程をえぐり出すような記述ができればよかったと思う。

（3）調査者の立場とモラリティ

　調査対象者との関係についての考察は、調査におけるモラリティの問題を考えれば、現在では避けて通ることができない問いなのだが、当時の私は、恥ずかしながらあまり深く考えていなかった。現場に入り込む調査者は客観的な立場をとることは難しく、自分の関心や理論を体現する主体として相手を理想化したり、逆に、シンパシーを抱くような素振りを見せつつ心のどこかで見下してしまったりするということが往々にして起こりうるから、絶えず自省が求められる。こういう問題がちょっとでも気になり出してしまうと、当初に思い描いた研究計画がうまく進まず、枠組みの再考を迫られることがあるが、この試行錯誤の過程も大切にしたい。フィールドワーク全般にいえることではあるにしても、とりわけ参与観察の場合は、フィールドで試行錯誤を繰り返して絶えずフィードバックを行ない、文献を読み直し、再びフィールドに戻り調査していくほかない。

　都市性の条件であり、かつ大きな魅力でもある「見知らぬ他者との出会い」は、時にはコンフリクトも伴うものだから、インタビューを行なうときは、朗らかに話しかける必要がある。もちろん、そうした振る舞いが不適当な場面もあるが、基本的なスタンスとしては妥当である。お互い見知らぬ者同士、調査者は目的を持っているからいいにしても、相手からすればこちらを怪しく思って当然だ。不快感を与えてしまった場合は素直に謝るべきだ。地域調査自体が「調査公害」になることもあるので、誠意を持って対応する必要がある。

　公共空間といっても、路上でのインタビューなどは、警備員のいる場所ではたいがい注意される。また、全国の自治体のなかには、暴走行為を見物にやってくるギャラリー、いわゆる「期待族」までも規制する法令が制定されるところも出ているので、若者のサブカルチャーや逸脱行為を調査すること自体が、ときには「反社会的行為」とみなされるかもしれない。そんな昨今の傾向をいぶかしく思うものの、とりわけ逸脱行為を研究対象とする場合には、法的な境界についてもしっかり頭に入れておくべきだろう。

4　卒論完成から投稿論文掲載まで

　試行錯誤のフィールドワークを重ねるうちに、彼らが演技者として特定の空間に参加する時、その空間は高度消費社会のなかで劇場的な場所として機能するに違いないという確信が湧いてきた。

　実際の調査から明らかになったのは、若者が身に付けるさまざまなモノが彼らにとって参入障壁となることである。また、彼らが互いに出会う場所は、自身のアイデンティティを保持するために重要な役割を果たす主観的社会空間と一致し、彼らは部分的に自分たちが認知した領域をホームとして感じるような傾向を持つことが

例証された。これらのことから、「駅前」地区が単に消費活動を促進するための空間でも、あるいは逸脱行為を誘発するだけの空間でもなく、若者たちにとって「生きられた空間」となっていることを示すことができた。こうしてなんとか1997年1月に卒論を提出し、先生方からも、スタート地点から見ればずいぶん成長したということでお褒めのお言葉をいただいて、修士課程にも無事合格できた。

　進学してからほどなくして、せっかく苦労して書き上げたのだから、学会誌に投稿したいと考えるようになっていく。1997年度の人文地理学会で初めての学会発表を行ない大きな刺激を受けたこともあって、いよいよ学会誌への投稿準備を始めることになる。投稿中に修論の作成が重なり苦労することになるのだが、学会発表と投稿活動を通じてますます研究が面白くなり、結果的にそれまで迷っていた博士課程への進学も決意できた。

　1999年4月から名古屋大学大学院地理学教室で岡本耕平先生の指導のもと投稿活動を再開すると、その後のやりとりは円滑に進んだ。1999年5月に人文地理学会から掲載決定のはがきをもらったときは、初めて学会誌に掲載される論文ということもあり本当にうれしかったことが思い出される。苦労して卒論をまとめて投稿し、修論を挟んで1年ほど費やして受理にこぎつけたのだから感慨もひとしおだった。執筆を通じて、こつこつとやればいつかは形になることを学ぶことができた。

5　今、思うこと

　修論では、出会いを媒介する電信メディアに関わる地域の社会問題を取り上げたこともあって、次第に私の関心は、逸脱行為や遊行空間を取り締まる主体および地域社会の対応へと向いていった。現時点では、若者の行為や特定空間を対象とした監視活動、取り締まり主体の思惑、そして社会心理学的な作用のほうに重点を置いている。高校生などへのインタビューを通じて、若者を取り巻く社会環境の調査は継続しているものの、ここで取り上げた論文ほど若者文化に深く入り込んだ参与観察を行なっているわけではない。

　けれども、この論文で得た着想と経験が後の研究につながっているのは疑いないし、卒論作成に始まって博士課程に至るまで、地理学の研究者を目指す地点へと導いてくれたという意味でも特別な論文である。なにより、研究仲間たちが、部分的にでもこの論文を意識して参与観察に挑んでいってくれたことは、私自身にとっても大きな励みになった。最後に、この論文のモチーフを継承する参与観察を主軸に据えた研究に限定して挙げておこう。

　まず、自らがストリート・ミュージシャンをしていた経験を生かして参与観察を行なった山口（2002）は、大阪・ミナミのストリート・パフォーマー／アーティストの行動領域と取り締まり主体の駆け引きを丹念な調査から描いた力作だ。具体的な調査方法については、山口（2004）にうまくまとめられていて参考になるだろう。また、阿部（2003：2005）は、困難な参与観察を経て、エスニシティの要素が突出した盛り場の形成や、ミクロな空間におけるフィリピン人女性のパフォーマンスを見事に描いている。この論文は、英語圏で盛んな、若年移民労働者が形成する空間を扱った若者研究としても読むことができるだろう。こうした優れた参与観察の成果が発表されているので今後が楽しみである。英語圏人文地理学の若者研究の動向については展望（杉山2003）もあるので、おおよその見取り図を得ることができるだ

山口　晋（2002）「大阪・ミナミにおけるストリート・パフォーマーとストリート・アーティスト」『人文地理』vol.54-2、173-189頁

山口　晋（2004）「はじめてのフィールド調査（9）―若者文化への調査アプローチ」『地理』vol.49-1、82-85頁

阿部亮吾（2003）「フィリピン・パブ空間の形成とエスニシティをめぐる表象の社会的構築―名古屋市栄ウォーク街を事例に」『人文地理』vol.55-4、307-329頁

阿部亮吾（2005）「フィリピン人女性エンターテイナーのパフォーマンスをめぐるポリティクス―ミクロ・スケールの地理に着目して」『地理学評論』vol.78-14、951-975頁

杉山和明（2003）「若者の地理―英語圏人文地理学における「文化論的転回」をめぐる問いから」『人文地理』vol.55-1、26-42頁

ろう。

　すでに日本の人文地理学においても、多様な手法によって「若者の地理」を研究可能な土壌が充分にできている。ミクロな生活圏における娯楽や余暇、消費、あるいは労働や居住の問題について考察したいと考える学生も多いに違いない。マクロな地域に目を向けると同時に、日常の生活を再考することも重要であろう。自分自身が関わる身近な生活空間を探索することで、自らの問題関心に沿って調べ自分の言葉で語ることの重要性を認識し、自らと社会・空間を関係づけて問うていく姿勢を身に付けることが可能になるはずである。自分自身が当事者となる参与観察は、他の調査方法と較べるとたしかに時間も手間もかかるかもしれないが、今後もぜひ挑戦する人が現われてほしい。

　本稿で取り上げた論文の着想は、多くの諸先生方の研究に負っている。私の経験が、人文地理学を学ぶ若い人たちにとって何かしらのきっかけとなり問題意識を共有して研究を進めていってくれたなら、少しは恩返しができるのではないかと思う次第である。

おすすめ文献

上野俊哉・毛利嘉孝（2000）『カルチュラル・スタディーズ入門』ちくま新書
　若者文化の研究といえばカルチュラル・スタディーズからの影響を抜きに語ることはできない。人文・社会科学におけるいわゆる空間論的転回に、英語圏人文地理学が大きな影響を与えたことも述べられているので、理論的に若者文化を把握しなおかつ地理学的な課題として考えたい人に適している。

ノックス，P．／ピンチ，S．（2005）『新版　都市社会地理学』川口太郎・高野誠二・神谷浩夫訳、古今書院
　英語圏における都市社会地理学の教科書の決定版。地理学的に若者集団や若者文化を考える場合、都市社会地理学の主要概念を一通り学んでおくことが不可欠であるが、本書を読めばその概念枠組みだけではなく都市研究の歴史的背景と今日の発展も学ぶことができる。

三浦　展（2004）『ファスト風土化する日本―郊外化とその病理』洋泉社新書
　若者が日々活動する空間の変容とさまざまな社会問題の関係性を考える上で示唆を与えてくれる。この本の着想が、風土論で著名なフランスの文化地理学者オギュスタン・ベルクとの対話から生まれているという点も興味深い。

Chatterton, P., Hollands, H. (2003) *Urban nightscapes: youth cultures, pleasure spaces and corporate power,* Routledge.
　イギリスの地理学者と社会学者による共同作業の成果。イギリスの諸都市における夜間に焦点を当てた都市再生と若者文化の関係を、犯罪や管理・監視の問題を含めて考察している。若者文化が都市空間の創造にとってどのように関係しているのか、またそこに絡む問題がなんのかが詳しく述べられている。参与観察などフィールドワークの成果も盛り込まれており、夜間の都市空間と若者文化を調査したい方は必読。

Skelton, T., Valentine, G eds. (1998) *Cool places: geographies of youth cultures,* Routledge.
　英語圏人文地理学における若者研究発展のきっかけになった論文集。イギリスのみならず各国のローカルからグローバルまでの多様なスケールの空間に関わる若者文化をさまざまな視点から扱っている。その後の地理学における若者研究の豊かな展開を予見している。

おわりに

　地域調査の魅力は、現実の世界から得られたデータをもとにして、説得力のある研究ができることにある。しかし、初めて地域調査に取り組むと、その方法の難しさに直面する。既存の学術書や論文を読めば、研究の学問的な切り口は理解できるのだが、実際に地域に出た場合、何をどのように調査すればよいか、その方法がよく分からないという意見を聞くことが多い。

　指導する方も大変である。地域調査は自由度が高い分だけ、その指導を定型化あるいはマニュアル化することが困難であり、十人十色の処方箋を考えてやらなければならない。しかし、過剰な介入も慎まなければならない。地域調査の本質は、自分の足で現場に赴き、地域の姿を目で見て、地域のいろいろな方と話をしていくなかで諸現象を理解していくことにある。調査地域の姿が、調査者の中に鮮明に描き出されるようになって、はじめて既存の研究を批判的に検討していったり、調査手法や論点を詰めていくことが可能になる。それゆえに、安易に教員に指示を仰ぐのではなく、現場を訪れた調査者自らに考えてもらわなければ地域調査をする意味がない。

　本書は、このようなブラックボックス化された地域調査のノウハウを、実際の学術論文を題材にして、わかりやすく解説することを意図している。地域調査を解説した教科書はいくつか出版されているが、学術論文を執筆した本人に発表までの経緯を詳解してもらうことで、より現実味のある解説ができたと思う。

　ここで取りあげたテーマは、都市や農山村などの地域性や、農業、工業、観光などの経済的なものに加えて、政治、歴史、GIS、社会、ジェンダー、宗教など、現代日本の地域を調査するための様々な視点が含まれている。もちろん、地域調査のテーマが非常に多岐に渡ることを考えると、割愛せざるを得なかったテーマも多い。それでも、地域調査の基本的な方法や技術をバランスよく紹介するという目的はある程度達成できたのではないかと思う。

　地域調査を難しくする原因の一つは、データ収集のプロシージャー（進行上の手順）にある。例えば、ゼミに入って卒業論文に取り組もうとする学生が、指導教官に相談したところ「とりあえず現場に行ってきなさい」というような指導を与えられて、途方に暮れるケースがあるのではないだろうか。地域の住民、企業、組織、行政などを対象として、地域調査を実行するためには、「どこへ行って何を知るのか」という目的に沿ったプランが必要である。とはいえ、地域調査のテーマは多様であるため、大学の教員といえども、すべてのテーマに精通しているわけではない。本書ができるかぎり多くのテーマを取りあげるようにしたのは、多様な地域調査の解説に対応するためである。

　もう一つ、地域調査を難しくする原因として、得られたデータのノイズ（不共鳴）があげられる。閉じた環境のなかで条件を限定できる実験室とは異なり、現実の世界から得たデータには、予想される仮説を覆すものも多く含まれる。運が良かったり、とくに勘が鋭い人ならば、こういったデータのノイズの問題を簡単に克服できるかもしれないが、たいていはその解釈に四苦八苦するのではないだろうか。

このような問題に対応するために、本書では、GIS、アンケート調査、史料分析など、実践的な分析方法についても、とくに章を設けて解説することにした。

本書は、卒業論文や修士論文を執筆する学生を対象として、地域調査の方法論的な解説を展開しているが、博士論文や投稿論文に取り組んでいる若い学生や研究者にとっても大いに参考になると思う。本書では、各テーマの執筆者に、比較的自由な形式で地域調査の経緯を紹介してもらった。その結果、論文公表までの裏話的なトピックが盛り込まれることになった。それらを読んでみると、論文を公開するまでの「産みの苦しみ」や、それを克服したときの達成感、さらには地域調査の楽しさが伝わってくる。執筆者の素朴な本音も、論文作成の励みになるのではないだろうか。研究を継続するためには、方法や技術ばかりでなく、メンタルな側面も重要だからである。

執筆者の出身や専門がバラエティに富んでいることも、本書の特長のひとつである。大学の研究室には、長年の指導体制によって積み上げられた地域調査のスタイルがあることも事実である。当然、得意とする地域調査の方法にも違いがある。地域調査の入門書である本書は、自分が所属する大学とは違うスタイルで地域調査を進めたいという読者にも柔軟に対応できるように、執筆者の出身大学が偏らないように配慮した。また、そうでない読者にとっては、地域調査の様々な方法を知ることから、自分が所属する大学のスタイルを客観的に知ることができると思う。

最後に、本書の企画の発端は、編者の一人である梶田が企画した雑誌『地理』の連載「はじめてのフィールド調査」(2003年vol.48-4〜2004年vol.49-2) にある。これは、最近公表された論文を題材にして、若手研究者が論文を公表するまでの、いわゆる裏話を本人に語ってもらうというものだった。この連載を読むと、「あの論文が発表されるまでにはこんな苦労があったのか」と感心すると同時に、地域調査の方法の多様性に改めて気がつく。とくに専門以外の地域調査の解説には、「これは自分の研究にも応用できる」と考えさせられるものも多く、より内容を充実させて執筆者の数を増やせば、立派な教科書ができあがると思われた。このことを本書のようなかたちで実現できたのは、教育・研究活動で忙しいにもかかわらず快く執筆を引き受けてくださった執筆者の皆さんと、熱意ある若手編集者・吉田千恵氏のおかげです。ここに記して御礼を申し上げます。

2006年11月

編者一同

本書でとりあげた論文一覧

1-1 都市の地域調査
堤　純（1995）「前橋市の市街地周辺地域における土地利用の転換過程—土地所有者の土地利用に関する意思決定を中心に」『地理学評論』vol.68A-11、721-740 頁

1-2 村落の地域調査
中川秀一（1995）「愛知県藤岡市における入会林野の再編成と機能変化」『人文地理』vol.47-1、46-65 頁

1-3 農業の地域調査
仁平尊明（1998）「千葉県旭市における施設園芸の維持と技術革新」『地理学評論』vol.71A-9、661-678 頁

1-4 工業の地域調査
鹿嶋　洋（1995）「京浜地域外縁部における大手電機メーカーの連関構造—T社青梅工場の外注利用を事例として」『地理学評論』vol.68A-7、423-446 頁

1-5 歴史の地域調査
米家泰作（1994）「吉野山村における近世前期の耕地経営—川上郷井戸村を事例として」『史林』vol.77-1、116-134 頁

1-6 観光の地域調査
佐藤大祐（2001）「相模湾・東京湾におけるマリーナの立地と海域利用」『地理学評論』vol.74A-8、452-469 頁

1-7 行政の地域調査
杉浦真一郎（1997）「広島県における高齢者福祉サービスと地域的公正」『地理学評論』vol.70A-7、418-432 頁

2-1 アンケートによる地域調査
中澤高志（2001）「研究開発技術者の新規学卒労働市場—東京大都市圏への集中過程を中心に」『経済地理学年報』vol.47-1、19-34 頁

2-2 地域調査のデータ処理
谷　謙二（1995）「愛知県一宮市における都市内居住地移動」『地理学評論』vol.68A-12、811-822 頁

2-3 GIS を用いた地域調査
横山　智（2001）「福岡県矢部村における台風災害地の森林管理—崩壊地分布と台風災害復旧の分析から」『地理学評論』vol.74A-5、287-304 頁

2-4 企業へのインタビューによる調査
水野真彦（1997）「自動車産業の事例から見た企業間連関と近接」『地理学評論』vol.70A-6、352-369 頁

2-5　ライフヒストリーによる地域調査
湯澤規子（2001）「結城紬生産地域における家族内分業の役割―織り手のライフヒストリーからの考察」『地理学評論』vol.74A-5、239-263 頁

2-6　史料分析による地域調査
山村亜希（2000）「南北朝期長門国府の構造とその認識」『人文地理』vol.52-3、217-237 頁

2-7　地域調査とトライアンギュレーション
梶田　真（1998）「奥地山村における地元建設業者の存立基盤―島根県羽須美村を事例として」『経済地理学年報』vol.44-4、345-354 頁

3-1　村落社会をみてあるく
今里悟之（1995）「村落の宗教景観要素と社会構造―滋賀県朽木村麻生を事例として」『人文地理』vol.47-5、458-480 頁

3-2　「伝統性」を考える
濱田琢司（1998）「産地変容と「伝統」の自覚―福岡県小石原陶業と民芸運動との接触を事例に」『人文地理』vol.50-6、606-621 頁

3-3　宗教の空間構造を知る
松井圭介（1995）「信仰者の分布パターンからみた笠間稲荷信仰圏の地域区分」『地理学評論』vol.68A-6、345-366 頁

3-4　都市の歴史空間をあるく
加藤政洋（1997）「盛り場「千日前」の系譜」『地理科学』vol.52-2、71-87 頁

3-5　ジェンダー化された空間を読み解く
影山穂波（2000）「1930 年代におけるジェンダー化された空間―同潤会大塚女子アパート」『人文地理』vol.52-4、321-341 頁

3-6　工都に生きる出郷者から学ぶ
山口　覚（1998）「高度成長期における出郷者の都市生活と同郷団体―尼崎市の鹿児島県江石会を事例として」『人文地理』vol.50-5、449-469 頁

3-7　フィールドとの「距離」と「つながり」
原口　剛（2003）「「寄せ場」の生産過程における場所の構築と制度的実践」『人文地理』vol.55-2、121-143 頁

3-8　参与観察の実践
杉山和明（1999）「社会空間としての夜の盛り場―富山市「駅前」地区を事例として」『人文地理』vol.51-4、396-409 頁

索　引

あ行

アイデンティティ　241, 247
Access　91
アドレスマッチング　42, 98
アポイント　12, 35, 81, 111, 119, 144, 167, 218
アンケート（調査）　8, 21, 37, 43, 63, 64, 66, 75, 82, 85, 87, 90-93, 95, 100-102, 124, 128, 151, 152, 158, 181, 185, 197, 198, 216, 223, 225, 226, 244-246
　　郵送――　75
生きられた空間　241, 244, 248
意思決定　3, 5-7, 10, 11, 118, 119, 123
一次史料　139
一次データ　95, 96
一次統計　95
逸脱行為　243, 247, 248
依頼状（依頼文）　74, 75, 87, 120, 121
Illustrator　32, 33
入会林野　16-18, 20, 21
　　――近代化法　17, 18
インタビュー（調査）　82, 111, 113, 117-125, 151, 152, 155-158, 166-169, 171, 190, 191, 242, 244-248
インフォーマント　152, 157, 158, 212-214, 218, 227, 228, 237, 245
衛星データ　107, 108, 114, 115
Excel　26, 64, 91
エージェント　4, 5, 10, 11, 207, 214
SPSS　76, 101, 104
「EDINET」　39, 120
沿岸観光地　60
演技者　241, 247
オルソフォト→正射投影写真

か行

海域利用　58, 65, 66
街区　98, 148, 149
外国人労働者　44
介護保険　80
回収率　90, 91, 93, 101
外注　34, 36, 37, 41, 43, 82
概念　117, 122, 124, 208, 209, 214-216, 229, 241, 244
仮説　107, 109-111, 114, 117, 122, 124, 147, 148, 152, 154, 155, 158, 214
過疎化　106, 221
家族　126, 130, 211, 212, 214

――経営　135
――内分業　82, 126, 130, 133
語り　125, 127, 131, 133, 135, 136, 177, 184-186, 213, 232, 246
　　決定論的――　184, 186
「学界展望」　17
カメラ　27, 33, 50, 230
カルチュラル・スタディーズ　243, 244, 249
環境問題　25
観光客　59, 65
監視　244, 248, 249
刊本　139, 141, 143
議会　74
聞き書き　152
聞き取り（調査）　7, 9, 20, 28, 29, 35, 41, 43, 58, 63, 72, 86, 87, 89, 126-128, 130, 134, 143, 155, 166, 181-184, 197, 211, 212, 214, 216, 218, 219, 223-225, 227, 235, 242, 245, 246
技術革新　44
議事録　79
客層　58, 59, 61-66
Canvas　33
旧版地形図　168
業界団体　120
行政サービス　69, 70
共同体　180, 221, 227
郷土資料館　168
協力会　37, 41, 44
居住空間　207, 209, 214
居住地移動　81, 95
空間スケール　98, 113-115, 129, 135
空間的プロセス　6, 7
空間データ　81, 82, 107-109, 115, 149
空間の生産　214
空中写真　33, 107, 108, 114, 115, 168
空洞化　44
暮らし　128, 131, 134, 135
グローバル化　39
経営事項審査　157
景観写真　27
『経済地理学の成果と課題』　17
ケーススタディ（事例研究）　135
研究開発技術者　84-87, 89, 91, 93
研究開発機能　36
研究所（R&D）　81, 83-87, 91
県人会　218, 226
建築業許可申請書類　154

254　索　引

検地帳　46, 49-56
現地比定　142, 143, 149
原本調査　139, 144, 145
権力関係　208, 209, 213, 215
小字　51, 52
公共空間　244, 247
公共サービス　71
『工業統計表』　19, 40
厚生労働省　79
構造化理論　12
行動領域　244, 246, 248
行動論的アプローチ　6, 10
高度経済成長期　84, 85, 127, 129, 143, 216, 217, 220, 225, 227, 228
高齢化　71, 72
高齢者福祉　70, 75, 79, 80
　　──サービス　71, 74, 76, 78
『国勢調査報告書』（国勢調査）　19, 96, 100
国土数値情報　7
個人情報　93
　　──保護法　93
個別事例　128, 134, 135
古文書　49, 50-52, 55, 139, 169
古老　166, 167, 170, 172
コンタクトアナリシス　87

さ行

財務諸表　154
（夜の）盛り場　241-243
作業記録　133
査読　56, 78, 92, 103, 110, 125, 157, 172, 193
サービス供給　72-74, 77
サブカルチャー　243, 244, 246, 247
産業集積　43, 117
山村　46-48, 54
サンプリング　151, 246
　　雪だるま式──　245
参与観察　241-244, 246-249
　　──法　191
GIS　9, 12, 33, 42, 81, 82, 99, 100, 104, 105, 107-111, 113, 114
ジェンダー　208, 209, 214, 215, 246
　　──化　208, 209
市街地周辺地域　3, 5, 6, 10, 11
自治体史・市町村史　48
悉皆調査　16, 181, 183, 186
実習調査　21
実体鏡　108
質的調査　152, 158

質的データ　101, 103, 127
質問項目　8, 81, 101, 120, 152, 211
地場産業　40, 44, 175, 180
GPS　115
シミュレーション　96, 99, 104, 110
指名競争入札　151
社会学　189, 230, 231
　　現象学的──　189
　　宗教──　189, 190
　　知識──　190
　　都市──　244
社会空間　241
　　客観的──　244
　　主観的──　244, 247
社会問題　2, 4, 61
社史　85, 86
斜面崩壊地　105, 107, 108, 110
集客圏　58, 59, 61-63, 65, 66
宗教施設　163, 165, 171
従属変数　101
住宅地図　168
『住民基本台帳人口移動報告年報』　96
集落調査　129, 130
巡検　69, 106, 200
小規模自治体　75
状況に置かれた知　238-240
情報公開　79
情報提供者→インフォーマント
照葉樹林文化論　47
職業婦人　209-211, 213
食料生産　25
諸制約　7
史料批判　149
史料分析　82, 137-139, 149
資料分析　155, 158
新規学卒者の採用　85, 86, 89, 91
人口移動　96-98, 100, 102, 103
信仰圏　188, 194, 195
人材派遣業　44
信憑性　133, 135, 139, 141
新聞記事　120, 122, 205
信頼関係→ラポール
森林組合　106, 108, 111, 112
森林計画図（森林基本図）　22, 108
森林簿　22, 23, 114
数値地図　101
数量化理論Ⅱ類　95, 101-103, 110
スキューバダイビング　59
スポーツ　67
正射投影写真　108, 115

『世界農林業センサス』　19
選挙　222, 223, 226
選好　7
全国工場通覧　37, 39
先端技術産業　35, 36
戦略　118-120
相続　7, 9, 10
村落共同体　15, 50, 53, 56

た行

大都市産業集積　36
台風災害地　105, 107-111
対話　119, 122, 124
多変量解析　76, 77, 101, 103, 104, 110
談合　151, 153, 156
談話分析　246
地域的公正　77
地域労働市場　43
地図デザイン　33
地籍図　22, 51, 139, 147, 148, 169, 182, 183
地方誌(史)　18
地方政治　222
地名辞典　139, 141
中小(零細)企業　35, 36, 120
中世絵図　142
調査依頼　86
調査公害　247
調査項目　89, 91
調査実習　15-17
調査票　18, 29, 30, 41, 42, 62, 87-93, 101, 128
　——の印刷　89, 90
地理学
　観光——　58, 59, 65, 66
　工業——　35, 36, 43, 44
　人文主義——　217, 222, 227
　政治——　69-71
　都市社会——　244, 249
　フェミニスト——　208, 209
　文化——　47, 48
　歴史——　53, 138, 144, 147, 149
『地理学文献目録』　17, 193
地理情報システム→GIS
出会い　241, 242, 247, 248
手描き地図　244
データベース　7, 26, 38, 43
テーマパーク　61
手土産　123, 167
デュアル・キャリア世帯　84
伝統性　175, 177, 184, 186

伝播　67
電話帳　20, 81, 95-98, 100, 103
同郷団体　216-218, 220, 221
統計GISプラザ　100
統計資料　26, 28, 33, 36, 40, 41, 114, 127
統計データ→統計資料
陶磁器業　174, 175, 178, 186
独立変数　101
都市化　4-7, 9-11
都市計画図　27, 97, 98, 142, 143, 145, 146, 148
都市人類学　244
都市的体験　243
都市内部構造　5, 11
都市の発展段階　10, 11
土地所有　3, 5-7, 10, 51
土地台帳　51, 169, 182, 183
土地利用　3-5, 7, 9, 29, 51, 113
トライアンギュレーション　82, 151, 152, 158
取り締まり　244, 248

な行

縄張り行動　244
二元論的構造　209
二次史料　139
二次データ　95
二次統計　96
日記　133
入力作業　91
認知　7
　——空間　244
農協　70, 72, 76
農業集落カード　19, 113, 114, 168

は行

恥知らずの折衷主義　223, 227
場所　241, 243, 245-247
　——感覚　203
流行神　193, 197
犯罪　249
ビデオカメラ　242, 245
ピボットテーブル　91
表計算ソフト　43, 53, 98, 99, 104
表象　176, 186
VBA(Vidual Basic for Application)　99
フィールドノート　8, 27, 43, 131, 145, 158
フィールドワーク　4, 8, 12, 14, 16, 18, 23, 26-29, 31, 47, 58, 127, 129, 132-135, 242, 243, 247, 249
復原　138, 141, 142, 144-147, 149

福祉行政　75, 76, 79
福祉系専門職　76
不在村所有者　106, 111
プライバシー　5, 9, 12, 170, 172
ブラック・ボックス　7, 10
FreeHand　33
プログラミング　99, 101, 104
文学作品　202
文化研究→カルチュラル・スタディーズ
文化受容　67
文化人類学　164, 170, 176, 230
文献調査　151
返信用封筒　89-91
方法論的個人主義　223
法令　79
ポジショナリティ　233, 239
ポストモダニズム　170

ま行

まなざし　175, 176
MANDARA　81, 99, 100, 104
民俗学　165, 168, 170
村絵図　50-52
名刺　27, 166
名簿　39, 63, 64, 66, 67, 87, 93, 122, 225
　会員——　41, 63
　企業——　39
メーリングリスト　107, 115
メールマガジン　80
メンタルマップ　241, 244
モラリティ　247

や行

焼畑　46, 47, 49-51, 53-56
有価証券報告書　38, 120

ら行

ライフストーリー　211, 212, 214
ライフヒストリー　82, 126, 128, 129, 131-136, 218
落書き　244
ラポール　131, 132, 136, 169
リゾート地　60, 61
リモートセンシング　113, 114
料金受取人払い　89, 90
量的調査　152, 158
林業　46, 48, 49, 54
　育成——　46, 49
　『——統計書』　19
礼状　21, 42, 133, 167, 172
歴史史料　138, 144, 147
レクリエーション行動　58, 59, 61-65
レコーダー
　IC——　123
　テープ——　123
レフェリー→査読
連関　36, 117
連鎖移住　220, 225
ロットリングペン　31, 196

わ行

若者　241, 243-245, 247-249
　——の地理　241, 242, 249
　——文化　242, 243, 246, 248, 249

■執筆者一覧

執筆順。＊印は編者。より詳しい紹介は各章冒頭にあります。

堤　純（筑波大学）
中川秀一（明治大学）
＊仁平尊明（東京都立大学）
鹿嶋　洋（熊本大学）
米家泰作（京都大学）
佐藤大祐（立教大学）
杉浦真一郎（名城大学）
中澤高志（明治大学）
谷　謙二（埼玉大学）
横山　智（名古屋大学）
水野真彦（大阪府立大学）
湯澤規子（法政大学）
山村亜希（京都大学）
＊梶田　真（東京大学）
今里悟之（九州大学）
濱田琢司（関西学院大学）
松井圭介（筑波大学）
＊加藤政洋（立命館大学）
影山穂波（椙山女学園大学）
山口　覚（関西学院大学）
原口　剛（神戸大学）
杉山和明（流通経済大学）

地域調査ことはじめ
― あるく・みる・かく ―

2007年　4月20日　初版第1刷発行
2022年　3月30日　初版第6刷発行

（定価はカバーに表示しています）

編者　梶田　真
　　　仁平尊明
　　　加藤政洋

発行者　中西　良

発行所　株式会社　ナカニシヤ出版
〒606-8161　京都市左京区一乗寺木ノ本町15
TEL (075)723-0111
FAX (075)723-0095
http://www.nakanishiya.co.jp/

©Shin KAJITA 2007（代表）

印刷／製本・太洋社

落丁・乱丁本はお取替えいたします
Printed in Japan
ISBN978-4-7795-0132-6　C1025